1 MONTH OF
FREE
READING

at

www.ForgottenBooks.com

By purchasing this book you are
eligible for one month membership to
ForgottenBooks.com, giving you
unlimited access to our entire
collection of over 1,000,000 titles via
our web site and mobile apps.

To claim your free month visit:

www.forgottenbooks.com/free1177030

ISBN 978-0-364-74169-6
PIBN 11177030

Druck der Union Deutsche Verlagsgesellschaft in Stuttgart.

Vorwort.

Die Zahl der Dichter, welche für das alt=
englische Theater arbeiteten, und die Menge der
von ihnen hervorgebrachten Stücke ist eine außer=
ordentliche. Sehr viele, vermutlich die meisten von
diesen, sind zwar rettungslos zu Grund gegangen,
allein auch der erhaltene Rest ist noch ein erstaunlich
großer. Die Aufmerksamkeit der Engländer hat
sich seit lange diesem unschätzbaren Reichtum zu=
gewandt, und nach der großen Sammlung von
Dodsley sind nicht nur verschiedene andere ähnliche,
sondern nach und nach auch Separatausgaben der
lange Zeit fast verschollen gewesenen Zeitgenossen
Shakespeares erschienen. Besonders hat der geniale,
auch durch eigene Produktionen hervorragende Charles
Lamb durch seine in vielen Auflagen verbreiteten
„Specimens of English dramatic poets, who lived
about the time of Shakspeare“ diesen Schatz
wiedererschlossen. Er hat sich selbst über sein be=
reits im Anfang unseres Jahrhunderts erschienenes
Buch folgendermaßen ausgesprochen:
„Eine von den Absichten, welche ich bei dieser
Auswahl aus den alten dramatischen Dichtern hatte,
war diejenige, die bewundertsten Scenen von Fletcher
und Massinger (nach der gewöhnlichen Ansicht die
einzigen Dramatiker jener Zeit, welche noch ein
Recht haben, nach Shakespeare genannt zu werden)
in demselben Bande mit den wirkungsvollsten Scenen

des alten Marlowe, Heywood, Webster,
Ford, Tourneur und Anderer zusammenzustellen,
und so zu zeigen, was wir verschmäht haben, wäh=
rend wir einen oder einige Lieblingsnamen ganz
unverhältnismäßig ausposaunten."

Da nur sehr wenige Leser außer denen, welche
aus dem englischen Drama ihr Fachstudium machen,
im Stande sind die zahllosen Schauspiele, aus denen
uns Lamb geschmackvolle Auszüge gibt, zu studieren,
so müssen wir ihm Dank für seine Mühe wissen.
Es wäre doch recht verkehrt, wenn man, da man
die unzählbaren Stücke der altenglischen Bühne nicht
alle vollständig lesen kann, nun deshalb auf die
Lektüre der besseren und besten Scenen und Partieen
daraus verzichten wollte. Denn diese kann wahren
Genuß gewähren, wie die große Verbreitung von
Lambs Buch beweist. So haben die Auszüge aus
Dramen, die Scherr in seinem vielverbreiteten
„Bildersaal der Weltliteratur" gibt, viele erfreut.

Wer Tizians wundervollen Hochzeitszug des
Bacchus zu London nicht sehen kann, vermag doch
schon aus dem Bruchstück im Palast Pitti einen
hohen Genuß zu schöpfen und das Fragment aus
desselben Meisters Schlacht von Cadore bietet uns
einigen Ersatz für das untergegangene Bild im
Dogenpalast. So sind alle Reste aus den verloren
gegangenen Tragödien und Komödien der alten Dra=
matiker sorgfältig gesammelt worden und manche
derselben sind für die Freunde des Schönen un=
gleich wertvoller als unzählige vollständige Stücke
neuerer Verfasser.

Es ist, ich weiß nicht von wem, gesagt worden,
wenn man Einzelnes aus einem Drama als Beweis
von dessen Trefflichkeit anführe, so sei dies dasselbe,
wie wenn man einen Stein aus einem Gebäude
vorzeigen wollte, um die Trefflichkeit des Bau=
werkes darzuthun. Es kann darauf erwidert werden,
die Vorzüglichkeit des Materials, aus dem das

Werk bestehe, sei jedenfalls dadurch bewiesen, denn in ganz schlechten Produkten finde sich auch nicht einmal eine einzige hervorragend schöne Stelle. Aber man muß weiter gehen und sagen, daß viele Werke, selbst der größten Dichter nicht jene Vollkommenheit besitzen, die man ihnen andichtet. Otto Ludwig hat an Schiller ebenso viele und schreiende Mängel nachgewiesen, wie Rümelin an Shakespeare. Aber auf die Schönheiten kommt es an, nicht auf die Fehler, die sich überall finden. Die Sterbescene des Cardinals Beaufort in Heinrich VI., die Scenen zwischen Percy und der Lady in Heinrich IV., sowie diejenigen, in denen Falstaff auftritt, wiegen vielleicht die ganzen übrigen Stücke auf, die zwar auch sonst noch einzelnes Hervorragende enthalten, aber sicher nur ein sehr mangelhaftes Ganzes ausmachen. In Richard II. ist das nämliche der Fall; aber derselbe enthält jene wundervolle Absetzungsscene des Königs, welche zu dem Schönsten gehört, was je geschrieben worden ist und mit ihrem Glanze auch die ganze übrige Tragödie umstrahlt; ja die einzige kurze Stelle über die Vergänglichkeit des ganzen Weltalls in Troilus und Cressida verklärt dieses Stück, das selbst von den Shakespearomanen nicht durchgängig gepriesen wird. Wenn nun auch Shakespeare als der weitaus größte aller Dramatiker dasteht, so ist es doch nur ein Zeichen von Unwissenheit, wenn man seine Zeitgenossen so zurückstellt, als kämen sie neben ihm gar nicht in Betracht. Websters „Herzogin von Malfy," Fords „Giovanni und Annabella", Marlowes „Eduard II." Fletchers „Valentinian" und „So will's die Sitte des Landes" und manche Stücke von Heywood, Decker, Tourneur und Anderen bieten Scenen von hinreißender Schönheit, und wer diese gelesen hat, der wird von vornherein annehmen, daß dieselben auch noch andere vortreffliche Partieen enthalten. Ich selbst kann mir hierin kein definitives Urteil zutrauen, gestehe auch diese Stücke meistens nur aus den Auszügen bei Lamb und Anderen zu kennen. Allein Engländer von Geist und Urteilskraft haben mich versichert, daß eine beträchtliche Anzahl von Dramen der Erwähnten auch das Lob eines wohl erwogenen und durchgeführten Planes verdienen.

Die Freude, welche mir die mehrfache Lektüre von Lambs Buch machte, brachte mich auf den Gedanken, daraus das, was mir am meisten zusagte, ins Deutsche zu übersetzen. Dazu kam noch einiges aus desselben „Extracts from the Garrik plays" aus „Leigh Hunts Beaumont and Fletcher," aus Dobsley und anderen Quellen.

Während der Text von Shakespeare durch die Arbeit eines ganzen Jahrhunderts so viel wie möglich gereinigt und festgestellt ist, befindet sich derjenige seiner Zeitgenossen leider noch in einem traurigen Zustande, und ich bin darin auf viele stark korrumpierte Stellen gestoßen. Für Marlowe, Ford und die Anderen gilt in noch viel höherem Grade, was der treffliche Hallam *) von Shakespeare selbst sagt:

„Die Abgötterei, die mit Shakespeare getrieben wird, ist in den letzten Jahren (erstes Drittel unseres Jahrhunderts) so hoch gestiegen, daß Drake und vielleicht größere Autoritäten keine Fehler in seinen Stücken haben zugeben wollen. Dies dagegen ist eine Uebertreibung, welche vielmehr dem Kritiker Unehre macht, als den Ruhm des Dichters erhöht. Außer den Fehlern des Baues in einigen seiner Pläne, die verzeihlich, aber doch immer Fehler sind, finden sich nur zu viele in seinem Stil. Seine Concetti und Wortspiele verderben häufig die Wirkung seiner Scenen und thun der Leidenschaft Abbruch, die er erregen will. Im letzten Akt von Richard II. kommt der Herzog von York

---

*) Hallam, Introduction to the Literature of Europe.

vor, wie er die Bestrafung seines Sohnes Aumale
wegen einer Verschwörung gegen den König verlangt, während die Herzogin um Gnade fleht. Die
Scene ist schlecht ersonnen und durchgängig noch
schlechter ausgeführt, aber eine Zeile ist zugleich
abscheulich und verächtlich. Nachdem die Herzogin
sich über das Wort ‚Verzeihung‘ (Pardon) verbreitet und den König gebeten hat, es sie von
seinen Lippen hören zu lassen, höhnt York sie mit
diesem dummen Wortspiel: ‚Speak it in French,
King; say Pardonnez-moi.‘ Es wäre nicht schwer,
verschiedene andere Beispiele zu finden, wenn auch
kein so schlimmes, von Zweideutigkeiten in den
Worten, die übel angebracht und unpassend für
das Gefühl der Person, des Verfassers und des
Lesers sind.

„Wenige werden diese offenbaren Fehler ver-
teidigen. Jedoch ist nicht noch ein anderer vorhanden,
der weniger häufig erwähnt wird, aber noch un-
aufhörlicher vorkommt: Die außerordentliche Dunkelheit von Shakespeares Diktion? Sein Stil ist voll
von neuen Worten, und Worten, denen eine neue
Bedeutung beigelegt wird. Es ist leicht, hierüber
als über etwas Veraltetes hinwegzugehen; aber obgleich manche Ausdrücke veraltet sind, und viele
provinziell, obgleich die Arbeit seiner Commentatoren
nie so nützlich sowohl wie fleißig verwendet wurde,
wie zu der Aufklärung hiervon, indem sie selbst
die geringsten und vergessensten Bücher seines Zeitalters zu Hilfe nahmen, so ist es doch unmöglich,
zu leugnen, daß unzählige Zeilen in Shakespeare
zu seiner Zeit nicht verständlicher waren, als sie gegen-
wärtig sind. Viel hiervon kann vielleicht verziehen
werden, oder ist vielmehr so verwachsen mit der
Kraft seines Verstandes und seiner Phantasie, daß
wir es als den eignen Körper von Shakespeares
Seele lieben. Aber dennoch, können wir jene sehr
zahlreichen Stellen rechtfertigen, welche sich durch

keine Interpretation aufhellen laſſen, Knoten, welche nie gelöſt werden, welche die Conjektur nur zer= haut, oder ſelbſt die, welche, wenn ſie vielleicht zuletzt verſtanden werden können, doch die Auf= merkſamkeit verwirren, bis dieſer Eindruck verwiſcht iſt? Und das kommt nicht allein an ſolchen Stellen vor, wo die Seelenkämpfe der Redenden wohl durch einige Dunkelheit der Sprache angedeutet werden können, wie in den Selbſtgeſprächen Hamlets und Macbeths, ſondern auch in Dialogen zwiſchen ge= wöhnlichen Perſonen und in dem gewöhnlichen Gang des Stücks. Wir lernen Shakeſpeare in der That, wie wir eine Sprache lernen oder wie wir eine ſchwierige Stelle im Griechiſchen leſen, indem wir mit dem Auge auf den Commentar hinblicken; erſt nach langem Studium gelangen wir dahin, nur einen Teil der Verlegenheiten zu vergeſſen, die er uns bereitet hat. Dies war ohne Zweifel der Grund, weshalb er früher weniger geleſen wurde, indem ſein Stil für veraltet galt, obgleich in mancher Hinſicht, wie wir eben geſagt haben, er immer nicht viel verſtändlicher war, als er jetzt iſt.“

Bei der Uebertragung habe ich hier und da offenbar verderbte Stellen übergangen, auch, ſoviel dies ohne Störung des Zuſammenhanges geſchehen konnte, Scenen, die mir ſchleppend erſchienen, ge= kürzt. Daß ich einzelne Bemerkungen Lambs, Hallams, Leigh Hunts, Rapps, Dyces, Darleys und Anderer über die mitgeteilten Scenen an den be= treffenden Stellen eingeſchaltet habe, wird hoffentlich den Leſern dieſes Buchs als eine willkommene Zu= gabe erſcheinen.

———

Inhalts-Verzeichnis.

XII

I.

Thomas Heywood.

---

1. Ein Weib, das durch Güte getötet wird.

Ein Trauerspiel.

Mister Frankford entdeckt, daß sein Weib ihm untreu gewesen ist.

Mrs. Frankford. Durch welche Worte, welchen Titel,
                              Namen
Kann ich Vergebung mir von dir erbitten?
Vergib mir. O, so weit entfernt bin ich
Das zu erhoffen, wie es Lucifer
Vom Himmel ist. Darf ich dich Gatte nennen?
Ich Unglücksel'ge! Diesen Namen hab' ich
Verloren; ferner bin ich nicht dein Weib.

Frankford. Spar deine Thränen; weinen, Weib, will ich
Für dich. Sieh aus wie früher, denn erröten
Auch will für dich ich. Hier beteur' ich dir:
Mir ist, ich sei's, auf dem ein Flecken ruht,
Denn tiefe Scham fühl' ich, und schwerer ist's
Für mich ins schuld'ge Antlitz dir zu blicken,
Als auf der Sonne klares Angesicht.
Was wolltst du sagen?

Mrs. Frankford.   O, daß ich nicht Augen,
Nicht Ohren und nicht Zunge hätte, nicht

Verstand noch Einsicht! Wann hast du hinweg
Gestoßen mich gleich einem Hund? Mit Füßen
Wann mich getreten? Wann am Haare mich
Geschleift? Obgleich ich tausend=, tausendmal
Mehr als du je mich strafen kannst, verdiene.
Doch du, mein Gatte einst, laß dich beschwören,
Weil ich (jetzt schäm' ich dessen mich, auf was
Einst stolz ich war) ein Weib bin, ja bei dem,
Der uns erlöst hat, drücke meinem Antlitz
Nicht deines Schwertes Spur auf, nein, laß mich
Ins Grab geh'n unentstellt und unversehrt.
Nicht wert bin ich, daß eine meiner Bitten
Erhörung finde, noch zu dir zu sprechen,
Noch zu dir aufzuschau'n, doch wie verworfen
Ich immer sei, dich um dies eine bitt' ich.
Gewährst du es, fürs Grab steh' ich bereit.

Frankford. Mein Gott, leih mir Geduld! Erhebe dich!
Steh auf! Und weiter will ich mit dir reden.
Warst du je arm, daß deshalb du dich preisgabst?
War dein nicht jede Freude, jede Mode
Und jedes neue Spielzeug?

Mrs. Frankford. Ja, so war's.

Frankford. War es denn Ungeschicklichkeit in mir?
Erschien er dir ein beßrer Mann als ich?

Mrs. Frankford. O nein!

Frankford. Liebt' ich dich nicht von
ganzem Herzen?
Trug ich dich nicht in ihm?

Mrs. Frankford. Du thatest es.

Frankford. Ich that es, meine Thränen mögen es
Bezeugen. Geh, bring meine Kinder her.
Wenn weder Furcht vor Scham, noch deine Ehre,
Noch meines Hauses Schmach, noch meine Liebe
Zurück dich von so argem Fehltritt hielten,
Doch hätten thun es diese Kinder sollen,

Die jungen reinen Seelen, denen du
Auf ihre weißen Stirnen deine Schande
Gedrückt hast, welche größer wird, je mehr sie
An Jahren wachsen. Blicke nur auf sie
Und schmilz in Thränen hin. Hinweg mit ihnen!
Daß so wie dein befleckter Körper sie
Mit Bastardschaft gebrandmarkt hat, nicht so
Dein ehebrecherischer Athem auch
Die Geister ihnen welken lassen möge
Mit deinen Pest verbreitenden Gedanken!
Hinweg mit ihnen!

Mrs. Frankford.   In dem einen Leben
Zehntausend Tode sterb' ich.

Frankford.   Auf! Steh auf!
Nichts will ich übereilt thun. Jetzt zurück
Geh ich in mein Gemach. Dann deinen Spruch
Alsbald sollst du erfahren.

(Ab; dann kehrt er mit seinem Freund **Cranwell** zurück.
Sie fällt auf ihre Kniee.)

Frankford.   Meine Worte
Steh'n in des Himmels Rechnungsbüchern schon.
Hör mich geduldig. Nicht dich martern will ich,
Brandmarken nicht als eine Metze dich.
·Doch deine Seele auf gelindre Art
Zu foltern denk' ich und dich selbst durch Güte
Zu töten.

Cranwell. Mister Frankford —

Frankford.   Gut schon, Cranwell. —
Hör deinen Richtspruch, Weib. Geh, schmücke dich
Mit deiner besten Tracht. All deine Kleider,
All deinen Schmuck nimm mit dir; nichts laß hier
Von allem, was dein eigen jemals war,
Bei dessen Anblick ich dran denken müßte,
Daß meine Gattin du gewesen seist.
Ein Bett und einen Vorhang suche dir

Für deine Stube. Alles nimm mit dir,
Was nur dein Zeichen trägt, und dann hinweg
Geh auf mein Landgut, sieben Meilen weit
Von hier. Dort lebe! Es ist dein; ich schenke
Es dir. Mit Wagen sollen meine Diener
Fort alle deine Sachen schaffen, nur
Zwei Stunden noch sollst du mich sehen; wähle
Von meinen Dienern die, die dir am besten
Gefallen, sie sind dein.

Mrs. Frankford.   Ein milder Spruch.

Frankford. Allein so wahr du auf den Himmel hoffst,
So wahr du glaubst, daß in dem Buch des Lebens
Dein Name steht, gebiet' ich dir: nie mehr
Nach diesem traur'gen Tag tritt mir vors Auge!
Noch such durch Schrift, durch Worte, durch Geschenke
Noch sonst zu rühren mich, sei's durch dich selbst,
Sei es durch deine Freunde, noch auch heische
An meinen Kindern Anteil. So leb wohl!
Hinfort soll's sein, als hätten wir uns nie
Geseh'n, als würden wir uns nimmer seh'n.

Mrs. Frankford. Wie voll mein Herz ist, sieh's an
                              meinen Augen.
Was mir an Worten fehlt, will ich in Thränen
Ersetzen.

Frankford. Komm, dein Bett nimm, deine Sachen.
Fort muß das alles. Alle müssen fort,
Die Diener und wer sonst noch. Deine Hand
Riß aus einander unsre beiden Herzen.

Andere Scene.

Cranwell, Frankford und Nicolas, ein Diener.

Cranwell. Warum durchsuchst in deinem Hause du
Jedwedes Zimmer, nun, da du dein Weib
Hinweggeschickt?

Frankford.   Damit gewiß ich sei,
Daß nichts, was jemals meinem Weib gehört,
Zurückgeblieben. Teuer war sie mir.
Und denk' ich, wie sie arg mit mir verfuhr,
Glaub' ich mich in der Hölle zu befinden,
Und diese Qual mir zu ersparen möcht' ich
In meinem Hause nicht ein Halstuch mehr,
Kein Armband, keine Krause und kein Schnürleib
Mehr haben, nichts, das jemals ihr gehörte
Und mich an sie fortan erinnern könnte.
Such rings umher.

Nicolas.   Hier in des Zimmers Ecke
Ist ihre Laute.

Frankford.   Ihre Laute? Gott!
Hin über dieses Instrument geglitten
Sind ihre Finger. Diese Saiten machten
Mich einst beglückt, durch welche jetzt mein Herz
Zerrissen wird. O Cranwell, oft hat sie
Dies schwermutsvolle Holz, das stumm jetzt ist,
Weil sie so treulos war, von süßen Tönen
Erklingen lassen, daß es ihre Stimme
Mit weichen Melodien begleitete.
Tragt es ihr nach. Nichts ist mehr übrig jetzt,
Beraubt nun bin ich ihrer, wie des ihren.

Andere Scene.

Nicolas trifft **Mrs. Frankford** auf ihrer Reise und über-
gibt ihr die Laute.

Mrs. Frankford. Dich Laute kenn' ich; oft zu dir
                              gesungen
Hab' ich. Verworrene Töne einzig geben
Wir beide.

Nicolas.   Euch empfiehlt mein Meister sich.
Hier, alles, was Euch jemals angehört,

Euch sendet er, soweit er's finden kann.
Er bittet Euch, Ihr möchtet ihn vergessen,
Und sagt·Euch Lebewohl.

Mrs. Frankford.   Ich danke ihm.
Freundlich ist er und war es stets. Ihr alle,
Die ihr Verständnis habt für meinen Gram
Und wißt, was ich verlor, die nachsichtig
Ihr seid, steht mir mit euern Thränen bei,
Um meine Sünden abzuwaschen. Aechzen
Soll meine Laute; weinen kann sie nicht,
Doch meinen Jammer soll sie wiedergeben.
Wenn du zurück zu deinem Herren kehrst,
Sprich, doch nicht so als ob ich's dir befohlen,
Denn unwert bin ich seinen Namen so
Mit der verworfnen Zunge zu beflecken,
Daß du mich weinen sahst und meinen Tod
Ersehnen. Ja, auch sagen darfst du ihm,
Du habest diese Nacht geseh'n, wie ich
Zum letzten Mal gegessen und getrunken.
Dies sage deinem Herren und beschwör's,
Denn droben steht's geschrieben und auf Erden
Beschlossen ward's. Nun geh und meine Laute
Zerbrich an meines Wagens Rad! Die letzte
Musik, die von ihr ausgeht, soll das sein.
Mein Lebewohl an alle Erdenfreuden
Sei das! Und so verkünd es deinem Herrn!

Nicolas. Ausführen will ich den Befehl.

Mrs. Frankford.   Doch nein!
Das darf ich nicht. Auch meinen Kindern sag's nicht.
Vor beiden kann ich nicht besteh'n. O nie,
Wenn sie so weit sind, daß sie reden können,
Lehr sie den Namen Mutter sprechen. Schilt sie,
Wenn sie auf dies verhaßte Wort verfallen,
Sag ihnen, es sei nichts, denn wenn dies Wort
Sie nennen, künden sie die eigne Schande.

So nun in meinen Wagen, dann nach Hause
Und in mein Totenbett; denn von jetzt an
Nicht essen will ich, trinken nicht, noch irgend
Von Nahrung kosten, die mein Leben fristet.
Nie lächeln, schlafen mehr noch ruhen will ich.
Doch wenn ich meine schwarze Seele weiß
Gewaschen mit den Thränen, süßer Heiland,
In deine Hand befehl' ich meinen Geist.

Andere Scene.

Mrs. Frankford im Sterben. **Sir Francis Acton** ihr
Bruder, **Sir Charles Mountford, Mr. Malby** und Freunde
ihres Mannes.

Malby. Wie geht's Euch, Mistreß Frankford?
Mrs. Frankford.   Krank bin ich,
　O krank. Gebt Luft mir! Bitte, sagt, o sagt mir,
　Wo Mister Frankford ist. Gelt' ich für unwert
　Ihm, mich zu sehen noch, bevor ich sterbe?
Malby. Nein, Mistreß Frankford. Ein'ge Eurer Nachbarn,
　Die zugethan Euch, haben Euern Wunsch
　Ihm vorgetragen und wie nah dem Sterben
　Ihr seid. Er, wenn er's kaum auch glauben wollte,
　Nachdem er sich des Nähern unterrichtet,
　Versprach uns, Euern Gram und Eure Reue
　Erblickend und von Eurem Wunsche, ihn
　Zu sehen, eh' aus dieser Welt ihr schiedet,
　Vernehmend, uns zu folgen; und ˙gewiß
　Gleich wird er hier sein.
Mrs. Frankford.   Halb ins Leben ruft Ihr
　Durch Eure Freudenkunde mich zurück.
　Erhebt in meinem Bett mich etwas höher!
　Färbt, Bruder Acton, mir nicht Rot aufs neu
　Die Wange? Sagt mir, ist's nicht so, Sir Charles?
　Könnt Ihr auf meiner Wange mein Vergeh'n

Nicht lesen? Sagt, ihr Herren, steht geschrieben
Nicht mein Verbrechen drauf?

Mountford. Ach, meine Beste,
Zurück hat Krankheit in den Wangen Euch
Nicht Blut genug gelassen, daß Ihr noch
Erröten könntet.

Mrs. Frankford. Krankheit würde dann
Wie eine Freundin meine Schuld verbergen.
Ist jetzt mein Gatte da? Auf seine Ankunft
Harrt meine Seele nur, denn für den Himmel
Bin ich gereift.

Acton. Um dich zu schelten kam ich,
Allein mein Haß verwandelt sich in Mitleid
Und wilden Schmerz. Ich kam um dich zu schmähen,
Allein du siehst, in Thränen auf der Lippe
Schmilzt hin mein Vorwurf und ich kann nur weinen.
Da, sieh, kommt Mister Frankford.

Mr. Frankford tritt auf.

Frankford. Guten Morgen,
Mein Bruder; seid gegrüßt ihr Herren alle.
Gott, der dies Kreuz uns auf das Haupt gelegt,
Wenn's ihm gefallen, hätte zwischen uns
Ein schönres Wiedersehen schaffen können.
Doch er hat dieses Weh uns zugedacht.

Mrs. Frankford. So ist er da? Die Stimme, denk'
ich, kenn' ich.

Frankford. Wie geht's dir, Weib?

Mrs. Frankford. Gut, Mister Frank-
ford, gut;
Doch besser noch in dieser Stunde, hoff' ich,
Wird mir's ergeh'n. Willst du so menschenfreundlich,
So mild sein, der Verworfnen Hand zu fassen?

Frankford. In festern Banden einst hielt diese Hand
Mein Herz, als jetzt der Druck der meinen ist.

Verzeihung schenke denen Gott, die uns
Zuerst entzweiten.

Mrs. Frankford. Amen, Amen! Einzig
Aus meiner Sehnsucht nach dem Himmel, der
Mich jetzt empfangen soll, war ich so dreist
Zu wünschen, daß du kämst, und daß ich nochmals
Dich um Vergebung bitten könnte. Ja
Mein teurer Mann, du Vater meiner Kinder,
Vergib, vergib mir, meine Schuld ist so
Abscheulich, daß, wenn du in dieser Welt
Sie nicht vergibst, der Himmel auch sie nicht
In jener künft'gen Welt vergeben kann.
So groß in meinen Gliedern ist die Schwäche,
Daß ich nicht knie'n kann. Aber meine Seele
Wirft sich zu deinen Füßen auf die Kniee,
Dich anzufleh'n, daß huldvoll du verzeihst.
Vergib, vergib mir!

Frankford. Aus der Seele Tiefen
Vergeb' ich dir so gern, wie unser Heiland
Sein Leben für uns hingegeben hat.
Weinen will ich um dich. Will mit dir beten,
Ja will in Mitleid für dein trauriges Los
Mit dir zu Grab' geh'n.

Alle. Alle wollen wir's.

Frankford. Wie ich Vergebung hoff' am großen Tag,
Wenn Gott der ew'ge Richter auf dem Thron
In Purpur sitzt, so will ich dir vergeben.
Obgleich dein rascher Fehltritt unsre Körper
Getrennt, vereinen deine Reuethränen
Von neuem unsre Seelen.

Mountford. So, getrost,
Frau Frankford. Euern Fehltritt hat Eu'r Gatte,
Ihr seht, verziehen. Also rafft Euch auf
Und faßt von neuem Mut.

Susanne. Wie steht's mit Euch?

Acton. Wie fühlst du dich?

Mrs. Frankford. Nicht mehr auf dieser Welt.

Frankford. Ich seh's, du bist nicht mehr auf ihr, und
meine

Darob. Mein Weib, die Mutter meiner Kinder!
Zurück dir geb' ich diese beiden Namen,
Mit diesem Kuß mich dir aufs neu vermählend.
Obgleich dein ehrenvoller Name dir
Geraubt ist, und darum bekümmert du
Auf deinem Totenbett liegst, doch stirbst du,
Ich schwör's, mit reinem Herzen.

Mrs. Frankford. Hier auf Erden
Ist mir verzieh'n, im Himmel meine Seele,
Nun bist du frei. Dein Weib, geliebter Gatte,
Umarmt im Tode dich.

———

Heywood ist eine Art von Prosa=Shakespeare. Seine
Scenen sind vollkommen so natürlich und ergreifend wie die
des letzteren. Aber wir vermissen den Dichter, das was bei
Shakespeare immer noch außer und über der Oberfläche der
Natur erscheint. Heywoods Charaktere, seine Landedelleute ꝛc.
sind genau das, was wir im Leben sehen, doch von der besten
Art dessen, was wir sehen. Shakespeare macht uns, während
wir uns in Mitten seiner lieblichen Schöpfungen befinden,
glauben, daß sie nichts anderes seien, als womit wir vertraut
sind, wie in Träumen neue Dinge alt erscheinen, aber wir
erwachen und seufzen, indem wir einen Unterschied gewahren.

Ch. Lamb.

2. Das goldene Zeitalter.

Ein historisches Schauspiel.

Sibilla, das Weib des Saturn, erhält von ihm den Befehl,
den neugeborenen Jupiter umzubringen. Keiner vermag dies
zu thun, wegen des Lächelns des jungen Gottes.

Sibilla, Vesta, Amme.

Sibilla. O unglückseligste von allen Müttern,
Die jemals waren! Deinen süßen Knaben,
Küß ihn, bevor er stirbt, ihm ist das Leben
Dazu gelieh'n nur, daß den Tod er leide.
Du liebes Kind, ich wünschte, daß dein Vater
Dich lächeln sähe. Deine holde Kindheit
Und deine Schönheit schmölzen ihm das Herz,
Wär's auch aus Stein gehauen, oder hätte
Aus einem Felsen Korsikas gebildet
Ein Meißel es. Du lachst, indem du denkst,
Zum Scherz nur würdest du getötet werden.
O, wenn durchaus du sterben mußt, so will
Ich deine Mörd'rin sein und, holder Knabe,
Dich töten mit den Küssen meines Mundes.
Kannst du bei deiner Mutter Thränen lachen?
Sag', oder höhnst, indem du also lachst,
Du deines argen Vaters Tyrannei?
Dich küssen will ich, Kind, eh' ich dich töte. —
Bei meinem Leben! Halten kann ich nicht
Das Messer, wenn der Knabe also lächelt.
Vesta. Dann gib ihn mir. Großmutter bin ich ihm
Und sanft will ich ihn töten. Dieses Amt
Ist mein, ich bin die nächste seines Stamms.
Sibilla. Hör mich, wenn du ihn tötest, thu ihm
weh nicht.
Vesta. Du kleiner Taugenichts, die nackte Kehle
Mußt du mir bieten, viele Wunden dir

Zu geben fehlt der Mut mir, gütig bin ich,
Wenn ich das Leben dir auf einmal nehme.
Jetzt —
Ach, lächelst du noch immer, holder Enkel?
Zum Küssen hab' ich Lust, allein zum Töten
Fehlt mir der Mut.

Amme. Du magst des Königs Willen
Mißachten, aber dies ist meine Sache.
Mehr gilt als eines Säuglings Leben mir
Das meine. Her mit ihm, laß mich's besorgen.
Ein scharfes Eisen her! Doch ach, du Süßer,
Mehr wär's als Sünde, mit dem scharfen Messer
Die Haut dir zu berühren. Hohe Frau,
So engelhold ist er, ihn morden kann
Ich nicht, so lächelt er ins Antlitz mir.

Sibilla. Ich will es thun; komm, reich ihn noch=
mals her,
Denn sterben muß er, so beschloß Saturn. —
Ach nicht um eine Welt ihn bluten sehen,
Möcht' ich.

Vesta. Nicht soll es sein! Du schwöre mir
Daß du geheim es halten willst, der Knabe
Soll leben; nicht soll uns Gefahr bedroh'n.

---

3. Das silberne Zeitalter.

Ein historisches Schauspiel.

Ceres nach dem Raub ihrer Tochter.

Ceres. Wo ist Proserpina, mein holdes Kind?
Sprich, schöne Tochter Jupiters, wohin
Hast du verirrt dich? Durch die Wiesen bin ich
Geschweift, hin über Schollen, über Felder,

Erst eben abgemäht, und kann mein Kind
Nicht finden. Ihre hingestreuten Blumen
Und ihr Gewinde halb zerrissen hab' ich
Gefunden, doch sie selbst erspäh' ich nicht.
Sieh dort von einem wundersamen Wagen
Die Spuren, der die Bäume rings verbrannt,
Versengt das Gras hat. Von der Sonne nicht
Sind das die Spuren. Wo bist du, mein Kind?
Wo find' ich dich, Proserpina, geliebte?

Sie fragt Triton nach ihrer Tochter.

Ceres. Du, der mit deinem Muschelhorne du
Den Seegott rufst, gib Antwort aus der Tiefe!

Triton. Auf des Poseidon Seeroß mit der hohlen
Drommete hab' ich durch die Schlünde all
Verkündet, daß die Tochter du verloren.
All die Kanäle Wassers, all die Städte
Dort unten, drin der Tiefe Götter wohnen,
Hab' ich durchsucht, gesucht durch ganze Wälder
Von Steinkorallen, die tief unten wachsen;
Die Perlenbetten aufgewühlt; empor
Gescheucht den ungeheuern Walfisch, ja
Aus ihren fels'gen Höhlen fürchterliche
Seeungeheuer aufgeschreckt, da wo
Die Tiefe grundlos ist; die Ebnen drunten,
Darauf Poseidon seine Meeresrosse,
Walfische, alle seine Herden füttert.
Durch alle unsre Ebben, unsre Fluten
Hat meine Meertrompete sie gerufen;
Doch keine Höhle wies mir deine Tochter.

Sie fragt die Erde.

Ceres. O schöne Schwester Erde, dich beschwör' ich
Bei diesen grünen Au'n, hin über dich
Gestreckt, bei allen diesen üpp'gen Saaten,
Mit denen dich mein Ueberfluß bereichert,

Bei allen jenen reichen Aehrenkränzen
Womit ich deinen Tempel oft gekrönt,
Zeig mir mein Kind!

Erde.   Nicht aus Rache, Ceres,
Weil deine unbarmherz'gen Pflüge mir
Die Brust zerrissen, noch weil deine Eggen
Mit ihren Eisenzähnen mein Gesicht
Mit solchen Runzeln furchen, und mich Blut
Aus allen meinen Adern strömen lassen,
Daß matt und schwach ich werde, halt geheim
Ich deine Tochter. Meine Arme hab' ich
Von Meer zu Meer gestreckt, und meine Blicke
Hin über meine Berge schweifen lassen,
All meine Weiden, Schluchten, Ebnen, Sümpfe
Gemustert, und so weit ich hin mich dehne,
Hab' ich nicht einen Platz, auf dem der Fuß
Proserpinas hinwandelt.

Ceres.   Dann, o Erde,
Verloren hast du sie; und ew'ge Dürre
Soll meiner Tochter wegen jetzt dich strafen.
Nicht mehr soll Fruchtbarkeit die Stirn dir schmücken.
Zerbrechen will ich deine Pflüge, will
An Seuchen deine Ochsen sterben lassen,
In Krämpfen ächzen lassen deine Hirten,
Unkraut auf deine Weizenfelder säen,
Das Gräser und Getreide überwuchert,
Und sie im Keim erstickt. Verwüstet werden
Von Wolkenbrüchen sollen deine Felder
Und sengen soll die heiße Sonne sie
Und Mehltau auf sie sinken, und was übrig
Noch bleibt, soll Beute sein des Raubgevögels.
Wo ist Proserpina? — Ihr Götter all,
Die ihr dort oben, die ihr drunten wohnt,
Der Wälder und der Gärten Herrscher ihr,
Der Ströme, Bäche, Brunnen und der Quellen,

Zeig einer unter euch, wenn nicht sie selber,
So doch ihr Grab mir! Höret meinen Ruf.

Arethusa erhebt sich.

Arethusa. Das kann die Quelle Arethusa thun.
Du weißt, o schöne Ceres, meine Wasser
Entspringen aus dem Tartarus, dort unten
Sah ich die liebliche Proserpina,
Die Pluto raubte. Ihren Gürtel sieh,
Der auf dem Weg von ihren Hüften sank,
Und hin in meiner Strömung flutete.
Leb wohl, o Königin; mit Blumen kränze
Die Ufer mir, so wahr ich Wahrheit spreche.

Die Zeit der Elisabeth brachte gelehrte Bildung, das
Altertum und so natürlich die griechische Mythologie in die
Mode und ins Bewußtsein des gebildeten Publikums; so konnte
eine lebendige Schaustellung dieser Fabeln auf der Bühne auf
lebhaften Beifall rechnen; daß dies schon zu Lebzeiten Shakespeare's der Fall war, spricht für Heywood's Talent. In der
That ist diese Mythologie lebendiger als die spätere Calderon's,
aber auch nur bei der hohen Freiheit der englischen Bühne
möglich. Zwar wird offenbar auch hier schon viel auf äußere
Ausstattung zur Hofunterhaltung verwandt, aber die Hauptsache ist wieder, wären schon weibliche Schauspielerinnen da-
gewesen, so wäre diese Darstellung, namentlich der erste Teil,
über alle Begriffe indecent ausgefallen. Nur Knaben konnten
diese Geliebten Jupiters mit einigem Scheine des Dekorums
darstellen. Im zweiten Theil ist merkwürdig, daß Akt II eine
freie Uebersetzung des plautinischen Amphitruo enthält; poetischer ist vielleicht der 4. Akt, die Fabel der Semele, die zur
Vergleichung mit der Schiller'schen Behandlung des Stoffes
einlädt. Eine Kuriosität ist endlich die Stelle im Amphitruo,
wo den Dichter die dreifache Nacht des Jupiter zu der gelehrten Kombination führt, dieselbe Naturerscheinung habe
auch Josua benutzt, um die Sonne still stehen zu machen und

die Kananiter zu schlagen. Er meint also, die Sonne scheine
drei Tage lang über Paläſtina, während über Theben drei
Tage Nacht bleibt. Die Vermiſchung der Mythologie und
der Bibel iſt äußerſt naiv und zu verwundern, daß ſie in
England nicht ſchon damals kirchlichen Anſtoß gab; aber das
Antike war nur ein Kurioſum und erſchien noch nicht als eine
Macht im allgemeinen Bewußtſein.   Moritz Rapp.

---

4. Das eherne Zeitalter.

Ein hiſtoriſches Schauſpiel.

Venus wirbt um Adonis.

Venus. Was flieht Adonis vor der Königin
Der Liebe? Wenn ihn meiner Arme Gürtel
So weiß wie Elfenbein umſchlingen will,
Was weicht er vor ihm aus? Wenn ich ihn ſo
Umſchließen wollte, gerne dafür gäbe
Der grauſe Kriegsgott all die Reiche hin,
Die er erobert. Für nur einen Kuß,
Der halb ſo ſüß wie dieſer, würde gern
Der Sonnengott noch vor dem Morgen aufſteh'n,
Und eh' der Abend kam, zu Bette geh'n.
Des Liebesſiechen Lichtglanz würd' erbleichen,
Dem Mond gleich würde blaß ſein Antlitz werden.
Adonis, ſchau mich an mit feſtem Blick,
Daß ich in deiner Augen klarem Spiegel
Der eignen Schönheit Reiz erblicke, der
Die Götter all beſtrickt und ſtarr vor Staunen
Die Männer macht. Der Roſenpfühl hier, ſprich,
Mißfällt er dir, Geliebter? Deine Wange
Will ich mit meinen weißen Händen ſtreichen,
Und tauſend Wonnen in das Ohr dir flüſtern.

Adonis. Vergiß dich so nicht! Nach der unsichtbaren
Schönheit verlangt mich, die dem Geist gefällt.
Nicht liebt Adonis solche Ueppigkeit.
Willst du versuchen mich, laß Schamerröten
Und Zagen mich in deinem Antlitz lesen.
Verschönern würde dich Bescheidenheit.
Venus. Und wärst von Stein du, schmelzen werd'
ich dich.
Ich bin der Liebe Königin. Es gibt
Nicht einen Kunstgriff, den ich nicht verstehe.
Ich habe Küsse, welche böse Reden
Umbringen, und den Haß vernichten, der
Aus bitt'rer Galle quillt; Liebkosungen,
Dich aufzuwecken, wärst du halb auch tot,
Und Worte, welche Neigung in dich strömen.
O liebe mich! Du darfst, du kannst nicht wählen.
Adonis. Du wirbst nicht gut. Die Männer tragen
nicht
Nach solcher Lust, die angeboten wird,
Begehren, nein, nach dem verweigerten
Genuß. Vor solchen aufgedrungnen Freuden
Scheu'n wir zurück. Wo Furcht, wo Zweifel ist,
Mit freud'gem Willen werben da die Männer.
Venus. Der Liebe Königin kannst in der Liebe
Du unterrichten. (Bei Seite.) Mit Verachtung will
Ich auf ihn schau'n. Ach, meine Stirne ist
So glatt, nicht eine Falte will sie tragen. —
(laut.) Von hinnen geh zur Jagd, laß mich allein.
Doch jetzt noch nicht. Ich will die nächste Nacht
Auf des Endymion Ruhestatt verbringen,
Auf der die Mondeskönigin den Jüngling
Liebkoste. Wage nicht zu kommen, denn
Ungnädig bin ich gegen dich; allein
Kommst du, kann ich dir einen Platz gewähren.

Phöbus und Vulcan.

Vulcan. Hab' guten Morgen, Phöbus; was gibt's
                                          Neues?
Was auf der Welt geschieht, siehst du ja alles,
Die Menschen handeln ja beim Sonnenschein.

Phöbus. Bisweilen auf das Meer werf' ich mein Auge,
Daß ich dem Spiel des Seehunds und Delphins
Zuschaue; den Verkehr der Handelsleute
Dort seh' ich und wie ihre Segel hoch
Im Winde schwellen; Seegefechte auch
Mit ihren Wolken Rauchs, die meine Strahlen
Verdunkeln. Wohl bisweilen mein Gesicht
Dann richt' ich auf die Erde, daß Metallen,
Gesträuchern, Blumen Leben ich verleihe
Durch meine Glut. Hier in dem Garten wandeln
Leichtfert'ge Frau'n am Arme der Galane,
Da drüben treibt der Ackersmann den Pflug.
Hier seh' ich Vieh, das auf der Weide graft,
Hier Schäfer neben ihren Dirnen, die,
Indessen ihre Herden weiden, unter
Den Bäumen Flöte blasen. In den Städten
Gewahr' ich Handel, Feilschen, Ware tauschen,
Kauf und Verkauf, hier Bosheit, Güte dort,
Kurz alles — und auf alles schein' ich gleich.

Vulcan. Du dreimal sel'ger Phöbus, der, indes
Der unglückselige Vulcan auf Lemnos
Verbannt ist, täglich solche Freuden hat.
Was gibt es Neues sonst?

Phöbus.   Kein Kaiser tritt
Aus dem Palast, daß ich ihn nicht erblicke,
Auch nie ergötzt er sich, daß ich's nicht sehe.
Ich sehe alle Krönungen, sowie
Begräbnisse, Versammlungen und Märkte,
Aufzüge, kurz was irgend sehenswert.
Bei jedem Pirschen seh' die Jagd ich besser

Als jene Treiber, die das Wild aufscheuchen.
Was seh' ich nicht? Kein Fenster ist, in das
Nicht meine Strahlen bringen, keine Spalte,
Kein Schlüsselloch, durch das sie sich nicht stehlen.
Und dort, Vulcan, erblick' ich Wunderdinge,
Ja Dinge, welche du und jeder sonst
Nicht glauben würde. Und, Vulcan, soll ich
Dir sagen, was ich jüngst gesehen habe?
Ich sah den Kriegsgott Mars —

Vulcan. Gott Mars —

Phöbus. Nun ja,
Als ich durch eine Spalte sah, im Bett —

Vulcan. Im Bett? Mit wem? Mit einer hübschen
Dirne,
Das schwör' ich.

Phöbus. Eine prächt'ge Dirne war sie.

Vulcan. Erzähl mir's, guter Phöbus, daß den Mars,
Wenn ich ihn treffe, ich darob verhöhne.
Sag mir, bei deinem Leben sag die Wahrheit!

Phöbus. Vulcan, ich sag's grad aus, es war dein
Weib.

————

Die Großen Griechenlands, welche **Hercules** suchen, finden
ihn in Freudenkleidern bei **Omphale** spinnend.

Jason. Wir waren an den Hercules von Theben
Gesandt, da hörten wir, bei Omphale
Sei er, der Königin von Theben.

Telamon. Sprich,
Wo ist denn Omphale, wo der Alcide?

Pollux. Sagt, hohe Frau, an Hercules sind wir
Gesandt, wo ist er?

Omphale. Seht ihn hier.

Atreus. Wo denn?

Omphale. Bei seiner Arbeit dort.

Jason. Dies Hercules?
Das ist ein weibischer, ein niedrer Knecht,
Nicht er, des Macht die Erde fast erdrückte.

Hercules. Hat Jason, Nestor, Castor, Telamon,
Atreus und Pollux seinen Freund vergessen?
Ich bin der Mann.

Jason. Wir kennen dich nicht, Weib.
Wir wollten Hercules, den Sohn des Zeus,
Aufsuchen, der in seiner Wiege schon
Die Schlangen würgte, welche Juno sandte,
Der in den Spielen von Olympia siegte,
Ihn, der den Löwen von Nemea schlug,
Den Eber Erymanthias, den Stier
Von Marathon, die Hyder von Lernea,
Den flügelschnellen Hirsch.

Telamon. Den Helden Thebens
Seh'n möchten wir, durch welchen Cacus fiel,
Den, der Busiris opferte und der
Den Diomed zum Fraße seinen Rossen
Hinwarf.

Pollux. Der die Hesione vom Walfisch
Befreite, später Troja plünderte,
Und mit der Faust Laomedon erschlug.

Nestor. Ja den, durch welchen Albion und Dercilus
Hinsanken, der Decalia, Betricia
Gewann.

Atreus. Und der das Ungetüm Geryon,
Das auf dem Rumpf drei Häupter trug,
Erschlug.

Pollux. Herakles, den Centaurensieger,
Wo find' ich ihn?

Telamon. Der den Verräter Nessus
Mit seinem Speer durchbohrte, den Antheus
Erwürgte, Augias Ställe reinigte,
Der Hesperiden goldne Aepfel pflückte?

Jaſon. Er, der den Amazonengürtel löſte,
Den Achelous mit der Keule ſchlug
Und ſie, den Stolz von Caledon gewann,
Die ſchöne Dejanira, die in Theben
Jetzt des Herakles Ferneſein beklagt.
Atreus. Ihn ſuchen wir; doch da er hier nicht iſt,
Ihr Herren kommt denn; die Geſchenke hier
Heim bringen wollen wir der treuen Herrin,
Von der ſie kamen.
Hercules.   Bleibt, ihr Herren!
Jaſon.   Hier?
Im Kreis der Weiber?
Hercules.   Des Thebaners wegen,
Des teuern, welchen ihr zu ſuchen kamt,
Bleibt etwas noch. So wahr ich Hellas liebe,
Zu euch will den verlornen Hercules
Ich bringen, wegen deſſen ihr hieher kamt.
Telamon. Es wirkt, es wirkt —
Hercules.   Wie hab' ich ſo mich ſelbſt
Verloren! Hab' ich alles dies vollbracht?
Wohin ſchwand jener Geiſt, der mich vordem
Beſeelt? Kein Wunder, Hercules, daß du
Fremd ihnen wurdeſt, daß du ſo verkleidet
Dir ſelber unbekannt biſt! Mit dem Rocken
Hier fort, hinweg mit dieſer weibiſchen
Hantirung; fort mit euch, ihr Frauenkleider,
Und laßt mich wieder ſein, der einſt ich war.
Vergib mir, Omphale!

Ich muß dieſem Drama noch eine Stelle vom ächteſten
Pathos anfügen, welche der Verfaſſer dem Meleager in den
Mund gelegt hat, wie er langſam durch die Wirkung des ver-
brennenden, von ſeiner Mutter ins Feuer geworfenen Holz-
ſtückes verzehrt wird:

„Und höher wächst die Glut, in der ich lohre; —
O Vater, o Oeneus und Athen,
Du, die ich meine Mutter nennen möchte,
Nur daß mein Geist mir sagt, grausam bist du,
Und doch leb wohl!"

Was ist das gepriesene „Vergib mir, o vergib mir!" der sterbenden Gattin Shore's in dem Stück von Rowe, verglichen mit diesen vier kleinen Worten?   Ch. Lamb.

---

5. Die Herzogin von Suffolk.

Ein historisches Schauspiel.

Die Herzogin mit ihrem kleinen Kinde bereitet sich vor, bei Nacht den unaufhörlichen Verfolgungen der Papisten zu entkommen.

Herzogin (zur Amme).   Gib mir mein Kind sowie den
                                        Mantel her!
Geschehen mag des Himmels Wille nun.   Leb wohl!
Mag Leben kommen oder Tod, nur bergen
Will meinen Schatz ich.   Schrei nicht, hübscher Knabe!
Die Feinde kommen.   Deiner Mutter Unglück
Führst du herbei, wenn so du schreist.   Sei still!
Dies Thor wird uns vor ihrer Wut beschirmen.

(Sie geht ab. Lärm von Verfolgern. Sie kommt zurück.)

Herzogin.   O Furcht, was bist du?   Leihe Flügel
                                        mir zur Flucht;
Und leite mich in diesem Elend.   Schon
Hat die Natur das Kind gelehrt, gehorsam
Zu sein.   Gehorcht hast du der Mutter Willen;
O laß mich küssen deine holden Lippen,
Die schwiegen, um die Mutter nicht zu töten.
Nun weiter nur, wohin der Himmel will!

Gleich schlechte Führer sind wir, ich und du;
Wir sind zwei Pilger, die zum Löwenquai*)
Aufbrechen wollen und nicht eine Spur
Des Weges kennen.

(Man hört von neuem Lärm.)

Herzogin. Kommt ihr da zurück?
Dann ist die Zeit da, um mich aufzumachen.

Andere Scene.

Herzogin. So weit, der Himmel einzig weiß wohin,
Sind wir der Feinde eifriger Verfolgung
Entronnen. Führerin war meine Furcht mir.
Zurück noch blick' ich, noch ermüdet hält
Der Fuß mir inne, der bisher die Straßen
Von London nie durchschritt. Mit meiner Ehre
War das vereinbar nicht; stets wollt' ich reiten.
Geh'n muß ich nun, noch schlimmre Pein zu
                                    meiden.
Du sollst es nicht, Kind. In des Kummers
                                    Armen
Trug ich dich fort, damit das Unglück du
Willkommen heißest. Die Gewohnheit muß
Abhärten dich durch Elend und durch Mangel,
Daß minder sie dein hoher Stand im Alter
Zu tragen habe. Schlafe ruhig, Herzchen,
Mach keinen Lärm. Mich dünkt, jedweder Fußtritt
Sei ein Verhaftbefehl des Todes. Dich
Bald werd' ich treffen, Amme. Eine Brust
Wird kommen und mein hübsches Knäbchen stillen.

---

*) Von diesem Platz aus hofft sie sich nach Flandern
einschiffen zu können.

Andere Scene.

Die **Herzogin**, von Ort zu Ort verfolgt, findet nebst ihrem
Gatten **Berty** Trost in dem Lächeln ihres Kindes.

Herzogin. Noch sind wir der Verfolgung unsrer Feinde
Entronnen, und die einst so schwach ich war
Durch meine Weh'n bei dieses Kinds Geburt,
Jetzt ward ich durch die harte Not gestählt.
Wie weit sind auf dem Weg nach Windham Castle
Gelangt wir?
Berty.　　　　Eben halb des Wegs. Allein
Verloren haben unsre Freunde wir,
Weil unsre Feinde uns so heiß verfolgt.
Herzogin. Nicht ganz an Freunden fehlt's uns; siehe da
Der junge Lord von Willoughby blickt lächelnd
Uns an. Und große Hilfe in der Not
Ist's, einen jungen Lord zum Freunde haben.

----

6. Der Sturz Roberts Earl von Huntingdon.
Ein historisches Schauspiel.

Robin Hood erzählt **Marian** die Freuden des Waldlebens.

Robin. Marian, du siehst, wenn Hofergötzungen
Auch fehlen, mangelt es im Sherwoodforst
An ländlichen Vergnügungen mit nichten.
Anstatt der herzerquickenden Musik
Von Instrumenten die geflügelten
Choristen haben wir mit manchen Noten,
Die sie aus ihren hübschen Kehlen senden;
Von jedem Zweige unsres Waldes suchen
Sie uns aus eignem Antrieb zu ergötzen.

Statt hängender Tapeten, prächt'gen Wandschmucks
Die Stickereien der Natur sieh hier!
Anstatt des Spiegels, drin du dich beschaut,
Schau'n deine Augen von Krystall hinab
In Bäche von Krystall. Am Hofe schmückten
Das Haupt dir wen'ge Blumen, ganze Kränze
Umgeben's jetzt. Denn das was wir an Schätzen
Entbehren, haben wir an Blumen jetzt.
Und was in Sälen wir vermissen, haben
Wir jetzt in Waldeshallen.

Marian. Marian hat,
Mein süßer Robert, alles, da sie dich hat,
Und denkt, du seist gleich reich, da mich du hast.

Andere Scene.

Scarlet erzählt dem **Scathlock** von den Freuden des Lebens eines Geächteten.

Scarlet. Nun, volle sieben Jahre sind's, seitdem
Man uns geächtet und der Sherwoodwald
Für uns das einz'ge Erbteil ward. Wir haben
Die ganze Zeit regiert, wie wir gewollt,
Vom Burnsdaler Fels bis zu den roten Klippen
Von Nottingham. In Blithe sowie in Tickhill
Willkommne Gäste waren wir. In Bradford
War Freund uns George=a=green, und Wakefields
Flurschütz,
Der lust'ge, nahm uns immer gerne auf.

Andere Scene.

Der verbannte **Fitzwater** sucht seine Tochter Matilda (Robins **Marian**) im Wald von Sherwood.

Fitzwater. Recht hatte der und wußte, was er sagte,
Der sprach: „Das Glück der Erde ist ein Weh,
Das große Staaten kaum ertragen können."

Ehmals besaß Fitzwater an dem Hof
Des schönen England Glück und reiche Habe,
In seinem Schloß ergötzte sich das Wohlsein,
Doch eine Stunde scheuchte fort die Lust.
Fitzwater hatte Burgen einst und Türme,
Fruchtgärten, Haine und begrünte Fluren;
Nur weite Wege sind mir noch geblieben,
Die diese steifen Glieder jetzt nicht mehr
Mich schreiten lassen. Mir geblieben nur
Ist noch des Himmels glorreich Zelt, das mich
Sowie mein Bett von Moos im Schlaf beschattet.

Er gewahrt **Robin Hood**, wie er schläft, und **Marian**,
welche Blumen über ihn streut.

Fitzwater. Zum Glück gewahr' ich dort, was Trost
mir beut;
Und den verbannten Huntingdon erblick' ich,
Der neben meiner Tochter liegt. O sieh
Wie meine Blume Blumen trägt in Händen,
Und auf den Sohn hinstreut, der schlummernd liegt.

Fitzwater stellt sich blind, um zu erproben, ob seine Tochter
ihn erkennen will.

Marian. Welch alter Mann bist du? Durch welch
Geschick
Kamst du so weit in diesen dichten Wald?
Fitzwater. Weib oder Witwe oder Mädchen, was
Du immer seist, du siehst, ich kann nicht sehen,
Leih deine Hand mir drum. Heil sei mit dir!
Den Mangel fühlst du wenig, gutes Kind,
Den du bei mir triffst; hart und spärlich ist
Mein Brod. Hier deine weichen Adern zeigen,
Mein Kind, wie gut du bist, wie glücklich der
Ist, der dich findet. Ich, der arm und alt
Ich bin, nichts Gutes ist auf Erden mein.
Verzweifelnd kam ich her in diesen Wald,

Um Robin Hood zu suchen, den Beschützer
Der Armen.

Marian. Und willkommen, Alter, bist du,
Zehnmal willkommen, ja, bei Maid Marian.
Nimm diesen Wein, das Herz dir zu erfreuen,
Trink alter Mann! Wildbret sowie ein Messer
Sind hier; hier-Weißbrod. — Eben hat geregt
Mein Robin sich, ich muß in Schlaf ihn singen.

Andere Scene.

Ein böser **Prior.** Ein **Laienbruder.**

Prior. Was habt Ihr Neues?

Laienbruder.   Ernste Kunden, Herr.
Der Blitz in eines Feuerdrachen Form
Auf eine Scheuer, welche Euch gehört,
Gefallen, hat sechs Scheuern ganz verbrannt.
Und nicht ein Strohhalm ward verschont, obgleich
Zehntausend Hände, wenn auch nicht aus Liebe
Für Euch, zu retten suchten, was noch möglich.
Denn jede Zunge brandmarkt Eure Lordschaft
Mit bittern Flüchen als des Landes Viper.

Prior. Was sagten denn die Schurken?

Laienbruder.   Also schrie'n sie:
„Auf diesen Kerl, der mit dem Korne wuchert,
Ihn, der den Grafen Huntingdon geschädigt,
Auf diesen wüsten, grausam falschen Prior
Hernieder fallen mag des Himmels Richtspruch
In Feuerströmen!" Alte Weiber, die
Kaum noch auf ihren Krücken kriechen konnten,
Und Kinder, die erst eben sprechen lernten,
Herrnlose Knechte, aufgezehrt von Mangel,
Mit einer Stimme in verworrnen Schreien
Ergossen bittre Flüche über Euch.
„Mag Plage über Plage auf ihn fallen,
Der unsres guten Robert Elend schuf!"

7. Der englische Reisende.

Erzählungen des Reisenden.

Mein Gatte, Herr, ist sehr erfreut gewesen
Durch all das Seltne was vom heil'gen Land
Und von Jerusalem Ihr ihm erzählt.
Worin die neue von der alten Stadt
Sich unterscheidet; welche Trümmer noch
Des Tempels übrig sind, und ob der Berg
Zion, sowie die Hügel um ihn her
Samt Städten, Dörfern, die dabei gelegen,
So wie wir lesen, auf einander folgen:
Und von der großen Pyramide dann
In Rom, die auf zwei Löwen vorn emporsteigt.
Wie viel von jenen Götzentempeln noch,
Geweiht einst ihren Heidengöttern, aufrecht
Dastehen, halb zertrümmert die, die andern
Zu besserm Dienste wieder hergestellt.
Von ihrem Pantheon und Kapitol.
Was für Gebäude schon in Trümmern liegen,
Und welche noch vorhanden. — Was kann mehr
Des alten Mannes Ohr erfreu'n, der andre
Als seines Landes Lüfte nie geatmet,
Als wenn Bericht er hört von solchen Dingen?

Schiffbruch beim Trinkgelage.

Der Herr hier sowie ich, wir schritten eben
Bei Eures nächsten Nachbars Haus vorüber,
Wo Lionel, ein noch unbärt'ger Junge,
Deß Vater ferne auf der See ist, wohnt.
Dort gab es diese Nacht ein großes Fest.
Bei ihres Zechens Höhe, als ihr Hirn
Erhitzt war von des Weines Glut, begannen
Erzählungen von Stürmen auf der See,

Als plötzlich in des Schwindels Wildnis einer
Das Zimmer, drin sie zechten, für ein Schiff hielt,
Das auf= und niederwogte und den Wirrwar
Des Lärmens für des Winds Geheul und Murmeln,
Und daß des Schiffes Auf= und Niederwogen
Sie alle auf= und niedertaumeln ließe.
In dieser Meinung dachte ihrer jeder
Sich die Gefahr und wie er Rettung fände.
Klimm, ruft der eine, zu dem Hauptmast auf.
Er selber steigt am Bettgestell zum höchsten
Der Pfosten, gibt Bericht vom Meeressturm
Und hochbewegter See, erteilt den Rat,
Wenn sie ihr Schiff und Leben retten wollen,
Die Ladung übers Bord hinabzuwerfen.
Ans Werk geh'n alle da und auf die Straße,
Als wär's das Meer, das, was zunächst zur Hand ist,
Wirft ihrer jeder, Stühle, Tische, Bänke,
Bettstellen, Becher, Töpfe, Gläser, Schüsseln.
Hier pfeift ein Kerl, der Bootsmann sei er, glauben
Die andern. Einer strampelt auf dem Boden,
Als schwömm er um sein Leben. Dort ein dritter
Nimmt die Baßgeige für das Rettungsboot,
Setzt sich in deren Bauch und rudert mühsam;
Der Fiedelbogen dient als Ruder ihm.
Ein vierter reitet auf dem Nebenmann,
Um sich zu retten, wie auf dem Delphin
Arion that, auf einer Zither spielend. —
Die rohe Menge, die sich außen drängt
Und all das Zeug, das aus den Fenstern fliegt,
Angafft, geräth sich in die Haare drum.
Der Büttel wird gerufen, dem Tumult
Einhalt zu thun. Da er ein solches Lärmen
Von nahem Schiffbruch drinnen hört, tritt ein
Ins Haus er und sieht sie in solchem Wirrwarr.
Sie beten seinen Stab an, welchen sie

Für Gott Neptunus' Dreizack halten, der
Mit dem Gefolge von Tritonen käme
(Die Wächter nämlich, die er mit sich bringt)
Den Sturm zu stillen und das Meer zu sänft'gen.

———————

Dies Stück von köstlicher Uebertreibung, das wegen
seines Lebens und Humors von Petruchio selbst hätte erzählt
oder gespielt werden können, gab Anlaß zu dem Titel von
Cowley's lateinischem Stück, „Naufragium joculare" und
lieferte die Idee zu der besten Scene darin. — Heywood's
Vorrede zu diesem Schauspiel ist interessant, da sie jene
heroische Gleichgültigkeit gegen die Nachwelt zeigt, welche
einige dieser großen Autoren gefühlt zu haben scheinen. Es
gibt eine Großherzigkeit in der Autorschaft, wie in allem sonst.

„Wenn du, Leser, ein Hörer dieses Stück's gewesen bist,
so ist für mich weniger eine Schutzrede dafür nötig, daß ich
deine Geduld in Anspruch genommen habe. Da diese Tragikomödie, welche eine von 220 ist, welche ich entweder ganz
verfaßt oder bei welchen doch meine Finger im Spiele gewesen sind, zufällig in den Druck kommt und ich dies erfahre,
hielt ich es nicht für passend, daß sie als filius populi gälte,
als ein Bastard ohne einen Vater der ihn anerkennt. Es ist
wahr, daß meine Stücke dem Volke nicht in Bänden vorgelegt werden, um den Titel ‚Werke' zu tragen wie die von
andern; ein Grund dafür ist, daß viele von ihnen durch Ueber-
gang von einer Gesellschaft auf die andere aus Unachtsam-
keit verloren gegangen sind. Andere von ihnen befinden sich
noch in den Händen einiger Schauspieler, die es gegen ihren
Vorteil finden, daß sie gedruckt werden; ein dritter Grund ist,
daß es niemals ein großer Ehrgeiz von mir war, in diesem
Fach vielfach gelesen zu werden. Alles was ich jetzt noch
weiter zu zeigen habe ist dies: Deine Kritik erbitte ich so
günstig, wie mein Stück dir vertrauend vorgelegt wird.

Immer beflissen für dein Vergnügen und deinen Nutzen
Th. Heywood.

Von den 220 Stücken, von denen er hier als solchen an
denen er Teil gehabt, spricht, sind nur 25, welche Dodsley

aufzählt, aus den Gründen, die in der Vorrede angegeben sind, auf uns gekommen. Die übrigen sind, weil sie den Zufällen eines Theaters ausgesetzt waren, untergegangen. Heywood scheint damit zufrieden gewesen zu sein, während seines Lebens das Vergnügen zu haben, seine Stücke von Schauspielern vorgetragen zu hören. Es scheint nicht, daß er je an die Möglichkeit gedacht habe, von späteren Jahrhunderten gelesen zu werden. Welch ein kleines Almosen von Ruhm war Grund genug für die Produktion solcher Stücke wie der „Englische Reisende", „Die Herausforderung wegen Schönheit" und „Das durch Güte getötete Weib"! Die Nachwelt ist verpflichtet dafür zu sorgen, daß ein Schriftsteller nichts durch eine solche edle Bescheidenheit verliert.   Ch. Lamb.

Plautus Mostellaria, auf eigentümliche Art nachgebildet, nicht etwa wie Moliere die antiken Motive verändert, sondern völlig das Stück frei übersetzt, an einer Stelle im zweiten Akt, wo ein besoffenes Gastmahl geschildert wird, die griechische Fabel in ihrem eigensten Sinn aufs genialste weitergeführt, dann aber dem ganzen antiken Stoff eine zweite Fabel untergelegt, die völlig modern und auf ein psychologisch moralisches Problem gestellt ist. Der gereiste Engländer, an welchem Freund und Freundin zu Schanden werden, ist eine ideelle Gestalt, welche auf den Leichtsinn dieser Bühne einen erschreckenden Schatten wirft. Heywood, den man einen Vielschreiber genannt hat, war es vorbehalten, das Wort des sittlichen Imperativ auf der englischen Bühne auszusprechen, welches im shakespearischen Theater latent blieb; Frauenehre ist ein Unantastbares und hier keine Verzeihung möglich, ohne daß der Dichter damit in das andere Extrem fanatischer Grausamkeit verfällt wie Calderon. Wir haben hier also denselben Grundgedanken wie in dem Stück A woman kill'd with kindness. Daß aber das ganz moralische Thema kein sonderlich gutes Drama zuwege bringen konnte, versteht sich von selbst. Die beiden Teile dieses Stücks haben keine innere Verwandtschaft und die Katastrophe ist eine reine Dissonanz.   Moritz Rapp.
Studien über das englische Theater. Tübingen 1862.

II.

Thomas Heywood und Richard Broome.

Die Hexen von Lancashire.

Eine Komödie.

Mister **Generous** entdeckt, indem er die Zügel von einem anscheinenden Pferd in seinem Stall abnimmt, daß es seine Frau ist, die sich durch magische Künste verwandelt hat und eine Hexe ist.

Generous, Weib, Robin, ein Reitknecht.

Generous. In Eis ist umgewandelt mir das Blut
Und alle meine Lebenskraft ist hin.
Ein dumpfer Stumpfsinn überfällt mich plötzlich
Und hat gehemmt die heftige Erregung
In mir. Mich dünkt, ein Bild von Marmor bin ich,
Kein Mensch. O Zeit, bis zu dem ersten Faden,
Ich bitte, spinne mir zurück das Leben;
Nimm fünfzig Jahre in Unwissenheit
Verbracht von mir, daß ich aufs neu zum Kind
Geworden, endlich klüger werde. Was,
Und wo bin ich, daß vor Verwunderung
Ich mich nicht fassen kann?

Weib.   Herr!

Generous.   Ganz verwirrt,
Und, wie mich selber nicht versteh'nd, gebracht
In diese neue Welt bin ich!

Robin. Du willst an keine Hexen glauben?

Generous.   Dies

Läßt mich an alles und an jedes glauben
Und daß ich selbst ein Nichts bin. Bitte, Robin,
Laß mich mich selbst erkennen. Wer bist du,
Und dies verwandelte Geschöpf?

Robin.   Ich bin
Robin, und meine Herrin, Euer Weib,
Ist dies.

Generous. Gen Himmel wird die Erde fliegen,
Sag eh'r, den Mond zu küssen, und der Mond,
Aus Liebe zu der Erde, seine Sphäre
Verlassen, hier zu uns herabzusteigen.
Was, was ist dies in meiner Hand, das so
Aus einem Tiere mit vier Füßen plötzlich
Ein Ding ganz wie ein Weib hervorgeh'n läßt?

Robin. Ein Zügel, Herr, ein Zaum.

Generous.   Wie? Schwinde,
                              Zauber!
Was, meine Ehehälfte eine Hexe!
Je mehr aus diesem Wirrwarr ich heraus
Zu winden mich versuche, um so mehr
Werd' ich darin verstrickt. Ich bitte, Weib,
Sprich, bist du eine Hexe?

Weib.   Leugnen nicht
Kann ich, daß solch verrucht Geschöpf ich bin.

Generous. Komm mir zu nahe nicht. Bin ich denn nicht,
Seit ich zuerst mich selbst verstehen lernte,
Bemüht gewesen, alles zu erkunden,
Was für mein Seelenheil ersprießlich war,
Mit meinen besten Kräften jedem Werk
Des schwarzen Höllenmeisters zu entsagen?
Und hat mich jene Schlange so umstrickt,
Daß ich so oft und lang mit einem Teufel
An meiner Brust im Bette liegen muß?

Weib. Vergebung, Herr! (Sie schlägt die Augen nieder.)

Generous.   Vergebung! Kannst du die
Erhoffen? Sage mir, denn jetzt glaub' ich's,
Bist eine Hexe du?

Weib.   Ich bin's.

Generous.   Getroffen
So wie durch einen Donnerschlag werd' ich
Durch dieses Wort, und finde keine Antwort.
Doch sage mir, ward ein Vertrag von dir
Mit jenem Feind der Menschheit, mit dem Teufel
Geschlossen?

Weib.   Ja!

Generous.   Und was gelobt drin hast du?

Weib. Verschrieben meine Seele hab' ich ihm.

Generous. Zehntausend Male besser wär's, wenn du
Dem Brandpfahl deinen Leib verschrieben hättest,
Ja und auch meinen, daß zugleich mit deinem
In lichten Flammen er gelodert hätte,
Bevor ein solches Bündnis du geschlossen! —
O sage mir, wohin geht der Vertrag?

Weib. Soweit ich über meine eigne Seele
Verfügen konnte, gab ich alles ihm.
Doch dessen Teil, der sie geschaffen hat,
Behielt ich noch zurück; denn nicht verfügen
Kann ich darüber.

Generous.   O, der list'ge Teufel!
Thörichtes Weib, erfahre, wo er nur
Den kleinsten Teil verlangen kann, wird er
Das Ganze an sich reißen. Weh, verloren
Bist du!

Weib.   Ich hoffe, nein!

Generous.   Was, Hoffnung hegst
Du noch?

Weib.   Ja, Herr.

Generous.   Und welche?

Weib.   Nun, ich hoffe,
Nur soweit jenem . Feuer hab' ich mich
Verschrieben, daß noch Reuethränen es
Auslöschen können.

Generous.   Sehen möcht' ich solche
In deinen Augen.

Weib.   Wenn du nachsichtsvoll
Mich anschaust, kannst du jetzt mit Blut gefärbt
Sie seh'n, mit Blut, das aus dem Herzen quillt.
Herr, tief betrübt bin ich. Wenn ich empor
Zum Himmel blicke, auf Vergebung hoff' ich;
Und seh' ich dich, so denk' ich, daß die Güte,
Die von Natur dir eigen, gleich barmherzig
Sein wird, wie er. Vergangen gegen beide
Mich hab' ich, und erflehe von den beiden
Verzeihung.

Generous.   Darf ich's glauben?

Weib.   Niederknie ich
Indem ich Gnade von euch beiden hoffe.

Generous.   Weißt du, was eine Hexe ist?

Weib.   Ach, nur
Zu gut. Und wenn ich's näher überdenke,
Noch tiefer drob wird meine Traurigkeit.

Generous. Sag mir, sind diese Thränen so erfüllt
Von echter Reue, wie von Gram die meinen,
Daß ich in solchen Zustand der Verzweiflung
Gestürzt dich sehe?

Weib.   Herr, sie sind's.

Generous.   Steh auf!
Und wie ich dir, so möge mir der Himmel
Verzeih'n. Wir alle sündigen, jedoch
Mag Gott vor solchem Abfall uns bewahren!
Noch denk' ich, Weib, als ich zuerst dich nahm,
Da nahm ich dich „für gut und schlecht". O wandle
Was schlecht an dir zum Guten, daß ich dich

Behalten könne, wie wir einst gelobt,
Bis daß der Tod uns trennt. O Weib, dir ziemt
Zu weinen, bis du selbst zur Quelle wirst,
Zu solcher Reuequelle, welche Macht hat,
Die unsichtbaren Flammen zu ersticken,
Mit dir dann wein' ich. —

———

Heywood ist ein noch fruchtbarerer Autor als Shirley.
Zwischen vierzig und fünfzig Stücke werden ihm zugeschrieben.
Heywood erhebt sich selten zu großer Kraft der Poesie, doch
seine dramatische Erfindung ist gewandt, sein Stil leicht, seine
Charaktere überschreiten nicht die Gränzen der Natur, und es
ist nicht zu verwundern, daß er in seinem Zeitalter populär
war.   Hallam.

III.

Th. Heywood und W. Rowley.

Glück zu Land und zu Meer.

Ein Lustspiel.

Der alte Forest verbietet seinem Sohn, mit einigen schwel=
gerischen Leuten zu Nacht zu essen; dieser thut es aber trotzdem
und wird umgebracht.

Scene: Ein Wirtshaus.

Rainsworth, Foster, Goodwin; zu ihnen tritt Frank Forest.

Rainsworth. Nun, Frank, wie hast aus deines Vaters
Arm
Du dich gestohlen? Dir verboten hat
Er's doch gewiß. O pfui darüber, pfui!
Eh'r daß in solcher Sklaverei ich es
Aushalten möchte bei dem alten Graubart,
Erhenken würd' ich mich. Nicht froh kann sein
Ein Mensch, er will ihn kontrolliren stets
Mit mürr'scher Strenge.
Frank.   O, mein Vater ist er,
Verzeih ihm's drum. Aus väterlicher Liebe
Nur thut er, was er thut. Obgleich ich wild bin,
So ganz nicht hab' ich den Verstand verloren,
Ihn zu verachten, wenn ich seinem Rat auch
Nicht folgen kann.

Rainsworth. Er ist ein Narr!

Frank. Ein Narr!
Du bist ein —

Foster. Nun, ihr Herrn!

Frank. Noch meine Zunge
Halt' ich zurück, indem ich glaube, daß
Unüberlegt du sprichst, absichtlich nicht
Mit Bosheit, und daß selbst vielleicht bir's leid thut,
Unehrerbietig so von einem Mann
Geschwatzt zu haben, welchem Achtung zukommt.

Rainsworth. Leid soll mir's thun? Ausnahmen willst
du nicht
Gestatten?

Frank. Gern nicht gegen dich, den ich
So lang geliebt. Doch denken müßtest du,
Ein pflichtvergeßner, undankbarer Sohn
Sei ich, wenn ich ein freundliches Gesicht
Zum Unrecht machte, das du meinem Vater
Zufügst. Komm, ich will schwören, nicht aus Bosheit
Hast du's gethan. Von anderm laß uns reden.
Ihr Herren, hört —

Rainsworth. Hör bu mich, Junge! Scheint
Es doch, du zürntest —

Frank. Nicht so ganz, jedoch —

Rainsworth. Worüber würdest wirklich du denn
zürnen?

Frank. Nicht über irgendwas von dir.

Rainsworth. Von allem
Hier unterm Himmel, was am meisten würdest,
Wenn ich es thäte, du verabscheu'n? Sprich!

Frank. Nicht meinem Vater, dem ehrwürdigen,
Möcht' ich dich Unrecht anthun seh'n; ich hoffe
Das thust du nicht.

Rainsworth. Ein alter Dummkopf ist
Dein Vater.

Frank. Nicht ertragen würd' ich das
Von einem König, wen'ger noch von dir.

Rainsworth. Bube, so nimm das hin!

Frank. Er erschlägt mich!

Goodwin. Was thust du, guter Vetter? Sieh dich
vor jetzt.

Rainsworth. Hinweg —

(Sie gehen ab.)

Es treten zwei Diener ein.

Erster Diener. Faßt jene Herrn, getötet haben
Sie einen Mann! O süßer Herr, o Frank!
Kund muß man seinem Vater thun, was eben
Gescheh'n.

Zweiter Diener. Horch, seines Vaters Stimme hör' ich,
Zehn möcht' ich wetten gegen eins, er kommt
Um ihn zum Abendessen heimzuholen;
Jetzt heim kann er ihn bringen in sein Grab.

Es treten ein der Wirt, der alte Forest und Susanna,
seine Tochter.

Wirt. Ihr müßt Euch trösten, Herr.

Forest. Sprich, ist er tot,
Ist tot er, Tochter?

Susanna. Frank ist tot, ach ja!

Forest. Ach, ach, mein Sohn! Ich habe nicht den Mut,
Die Wunden, die tief auf der Brust ihm klaffen,
Zu schau'n. Sprecht, Herr, dünkt dies nicht fürchterlich
Und jammervoll Euch, Euch, der fremd doch ganz
Ihr meinem toten Sohn seid?

Wirt. Wie wohl kann
Es anders sein?

Forest. O ich Unseligster
Von allen Unglücksel'gen! Wenn ein Fremder
Von seinen warmen Wunden, die noch bluten,
Gerührt zu Mitleid wird, wie müssen erst
Sie mir, der ich sein Vater bin, erscheinen?

O, werden sie nicht meine Augensterne
Aus ihren Höhlen bohren, daß von Blindheit
Umhüllt sie werden, welche ewig währt?

Susanna.   O Herr, blickt her!

Forest.   Willst du, daß blind
                                 ich werde?

Anschau'n will ich ihn denn, wenn ich das weiß.
Weh mir, ist dies mein Sohn, der leblos so
In seinem Blute schwimmt? Vereint mit seiner
Hinweg wird meine Seele in das Land
Des Friedens flieh'n. Sieh her, ich flehe, daß,
Von Gram getötet, in dasselbe Grab
Wir beide sinken.

Susanna.   Wehe! Auch mein Vater
Ist tot! Helft, guter Herr, daß wieder er
Zu Sinnen kommt, er, der von Gram und Alter
Ermattet ist.

Wirt.   Herr Forest!

Susanna.   Vater —

Forest.   Was
Sagt da mein Mädchen? Guten Morgen. Was?
Ist's an der Zeit, daß du so früh schon auf bist?
Weck auf den Frank! Sag ihm, er liegt zu lang
Im Bette diesen Morgen. Einst war er
Gewohnt, die Sonne aufzuwecken, ja
Die frühe Lerche weckt' er aus dem Schlaf,
Um in die Wolken sie emporzujagen.
Will er nicht aufsteh'n? Träger Knabe, auf,
Steh auf!

Susanna.   Mein Vater, ach, er kann's nicht mehr.

Forest. Kann's nicht? Warum?

Susanna.   Siehst du nicht, wie er bleich
Und blutlos daliegt?

Forest.   Krank wohl mag er sein,
Daß er so blaß ist.

Susanna. Fühlst du nicht, wie sich
Sein Puls nicht regt, nicht, wie so still er liegt?

Forest. Dann schläft er tief.

Susanna. Siehst du sein Augenlid
Geschlossen nicht?

Forest. Sprich leise, stör ihn nicht
Im sanften Schlaf!

Susanna. O diese Purpurstreifen,
Siehst du sie nicht, und diese Wunden nicht?

Forest. Weh mir! Gemordet ist mein Sohn!

Es tritt ein Edwin Forest.

Edwin. O Schwester!

Susanna. Mein Bruder, Bruder!

Edwin. Vater, o wie geht's dir?
Du suchtest andre immerdar zu trösten,
Die irgendwie betrübt von Leiden waren,
Hast allen Trost verschwendet du und keinen
Für dich bewahrt?

Forest. O Sohn, Sohn, Sohn, sieh her,
Hier wo dein Bruder liegt. Erst heute aß er
Mit mir zu Mittag, war so froh, so froh;
Und dieser Leichnam nun! Er, der hier liegt,
Sieh hier, mein Sohn, dein umgebrachter Bruder.
O blicke her, weinst du nicht über ihn?

Edwin. Die Zeit dazu schon find' ich. Wenn du etwas
Gefaßt dich, will ich seinen Tod beweinen
Und züchtigen des Mörders Frevelthat.

Forest. O wann hat je ein Vater solchen Anblick
Gehabt und überlebt? Nie, Sohn, o nie
Quoll so kostbares Blut aus einer Brust.

Edwin. Kommt Vater, teure Schwester, und vereint
Laßt uns Vergessen unsres Kummers suchen,
Den Tod hat er bezahlt, den alle schulden.

Wenn man mich fragte, welcher unserer alten Dramatiker von neuem gedruckt werden solle, so würde ich für eine Samm= lung der Stücke von Heywood stimmen. Er war ein Mit= schauspieler und Mitdramatiker Shakespeare's. Er besaß nicht die Phantasie des letzteren, aber in allen den Attributen, wegen welcher Shakespeare den Beinamen „der Anmutige" erhalten hat, stand er ihm nicht nach. — Großmut, Courtoisie, Mäßigung in der höchsten Leidenschaft, Süßigkeit mit einem Wort und Anmut leuchten in seinen schöneren Schriften in einer noch auffallenderen Weise, als in denen Shakespeare's, und noch hervorstechender, weil in Heywood diese Eigen= schaften primär sind, in dem andern der Poesie untergeordnet. Ich liebe sie beide gleich, doch Shakespeare hat am meisten meine Bewunderung. Heywood sollte von seinen Lands= leuten so gekannt werden, wie er verdient. Seine Pläne sind fast sämmtlich englisch. Ich bin bisweilen eifersüchtig darauf, daß Shakespeare so wenige seiner Scenen in die Hei= mat verlegte.   Ch. Lamb.

Shakespeare's Gentlemen of Verona etwa haben den Dichtern vorgeschwebt; wenigstens die größte Leichtigkeit der Bewegung, dabei idyllische und sittliche Motive, wie Rowley und Heywood es verlangen. Ein Jüngling tötet den andern, der ihn fordert, weil er seinen Vater beschimpft und wird vom Bruder desselben getötet; dieser muß fliehen und wird von einer Frau (ziemlich spanisch) in einer Scheuer versteckt; sie schickt ihn nachher an einen Bruder und der läßt ihn zur See entwischen, wo er Kapitän wird und zwei berüchtigte Seeräuber fängt. Das die Haupthandlung; das Ganze ist hübsch und natürlich, aber sehr leichte Waare. Moritz Rapp.

IV.

Cyril Tourneur.

---

1. Die Tragödie vom Rächer.

Vindici redet den Schädel seiner toten Geliebten an.

Du traur'ges Bildnis meiner Vielgeliebten,
An Gift gestorben, das mein Studienzimmer
Verschönert, du Gefäß des Todes, einst
Das lichte Antlitz der mir Anverlobten,
Als Leben noch und Schönheit dies Gerüst
Von Knochen füllten, als zwei Diamanten
Von Himmelsglanz in jene hohle Ringe
Gefaßt ich schaute! Da war es ein Antlitz,
So weit erhaben über jenen Glanz,
Den eitle Weiber sich durch Kunst verleih'n,
Daß selbst die trefflichsten der Männer, wenn
Es solche gibt, die sieben Male nur
Tagtäglich sündigen, von der Gewohnheit
Abweichend achtmal sündigten und ihr
Nachschauten. O, im Stande war dies Weib
So zu bestricken eines Wuchrers Sohn,
Daß er in einem Kuß sein ganzes Erbteil
Hinschmelzen ließ und das, was fünfzig Jahre
Hindurch sein Vater aufgehäuft, ausgab,
Indes doch kalt sie seiner Werbung blieb. — —

Ein Aug' ist hier, das einen großen Mann
Versuchen kann, sich Gottes Dienst zu weihen;
O schöne Lippe, die kein Arg gekannt!
Erzittern machen müßte dieser Mund
Jedweden Frevler; einen Trunkenbold
Zum Schließen seiner Zähne zwingen und
Sie dazu nicht zu öffnen, daß Verdammnis
Sich glühend heiß hinab durch sie ergösse.
Sieh diese Wange, farbig glüht sie noch,
Mag sie der Wind umtosen; sprühe, Regen,
Wir scheu'n dich nicht. Sei's heiß nun oder kalt
Es ist uns gleich. Und ist nicht thöricht der,
Des ganzes Glück in deren Antlitz ruht,
Die Wind und Naß nur fürchten, aber sich
Vor Gott nicht scheu'n? Spannt der Seidenwurm
Denn seine gelben Fäden für dich aus?
Gibt er für dich sich selbst den Tod? Treibt Handel
Mit Adelstiteln man, daß eine Lady
Sich auf Minutendauer damit schmücke?
Warum treibt dort der Strauchdieb Wegelag'rung,
Daß auf des Richters Mund sein Leben schwebt?
Um solch ein Ding zu putzen. Warum hält
Er Roß und Leute? Daß sie darum einzig
Den Kampf besteh'n. Gewiß, toll sind wir alle,
Und solche, die dafür wir halten, sind's nicht.
Bestreut jedwede stolze, eitle Dame
Dazu mit Kampher sich, in sünd'gem Bad
Von Milch Gott höhnend, während manches Kind
Verhungern muß, weil sie so eitel prunkt?
Wer setzt beim näct'gen Spiele zwanzig Pfund,
Umgibt sich mit Musik, mit Zuckerwerk
Und süßen Düften?
                  Nun in Schlaf sind alle.
Du kannst nun ruhig liegen; schön, mich dünkt,
Wär' es, wenn man bei lust'gen Festgelagen

Bei Schwelgereien und in Freudenhäusern
Dich sehen würde. Schrecken würd's den Sünder
Und ihn zum Feigling machen, einen Schwelger
Aus seinen Lüsten scheuchen und bewirken,
Daß schmale Kost sich der Epikuräer
Gefallen läßt. Ein üpp'ges Weib durchschaut
Sich durch und durch hier. — Seht ihr Damen nun,
Mit falschen Formen wohl betrügt ihr Männer,
Allein die Würmer täuschen könnt ihr nicht.

Andere Scene.

Vindici, der sich verkleidet hat, stellt die Tugend seiner
Schwester und dann die seiner Mutter auf die Probe.

Vindici, Castiza.

Vindici. Nehmt meine besten Wünsche, edle Frau,
Für Eu'r Geschlecht, auch neue Kleider, Pelze.
(Er reicht ihr einen Brief.)

Castiza. O, Dank, mein Herr. Woher kommt das?

Vindici. Gesandt
Euch wird's von einem würd'gen, teuren Freund.

Castiza. Von wem?

Vindici. Dem Sohn des Herzogs.

Castiza (gibt ihrem Bruder eine Ohrfeige). Da, nimm das!
Ich schwur, den Zorn in meine Hand zu nehmen,
Die Gränzen der Jungfräulichkeit nicht achtend,
Und so mich dem zu zeigen, der zunächst
Mit solcher niedern Absicht vor mich träte,
Behilflich ihm zu sein bei seinen Sünden!
Bring ihm das Abbild meines Hasses hier
Auf deiner Wange, während's heiß noch glüht,
Und lohnen will ich's dir. Sag ihm, hoch preisen
Soll meine Ehre man, wenn manche Dirnen
Schmach auf die seine häufen. Lebewohl,
Empfiehl mich ihm in meinem Haß! (Ab.)

Vindici. Es ist

Der Backenstreiche süßester, dem je
Mein Antlitz nah' kam. Ist der Schläge schönster
Der je empfangen ward. Für immer lieben
Ihn will ich und auf meiner Wange will ich
Forttragen ihn. O, über meiner Zunge
Hochsteh' ich: O, du wackre Schwester, daß
Du fest an Ehre hältst, hier zeigtest du.
Für ehrenhaft hält viele man, die es
Nicht sind. Für immer nun hast du dich mir
Bewährt. Nicht in der Macht der Worte liegt's
Dich zu beflecken. Aber doch
Um meinen Schwur zu halten, wie ich einmal
Beschlossen, will ich eine harte Prüfung
Der Mutter auferlegen, weiß ich auch,
Daß nicht Sirenenzungen sie verführen.
Da kommt sie; Dank, daß ich verkleidet bin.

Die Mutter tritt ein.

Vindici. Gegrüßt, Madam.

Mutter. Ihr seid willkommen, Herr.

Vindici. Der nächste Erbe von Italiens Thron
Empfiehlt sich Euch, des Herzogs Sohn, auf dem
Erwartend alle Blicke ruh'n.

Mutter. Geehrt
Fühl' ich mich hoch, daß mein zu denken er
Geruht.

Vindici. Dazu wohl, Herrin, habt ihr Grund.
Er, der auf einmal unser Herzog sein kann,
In jedem Augenblick kann ihm aufs Haupt
Die Krone sinken; über alle uns
Dann ist er Herrscher. Denket nur an ihn;
Wie glücklich wären solche, die ihm irgend
Gefallen könnten.

Mutter. Ja, wenn ihre Ehre
Es zuläßt.

Vindici. Nun, auch etwas drüber wohl
Hinausgeh'n könnte man, und niemand würd' es
Erfahren, niemand; es geschehen lassen
Würd' ich, gut wär's ein Auge zuzudrücken.

Mutter. Thun würd' ich's nicht.

Vindici. Ei dennoch würd' ich's thun!
Ich weiß, daß Ihr's auch thätet, wenn das Blut
Ihr hättet, das Ihr Eurer Tochter gabt.
Nach ihr rollt hin dies Rad. Der Mann, der Erbe
Des Thrones noch vielleicht vor morgen wird,
Denn langsam stirbt sein greiser Vater hin,
Hat lang nach Eurer Tochter schon begehrt.

Mutter. Begehrt?

Vindici. Ja, aber hört mich, jetzt begehrt er,
Befehlen wird er später. Seid drum weise;
Mehr als Eu'r Freund, denn als der seine sprech' ich.
Ich weiß, arm seid Ihr, und, ach allzuviel
Der armen Frauen gibt es heutzutag;
Warum noch solltet ihre Zahl Ihr mehren?
In Reichtum lebt, versteht den Lauf der Welt,
Und scheucht hinweg das dumme Bauernmädchen,
Das Eurer Tochter sich gesellt: die Keuschheit.

Mutter. O pfui! Der ganze Reichtum dieser Welt
Kann nicht zu solchem unnatürlichen
Beginnen eine Mutter treiben.

Vindici. Nein,
Doch tausend Engel können's. Menschen haben
Nicht Macht dazu, die Engel müssen's thun.
Die Welt versinkt in solche arge Uebel,
Daß sie auf vierzig Engel achtzig Teufel
Hervorbringt. Freilich immer Thörichte
Wird's geben — nun was meint Ihr? Möcht ich
arm sein,
Herabgestürzt, aus dem Palast vertrieben
Und seh'n wie Andrer Töchter mit den Ersten

Des Hofes tanzen, während meine eigne
So heißgeliebt vom Sohn des Herzogs würde?
Nein, edle Frau, ich würde meine Größe
Auf ihren Busen gründen, ihre Augen
Mein Erbgut nennen; meine Jahrseinkünfte
Von ihren Wangen liefern ließ ich mir;
Von ihren Lippen mir Karossen halten.
Und ihre Teile jeder sollte Lust
Den Männern schaffen. Selbst indes würd' ich
In Freude über Freude schwärmen. Viel
Der Mühe habt Ihr Euch um sie gegeben,
Bis groß sie ward, laßt jetzt sie's Euch vergüten,
Sei's auch nur spärlich; Ihr habt sie geboren,
Sie mag nun für Euch sorgen.

Mutter. Gütiger Himmel,
Dies übermannt mich.

Vindici (bei Seite). Noch, so hoff' ich, nicht!

Mutter (bei Seite). Es ist zu schwer für mich. Die
Männer wissen,
Wir sind so schwach, daß ihren Worten wir
Erliegen. Mich ins Herz traf er, und schwankend
Ward meine Tugend, als von meiner Armut
Er sprach.

Vindici (bei Seite). Mit Zittern einzig fahr ich fort
Im Geiste wird's mir wirr. Ich fürchte, nicht
Mehr Mutter ist sie; dennoch fahr' ich fort.
(Laut.) Was denkt Ihr jetzt? Sprecht, seid ihr weiser
worden?
Was denkt Ihr von dem Glück, das Eurer harrt?
Der Tochter Fall erhebt der Mutter Haupt.
Sollt es bei Euch nicht thun, was es so oft,
Ich schwör's, gethan? Doch unsre Zeit schaut nichts.
Nicht gilt für Schande das, was allgemein ist.

Mutter. Das ist dabei das Gute.

Vindici. Ja, das Gute! —

Das Beste hab' ich auf zuletzt verspart.
Kann dies bewirken, sprich, daß du vergissest
Was Himmel ist und —

(Er gibt ihr Gold.)

Mutter.   O, o dies ist das —
Vindici. O!
Mutter.   Was das weibliche Geschlecht entzückt.
Das ist das Mittel, welches unsre Neigung
Gewinnt. Nicht langen Tadel von der Mutter
Erfahren wird das Weib, das deinen Schein,
Den tröstlichen erblickt, o Gold; rot werd' ich
Zu denken, was ich alles deinethalb
Thun würde.
Vindici (bei Seite). O geduld'ger Himmel, wende
Mit deinem unsichtbaren Finger mir
Nach innen meiner beiden Augen Sehkraft,
Daß ich mich selbst nicht schaue.
Mutter.   Dank habt Ihr
Von uns verdient.
Vindici.   Ihr seid ein gutes Weib.
Mutter. Seh'n will ich, wie ich sie bewege.
Vindici.   Wirken
Wird Euer Wort.
Mutter.   Wenn sie keusch bleiben will,
Nicht meine Tochter werd' ich mehr sie heißen. —
Castiza! Tochter!
Castiza (drinnen).   Nun!
Vindici.   Da, horch, ist sie.
Von Himmelsheeren wird ihr Herz bewacht.

(Castiza tritt ein.)

Viel Teufel sind in deiner Mutter Dienst
Ihr beizusteh'n.
Castiza.   Was, sag Mutter, hat
Der arge Mann bei dir zu schaffen hier?

Mutter. Wozu das sagst du?

Castiza.   Jüngst ein freches Schreiben
Bracht er, in dem der Sohn des Herzogs mich
Zu ehrenlosem Thun verführen wollte.

Mutter. Ehrloses Thun? — Du ehrenhafte Närrin,
Die du anständig sein willst, nur weil du
Es willst, indem du keinen andern Grund dafür
Anführen kannst. Das klingt ganz hübsch und wird
Vielleicht gerühmt, doch, bitte, sprich: von wem?
Von armen Leuten nur, unwissenden.
Die welche bessern Rangs sind, können es
Nicht leiden; und nach welcher Regel sollten
Wir handeln denn, als nach dem Vorbild solcher,
Die vornehm sind? O, wenn du wüßtest, wie
So schön es ist, das zu verlieren, was
Du sorglich hütest, schnell schlügst du es los.
Auf allen Jungfrau'n ruht ein kalter Fluch.
Wenn andere ans Herz die Sonne drücken,
Umarmen sie die Schatten. Hohen Rang
Willst du verschmähen, Gold? Des Herzogs Sohn?

Castiza. Madam verzeiht, für eine andre hielt
Ich Euch. Sagt an, saht meine Mutter Ihr?
Wohin ging sie? Gott gib, daß ich sie nicht
Verloren habe.

Vindici (bei Seite). Hübsch ihr heimgegeben
Hat sie's.

Mutter.   Ei, stolz mir gegenüber bist du,
Wie spröde gegen ihn? Kennst du mich jetzt nicht?

Castiza. Was, bist du sie? Die Welt ist so verändert,
Die eine Form geht in die andre über;
Ein kluges Kind nur kennt jetzt seine Mutter.

Vindici (bei Seite). Sehr recht, fürwahr!

Mutter.   Für was du
                    sagst, gebührte
Ein Backenstreich dir, doch ich will's vergessen.

Hör auf gleich einem Kind dich zu benehmen
Und lerne deine eigne Zeit versteh'n.
Dir strömen Schätze zu. Gedenkst du immer
Ein Kind zu bleiben? Wenn vor dem Ertrinken
Sich alle fürchteten, die am Gestade ·
Die Wogen schauen, würde reich das Gold
Und alle Handelsleute würden arm.

Castiza. Ein hübscher Ausspruch das für böse Zungen;
Allein mich dünkt, aus deinem Munde klingt
Es jetzt so gut nicht wie aus seinem.

Vindici (bei Seite). Wahrlich,
In beider Munde schlimm genug, doch ferner
Verstellen will ich mich. (Laut.) Ich wundre mich,
Daß, Herrin, Eurer eignen Mutter Worte
Bei Euch im vollen Sinn nicht Zugang finden.
Auf Ehrbarkeit Euch steift Ihr. Was ist das?
Sie bettelt um des Himmels Gunst. Und wird
Ein Weib so thöricht sein, an Ehrbarkeit
Zu halten, die sich selbst zu unterhalten
Im Stand nicht ist? Nein, weiser ist die Zeit
Geworden. Hat ein Mädchen wenig Geld jetzt,
So gibt sie ihren Haushalt auf und lebt
Von ihren Freunden. O wie glücklich seid Ihr!
Ihr habt das Glück für Euch allein, wenn andre
Genötigt sind, in Liebe Tausenden
Sich hinzugeben, braucht Ihr's einem nur
Zu thun, der reich genug ist, mit Juwelen,
Von deren Glanz die Welt geblendet wird,
Die Stirne Euch zu schmücken, so daß arme
Bittsteller ehrfurchtsvoll zu Euch emporschau'n.
O denkt doch an die Freuden des Palastes!
Das üpp'ge Leben! All die köstlichen
Gerichte auf den Tafeln aufgetragen,
Die Wonne uns, wenn sie genossen werden,
Bereiten! Dann Banquette anderswo

Bei Fackellicht! Musik, fröhliche Spiele!
Baarhäuptige Vasallen, die noch nie
Das Glück gehabt, die Hüte aufzuhaben,
Da immer sie auf ihren Hörnern saßen.
Neun Kutschen wartend — schnell nur, schnell nur,
hurtig!

Castiza. Hinweg zum Teufel!

Vindici. Wie, zum Teufel? Nein!
Zum Herzog meiner Treu.

Mutter. Zum Herzog, ja!

Vindici. Warum gibt es so wenige anständige.
Weiber? Nur weil das das ärmste Handwerk ist.
Das wird für das Beste gehalten, was am meisten
einträgt, und das ist nicht die Ehrbarkeit, glaubt mir
und bedenkt nur, wie niedrig der Preis dafür ist:
Verlorne Perlen suchen emsig wir;
Doch ist die Keuschheit hin, wer denkt an sie?

Mutter. Die Wahrheit spricht er.

Castiza. Beiden trotz' ich euch!
Wie rotgeglühtes Eisen brennt mein Antlitz
Von euren Reden; Mutter, komm hinweg
Von diesem Weibe, das mit Gift uns ansteckt.

Mutter. Wo?

Castiza. Siehst du es denn nicht? Es muß zu sehr
Versteckt sein. Sklave, geh in deinem Handwerk
Zu Grunde! (Sie geht ab.)

Vindici (bei Seite). Engel, faltet eure Schwingen
Am Himmel und ob dieser Jungfrau Haupt
Streut euren Segen.

Mutter. Keusch, wie dumm, wie närrisch! —
Doch diese Antwort bringt zurück: der Herzog
Wird sehr willkommen sein, wenn seine Neigung
Ihn hieher führt. Ich bin die Herrin hier.
Weib kommt am besten mit dem Weib zu Stande.
(Ab.)

Vindici. Vergib mir, Himmel, daß ich meine Mutter
Abſcheulich nenne! Kürze meine Tage
Auf Erden nicht, weil ich ſie nicht kann ehren.

Andere Scene.

Die Brüder **Vindici** und **Hippolito** bedrohen ihre **Mutter**
mit Tod dafür, daß ſie in die Entehrung ihrer Tochter
gewilligt hat.

Vindici. O du, für die kein Name ſchlimm genug iſt!

Mutter. Was meinen meine Söhne? Wollt ihr mich
Ermorden?

Vindici. Du verworfne Mutter!

Hippolito. Schandweib!

Mutter. Sind Söhne Ungeheuer? Hilfe, Hilfe!

Vindici. Umſonſt!

Mutter. Seid ihr denn ſo barbariſch, daß
Ihr auf die Bruſt, die euch geſäugt, den Dolch ſetzt?

Vindici. Die Bruſt hat ſich mit Gift ſtatt Milch gefüllt.

Mutter. Bin ich nicht eure Mutter? Tötet nicht
Euch ſelbſt.

Vindici. Du maßeſt dieſen Titel dir
Betrüg'riſch an, denn eine Kupplerin
Verſteckt ſich in der Hülle einer Mutter.

Mutter. Was, Kupplerin ſagt ihr? Greulicher iſt mir
Der Name als die Hölle!

Hippolito. Sein ſo ſollt' es,
Wenn Mutterpflicht du kennteſt.

Mutter. Mir verhaßt
Iſt ſolches Thun.

Vindici. Ihr Himmelsmächte, iſt
Es möglich, daß noch, wenn ſie ſterben ſollen,
Die Weiber ſich verſtellen?

Mutter. Sich verſtellen?

Vindici. Hat nicht der Sohn des Herzogs einen Kerl
Hieher geſandt, der alles das verderbte,

Was gut in dir noch war, und dich dein selbst
Vergessen ließ, daß unsre Schwester du
Zu dieser Schmach triebst?

Mutter.   Wie das? Ich? Das wäre
Ja unerhört. Ein Lügner war der Mann,
Der das gesagt. Wie rein auch einer sei,
Ihn trifft Verleumbung. Glaub's nicht, guter Sohn!

Vindici. O, zweifeln muß ich, ob ich selber ich bin,
Ob nicht — Laß noch mal mich dein Antlitz seh'n.
Wenn Mütter solche Sünderinnen sind,
So muß der Hölle keiner je entgehen.

     (Er nimmt seine Verkleidung wieder an.)

Hippolito. Verzweifeln möchte man.

Vindici.   Ich war der Mann.
Nun straf mich Lügen, laß uns seh'n.

Mutter.   O Hölle,
Nimm meine Seele hin!

Vindici.   In der Verkleidung
Hab' ich, gesendet von des Herzogs Sohn,
Dich prüfen wollen und von falschem Erz
Erfand ich dich, wie jeder Schuft gekonnt
Das hätte.

Mutter.   Nicht doch, keine Zunge hätte
Als deine also mich bezaubern können.

Vindici. O, daß so leicht ich im Verdammen war!
Kein Teufel hätte einen Brand so schnell
Entzünden können. Durch ein Wort bin ich
Geschlagen.

Mutter.   O, vergebt mir, meine Söhne.
Hinfort werd' ich mir selber treu sein. Nieder
Knie ich vor euch, die ihr mich ehren solltet.

Vindici. Daß eine Mutter ihre eigne Tochter
Verhandelt!

Hippolito.   Wahr, mein Bruder; manche Mütter
Thun es, wie unnatürlich es auch sei.

Vindici. (Zur Mutter.) Ja und du weine Thränen,
geh zu Bett.

(Zu Hippolito.) D i e Feuchte wird den Stahl erröten
lassen

Und ihn in Purpur wandeln. Bruder, sieh,
Es regnet, rosten wird dadurch dein Dolch,
Drum steck ihn ein!

Hippolito. Ich that's.

Vindici. Fürwahr, es ist
Ein süßer Regen und thut gut. Lang trocken ·
Lag ihrer Seele früchtereicher Grund.
Rinn nieder, heil'ger Thau! Steh auf, o Mutter,
Der Schauer hat dich wieder aufgerichtet.

Mutter. O Himmel, tilge diesen gift'gen Flecken
Aus meiner Seele. Waschen will ich ihn
In siebenfachen Strömen meiner Augen.
Laß mich durch meine Thränen deine Gnade
Erwirken. Weinen ward von der Natur
Verlieh'n uns Weibern, aber wahrhaft weinen
Ist eine Himmelsgabe.

Vindici. O, nun will
Ich küssen dich. Gib Bruder einen Kuß ihr.
Laß uns mit ihrer Seele uns vermählen
Und sie mit reinem Herzen lieben!

Hippolito. Sei's!

Vindici. Denn ehrenhafte Weiber sind so selten,
Die wen'gen, die man findet, soll man lieben.
O, du so leicht verführbar, denke nur,
Nun, da die Krankheit dich verlassen hat,
Wie einem Aussatz gleich an deiner Stirn
Solch Thun gehaftet hätte. Alle Mütter
Von Ehre hätten Masken angelegt,
Vor dir die Angesichter zu verbergen.

Hippolito. Und unsre Schwester hätte dann verdungen,
Erniedrigt —

Vindici.   Sie vom Sohn des hohen Herzogs
Verführt! Ein Schandweib, das von Silber strotzt
Und prächt'gen Hofstaat führt, indes im Schlamm
Sich ihre Seele badet!

Hippolito.   Groß zu sein,
Heißt elend sein; reich sein, verdammt auf ewig.

Vindici. O welcher Wahnsinn! Frage kalten Bluts
Die reichste Dirne nur; hingäbe sie
Die Welt, um ihre Ehre wieder gut
Zu machen. Sagen magst du immerhin,
Allein nur treibt sie's mit des Herzogs Sohn;
Vielleicht beginnt zuerst mit einem, die,
Die Tausenden nachher als Metze dient.
An einer Stelle bricht das Eis, dann krachen
Wird es an andern auch.

Mutter.   Gewiß ist das.

Hippolito. O Bruder, du vergissest, was uns obliegt.

Vindici. Wohl dessen denk' ich. Eine flücht'ge Elfe
Dünkt mich die Freude. Nie so glücklich ist
Der Mensch, als wenn er selber sich vergißt.
Leb wohl, o du von heil'gem Thaue nun
Verjüngte! Unsre Herzen tragen Federn,
An denen früher schweres Blei gehangen.

Mutter. Ich sage dir, gekannt hab' ich noch keinen
Der besser anfangs für den Teufel warb,
Dann gegen ihn, als du.

Vindici.   Du machst mich stolz.

Hippolito. Grüß unsre Schwester ehrenhaft von uns!

Vindici. Ja grüß die edle in des Himmels Namen.

Mutter. Von ganzem Herzen thu's.

Vindici.   Brave Mutter!

Die Realität und das Leben dieses Dialoges übertreffen
jede scenische Illusion, die ich je gefühlt. Ich lese ihn nie,
ohne daß ich ein Sausen in den Ohren und eine heiße Röte

auf meine Wangen steigen fühle, als wäre ich selbst dabei,
irgend eine große Schändlichkeit von mir auszusagen, wie
die Brüder sie hier ihrer unnatürlichen Mutter in Worten vor=
werfen, die schärfer und dolchartiger sind als die, welche
Hamlet zu seiner Mutter spricht. Solche Macht hat das
Gefühl der Scham, wenn es lebendig vorgeführt wird, daß
es nicht nur „schuldige Geschöpfe bis in die Seele trifft",
sondern selbst diejenigen, welche „schuldfrei" sind, entsetzt.

Ch. Lamb.

Andere Scene.

**Castiza scheint den schändlichen Anträgen ihrer Mutter
nachzugeben.**

Castiza. So, Mutter, hat gewirkt bei mir dein Reden,
Daß ich einwillige, um weitres Sprechen
Dir zu ersparen, mich dem Sohn des Herzogs
Nicht mehr zu widersetzen.

Mutter. Was meinst du
Damit?

Castiza. Was du gewünscht, will ich erfüllen,
Und dem zu Willen sein, den du gemeint.

Mutter. Das, hoff' ich, thust du nicht.

Castiza. Wie nicht, das hoffst du?
Das ist ja nicht, was du zuvor gewünscht.

Mutter. Doch wünsch' ich's.

Castiza. Täusche nicht dich selbst.
Ich bin
Wie du aus Marmor. Was begehrst du jetzt?
Bist du noch nicht mit mir zufrieden? Sprich.

Mutter. Du machst mich starren.

Castiza. Hast du mir nicht oft
Gesagt, dein Segen würde auf mir ruhen,
Wenn ich verruchtem Leben mich ergäbe.
Als du erkanntest, daß dein Segen nicht
Die Kraft besaß, mich liederlich zu machen,

. Da traf dein Fluch mich; der bewirkte mehr.
Der Mutter Fluch ist schwer, und wo er trifft,
Stürzt in den Kampf der Sohn sich und die Tochter
Verliert das Leben.

Mutter.   Gutes Kind, wenn irgend
In dir ein Funke geist'gen Lebens ist,
So mag mein Hauch in Flammen ihn verwandeln.
Lösch alles nicht durch Weiberthorheit aus.
Ich bin geheilt von jener schlimmen Krankheit,
Die manche Mutter heimsucht. Hold vergib mir,
Mach mich nicht krank, die ich gesund jetzt bin,
Da meine Worte, als sie schändlich waren,
Macht über dich gewannen, wie viel mehr
Das sollten jetzt sie, da gerecht sie sind
Und gut?

Castiza.   Nicht kann ich raten, was du meinst.
Bist du nicht die, die mich verführen wollte,
Und mir nicht gönnte, beim Gebet zu knieen?
So daß ich Mühe hatte, durch mein Frommsein
Die schwarze Schlange von mir abzulösen,
Mit der du mich umwandst.

Mutter.   Unfruchtbar ist's,
Das, was vergangen, noch zu wiederholen.
Anders, als damals, ist jetzt deine Mutter.

Castiza. Still, jetzt ist es zu spät.

Mutter.   Bedenk dich nochmals,
Du weißt nicht, was du sagst.

Castiza.   Des Herzogs Sohn,
Erhöhung, Reichtum von mir soll ich weisen!

Mutter. O, jene Worte, die mich jetzt vergiften,
Sprach einst ich! Was wirst du dadurch erlangen?
Erhöhung! Wahr; so hoch wie nur die Schande
Erheben kann. Reichtum! War eine Dirne
Je reich, und konnte vom Ertrag der Sünden,
Die sie beging, ein Hospital erbauen,

Daß ihre Baſtardkinder darin wohnten?
Des Herzogs Sohn! O, wenn die Weiber junge
Hofdamen ſind, ſie werden Bettlerinnen
Im Alter. Wenn du von dem Elend wüßteſt,
Das einſt die Dirnen, wenn ſie alt, erwartet,
Du wünſchteſt, daß du nie geboren wärſt.

Caſtiza. O Mutter, laß mich deinen Hals umſchlingen,
Laß mich dich küſſen, bis die Seele mir
Auf deinen Lippen ſchmilzt. Um dich zu prüfen
Nur, that ich dies.

Mutter.   O, ſprich die Wahrheit, Kind!

Caſtiza. Vorhin nicht that ich's; denn die Macht
                              verliehen
Iſt keiner Zunge, mich vom rechten Pfad
Zu locken. Wären alle Mädchen ſo,
Den Männern nicht geläng's, ſie zu verführen.
Die Ehre einer Jungfrau iſt ein Turm,
Hell wie Kryſtall, doch ſchwach auch und darum
Bewacht von reinen Geiſtern; wenn ſie feig
Nicht nachgibt, wird kein Uebel ſie befallen.

Mutter. Glückſel'ges Kind! Gerettet haſt du mich
Durch deine angeborne Tugend. Du,
Von tauſend Töchtern die glückſeligſte!

––––––––––

Tourneur war der Verfaſſer von einer oder von zwei
Tragödien von außerordentlichem Verdienſt. Er gehörte zu
dem Zeitalter von Fletcher, Jonſon und Decker und war des=
ſelben würdig. — Die „Tragödie vom Rächer“ und die
„Tragödie vom Atheiſten“ hätten ihn vor der Vergeſſenheit
bewahren ſollen, in die er gefallen iſt.

Edinburgh Review. XXXVIII. 1823.

2. Die Tragödie vom Atheisten
oder
Die Rache des ehrlichen Mannes.

D'Amville (der Atheist) ermordet mit Hilfe seines schändlichen Werkzeuges Borachio seinen Bruder Montferrers wegen seines Besitztums. Nachdem die That vollbracht ist, sprechen Borachio und er über die begleitenden Umstände des Mordes.

> D'Amville. Hier ist ein hübsches Lustspiel, es beginnt mit O dolentis und endet mit ha, ha, ha!
>
> Borachio. Ha, ha, ha!
>
> D'Amville. O mein Echo! Ich könnte fortwährend diese süße musikalische Freudenarie wiederholen, bis ich meine gesunden Lungen durch heftiges Lachen ruinirt hätte. Lieblicher Nachtrabe, hast du einen Leichnam gepackt?
>
> Borachio. Ich lag so gut unter der Bank, von welcher er fiel, daß, ehe seine lallende Zunge ein doppeltes O aussprechen konnte, ich sein Gehirn mit diesem schönen Rubin zerquetschte; und ich hatte noch einen andern Stein von gleicher Form und Dicke in Bereitschaft, den ich auf den Grund des zerschlagenen Schädels legte, daß er ihm als Kopfkissen diente.
>
> D'Amville. Auf diesem Grunde will mein Ahnenschloß
> Ich bauen und sein Grundstein soll er sein.
>
> Borachio. So ward gekrönt der weiseste der Morde,
> Den je ein Menschenhirn ersonnen hat.
>
> D'Amville. Acht auf den Plan! Kein einz'ger Um-
> stand ist
> Von Zeit, Personen, Vorbereitung, Stelle,
> Soweit er nur für uns erreichbar war,
> Den nicht mein Witz für uns zum Werkzeug schuf.
> Und doch von dem Entwurf bis zur Vollendung

Schien nichts gezwungen, nichts absichtlich, nein
Durch Zufall nur vollbracht.

(Hier zählen sie die verschiedenen Umstände auf.)

Borachio. Dann schützte Finsternis der That Aus=
führung
Vor jeder Störung, sowie vor Entdeckung.

D'Amville. Wie tapfer ward ein Mord hier, un=
bemerkt
Von jedem Späherauge, ausgeführt!

Borachio. Und jene, welche schauten, wie er vorging,
Werkzeuge waren sie dabei, doch mußten
Nicht, was sie thaten.

D'Amville.   Jene Schicksalslenkung
Wird dem von Philosophen beigelegt,
Den sie den höchsten Herrn der Sterne nennen,
Weil er durch ihren Einfluß, sagen sie,
Die Wesen unterm Monde hier regiere,
Indes sie selbst von ihrem Thun nichts wüßten.

(Donner und Blitz.)

Was? Schrickst du beim Donner zusammen? Schließ
dich meinem Glauben an; es ist eine bloße Wirkung
der Natur, eine heiße Ausdünstung, eingehüllt in
einen‘ wässrigen Dunst in der mittleren Region der
Luft, dessen Kälte jene dicke Feuchtigkeit zu einer
Wolke zusammenfrieren läßt, so daß die in ein ent=
gegengesetztes Element eingeschlossene Ausdünstung sich
zu befreien strebt und mit dem heftigen Ausbruch
durch die Dicke jener Wolke den von uns gehörten
Lärm hervorbringt.

Borachio. Es ist ein fürchterlicher Lärm.

D'Amville. Es ist ein ganz gehöriger Lärm,
und, wie mich dünkt, verherrlicht er unser ausgeführ=
tes Werk, wie ein Kanonenschuß einen Triumph. Er
ermutigt. Nun zeigt dir die Natur, daß sie unsre

ausgeführte That begünstigte, indem sie diesen Lärm
unterließ, als wir aufbrachen, damit sie nicht meines
Bruders Heimgehen hemmte, was die Ausführung
unseres Vorsatzes unmöglich gemacht hätte, und indem
sie diesen Blitz auf unserm Wege unterließ, daß es
ihn nicht vor dem Ueberfall warnte. Da war die Natur
unserm Vorhaben günstig; jetzt drückt sie aus, wie
jenes Nichtblitzen und Donnern unsern Erfolg begün=
stigte * * *

V

Chriſtopher Marlowe.

---

1. Eduard II.

Eine Tragödie.

Nachdem der König abgeſetzt iſt, legt er ſeine Krone in die
Hände des Biſchofs von Wincheſter und des Grafen von
Leiceſter.

Leiceſter. Geduld, mein guter Herr, hört auf zu klagen,
Denkt Euch, Schloß Killingworth ſei Euer Hof,
Und eine Zeitlang ruhtet Ihr hier aus,
Nicht weil gezwungen, nein, nach eigner Wahl.
Eduard. Vermöchten ſanfte Worte mich zu tröſten,
Längſt hätten deine Reden meinen Gram
Geſtillt.   Denn gut und freundlich biſt du ſtets
Geweſen.   Andre Schmerzen werden leicht
Geheilt, nicht die der Könige.   Das Reh
Des Waldes, wenn verwundet, ſucht ein Kraut ſich,
Das ſeine Wunden heilt; doch wenn der Leu
Getroffen iſt, der königliche, reißt
Er zornig ſie mit ſeiner Tatze auf,
Und heftig zürnend, daß die holde Erde
Sein Blut benetzen ſolle, bäumt er hoch
Sich in die Luft.   So iſt's mit mir geweſen,
Dem Mortimer den furchtlos kühnen Geiſt

Zu beugen suchte, und zugleich mit ihm
Die grimmige, die falsche Königin,
Elisabeth, die in den Kerker so
Gesperrt mich hat. In meine Seele krallen
So wüt'ge Leidenschaften sich, daß oft
Ich auf des Hasses und des Ingrimms Schwingen
Mich auf zum Himmel bäume, um die zwei
Bei allen Göttern anzuklagen. Doch,
Wenn ich bedenke, daß ich König bin,
Denk' ich, mich rächen müss' ich für die Schmach,
Die Mortimer sowie Elisabeth
Mir angethan. Doch was sind Könige,
Wenn ihre Macht gebrochen ist? Ein Schatten
An einem sonn'gen Tag. Die Herrschaft ist
Bei meinen Großen, nur dem Namen nach
Bin König ich; trag' ich die Krone auch,
So herrschen sie doch: meine ungetreue
Gemahlin, die mein Bett mit Schmach befleckt,
Und Mortimer, indes in diese Höhle
Der Sorgen ich begraben bin, wo Gram
An meiner Seite wacht, um mir das Herz
Mit düstern Klagen zu betrüben, während
Es in mir wegen dieses traur'gen Wechsels
Verblutet. Aber sprich, muß ich der Krone
Entsagen, daß der freche Mortimer
Den Thron besteige?

Bischof.   Euer Gnaden irren.
Für Englands Wohlfahrt heischen wir die Krone
Und für des Prinzen Eduard Recht.

Eduard.   Nicht doch!
Es ist für Mortimer, für Eduard nicht;
Ein Lamm inmitten eines Heers von Wölfen
Ist er, die jählings ihn zerreißen werden.
Doch wenn der stolze Mortimer die Krone
Sich aufsetzt, mag in ewig sengend Feuer

Der Himmel sie verwandeln, oder wie
Mit Schlangenringeln Tisiphons die Schläfen
Des tiefverhaßten Hauptes ihm umgürten.
So werden Englands Rebenpflanzungen
Zerstört nicht werden, und der Name Eduard's
Nicht untergehen, wenn er selbst auch stirbt.

Leicester. Mylord, warum verliert Ihr so die Zeit?
Auf Eure Antwort warten sie, wollt Ihr
Die Krone lassen?

Eduard. O bedenkt doch, Leicester,
Wie schwer mir's wird, mein Reich und meine Krone
So einzubüßen ohne Grund; mein Recht
Dem frechen Mortimer zu überlassen,
Der wie mit Bergeswucht mein ganzes Glück
Zerstört, so daß mein Geist dem Weh erliegt.
Allein, was Gott verhängt, muß ich vollziehen.
Nehmt meine Krone hier und Eduards Leben.
Zwei Kön'ge können nicht zugleich in England
Regieren. — Aber wartet noch, laßt mich
Nur diese eine Nacht noch König sein.
Daß dieser Krone Glanz noch schau'n ich kann;
Das sei die letzte Wonne meiner Augen,
Mein Haupt empfange so die letzte Ehre,
Und beide, Haupt und Krone, werden so
Zugleich ihr Recht aufgeben. Scheine fort,
Himmlische Sonne; laß die stumme Nacht
Nie diese Luft verdunkeln; all ihr Zeiten
Des Jahrs steht still, daß Eduard ferner noch
Der Herrscher dieses schönen England sei.
Doch schnell erlischt des Tages heller Strahl,
Und lassen muß ich meine teure Krone;
Unmenschliche! mit Tigermilch genährt!
Was lechzt ihr so nach eures Herrschers Sturz?
Nach meinem nie von Schuld befleckten Leben
Und meinem Diadem? Ihr Ungeheuer,

Seht her, nun will ich meine Krone tragen.
Wie, bebt ihr nicht vor eures Herrschers Grimm?
Doch, unglückfel'ger Eduard, irrgeleitet
Bist du von diesen; nicht entweichen sie
Vor deinem Zornesblick, wie jüngst sie thaten,
Sie wollen einen neuen König wählen;
Das ist's, was mit verzweifelten, mit fremden
Gedanken mich erfüllt, Gedanken, die
Gequält von wilden, ew'gen Martern werden.
Und Trost nicht gibt's in meiner Qual, als daß
Ich auf dem Haupte noch die Krone fühl';
Drum laßt mich eine Zeitlang noch sie tragen.
           (Ein Herold tritt ein.)

Herold. Mylord, Antwort verlangt das Parlament,
       Sagt drum, ob Ihr abbanken wollt, ob nicht.
Eduard. Abbanken will ich nicht! Nein! König sein,
       Solang ich lebe. Geht hinweg, Verräter,
       Gesellt dem Mortimer euch! Wühlt, verschwört euch,
       Thut was ihr wollt. Sein Blut sowie das eure
       Soll den Verrat besiegeln, den ihr übt.
Bischof. Mit dieser Antwort geh'n wir; lebt denn wohl!
Leicester. Ruft sie zurück, Mylord, seid ihnen freundlich;
       Denn wenn sie geh'n, verliert der Prinz sein Recht.
Eduard. Ruf du zurück sie, selbst kann ich nicht reden.
Leicester. Mylord, der König will dem Thron entsagen.
Bischof. Will er es nicht, laßt thun ihn, wie er meint.
Eduard. O, könnt' ich das! Doch wider mich sind
                                Himmel
       Und Erde, unglückselig mich zu machen,
       Da geb' ich euch die Krone — geben? Nein,
       Solch schändliches Verbrechen sollen meine
       Unschuld'gen Hände nicht begehen; der,
       Der unter euch zumeist mein Blut begehrt,
       Und eines Königs Mörder heißen will,
       Mag nehmen sie. Warum seid ihr bewegt?

Habt Mitleid ihr mit mir? An Mortimer,
Den Mitleidslosen, sendet Botschaft dann
Und an Elisabeth, aus deren Augen,
Die Stahl geworden sind, eh'r Feuer sprühen
Als Thränen fließen werden. Nein doch, bleibt,
Denn eh'r, als daß ich einen Blick auf jene
Nur werfen möchte — nehmt hier meine Krone.
Nein, güt'ger Gott, laß diesen flücht'gen Pomp
Gering mich schätzen und auf immerdar
Im Himmel thronen! Komm, o Tod, und schließe
Mit deinen Fingern meine Augen, sonst gib,
Daß, wenn ich lebe, ich mich selbst vergesse.

Andere Scene.

(Die Scene ist in Berkly Castle. Der **König** bleibt mit **Lightborn,** einem Mörder, zurück.)

Eduard. Wer ist dort? welches Licht ist das? warum
  Kommst du?

Lightborn.   Zu trösten Euch und Euch willkommne
  Nachricht zu bringen.

Eduard.   Wenig Trost nur findet
  Der arme Eduard in deinem Blick.
  Ich weiß, du kommst, mich zu ermorden, Schurke.

Lightborn. Euch zu ermorden, Euch, mein gnäd'ger
        König?
  Fern liegt es meinem Herzen, Euch zu kränken.
  Die Königin hat mich geschickt, zu sehen,
  Wie man mit Euch verfährt, denn Mitleid fühlt
  Mit Eurem Elend sie; und gibt es Augen,
  Die Thränen nicht darob vergießen sollten,
  In solchem Jammerzustand einen König
  Zu schauen?

Eduard.   Weinst du schon? Leih kurz dein Ohr mir,
  Dann wird dein Herz, wär' es auch hart wie Gurneys,

Wie Matrevis' aus Stein des Kaukasus
Gehauen, schmelzen eh' ich den Bericht
Geschlossen. Dieser Kerker, drin sie mich
Gesperrt, ist eine Grube, die den Unrat
Des ganzen Schlosses aufnimmt.

Lightborn.   O, die Schurken!

Eduard. Und hier in Schmutz und Schlamm hab'
          ich gestanden
Zehn Tage lang; und mich am Schlaf zu hindern,
Hat einer auf der Trommel stets gespielt.
Sie geben nichts als Brod und Wasser mir,
Der ich doch König bin, so daß aus Mangel
An Schlaf und Nahrung mein Gemüt zerrüttet,
Mein Leib erstarrt ist, und ich nicht mehr weiß,
Ob ich noch Glieder habe oder nicht.
O strömte fort mein Blut aus jeder Ader,
Sowie aus meinen ganz zerriss'nen Kleidern
Dies Wasser strömt! Sprich zu Elisabeth,
Der Königin, daß ich nicht also aussah,
Als ihrethalb in Frankreich zum Turnier
Ich ritt, und aus dem Sattel dort den Herzog
Von Cleremont hob.

Lightborn.   O sprecht nicht mehr, Mylord!
Dies bricht mein Herz. Streckt hin Euch auf dies
          Bett
Und gönnt Euch Ruhe.

Eduard.   Diese deine Blicke
Bedeuten nichts als Tod, auf deiner Stirne
Seh' ich geschrieben mein unsel'ges Schicksal.
Doch halt, zieh deine blutige Hand zurück,
Und laß den Stoß mich seh'n, bevor er kommt,
Daß eben dann, wenn ich mein Sein verliere,
Mein Geist noch fester auf den Herrn vertraue.

Lightborn. Was meinen Eure Hoheit, daß Ihr so
Mir mißtraut?

Eduard. Was meinst du damit, daß du
Dich so verstellst?

Lightborn. Befleckt war meine Hand
Nie mit unschuld'gem Blut, und nie auch werde
Mit eines Königs Blut ich sie besudeln.

Eduard. Vergib mir, daß ich so gedacht. Noch bleibt
Mir ein Juwel, nimm du es hin. Noch fürcht' ich
Und weiß nicht, was der Grund davon. Jedoch
Erbebt mir jedes Glied, wie ich's dir gebe.
O! wenn du Mord in deiner Brust beherbergst,
Laß dies Geschenk dich rühren, und dir so
Die Seele retten. Wiß! ich bin ein König:
O, bei dem Namen fühl' ich eine Hölle
Von Schmerzen. Wo ist meine Krone? Hin,
Dahin ist sie und bin ich noch am Leben?

Lightborn. Mein König, Ihr seid überwacht, legt
hin Euch,
Und ruht.

Eduard. Nur daß der Gram mich wach erhält,
Sonst würd' ich schlafen; denn zehn Tage lang
Geschlossen hab' ich nicht die Augenlider.
Indes ich spreche, wisse, sinken sie
Und dennoch öffnen sie vor Furcht sich wieder.
O, warum bist du hier?

Lightborn. Wenn Ihr mir mißtraut,
So will ich geh'n, Mylord.

Eduard. Nein, nein, denn wenn
Du denkst, mich zu ermorden, wirst zurück
Du kehren, also bleib. (Er sinkt zurück.)

Lightborn (bei Seite). Er schläft.

Eduard. O, laß
Mich sterben nicht, bleib, bleib noch eine Zeitlang.

Lightborn. Wie nun, Mylord?

Eduard. Noch summt im Ohr
mir etwas,

Und sagt mir, wenn ich schlafe, nimmermehr
Erwach' ich, diese Furcht läßt so mich zittern.
Drum sage mir, warum bist du gekommen?
Lightborn. Dich von dem Leben zu befreien;
Komm, Matrevis!
Eduard.   Ich bin zu matt und schwach
Zu widersteh'n; leih deinen Beistand mir,
Mein güt'ger Gott! Nimm zu dir meine Seele.

Diese Tragödie ist im Stile sehr verschieden von dem
„mächtigen Tamerlan". Die widerstrebenden Schmerzen
Eduards bei Niederlegung der Königswürde riefen Stellen
hervor, welche Shakespeare kaum in Richard II. übertraf; und
die Todesscene von Marlowes König erregt Mitleid und
Schrecken im höheren Grade, als irgend eine antike oder
moderne, welche ich kenne.   Ch. Lamb.

Marlowe war ohne Zweifel der größte tragische Dichter,
der Shakespeare vorausging. Der Geist der Extravaganz
scheint in seinem Gehirn gewohnt und ihn zu den außer-
ordentlichsten Leistungen getrieben zu haben; aber seine Muse
hatte feurige Schwingen und trug ihn über die dunklen und
unheiligen Tiefen seines Gegenstandes mit starkem und nie
ermüdendem Fluge. Dieser Dichter ist weniger bemerkenswert wegen seines Einblicks in den menschlichen Charakter,
als wegen seiner reichen und düsteren Phantasie und seiner
großen Kraft der Diktion, denn sei sie nun feierlich oder furchtbar oder zart, er excellirt immer. Sein „mächtiger Schwung"
war in seiner Zeit berühmt und kann selbst jetzt nicht verkleinert werden; doch konnte er von den Höhen einer unge-
regelten Phantasie oder von der Würde feierlicher Deklama-
tion zu Worten des süßesten Zaubers greifen. Er liebte sicher,
von dem gewöhnlichen Pfade abzuweichen und sich plötzlich
in Gefahr und Geheimnis zu stürzen, und dies Wagnis war
es, was ihn natürlich zu seiner Erhabenheit und seiner Extravaganz führte. Unglücklicherweise ist Marlowe niemals da-

mit zufrieden, ein wenig oder selbst genug zu thun, sondern er füllt den Becher des Schreckens bis zum Ueberfließen.

Von allen Stücken Marlowes ist „Fauſt" das ſchönſte und „Eduard II." vielleicht das vollendetſte. Fauſt iſt die Geſchichte eines Gelehrten, der ſich dem Teufel verkauft, unter der Bedingung, daß er auf vierundzwanzig Jahre unbegrenzte Macht über die Erde habe; und der Geiſt Mephiſtopheles wird ihm als Sklave gegeben. Dieſe beiden wandern von Ort zu Ort, ergötzen ſich an Feſten und an Liebe und Triumphen verſchiedener Art; durch die Hilfe Lucifers prügeln ſie Pfaffen und höhnen offen den Papſt und begehen dergleichen Enormitäten mehr. Es ſind viele Zeilen und Stellen in dieſem Stück, die gewählt werden könnten, um unwiderleglich zu zeigen, daß Marlowe in glücklichen Gedanken und Kraft des Ausbrucks nur dem Shakeſpeare ſelbſt untergeordnet war. (Als Dramatiker dagegen iſt er auch andern untergeordnet.) Einige ſeiner Gedankenwendungen ähneln ſogar denen unſeres unvergleichlichen Dichters. — Fauſts Tod iſt das Erſtaunlichſte in dem Stück.

Um von dem Furchtbaren zu dem Zarten überzugehen, ſo kann nichts ſüßer ſein als die Zeilen, welche er an die Erſcheinung der Helena richtet, welche er bittet, bei ihm vorüberzuſchreiten, als er eine Geliebte ſucht. Er wird ſogleich überwältigt von ihrer außerordentlichen Schönheit und ſpricht ſo:

„War dies das Angeſicht, das tauſend Schiffe
Aufs Meer trieb und die Zinnen Ilions,
Die himmelragenden, in Flammen ſetzte! —
Mach, ſüße Helena, unſterblich mich
Durch einen Kuß. — Mit ihren Lippen ſaugt
Sie meine Seele auf. Hier will ich wohnen,
In dieſen Lippen iſt der Himmel ja,
Und alles, was nicht Helena, iſt Staub.
Ich ſelbſt will Paris ſein und beinethalb
Statt Ilions ſei Wittenberg verwüſtet,
Und kämpfen mit dem ſchwachen Menelaus
Will ich. — Und deine Farben auf den Federn
Des Helmes tragen. — Schöner, oh, biſt du
Als Abendluft, geſchmückt mit tauſend Sternen.

Zeus strahlte nicht, der flammende, so hell
Wie du, als er der Semele erschien,
Und holder bist du, als der Himmelsherrscher
Im blauen Arm der üpp'gen Arethusa.
Und nie lieb' ich ein andres Weib als dich." —

Edinburgh Review. 38. Bd. Februar 1833.

2. Faustus.

Faust (in seinem Studirzimmer).

Faust, regle deine Studien und beginn,
Die Tiefe dessen zu ergründen, dem
Du weih'n dich willst; da mit Theologie
Du anfingst, widme solchem Fache dich
Zum Schein; doch jede Kunst zu eigen dir
Zu machen sei dein Endziel. In den Werken
Des Aristoteles mußt leben du
Und sterben. Süße Analytik, du
Ja bist es, welche mir es angethan.
Bene disserere est finis logices —
Ist gut zu disputiren denn der Hauptzweck
Der Logik? Ist nicht diese Kunst im Stand
Noch größre Wunder zu verrichten? Wohl,
So lies nicht mehr; das Ziel hast du erreicht.
Fausts Geist heischt einen größern Gegenstand.
Weltweisheit lebe wohl und komm, Galen!
Weih, Faust, dich der Arzneikunst, häufe Gold an,
Durch eine Wunderkur mach dich unsterblich.
Summum bonum medicinae sanitas:
Der Zweck der Medizin ist die Gesundheit.
Nun, Faustus, hast du nicht dies Ziel erreicht?
Gleich Amuleten hat, was du verordnet,
Ja ganze Städte vor der Pest geschützt.

Doch bist du stets noch Fauſt und nur ein Menſch.
Vermöchteſt du dem Menſchen ewiges Leben
Zu ſchenken oder ſie vom Tode neu
Zu wecken, achtbar wäre deine Kunſt dann.
Heilkunſt leb wohl denn.   Wo iſt Juſtinian?
Si una eademque res legatur duobus,
Alter rem, alter valorem rei etc.
Von winzigen Legaten handelt's ſich.
Exhereditari filium non postest pater, nisi etc.
Das iſt der Inhalt der Inſtitutionen,
Der Inbegriff des ganzen Rechtes das.
Der Gegenſtand iſt gut für einen Mietling,
Der es mit leerem Wortkram nur zu thun hat.
Für mich zu knechtiſch und gemein iſt das.
Am Ende iſt Theologie das Beſte.
Die Bibel Hieronymi ſtudire!
Stipendium peccati mors est: Ja! Stipendium etc.
Tod iſt der Lohn der Sünde, das iſt hart.
Si peccasse negamus, fallimur et nulla est in
nobis veritas,
    Wenn wir ſagen, daß wir keine Sünde haben, ſo
betrügen wir uns ſelbſt, und es iſt keine Wahrheit
in uns.
Warum denn müſſen ſünd'gen wir und ſterben,
Und eines ew'gen Todes ſterben, ach!
Welch eine Lehre iſt das? che sera, sera.
Was ſein wird, das muß ſein.   Theologie,
Leb wohl. Himmliſch, fürwahr, iſt dieſer Nekromanten
Und Zauberer Metaphyſik.   Die Lettern,
Die Cirkel und die Charaktere hier,
O ſie ſind das, was Fauſt am meiſten wünſcht.
Welch eine Welt von Wonne und von Macht,
Von Ehre und von Allgewalt wird hier
Dem einz'gen Forſcher zugeſagt.   Was irgend
. Von Pol' zu Pole nur vorhanden iſt,

Wird zu Gebot mir steh'n; die Könige
Und Kaiser finden nur in ihren Reichen
Gehorsam. Aber dessen Macht, der heimisch
Im Reiche der Magie ist, reicht so weit,
Wie sich der Geist des Sterblichen erstreckt!
Der ächte Metaphysiker, fürwahr,
Ein Halbgott ist er. Mein Gehirn will ich
Anstrengen, um zur Gottheit zu gelangen.

*   *   *

Wie angefüllt hiervon ist all mein Denken!
Soll ich von Geistern das, was ich begehre,
Mir bringen lassen, und mich so befrei'n
Von allen Zweifeln? Soll verwegene
Entschließungen ins Werk ich setzen? Ja,
Nach Indien send' ich sie, mir Gold zu holen,
Des Orientes Perlen mir im Ocean
Zu suchen, und der neuentdeckten Welt
Köstliche Früchte, Speisen, wert der Tafel
Von Kön'gen, zu entringen. Lesen sollen
Sie, wundersame Weisheit lehren mir
Und die Geheimnisse der fremden Fürsten
Mir kund thun. Mir ganz Deutschland sollen sie
Mit Erz ummauern, mit des Rheinstroms Flut
Ganz Wittenberg umgürten und den Schulen
Köstliche Stoffe schenken, daß in Sammt
Und Seide die Studenten prunken können.
Ausheben mit dem Golde, das sie bringen,
Will ich Soldaten, um den Fürsten Parmas
Aus unserm Land zu treiben, daß ich selbst
Als einz'ger Herrscher in dem Reiche walte.
Ja Kriegsmaschinen, wundersamer noch,
Als jener feur'ge Keil an Antorfs Brücke,
Erfinden sollen meine Geister mir.
Kommt, Valdus und Cornelius, ihr Deutschen
Und laßt durch eu'r Gespräch mich Weisheit lernen.

Valdus und **Cornelius** treten ein.

Fauſt.   Cornelius und Valdus, meine Lieben,
Wißt, eure Worte haben endlich mich
Beſtimmt, geheime Zauberkunſt zu üben.
Verhaßt und dunkel iſt Philoſophie.
Recht und Phyſik ſind nur für kleine Geiſter;
Doch die Magie hat mir es angethan.
Drum, Freunde, ſteht mir bei in dieſem Streben,
Und ich, der mit ſubtilen Syllogismen
Der deutſchen Kirche Pred'gern zugeſetzt,
Und Wittenbergs berühmte Schülerſchaar
In meinen Hörſaal lockte, wie die Geiſter
Der Hölle um Muſäus ſchwärmten, als
Er in das Unterreich hinabſtieg, will
So liſtig ſein als einſt Agrippa war,
Vor deſſen Schatten ganz Europa ſich
In Ehrfurcht neigte.

Valdus.   Dieſe Bücher, Fauſtus,
Dein Witz und unſere Erfahrung werden
Bewirken, daß bei allen Völkern wir
Als Heil'ge gelten.   Wie die Mauren Indiens
Gehorſam ihren ſpaniſchen Gebietern
Erweiſen, alſo werden dienſtbar uns
Die Geiſter aller Elemente ſein.
Wie Löwen uns bewachen werden ſie,
Als wären ſchaarbewehrte Ritter ſie,
Vielleicht gar Rieſen, uns zur Seite trabend;
Bisweilen Weibern oder Jungfraun gleichend,
Die höh'ren Reiz mit ihren hohen Brauen
Beſchatten, als der Liebeskönigin
Die Bruſt er ſchmückt.

Cornelius.   Die Zauberkunſt wirſt Wunder
Du wirken ſehen, die dich ſchwören laſſen
Nichts andres zu ſtudiren.   Wer bewandert
Iſt in Aſtrologie und Sprachenkunde,

Und Mineralogie studirt hat, ist
Des ganzen Wissens Herr, das die Magie
Verlangt.

Fauſt. Komm, lehr mich ein'ge Zauberſprüche,
Daß ich Beſchwörungen in dunkler Schlucht
Anſtellen kann, und mich daran ergötze.

Baldus. Dann eile fort in eine dunkle Schlucht,
Nimm mit dir Bacons und Albanus' Werke,
Die Pſalmen und das Neue Teſtament,
Und was noch weiter dir von Nöten iſt.
Alsbald ſollſt näh'res du davon erfahren.

Andere Scene.

Nachdem Fauſt in den Elementen der Magie von ſeinen
Freunden Baldus und Cornelius unterrichtet worden iſt, verkauft er ſeine Seele dem Teufel, um einen böſen Geiſt vierundzwanzig Jahre zu ſeinem Befehl zu haben. — Als die
Jahre verfloſſen ſind, fordert der Teufel ſeine Seele.

Fauſt (in der Nacht ſeines Todes); **Wagner** (ſein Diener).

Fauſt. Sprich, Wagner, haſt du meinen letzten Willen
Geleſen? Wie gefällt er dir?

Wagner.   O, Herr!
So wunderbar, daß ich mich demutsvoll
Verpflichtet fühle, ganz mich eurem Dienſt
Zu weih'n.

   (Ab. Drei Schüler treten ein.)

Fauſt. Hab Dank! Willkommen meine Herrn.

 Erſter Schüler. Nun, würd'ger Fauſtus, ſcheinen
mir Eure Blicke verändert zu ſein.

 Fauſt. O, meine Herrn!

 Zweiter Schüler. Was weiter, Fauſtus?

 Fauſt. Ach, mein ſüßer Stubenburſche, hätt' ich
mit dir gelebt, ſo würde ich noch fortleben, doch jetzt
muß ich auf ewig ſterben. Seht nach, meine Herrn,
kommt er nicht, kommt er nicht?

Erſter Schüler. O, mein teurer Fauſt, was ſoll dieſe Furcht?

Zweiter Schüler. Iſt all unſre Luſt in Melancholie verwandelt?

Dritter Schüler. Ihm iſt wegen ſeiner übergroßen Einſamkeit nicht wohl.

Zweiter Schüler. Wenn dem ſo iſt, ſo wollen wir Aerzte kommen laſſen, und Fauſtus wird geheilt werden.

Dritter Schüler. Es iſt bloß eine Beklemmung, die nichts zu bedeuten hat, Herr.

Fauſt. Eine Beklemmung wegen einer hölliſchen Sünde, für die ich an Leib und Seele verdammt bin.

Zweiter Schüler. Dennoch, Fauſtus, blicke zum Himmel auf, und ſei eingedenk, daß die Gnade unendlich iſt.

Fauſt. Doch Fauſts Frevel kann niemals vergeben werden. Die Schlange, welche Eva verſuchte, konnte gerettet werden, doch Fauſt kann es nicht. O, meine Herren, hört ·mich mit Geduld an, und zittert nicht bei meinen Reden, wenn auch mein Herz klopft und zittert, indem ich denke, daß ich hier dreißig Jahre Student geweſen bin. O, daß ich niemals Wittenberg geſehen, nie ein Buch geleſen hätte! Welche Wunder ich vollbracht habe, davon kann ganz Deutſchland Zeugnis abgeben, ja alle Welt, darum hat Fauſtus Deutſchland und die Welt verloren, ja ſelbſt den Himmel, den Himmel, den Siß Gottes, den Thron der Seligen, das Königreich der Wonne, und muß in der Hölle bleiben auf ewig. Hölle, o Hölle auf ewig! Süße Freunde, was ſoll aus Fauſtus werden, wenn er auf ewig in der Hölle iſt?

Zweiter Schüler. Dennoch, Fauſtus, ruf Gott an.

Fauſt. Gott, dem Fauſtus abgeſchworen hat? Gott, den Fauſt geläſtert hat? O Gott, ich möchte weinen, aber der Teufel ſaugt meine Thränen ein.

Ströme vor mein Blut an Stelle der Thränen, ja nimm Leib und Seele mit. O, er hält meine Zunge fest. Ich möchte meine Hände erheben, aber seht, sie halten sie, sie halten sie.

Die Schüler. Wer, Faustus?

Faust. Nun Lucifer und Mephistopheles. O, ihr Herren, ich habe ihnen meine Seele für die Ausführung meiner Anschläge verschrieben.

Die Schüler. O Gott sei dafür!

Faust. Gott hat es verboten, aber Faustus hat es gethan. Für das eitle Vergnügen von vierundzwanzig Jahren hat Faust ew'ge Wonne und ewiges Glück verloren. Ich unterschrieb ihnen mit meinem eignen Blut eine Urkunde; der Termin ist abgelaufen, dies ist die Zeit, und er wird mich holen.

Erster Schüler. Warum hat uns Faust dies nicht zuvor gesagt, daß Geistliche für ihn gebetet hätten.

Faust. Oft habe ich gedacht, das zu thun; aber der Teufel drohte mich in Stücke zu zerreißen, wenn ich Gott nennte, mich an Leib und Seele zu holen, wenn ich auch nur einmal mein Ohr der Gottheit liehe, und nun ist es zu spät. Geht fort, meine Herren, damit ihr nicht mit mir zu Grunde geht.

Zweiter Schüler. O, was vermögen wir zu thun, um Faustus zu retten?

Faust. Redet nicht von mir, sondern rettet euch selbst und geht.

Dritter Schüler. Gott wird mir Kraft leihen, ich will bei Faust bleiben.

Erster Schüler. Versuche nicht Gott, lieber Freund, sondern laß uns in die nächste Stube gehen und für ihn beten.

Faust. Ja, betet für mich, betet für mich, und welchen Lärm ihr auch immer hören mögt, kommt nicht zu mir, denn nichts kann mich retten.

Zweiter Schüler. Bete du, und wir wollen Gott bitten, daß er Gnade mit dir habe.

Fauſt. Lebt wohl, ihr Herrn; wenn ich bis morgen lebe, will ich euch beſuchen; wenn nicht, ſo iſt Fauſt in die Hölle gegangen.

Die Schüler. Fauſtus, leb wohl!   (Ab.)

Fauſt allein, die Uhr ſchlägt elf.

                      O Fauſtus,
Jetzt bleibt dir eine Stunde nur zu leben,
Und dann auf ewig wirſt verdammt du ſein.
Ihr Himmelsſphären, die ihr ewig rollt,
Steht ſtill, ſo daß die Zeit aufhört und nie
Die Mitternacht herankommt. Thu aufs neu
Dich auf, o ſchönes Auge der Natur,
Und bringe ew'gen Tag mir, oder gib,
Daß dieſe Stunde doch ein Jahr, ein Monat,
Ja eine Woche, nur ein einz'ger Tag ſei,
Und Fauſt bereuend ſeine Seele rette.
O lente lente currite noctis equi.
Die Sterne kreiſen noch, die Zeit verrinnt
Und ſchlagen wird die Glocke, kommen wird
Der Teufel und verdammt muß Fauſtus werden.
O, in den Himmel will ich fliegen; wer
Reißt mich herab? Seht hin, wie Chriſti Blut
Das Firmament durchſtrömt! Ein Tropfen Bluts
Wird mich erretten, o zerreiß, mein Heiland,
Nicht dies mein Herz, bei deinem heil'gen Namen
Beſchwör' ich dich. — Und doch ruf' ich ihn an:
Verſchon mich Lucifer! Wo iſt es nun,
Es iſt hinweg. Und ſieh ein droh'nder Arm
Und eine zorn'ge Stirn. Kommt, kommt, ihr Berge,
Ihr Hügel ſtürzt auf mich, ſchützt vor dem Grimm
Des Himmels mich. Nein? Häuptlings in die Erde
Dann will ich ſtürzen. Thu dich auf, o Erde!

Doch nein, nicht schützen will sie mich. Ihr Sterne
Die ihr, als ich geboren ward, regiertet,
Die ihr durch euren Einfluß Tod und Hölle
Verhängt mir habt, gleich einem Nebeldunst
Saugt jetzt den Faust in jener Wolke Schlund,
Die dort herabwallt, auf; damit, wenn ihr
Sie in die Lüfte ausspeit, meine Glieder
Aus eurem dunst'gen Munde neu hervorgeh'n,
Doch macht, daß meine Seele in den Himmel
Emporsteigt.

(Die Uhr schlägt.)

   Halb verflossen ist die Stunde,
Vorbei ist alles bald. Wenn meine Seele
Für meine Sünde büßen muß, o Gott,
So setz ein Ende meiner Höllenpein!
Laß Faustus in der Hölle hundert Jahre,
Ja hunderttausend leben, nur am Schluß
Gerettet werden! Für verdammte Seelen
Ist festgestellt kein Ende. Warum warst
Du dann ein Wesen ohne Seele nicht?
Warum ist diese, die du hast, unsterblich?
O Seelenwand'rung des Pythagoras!
Wenn wahr sie wäre, diese Seele würde
Von mir entflieh'n und in ein wildes Tier
Ich umgewandelt werden. Alle Tiere
Sind glücklich, denn sobald sie sterben, kehren
In ihre Elemente ihre Seelen
Zurück. Allein fortleben muß die meine,
Um in der Hölle stete Qual zu leiden.
Verflucht die Eltern, welche mich gezeugt!
Nein, Faust, verfluch dich selbst, verfluch den Satan,
Der dich beraubt der Himmelswonnen hat.

(Die Uhr schlägt zwölf.)

Sie schlägt, sie schlägt; zerrinn in Luft mein Leib,
Schnell, sonst entführt dich Lucifer zur Hölle.

Verwandle, Seele, dich in kleine Tropfen
Und fall ins Meer, wo keiner je dich findet.

(Donner, die Teufel treten ein.)

O Gnade, Himmel! Blick so schrecklich nicht
Auf mich. Ihr Schlangen, laßt, ihr Nattern noch
Mich atmen. Gähne, grause Hölle, nicht;
Komm nicht, o Lucifer; verbrennen will
Ich meine Bücher, Mephistopheles!

*   *   *

(Die Schüler treten ein.)

Erster Schüler. Ihr Herren kommt, laßt Faustus uns
besuchen.
So fürchterliche Nacht ward nie geseh'n,
Seitdem die Schöpfung dieser Welt begann!
Solch furchtbar Wehgeschrei ward nie gehört.
Fleht Gott an, daß der Doktor der Gefahr
Entronnen sei!
Zweiter Schüler. Hilf Gott, die Glieder Fausts
Sind hier, zerrissen von der Hand des Todes.
Dritter Schüler. Der Teufel, welchem Faustus
diente, hat
Ihn so zerrissen, zwischen Zwölf und Eins
Hört' ich ihn schrei'n und laut nach Hilfe rufen,
Wobei das Haus in Brand zu stehen schien,
Als ob das Höllenfeuer es in Flammen
Gesteckt.
Zweiter Schüler. Nun, meine Herrn, obgleich das
Ende
Des Faust ein solches war, daß nur mit Jammer
Ein Christenherz dran denken kann, dennoch —
Denn ein Gelehrter war er, hochberühmt
In Deutschlands Schulen wegen seines Wissens —

Legt seine Glieder, die zerrissenen,
Ins Grab; und alle seine Schüler sollen
In Trauerkleidern seine Gruft umsteh'n.

Die wachsenden Schrecken des Faustus werden fürchter=
lich durch die Stunden und halben Stunden angezeigt, wie
sie ablaufen und ihn der Erfüllung seines furchtbaren Ver=
trages näher und näher bringen. Es ist in der That ein
Todeskampf und Blutschweiß.

Es wird von Marlowe gesagt, er habe atheistischen An=
sichten gehuldigt, Gott und die Dreieinigkeit geläugnet. Einem
solchen Geiste muß die Geschichte des Faust ein Leckerbissen
gewesen sein; auf Feldern umherzuwandeln, wohin zu gehen
dem Vorwitz verboten ist, dem dunklen Schlunde sich genug
zu nähern, um sich mit Spekulationen zu beschäftigen, welche
der verrottetste Teil des Markes der Frucht sind, die von
dem Baum der Erkenntnis fiel. Barabas der Jude und
Faustus der Beschwörer sind Erzeugnisse eines Geistes, welcher
zum mindesten ein Ergötzen daran fand, sich mit verbotenen
Gegenständen zu beschäftigen. Sie beide reden eine Sprache,
welche ein Gläubiger nicht gern in den Mund eines auch nur
erdichteten Charakters zu legen wagte. Aber die frommsten
Gemüter haben es bisweilen nicht für tadelnswert gehalten,
die Gottlosigkeit in dem Charakter eines andern darzustellen,
das Laster auf die Bühne zu bringen, und es seine eigene
Sprache sprechen zu lassen, und, während sie selbst mit einer
Salbe von selbstvertrauender Straflosigkeit ausgerüstet sind,
keine Skrupel gehabt haben, dasjenige zu behandeln und
familiär zu behandeln, was für andere Tod sein würde. Milton
hat in der Person des Satan Spekulationen vorgebracht,
welche kühner sind als sie die schwache Waffensammlung irgend
eines Atheisten geliefert hat.   Ch. Lamb.

„Faust" enthält vielleicht nichts so Dramatisches als der
erste Teil des Juden von Malta. Doch die bisweilen durch=
brechenden Zeichen von Reue und die Kämpfe des erwachen=
den Gewissens in dem Hauptcharakter sind schön angebracht.

Das Stück ist voll von poetischer Schönheit, doch die Ein=
mischung von Possenhaftigkeit schwächt die Wirkung und macht
es schließlich mehr zur Skizze eines großen Genius, als zu
einer vollendeten Leistung. Ueber Marlowes Mephistopheles
liegt eine furchtbare Melancholie, welche vielleicht eindrucks=
voller ist, als die boshafte Lustigkeit in dem berühmten Werke
Goethes. Aber die schöne Gestalt Gretchens fehlt, und Mar=
lowe hat kaum die Ehre geerntet, daß er einige zufällige In=
spirationen einem größeren Geiste geliefert.   Hallam.

Wir kennen nicht das Datum der ersten Ausgabe des
Prosaromans, welcher die Materialien für Marlowes Faust
lieferte. Doch eine Ballade, „Von dem Leben und Tode des
Dr. Faustus, des großen Zauberers“ erhielt die Erlaubnis
zum Druck am 28. Februar 1588—89 und da Balladen häufig
auf beliebte Dramen begründet waren, so ist es sehr wahr=
scheinlich, daß die erwähnte Ballade das Stück unseres Autors
zur Grundlage hatte. Eine Strophe in Rowlands Knave of
clubs berichtet uns, daß Alleyn die Hauptrolle in dieser
Tragödie spielte:

> „Wie Alleyn, wenn den Faust er spielte,
> Gekleidet war er so.“

Der Succeß von Faustus war vollkommen. Bei Hens=
lowe ist mehreres darüber eingetragen; nicht jedoch früher
als den 30. September 1594, um welche Zeit Marlowe schon
tot war, und man hat allen Grund zu glauben, daß das Stück
mehrere Jahre auf dem Repertoire stand. Henslowe hat
auch zwei merkwürdige Notizen in Bezug auf die Hinzu=
fügungen, welche zu demselben gemacht wurden, als in Folge
der wiederholten Aufführung es etwas an seiner Anziehungs=
kraft für die Zuhörer verloren hatte.

Bez. an Thomas Dickers (Dekker) den 20. Dezember 1597
für Zusätze zu Faustus 20 Shillings.

Geliehen an die Gesellschaft den 22. November 1622,
um auszuzahlen an Wm. Birde und Samwell Rowley für
ihre Zusätze zu Dr. Faustus, die Summe von — — —
                                    Alex. Dyce.

Eine fünfte Quartausgabe des „Doktor Fauſtus" wurde 1663 gedruckt „Mit neuen Zuſätzen, wie er jetzt aufgeführt wird, mit einigen neuen Scenen, zugleich mit den Namen der Schauſpieler". Der neu hinzugefügte nimmt viel weniger Raum ein als die Titelſeite uns annehmen laſſen ſollte, und wurde offenbar von einem Poetaſter des unterſten Ranges geliefert. — Die wiederholten Veränderungen und Ausgaben dieſes Trauerſpiels ſcheinen die Behauptung von Phillips zu rechtfertigen, daß von allem, was Marlowe für die Bühne geſchrieben, ſein Dr. Fauſtus den größten Lärm gemacht hat.

Alex. Dyce.

---

3. Der reiche Jude von Malta.

Ein Trauerſpiel.

Barabas, der reiche Jude, in ſeiner Wechſelſtube mit Haufen von Gold vor ſich, indem er ſeinen Reichtum betrachtet.

Barabas. Das iſt's, was von ſo vielem eingegangen
Und von der perſiſchen Schiffe drittem Teil
Gezahlt ward für die Ladung mir der Preis.
Was die Samniten anlangt und die Männer
Von Uzz, die meine Weine Spaniens
Sowie mein griechiſch Oel gekauft, hier hab' ich
Die wen'gen Silberlinge eingeſteckt.
Pfui, welche Mühe iſt's, ſolch elend Geld
Zu zählen! Glücklich geht's den Arabern,
Die ihre Handelswaren reichlich ſo
Mit Gold bezahlen, daß in einem Tag
Ein Mann ſo viel erwirbt, daß er davon
Bis an ſein Ende leben kann. Der arme
Taglöhner, welcher einen Groſchen nie
Geſeh'n, welch Wunder wär' ihm ſolcher Schatz!
Doch der, des ſtahlbeſchlagne Kiſten voll
Gepfropft ſind, der ſein Lebenlang geſtrebt,
Daß ihm die Finger müd' vom Zählen wurden,

Im Alter haßt er's, so sich noch zu mühen,
Und für ein Pfund zu Tode sich zu schwitzen.
Schafft Käufer mir aus Indiens Minen, die
Mit Münzen edelsten Metalles zahlen;
Den reichen Mohren, welcher in dem Felsen
Des Orients seine Schätze, wie er mag,
Aufhäufen kann, und, Kieseln ähnlich, Perlen
In seinem Hause türmen, nichts dafür
Zu zahlen braucht, doch sie nach dem Gewicht
Verkauft, Saphire, Amethyste, Beutel
Voll von Demanten, Hyacinthen, Perlen,
Smaragden und Topasen und Rubinen,
Und seltne Steine von so hohem Preis,
Daß ihrer einer, selbst gering geschätzt
Und von Karat gleich diesem hier, im Fall
Von Unglück oder von Gefahr die reichsten
Der Könige aus der Gefangenschaft
Loskaufen kann. Die Ware hier ist das,
Die meinen Reichtum ausmacht. Und so sollten,
Dünkt mich, verständ'ge Männer ihren Handel
Nicht nach der Art gemeiner Schacherer treiben,
Und wie ihr Reichtum wächst, in einem kleinen
Gemach unendlich große Schätze bergen.
Doch nun, wie steht der Wind? Nach welchem Winkel
Hat sich der Schnabel meines Halcyon
Gewandt? Ha! Nach dem Osten? Ja. Wie steht
Die Wetterfahne? Ost=Süd=Ost, zeigt sie.
Nun denn, ich hoffe, meine Schiffe, die
Ich nach Aegypten sandte und den Inseln
Der Meere dort, sind in des Nilus Mündung
Schon eingelaufen. Meine Caravellen
Aus Alexandria, mit Seidenstoffen
Beladen und Gewürzen, die zur See
Jetzt sind, an Candias Küsten gleiten sie
Jetzt sanft nach Malta durch das Mittelmeer.

Einige Kaufleute treten ein und unterrichten Barabas, daß seine Schiffe aus verschiedenen Häfen glücklich eingelaufen sind und auf der Rhede von Malta liegen. Er erörtert die augenblickliche Lage der Juden, wie gut es ihnen geht und wie sie zu großem weltlichen Glück gelangen trotz des Fluches, der wider sie ausgesprochen ist.

Barabas.   So kommt zu Land wie See das Glück
zu uns

Und Reichtum wird uns so von allen Seiten.
Das ist der Segen, der dem Judenvolk
Verheißen ward, das Glück des Abraham
Teilt sich uns mit. Was kann der Himmel mehr
Für irb'sche Menschen thun, als Ueberfluß
Auf diese Art in ihren Schooß zu schütten,
Indem der Erde Bauch er für sie aufreißt,
Das Meer zu ihrem Knecht macht, und dem Wind
Gebietet, günst'gen Hauches seine Habe
Zu treiben? Meines Glückes wegen nur
Werd' ich gehaßt. Und lieber so als Jude
Will ich gehaßt sein, als in christlicher
Armut mit Mitleid angeseh'n. Denn Gutes
An ihrem ganzen Glauben find' ich nicht,
Nur Bosheit, Falschheit und vermess'nen Stolz,
Der, dünkt mich, nicht zu ihrem Frommsein paßt!
Bisweilen hat ein unglücksel'ger Mensch
Gewissen, und weil er Gewissen hat,
Bleibt er ein Bettler. Durch die ganze Welt
Sein wir zerstreut, wir Juden, sagen sie;
Ich weiß es nicht; doch mehr des Reichtums haben
Wir aufgehäuft, als sie, die ihres Glaubens
Sich rühmen. Da ist jener große Jude
Aus Griechenland, der Kirriah Jairim heißt,
Obed in Bairseth und in Portugal
Nones, und ich in Malta; in Italien
Sind einige, in Frankreich viele, jeder

Von Reichtum strotzend; ja die Christen alle
Drin übertreffend. Wohl bekennen muß ich,
Wir werden Kön'ge nicht, doch unsre Schuld
Ist das nicht; ach, gering ist unsre Zahl,
Und Kronen muß man erben, oder sie
Erobern. Und was mit Gewalt erlangt wird,
Oft hört' ich sagen, das hat Dauer nicht.
Gebt Ruhe uns; die Christen macht zu Kön'gen,
Sie, die so großen Durst nach Herrschaft haben.

Marlowes Jude kommt dem Shakespeares nicht so nahe,
wie sein Eduard II. Shakespeares Richard II., Shylock ist inmitten seines wilden Grimmes doch ein Mensch. Seine
Motive, Gefühle und sein Racheburst haben noch etwas Mensch-
liches in sich. „Wenn ihr uns Böses zufügt, sollen wir uns
nicht rächen?" Barabas ist nichts als ein Ungeheuer, das
mit einer großen gemalten Nase vorgeführt wird, um dem
Pöbel zu gefallen. Er mordet zum Spaß, vergiftet ganze
Nonnenklöster, erfindet höllische Maschinen. Es ist gerade
eine solche Rolle, die ein oder zwei Jahrhunderte früher den
Londonern hätte vorgeführt werden können „auf königlichen
Befehl", als eine allgemeine Plünderung und ein allgemeines
Morden der Juden vorher im Kabinet beschlossen war. Es
ist interessant, einen Aberglauben aussterben zu sehen. Die
Idee eines Juden (den unsre Vorfahren mit solchem Abscheu
ansahen) hat jetzt nichts Abstoßendes mehr. Wir haben die
Klauen der Bestie beschnitten und ihre Nägel gestutzt, und
jetzt nehmen wir sie in unsre Arme, streicheln sie und schreiben
Stücke, um ihr zu schmeicheln: sie wird von Fürsten besucht,
affektirt Geschmack, patronisirt die Künste und ist das einzige
liberale und gentlemanähnliche Wesen in der Christenheit.

Ch. Lamb.

Die beiden ersten Akte des „Juden von Malta" sind
kräftiger, sowohl in Betreff des Charakters und der Neben-
umstände koncipirt, als irgend ein anderes Stück aus der
Zeit der Elisabeth, außer denen von Shakespeare, und wir

können vielleicht annehmen, daß Barabas, wenn er auch nicht das Vorbild von Shylock ist (ein Lob, das er nicht verdient), so doch dem Erfinder einige Ideen dazu geliefert hat. Doch die letzten Akte sind, wie dies bei unsern alten Dramatikern gewöhnlich, ein Gewebe von uninteressanten Verbrechen und Metzeleien.

Hallam.

---

4. Tamerlan der Große

ober
Der scythische Schäfer.

Erster Teil.

(Beschreibung von Tamerlans Person.)

Von mächtiger Gestalt und schlankem Wuchs,
Gleich seinen Wünschen himmelragend, göttlich.
So gliederstark, so mächtig die Gelenke,
So schulternbreit, daß tragen er die Wucht
Des alten Atlas könnte. Eine Perle
Von höhrem Werte als die ganze Welt,
Schmückt ihm das männliche Gesicht, worin
Durch eines Meisters wundersame Kunst
Die Strahlenaugen festgeheftet sind,
Die einen Himmel voll von Himmelskörpern
In ihren feur'gen Kreisen tragen und
Zum Throne seine mächt'gen Schritte leiten,
Wo ihren Sitz in königlicher Pracht
Die Ehre hält. Bleich ist sein Angesicht,
Von Leidenschaft gefurcht, nach Herrschaft dürstend
Und Waffenlust. Wenn seine hohe Stirn
Sich faltet, stellt den Tod sie dar; und glättet
Sie wieder sich, so blüht in ihr das Leben,
Indes das Ambrahaar auf sie herabhängt
In Locken, so wie des Achills, in denen

Des Himmels luftiger Hauch zu spielen liebt,
So daß es hüpft in üpp'ger Majestät.
Die Arme lang, die Finger schneeigweiß,
Von Tapferkeit und hohen Kräften zeugend;
Daß er das ganze Weltall unterthan
Sich mache, ist geschaffen Tamerlan.

Zweiter Teil.

Tamerlan im Kriege.

Am ersten Tag, wenn er die Zelte aufschlägt,
Weiß sind sie, und auf seinem Silberhelm
Wehn Federn hell wie Schnee, die künden sollen,
Wie mild sein Sinn ist, der, wenn er der Beute
Genug hat, Blut verschmäht. Doch wenn Aurora
Zum zweiten Mal aufsteigt, so rot wie Scharlach
Ist seine Tracht; dann muß sein Flammenzorn
In Blut sich stillen, und nicht einen schonen,
Der Waffen führen kann. Doch wenn er
Durch Drohen Unterwerfung nicht erlangt,
Sind seine Farben schwarz, schwarz ist sein Banner.
Sein Speer, sein Schild, sein Roß, sein Federbusch
Und seine Rüstung drohen Tod und Hölle.
Nicht Würde achtend, Alter noch Geschlecht,
Mit Feu'r und Schwert mäht er die Feinde nieder.

Die Tollheiten Tamerlans sind wahrhafte „Sommer=
nachtsraserei". Die des Nebucadnezar sind in Wahrheit nur
schüchterne Versuche, verglichen mit den dauernden Prahlereien
dieses scythischen Schäfers. Er kommt (in dem zweiten Teile),
gezogen von besiegten Königen, und wirft diesen „verweich=
lichten asiatischen Schindmähren" vor, daß sie ihn nur „zwanzig
Meilen jeden Tag ziehen könnten". Bis ich diese Stelle mit
meinen eigenen Augen sah, glaubte ich nie, daß sie etwas

anderes sei, als eine ergötzliche Burleske meiner Vorfahren. Allein ich kann meine Leser versichern, daß sie in vollem Ernst in einem Stück geschrieben ist, welches ihre Vorfahren als ernsthaft nahmen.   Ch. Lamb.

In dem Trauerspiel „Tamerlan", welches von Collier in das Jahr 1586 gesetzt wird und als dessen einziger oder wenigstens Haupturheber Marlowe gilt, ist zuerst eine bessere Art des Blankverses angewandt; die Zeilen sind in einander geschlungen, die hie und da vorkommenden Halbzeilen und überzähligen Silben unterbrechen die Eintönigkeit des Maßes und geben dem Dialog mehr den Charakter des Gesprächs. Tamerlan wurde wegen seines bombastischen Stils lächerlich gemacht. Der Bombast jedoch, der nicht so übertrieben ist, wie man angeführt hat, wurde als angemessen für solche orientalische Tyrannen betrachtet. Dieses Stück hat mehr Geist und Poesie als irgend eines, welches aus einleuchtenden Gründen in frühere Zeit als dasselbe gesetzt werden kann. Wir finden darin auch mehr Handlung auf der Bühne, einen kürzeren und dramatischeren Dialog, einen bilderreicheren Stil, mit einer viel abwechselnderen und geschickteren Versifikation. Wenn Marlowe auch nicht den Blankvers erfand, was schwer zu beweisen ist, gab er demselben doch zum mindesten eine Mannigfaltigkeit des Tonfalles und eine leichte Anbequemung des Rhythmus an den Sinn, wodurch er in seiner Hand das schönste Instrument wurde, welches ein tragischer Dichter je für seine Zwecke angewandt, weniger eingeengt, als derjenige der Italiener und der bisweilen nur eine Art von Streck= versen bildet, indem Zeilen von vierzehn Silben sehr oft in unsern alten Dramatikern vorkommen, aber zu andern Zeiten regelmäßig und harmonisch, wie nur das ängstlichste Ohr es wünschen könnte.   Hallam.

Mit sehr wenig Unterscheidung der Charaktere, mit viel Extravaganz in den Begebenheiten, mit keinem Pathos, da wo Pathos zu erwarten gewesen wäre, und mit übermäßig viel bombastischer Sprache ist Tamerlan doch ein sehr aus= drucksvolles Drama und unzweifelhaft allen englischen Tra= gödien, die ihm voraufgegangen, überlegen — überlegen in der Wirksamkeit, mit der die Ereignisse vorgeführt werden, in dem poetischen Gefühl, welches das Ganze belebt, und in der Kraft und Mannigfaltigkeit der Versifikation. Marlowe hatte noch zu zeigen, daß er seinen Scenen Wahrheit verleihen konnte; aber nicht wenige Stellen könnten aus Tamerlan angeführt werden, welche ebenso groß in Gedanken, so glänzend in den Bildern und so glücklich im Ausdruck sind, wie irgend welche, die sich in seinen späteren Werken finden.

Alex. Dyce.

---

5. Die verliebte Königin.

Eine Tragödie.

Die Königin Mutter von Spanien liebt einen frechen Mohren.

Die Königin; Eleazar, der Mohr.

Königin. Laßt eure schönsten Melodien ertönen,
Und auf den seid'nen Schwingen der Musik
Entsendet zu dem Ohre meines Teuren
Hinreißendes Entzücken, daß verliebt
In eure Melodien er werde.

Eleaz.   Fort!
Hinweg!

Königin. Nein, nein, sagt ja; zweimal hinweg!
Sagt bleib! Komm, komm und gib mir einen Kuß;
Für jeden, den du weigerst, geb' ich fünf dir.

Eleaz. Hinweg! Hinweg!

Königin.   Was meinst du, mein Geliebter?
Verbrennt die Flöten all, zerbrecht die Lauten!
Denn sie gefallen meinem Mohren nicht.
Bist du zufrieden nun? Schafft etwas noch
Dir Mißbehagen? Hin geb' ich ganz Spanien
Für einen Kuß von dir, ein neuer Kunstgriff

Ist dies, um mehr Verlangen noch in mir
Zu wecken.   O, die Kunst versteht ihr, Männer,
Ein armes Weib dahin zu bringen, daß
Sie für euch stirbt.

Eleaz.   Was, für mich sterben? Thorheit!

Königin. Was Thorheit? Rede freundlicher, ich bitte.
Was zürnst du, und auf wen?

Eleaz.   Auf dich.

Königin.   Auf mich?

Warum auf mich? Für jeden zorn'gen Blick
Wirft eine Runzel sich auf meine Stirn.
Blick eine Stunde zornig nur und ausschau'n
Werd' ich wie eine hundertjährige Greisin.
Ich bitte, sprich zu mir und schilt mich nicht.
Ich bitte, schilt mich, wenn ich mich vergangen
Und laß mich diese, jene Strafe tragen.
Sei's auch auf kurz nur, schau mich lächelnd an!
Schaust zornig du, so sterb' ich; bitte, lächle!
Ich bitte, lächle; diese üpp'gen Knaben,
Die mich bedienen, diese holden Jungen,
Sie sollen Zeus dich nennen, dir den Becher
Gefüllt mit Nektar reichen, ihre Augen,
Die wollustvollen, mögen Spiegel sein,
Darin du dich beschaust, wenn du dich kleidest,
Wenn du mich lächelnd anschau'n willst. O lächle!
Mit Perlgewinden und mit goldnen Kränzen
Geschmückt die Arme sollen diese zwei
In elfenbeinumfaßten Becken schwimmen,   ·
Und untertauchen, um dich zu ergötzen;
Gönn nur ein Lächeln mir, ein kleines Lächeln,
In einem Netz aus Seid' und Gold geflochten,
Dann sollst du ruh'n in meinen nackten Armen.

Kit Marlowe dichtete, wie der alte Isak Walton uns versichert, jenen süßen Gesang, welcher beginnt: „Komm, bleib
bei mir und sei mein Lieb." Dieselben romantischen Auf-
forderungen „in Thorheit reif, in Vernunft verfault" werden
von der Königin im Stück, von dem Liebenden im Liebe gemacht. Er spricht von „Betten von Rosen, Locken von Gold".

> Deine silbernen Schüsseln, die herrlich strahlen,
> Wie die den Göttern dienen bei ihren Mahlen,
> Bereit auf einer Tafel von Elfenbein
> Sollen für mich und dich sie täglich sein.

Die Scene in dem Auszug hat eine üppige Weichheit
und sie war die maßvollste, die ich wählen konnte. Das
Uebrige ist im Stil des Königs Cambyses, Raub, Mord und
Superlative, polternde, prahlende, aufgeblasene Zeilen, von
der Art wie sie sich bei den Schauspielschreibern vor Shakespeare vielfach finden, und wie sie Pistol „nur kalt nachahmt". — Mit Blut wird in einigen von diesen alten Stücken
so verschwenderisch umgegangen, wie mit Gold in einer mo-
dernen sentimentalen Komödie, und wie dieses verschwendet
wird, bis wir uns erinnern, daß es nur Rechenpfennige sind,
so wird jenes vergossen, bis es uns nicht mehr afficirt als
die Schminke des Friseurs.   Ch. Lamb.

Lamb hielt ·dies Stück, wie es früher allgemein geschah,
noch für ein Werk Marlowes, aber der spätere große Kenner
Collier sagt: „Dieses Stück, obgleich man früher annahm,
es sei von Marlowe geschrieben, ist unzweifelhaft nicht von
ihm. Der König Philipp, der im ersten Akt auftritt, ist
Philipp II. von Spanien, welcher erst 1598 starb. Marlowe
wurde von Archer schon 1593 ermordet." Collier vermutet
mit großer Wahrscheinlichkeit, daß, da ein spanischer Mohr der
Held dieses Stücks ist, es nichts anderes ist als „The Spa-
neshe Mores Tragedie", die von Dekker, Haughton und Day
verfaßt wurde und in Henslowes Tagebuch erwähnt wird.

Die innere Verwandtschaft des Dichters mit Lope de
Vega ist hier nicht zu verkennen, aber zu solchen wilden Extra-
vaganzen hat es doch die spanische Bühne nicht gebracht. Es

sind Fieberträume, die hier vor uns Gestalt annehmen und lebendig werden. Das Reich der Wolluft ist der naive paffende Titel des Dichters, schwerer zu begreifen, wie sich das Publikum ihn gefallen ließ. Zu einem Druck kam es freilich bei seinen Lebzeiten nicht. Es wird hier wieder klar, wie der Umstand, daß die altenglische Bühne keine Weiber zuließ, auf ein äußerstes der Indecenz hinführen konnte. Die Liebes= intrigue der Fürstin mit dem Mohren wäre, von einem wirk= lichen Weibe gespielt, doch zu ekelhaft geworden, von einem Knaben gespielt konnte man sich das Kunststückchen gefallen laffen. Der blutbürftige Mohr wirkte auf die Maffe wahr= scheinlich durch sein schwarzes Gesicht und wurde nun eine stehende Figur dieser Bühne, sie ging in Shakespeares Titus Andronicus über und ihr letzter, identischer Ausläufer ist ohne Zweifel Othello. In diesem Stücke wird uns namentlich klar, wie Shakespeare schon alle Wildheit der Leidenschaft, bis zum Wahnsinn gesteigert, auf der englischen Bühne vorfand, er brauchte blos die mäßigende Kraft des Ideals anzulegen, um das rechte Maß und das Klassische zu finden. In diesem Stück ist jedes ethische Element vollkommen negirt, sämmt= liche Charaktere überbieten sich in Scheußlichkeiten und es fehlt darum dem Dichter jeder Halt, um sein Werk an irgend eine ideelle Macht anzuknüpfen.   Moritz Rapp.

Thomas Middleton.

Die Hexe.

Eine Tragikomödie.

Hecate und die anderen **Hexen** bei ihren Beschwörungen.

Hecate. Titty und Tiffin, Suckin
. Und Pidgen, Liard und Robin!
  Weiße Geister, schwarze Geister, graue Geister, rote
      Geister,
    Teufelkröte, Teufelbock, Teufelkatze!
  Auf Hoppo und Stadlin, Hellwein und Puckle!
Stadlin. Schwitzt hier am Kessel.
Hecate.   Laßt's gut sieden nur!
Hoppo. Hoch kocht's schon auf.
Hecate.   Sind blau genug die
                      Flammen
  Sagt, oder soll ich's höher sieden lassen?
Stadlin. Die Kniffe, welche Fee'n auf weiße Hüften
  Der Mädchen drücken, sind so herrlich blau nicht.
Hecate. Sorgt hübsch dafür! Schickt Stadlin zu mir her
  Mit einem eh'rnen Napf, daß meine Arbeit
  Bei diesen Schlangen ich beginnen kann
  Und für die zweite Stunde sie zerquetsche.
  Nun, wird's?

Stablin. Da ist schon Stablin und die Schüssel.

Hecate. Hier nimm den ungetauften Balg,
Sied ihn gut — bewahr den Talg.
Gut ist er, unsre Glieder zu beschmieren,
Dann kann der Flug nach oben uns führen,
Dann fliegen wir durch die Luft von dannen
Ueber Kirchhoftürme, Berge und Tannen,
Die Sträucher nur scheinen, über der Prinzen
Paläste dahin. Da ganze Provinzen,
Wie hin wir zieh'n über Höhen und Thäler,
Erblicken wir klein wie Schönheitsmäler
Auf Wangen der Frauen. Wenn hundert Meilen
Hoch in den Lüften wir jauchzen und heulen,
Springen und tanzen, wird gern nicht mit Genuß
Uns jeder Jüngling bienen als Incubus.
Du weißt es, Stablin?

Stablin. So geschieht's gewöhnlich.

Hecate. Geh, heiz den Kessel für die zweite Stunde.

Stablin. Wo sind die Zauberkräuter?

Hecate. Schon in der Kehle
Des Kindes; voll zum Platzen ist sein Mund,
Voll selbst die Ohren und die Nasenlöcher.
Ich stopft hinein Eleaselinum,
Aconitum, Frondes populeas
Und Ruß. Ihr könnt das seh'n, so schwarz ist ihm
Der Mund. Dann Sium, Acharum, noch weiter
Dentaphyllon, von einer Fledermaus
Das Blut, Solanum, welches schläfrig macht,
Und Oleum.

Stablin. Genug ist's, Hecate.

Hecate. Habt vollgesteckt mit Zaubernadeln ihr
Das Herz von Wachs?

Stablin. Wir thaten's, Hecate.

Hecate. Und ist ins Feuer schon des Farmers Bild
Und seiner Frau gelegt?

Stadlin. Geröstet werden
  Sie beide schon.

Hecate. Gut so, dann schmilzt ihr Mark
Und Krankheit von drei Monden saugt aus ihnen
So Blut wie Leben. Oft verweigert haben
Sie Mehl mir, Hafer, Gänsefett und Milch,
Wenn nie ich ihrem Buttern schadete,
Noch ihrem Kochen, oder ihren Hühnern
Beim Brüten. Jetzt will ich es ihnen anthun.
Vom letzten Wurf sechs ihrer Ferkel schon
Hab' ich behext, neun Entlein, dreizehn Gänse
Und eine Sau fiel lahm beim Abendläuten
Am letzten Sonntag hin. Und achtet drauf,
Wie's ihren Schafen gut geht, welche Suppe
Von jeder Milchkuh in den Eimer rinnt,
Die Schlangen hier sendt' ich einstweilen, sie
Zu melken. Trockne Euter melken sollen
Die Dirnen in die Eimer und mit Fluchen
Heimgeh'n, verderben ihre Sillabubs
Will ich der naschbegier'gen Kirchspieljugend.

Sebastian befragt die Hexe, ob sie ihm keinen Zauber an-
geben kann gegen einen glücklichen Nebenbuhler.

Hecate. Ihr Elfen, Hexen, Satyrn, Faune, Pane,
Kobolde still! Tritonen, Zwerge, Nixen,
Centauren, Feuerdrachen, Heinzelmännlein,
Nachtmare, Wichtelmänner — A. ab hur. hus.

Sebastian. Der Himmel weiß, wie wider Willen ich
Voll Haß auf den verfluchten Platz hier trete.
Doch solches Liebesweh, wie ich erlitt,
Läßt mich die Religion vergessen, daß,
Müßt' ich durch diesen Gang auch tausend Tode
Erleiden, doch ich ihn nicht lassen könnte. —
Wie tief die Tollen zu beklagen sind,
Jetzt weiß ich's. Die unseligsten Geschöpfe,

Die je geschaffen wurden, sind sie, wenn
Die Weiber, treulos ihren Eiden, sie
So weit gebracht. Jetzt fürcht' ich, küssen sich
Die beiden. Was ist's an der Zeit? Noch kaum
Die Abendessensstunde; doch die Nacht
Wird kommen und den neuvermählten Paaren
Bleibt niemals lange Zeit zum Abendessen. —
Wer du auch seist, ich habe keine Zeit,
Um dich zu fürchten. Meine Schreckniffe
Sind schon so groß, daß du ein Nichts mir scheinst:
Auf, sei nicht träg. Wärst du in meiner Lage,
Du säßest so nicht. Tausend Meilen hoch,
Noch weiter als dich deine Salben tragen,
Auffliegen würdest du. Ich wollt', ich wäre
In deinen schwarzen Künsten so bewandert
Wie in dem eignen Gram. Der Hilfe sehr
Bedürftig bin ich; kannst du sie mir schaffen?

Hecate. Kühn sprichst du; alle haben wir geschworen,
Für Männer kühnen Geistes uns zu mühen.
Auf richt' ich mich und heiße dich willkommen.
Was ist jetzt dein Begehr?

Sebastian. O, hoch davon
Schwillt mir das Herz; erst muß ich Atem schöpfen.

Hecate. Ist's, daß ich auf den Meeren einen Feind
Verderben soll? Noch heute kann's geschehen.
Bereit ist Stablin; sie erzeugt die Stürme,
Die unheilschwangeren all, durch welche Schiffe
Zu Grunde geh'n, entwurzelt mächt'ge Eichen,
Fliegt über Häuser, reißt von eines Reichen
Schornstein das Anno Domini herab,
Das Jahr, in dem sein Haus vollendet ward.
Ein süßer Platz für solche Inschrift! Hängen
Wohl ließe sich der Reiche eh'r, als daß
Dorthin er seine eignen Jahre schriebe.
Sag, oder fühlst auf eines Nachbarn fette

Wohlhabenheit du Neid? Ich will die Hoppo
Herrufen und durch ihren Zauber kann
Sie augenblicklich all sein Vieh verderben,
Weinberge, Gärten, Wiesen öbe machen,
Auch, wenn du willst, in einer Nacht sein Heu
Hin auf dein Feld in ganzen Schobern tragen.

Sebastian. Dies wäre manchem Ackerwirt willkommen.
Doch nach so niedern Dingen nicht, wie Vieh,
Korn oder Wein, begehr' ich. Schwere Mühe
Wird's kosten dich, das Herz mir leicht zu machen.

Hecate. Soll ich jemandes Zeugungskraft austrocknen?
Unfruchtbar machen eines Weibes Schooß?

Sebastian. Ha!

Hecate. He, ist's das? Wohl kannt' ich deinen
Schmerz.

Sebastian. Ist's möglich, solche Dinge zu vollbringen?

Hecate. Sind das die Häute hier von Drachen, das
Von Schlangen?

Sebastian. Ja, sie sind's.

Hecate. In welches Haus
Gebracht auch diese werden, die mit Sprüchen
Verseh'n und Knoten sind, da zeugt der Mann nicht
Und nicht gebiert das Weib, sie beide haben
Nicht Lust, die Ehepflichten zu vollziehen.
Chiroconita, Abincantiba,
Archimadon, Marmaritin, Calicia
Könnt' ich dir geben, und so zubereiten,
Daß sie schmählich Unfruchtbarkeit erzeugten.
Doch dies genügt schon. Andres hab' ich noch:
So Nadeln, welche Tote in ihr Bahrtuch
Genäht, in andrer Pfühle eingebohrt,
Auch einen Strick, in welchem ein Gehenkter
Nach Sonnenuntergang noch hängt. Ganz brauchbar
Vortrefflich; alles ist zur Stelle schon.

Sebastian. Kannst du nicht einem Mann den größten Dienst

Erweisen, zwei auf immerdar zu trennen?
Vermagst du das?

Hecate. Nein, das kann nur die Zeit.
Nicht trennen können Ehen wir. Der Himmel
Hat sie gefestet: zu erzeugen wohl
Vermögen Streit wir, Eifersucht und Zank
Und Zwistigkeiten, die das Herz zerreißen,
Wie eines Kranken Aussatz, der den Leib
Des Dulders Hiob ehedem bedeckte.
Allein die Ehe selbst zu trennen nicht
Vermögen wir.

Sebastian. Ich gehe glücklich fort
Mit dem, was ich erreicht. Und ihr gewährt,
Ihr höhern Mächte, die ihr lenkt die Menschen,
Daß diese Hexe nie ich wieder brauche. (Ab.)

Hecate. Ich weiß, er liebt mich nicht und hoffen darf
Ich nicht darauf. Nur weil das Missethun
Ich liebe, thu' ich dies, und weil für immer
Wir an den ersten Eid gebunden sind.

Hecate, Stadlin, Hoppo und die anderen Hexen bereiten
sich für ihre mitternächtliche Luftfahrt vor. **Feuerstein,**
Hecates Sohn.

Hecate. Der Mond ist sehr galant; sieh dort ihn hinzieh'n!

Stadlin. Ein schöner Abend, Hecate.

Hecate. Ist's hübsch nicht,
Fünftausend Meilen weit zu reisen, sagt,
Ihr Dirnen?

Hoppo. Viele kommen heute noch.

Hecate. Köstlich wird's sein. Habt ihr die Eule schon
Gehört?

Stadlin. Nur kurz in den Gesträuchen, als
Hindurch wir kamen.

Hecate. Zeit ist's dann für uns.

Stadlin. Dreimal, indes wir durch die Wälder gingen

Hing eine Fledermaus an meinen Lippen
Und sog sich voll daraus. Die alte Puckle
Hat sie gesehen.

Hecate. Ihr seid glücklich noch.
Auf eure Schultern setzt die Eule selbst sich
Und girrt wie Tauben. Habt ihr eure Salben?

Stadlin. Wir alle.

Hecate. Rüstet euch zum Fluge denn.
Schnell überflieg ich euch.

Stadlin. Wohl Hecate.
Wir sind nicht säumig.

Hecate. Schnell erreich' ich euch.

(Die anderen Hexen steigen auf.)

Feuerstein. Sie alle ziehen aus zum Vogelfang
heute Nacht. Sie sprechen von Hühnern in der Luft,
die bei Tage fliegen. Ich bin sicher, sie werden dort
eine Gesellschaft von argen Schlumpen diese Nacht sein.
Wenn nicht ein starkes Sterben hinterherkommt, will
ich gehängt sein. Denn sie sind im Stande, die ganze
Gegend durch Verwesungsgeruch anzustecken. Sie erblickt mich jetzt.

Hecate. Was, Feuerstein, unser süßer Sohn?

Feuerstein. Ein wenig süßer als einige von euch,
sonst wäre ein Misthaufen für mich zu gut.

Hecate. Wie viele hast du hier?

Feuerstein. Neunzehn, und alle sind fett; außer-
dem sechs Eidechsen und drei Schlangeneier.

Hecate. Lieber, süßer Junge; was für Kräuter hast du?

Feuerstein. Ich habe einige Marmartin und Mandragon.

Hecate. Marmaritin und Mandragora wolltest du sagen.

Feuerstein. Hier ist Beinwurz, weh' thut mir auch
das Bein,
Weil ich zuviel gekniet, um sie zu schneiden.

Hecate. Und Selago, und Hecken-Isop. Gut,
Wie ich, weiß er zu schneiden. Sind sie alle
Bei Mondenlicht gepflückt.

Feuerstein.   Ein jeder Halm.
Ein Mondkalb bin ich sonst.

Hecate.   Schnell nun nach Hause
Mit ihnen. Achte wohl aufs Haus heut Nacht.
Denn ferne, hoch in Lüften werd' ich sein.

    Feuerstein. In Lüften, sagst du? Ich wünschte,
du möchtest einmal deinen Hals brechen, daß alles
schnell in meine Hände kommt. Horch, horch, Mutter!
Sie sind schon über dem Kirchturm; sie fliegen über
dein Haupt hin und machen einen Lärm wie Musiker.

Hecate. Sie sind's in der That. Hilf mir, hilf mir!
Sonst komm' ich zu spät.

        Gesang in der Luft.

        Komm zu uns in die Höh',
            Hecate, Hecate!

Hecate. Aufwärts flieg' ich, aufwärts jäh.
    Wo ist Stadlin?

Stimme von oben. Hier!

Hecate.   Wo ist Puckle?

Stimme von oben.   Hier!
    Hellwein und Hoppo sind neben mir,
    Kommt, kommt zu uns, nun fehlt nur Ihr.
    Kommt, kommt.

Hecate.   Nun, meinethalben,
    Ich komme, nur muß ich mich erst noch salben.
        (Ein Geist wie eine Katze erscheint.)

Stimme von oben. Einer kommt mit seinem Tribut;
    Hier küssen sie, kosen, dort nippen sie Blut.
    Was ist's, daß die drunten so lange ruht?
    Ich weiß, die Luft dort ist warm und gut.

Hecate. O, bist du gekommen?

Bringst du Kunden, die uns frommen?

Geist. Mit uns, bei unserer Fahrt ist das Glück.

Komm, komm, sonst sag, daß du bleibst zurück.

Hecate. Nun hab' ich gesalbt mich genug,

Ich bin bereit zum Flug.

Feuerstein. Horch, horch; die Katze singt ein hübsches Lied in ihrer Sprache.

Hecate (auffliegend). Nun geh' ich, nun aufwärts flieg' ich dreist,

Ich und Malkin, mein süßer Geist.

O, welch Glück ist dem bereitet,

Der hoch oben in Lüften reitet.

Welch Glück, sich zu küssen beim Mondenglanz,

Zu singen und sich zu schwingen im Tanz.

Ueber Felsen und Meereswellen,

Wälder hin und rauschende Quellen,

Ueber Dächer und Kirchentürme

Fliegen wir Geister durchs Brausen der Stürme.

Kein Läuten der Glocken tönt uns zum Ohr,

Kein Bellen der Doggen aus Wald und Moor.

Hier oben nicht hört man den rauschenden Fluß,

Stumm unten verhallt der Kanonenschuß.

Stimme von oben. Kein Läuten der Glocken 2c. 2c.

Feuerstein. Wohl, Mutter, hab Dank für deine Güte. Du mußt oben in den Lüften tanzen und lässest mich hier unten wie einen mürrischen Sterblichen herumstreichen.

Eine **Herzogin** zieht die **Hexe** zu Rat, wie man einen plötzlichen Tod hervorbringen kann.

Hecate. Welch einen Tod willst du für Almachildes?

Herzogin. Plötzlich und unentdeckbar muß er sein.

Hecate. Dann hab' ich's recht getroffen. Hier liegen sch

Bereit die zwei; plötzlich und unentdeckbar.

Sein Wachsbild nach und nach am blauen Feuer
Geschmolzen, das an toter Menschen Augen
Entzündet wird, verzehrt allmählich ihn.

Herzogin. Wie lange dauert's, bitte?

Hecate. Einen Monat
Vielleicht.

Herzogin. Was, einen Monat? Fort das Bild,
Wenn das so lange währt. Gib etwas mir,
Das schneller wirkt.

Hecate. Dann suche weiter nicht.

Herzogin. Geschwind muß dies gescheh'n; noch diese
Nacht,
Wenn's möglich ist.

Hecate. Ich halt's für dich bereit.
Dies wird's bewirken. Wart es ruhig ab,
Fünf Stunden dauert's nur.

Herzogin. Kannst du es thun?

Hecate. Ob ich es kann?

Herzogin. Ob du's so schnell kannst,
mein' ich.

Hecate. Danach noch fragst du?

Herzogin. So geschickt, so listig?

Hecate. Noch ärger wird's. Unglaube, Zweifel machen
Mich rasend. Wer wie du ist, möge wissen:
Cum volui, ripis ipsis mirantibus amnes
In fontes rediere suos; concussaque sisto
Stantia concutio cantu freta; nubila pello
Nubilaque induco; ventos abigoque, vocoque.
Vipereas rumpo verbis et carmine fauces.
Et silvas moveo, jubeoque tremiscere montes,
Et muqire solum, manesque exire sepulcris.
Te quoque Luna traho.
Kannst an mir zweifeln, Tochter, du, die ich
Gebirge zittern lassen kann, und Meilen
Von Wäldern gehen, alle Fundamente

Der Erde dröhnen und der Gräber Geister
Aus ihren Särgen steigen lasse, selbst
Den Mond mit meinem Ruf vom Himmel ziehe?

Feuerstein. Ich weiß recht gut, wenn meine Mutter toll ist
Und unsre große Katze zornig; denn
Die eine speit französisch dann, die andre
Lateinisch aus.

Herzogin.　　　　Ich habe nicht an dir
Gezweifelt, Mutter.

Hecate.　　　　　Nein! Du thatst es nicht?
So fest steht meine Macht, man darf daran
Nicht zweifeln.

Herzogin.　　Was gescheh'n, vergib! Und nun,
Da ich erfuhr, wie du in deiner Kunst
Empfindlich bist, will ich in Acht mich nehmen.

Hecate. Mir überlaß nun alles, sowie meinen
Fünf Schwestern, Tochter. Alles soll vollbracht sein,
Sobald der Eulen Zeit beginnt. Du sei
Ganz unbesorgt. Wenn ihre Zeit gekommen,
Das wissen meine Geister wohl. Die Raben
Und Eulen fliegen nie beim Thor vorbei,
Sie kehren ein, Dank ihnen, und das ist
Zu ihrem Schaden nicht. Ich gebe Gerste,
Erweicht in Blut von Kindern, ihnen; sie
Erhalten Semina cum Sanquine
Die ganze Kehle voll, wenn in mein Haus
Sie kommen. Geizig sind wir nicht. —

Feuerstein. Es geht ihnen nur zu gut, wenn sie
hierher kommen. Sie fraßen vorige Nacht so viel, daß
es einen guten Pudding für mich gegeben hätte.

Hecate. Eidechsenhirn gib schnell mir, Feuerstein.
Wo ist Großmutter Stablin und der Rest
Der Schwestern?

Feuerstein.　　　　Alle sind sie bei der Hand.

(Die anderen Hexen erscheinen.)

Hecate. Gib mir Marmaritin, auch Bärenfett.
Nun wird's bald?

Feuerstein. Hier ist Bärenfett und hier
Eidechsenhirn.

Hecate. Schnell in den Kessel thu's!
Und bring drei Unzen der rothaar'gen Dirn,
Die letzte Mitternacht ich umgebracht.

Feuerstein. Von welchem Teile, süße Mutter? Sprich.

Hecate. Von Hüfte oder Seite. Acopus
Nun bring!

Feuerstein. Du sollst ihn haben.

Hecate. Geh ihn holen,
Indessen ich die Zauberei beginne.

(Die Hexen reihen sich um den Kessel.)

Hecate. Geister, schwarz und grau, Geister, rot und weiß,
Braut alle von dem Trunke, horch, schon brodelt er heiß.
Titty, Tiffin, ihr alle schafft um den Kessel im Kreis,
Daß es gut wird; mache,
Puckey und Feuerbrache.
Gut schafft der Robin,
Ich, Hecate, lob' ihn.
Herum, herum, herum, herum in Saus und Braus!
Alles Böse herein, alles Gute hinaus!

Erste Hexe. Hier ist das Blut einer Fledermaus.

Hecate. Gieß es hinein, o köstlicher Schmauß!

Zweite Hexe. Hier ist eines Leoparden Galle.

Hecate. Wirf sie hinein — rührt, rührt ihr alle!

Erste Hexe. Das Gift von Nattern, das Blut von Kröten!

Zweite Hexe. Den Junker toll zu machen, sind sie
von Nöten.

Hecate. Hinein! Wie das qualmt!

Feuerstein. Nu mengt damit auch
Von dem Fleisch der rothaarigen Dirne den Rauch!

Alle. Herum, herum ꝛc. ꝛc.

Hecate. So, so, genug; werft alles in den Keffel.
So, gut ist alles. Leichten Herzens bin ich
Bei jedem Missethun, nichts Schändliches
Gibt's, das nicht süß wie eine Melodie
Mir klänge.

Feuerstein. Eine Melodie! Dann ist's
Wohl die, nach welcher die Verdammten tanzen.
Ein widriger Refrain ist bei dem Lied.

Hecate. Nun, süße Schwestern, ist verhallt das Lied,
Den Mond verehrt mit mir, der auf uns niederzieht.

(Die Hexen tanzen und gehen fort.)

Obgleich einige Aehnlichkeit zwischen den Zaubersprüchen
in Macbeth und denen in diesem Stück nachgewiesen werden
kann, von dem man annimmt, daß es jenem vorausgegangen
sei, wird dieser Umstand die Originalität Shakespeares nicht
viel beeinträchtigen. Seine Hexen sind von denen Middletons durch wesentliche Verschiedenheiten ausgezeichnet. Diese
sind Geschöpfe, die Männer und Weiber, die irgend ein arges
Unheil planen, gelegentlich um Rat fragen mögen. Jene
treiben zu Blutthaten und erzeugen böse Impulse in den
Menschen. Von dem Augenblick, daß ihre Augen zuerst denen
Macbeths begegnen, ist er rein bezaubert. Jene Zusammenkunft beherrscht sein Geschick, er kann den Bann nie mehr
durchbrechen. Middletons Hexen können dem Körper schaden,
diejenigen Shakespeares haben Macht über die Seele. — Hecate
in Middleton hat einen Sohn, einen niedrigen Possenreißer;
die Hexen Shakespeares haben weder eigne Kinder, noch
scheinen sie von irgend welchen Eltern zu stammen. Sie sind
widrige Anomalien, von denen wir nicht wissen, wo sie ent-
sprungen sind, noch ob sie Anfang und Ende haben. Wie sie
keine menschlichen Leidenschaften kennen, so scheinen sie auch
mit keinem Menschen verwandt zu sein. Sie kommen mit
Blitz und Donner und verschwinden in luftige Musik. Dies
ist alles, was wir von ihnen wissen. — Außer Hecate haben
sie keine Namen, was das Geheimnisvolle ihres Wesens er-

höht. Die Namen und einige der Eigenschaften, welche
Middleton seinen Hexen gegeben hat, rufen Lächeln hervor.
Die Unheilsschwestern sind furchtbare Wesen; ihre Gegenwart
ist nicht mit Heiterkeit vereinbar. Aber auf einer niedrigeren
Stufe sind die Hexen Middletons schöne Erfindungen. In
gewissem Grade haben sie auch Macht über die Seele. Sie
erregen Zwiste, Eifersuchten, Kämpfe, wie einen dichten Aus=
satz, der sich über das Leben breitet.   Ch. Lamb.

Die Fabel soll aus Machiavells Florentiner Geschichte
ein und Aehnlichkeit haben mit der Sage von der Gattin
Rosamund des Königs Alboinus in der Lombardei, die er aus
dem Schädel ihres Vaters zu trinken zwang, wofür er her=
nach erschlagen wurde.   Moritz Rapp.

VII.

George Chapman.

———

Byrons Tragödie.

König Heinrich IV. von Frankreich segnet den jungen Dauphin.

Mein königlicher Segen und der Herr
Des Himmels mögen dich zum glücklichen
Bejahrten Herrscher machen! Amme, hilf,
Daß ich das Schwert in seine Rechte lege.
So, halt es, Knabe! Und es mag dein Arm
Mit ihm bewehrt von deinem Herrschaftsbaum
All die verräterischen Zweige hauen,
Die deine Herrlichkeit verdunkeln wollen.
Mag deines alten Vaters Engel Führer
Dir sein, und in der Brust sein Atem dir
Verdoppelt wehen! Jener Atem, der,
Als dieser Staat hoch wogte wie ein Meer
Im Sturm, in Bürgerkrieg und blut'ger Feindschaft,
Die wüt'gen Zwiste, welche ihn entzweiten,
Brach und zur Ruhe brachte. Und mag deine
Geburt wie die des Halcyonen sein,
Daß am Gestad die Meerflut ruhig werde,
Und immerdar des Krieges Auge schlafe,
Das von den frühern Metzeleien müd war,
Als toll und schuldbefleckt der Adel sich

Mit Adel würgte, und den schönen Reichtum
Des Staats erschöpfte, als der nackte Kaufmann
Verfolgt ward, weil man Beute bei ihm suchte,
Als selbst die ärmsten Bauern niedre Diebe
Durch ihre bleiche Magerkeit erschreckten,
Da nichts von ihnen blieb, als das Gerippe
Mit Luft gefüllt, in dem entsetzensvoll,
Wie Geister aufgeschreckt aus ihren Gräbern,
Dahin sie irrten; als, weil unaufhörlich
Die Töne schollen, auch bekannt den Tieren
Die Sturmesglocke war, und bei dem Ton
Brüllend hinweg sie rannten. Möge denn
Von solchen Wirren, solchen Morden, Sohn,
Das christlich fromme Schwert des Glaubens dich
Sowie das Reich, das du nach mir beherrschest,
Befrei'n! O Himmel, wenn das ungestüme
Frankreich emporgerafft die Bürgerkriege
Erneuen will, laß alle meine Kraft
In meinem Sohne aufersteh'n, um alle,
Wie ich's gethan, zu beugen und bewält'gen.
Laß ihn durch seine Tugend der Fortuna
Der Schultern Flügelpaar entreißen, auch
Das Wirbelrad ihr von den Füßen nehmen,
Daß immer sie an seinem Throne weile.
Und laß von seinem Wert die Nachwelt sagen:
Er, welcher für sein Vaterland gekämpft,
Und Siegstrophä'n heim von den Feinden brachte,
Wenn hinter sich sein Vater schon im Kriegswerk
Ganz Frankreich ließ, so hat er zwanzigmal
Den Vater hinter sich zurückgelassen.

———————

Das hier gebotene Bruchstück wird genügen, einen Begriff
von jenem „vollen und erhobenen Stil" zu geben, welchen
Webster als Chapmans charakteristisches Merkmal hervorhebt.

Von allen englischen Schauspieldichtern nähert sich Chapman
vielleicht am meisten dem Shakespeare im Deskriptiven und
Didaktischen und in Stellen, welche weniger rein dramatisch
sind. Das Dramatische war weniger sein Fach. Er konnte
nicht aus sich selbst herausgehen, wie Shakespeare dies nach
Belieben vermochte, um andre Existenzen zu beleben, doch er
trug in sich ein Auge, um wahrzunehmen und hatte eine Seele
um alle Formen zu umfassen. Er würde ein großer epischer
Dichter geworden sein, wenn er sich nicht schon reichlich als
ein solcher gezeigt hätte; denn sein Homer ist nicht eigentlich
eine Uebersetzung, vielmehr hat er die Geschichten von Achilles
und Ulysses neu geschrieben. Der Ernst und die Leidenschaft, die er in jeden Teil dieser Gedichte ergossen hat, würden für den Leser moderner Uebersetzungen unglaublich scheinen.
Sein beinahe griechischer Eifer für die Ehre seiner Helden
hat nur eine Parallele in jenem lebhaften Geiste hebräischer
Bigotterie, in dem sich Milton, als ob er persönlich einer der
Zeloten des alten Gesetzes wäre, einschloß, um die Thaten
Samsons gegen die Unbeschnittenen zu malen. Das haupt-
sächlichste Hindernis, wegen dessen Chapmans Uebersetzungen
nicht gelesen werden, ist ihr barocker Charakter, der sich nicht
beseitigen läßt. Er strömt mit demselben Atemzug die treffend-
sten und natürlichsten und die heftigsten und gezwungensten
Ausdrücke aus. Er scheint nach den Worten zu greifen, welche
sich ihm zuerst in dem Drange der Begeisterung darbieten,
als ob alle andern dem göttlichen Sinn inadäquat wären.
Aber Leidenschaft, die in der Poesie das Alles-in-Allem ist,
findet sich überall und erhebt das Niedrige, gibt dem Geringen
Würde, und verleiht dem Absurden Sinn. Er entflammt
seine Leser, läßt sie weinen, zittern, nach seinem Belieben von
jedem Affekt erfüllt werden; sie müssen durch seine Worte in
Bewegung geraten oder wider Willen Abscheu empfinden,
dann diesen Abscheu überwinden. Ich habe oft gedacht, daß
die gewöhnliche falsche Auffassung von Shakespeare als einem
wilden und unregelmäßigen Genie, „in welchem große Fehler
durch große Schönheiten aufgewogen werden", in Wahrheit
bei Chapman zutreffen würde. Aber es gibt keine Wagschale,
um solche ungleiche Gegenstände abzuwägen, wie die Fehler

und Schönheiten eines großen Genius, die ersteren mit einiger
Billigkeit gegen die letzteren hervorzuheben. Die Mühe, welche
sie uns geben, sollte in einem gewissen Verhältnis zu dem
Vergnügen stehen, das wir von den andern empfangen.

Ch. Lamb.

Chapman war ein schöner gelehrter Dichter und verstand majestätische Verse zu bauen. In seiner Tragödie „Bussy
d'Ambois" will sein Held im Sterben keine menschliche Hilfe
annehmen und spricht:

„Stütz mich, mein gutes Schwert, wie immer du
Gethan; stets haben Tod und Leben mir
Als gleich gegolten und nach keiner Seite hin
Drum werd' ich wanken. Aufrecht steh' ich hier
Wie eine Statue Roms, und stehen werd' ich,
Bis mich der Tod zu Marmor umgewandelt.
O lebe fort, mein Ruhm, zum Trotz dem Morde.
Nimm deine Schwingen, eile hin, bis wo
Der graugeaugte Morgen mit dem Weihrauch
Von Saba Duft auf seinen ros'gen Wagen
Herabstreut. Fliege hin, bis wo der Abend
Aus Thälern von Iberien Hecate
Auf seine schwarzen Schultern hebt, und Allen
Erzähle, daß d'Ambois zu den Bewohnern
Der Ewigkeit jetzt seinen Weg nimmt."

Edinburgh Review Bd. 38. Februar 1823.

VIII.

George Chapman und James Shirley.

Das Trauerspiel von Philipp Chabot,

Admiral von Frankreich.

Der **Admiral** wird des Verrats angeklagt, ein Kriminal=
prozeß wird gegen ihn angestellt, und ein treuer Diener
Allegre wird auf die Folter gespannt; seine Unschuld wird
zuletzt festgestellt, indem seine Feinde ein Geständnis machen;
doch das Unglück, daß sein königlicher Herr ihn im Verdacht
hat, ein Verräter zu sein, ergreift ihn so tief, daß er in eine
tödliche Krankheit verfällt.

Admiral, Allegre von zweien unterstützt.

Admiral. Willkommen du, dem Unrecht man gethan!
Welch Elend häuften sie auf dich, mein Diener!

Allegre. Wenn auch mein Körper Spuren davon trägt,
Der so mißhandelt ward, daß andere
Ihn stützen müssen, immer ist in Treue
Mein Herz zu Euch dasselbe, ungebrochen
Von ihrer Wut.

Admiral.   Du Armer! Wenn so groß,
Wie es die Welt annimmt, die Freuden wären,
Die ich genieße, alle würden sie
Durch das, was du erlitten, mir verbittert.
Obgleich, indes du fern warst, schwer ich litt,
Weil ihre Grausamkeit um meinethalb

Dich marterte, bei diesem Anblick doch
Empfind' ich größern Schmerz, als der Gedanke
Zuvor in mir erregt. Verfluchtest du
Mich auf der Folter nicht?

Allegre. Mein guter Herr,
Aus der Erinnrung streicht Euch die Gedanken
An meine Leiden. Mehr nicht strafen konnten
Sie mich, als was mir meine Pflicht gebot,
Für Euch und die Gerechtigkeit zu dulden.
Doch etwas, das in Euren Blicken liegt,
Erregt mir größre Furcht, als alle Bosheit,
Mit der mich meine Feinde überhäuften;
Die Blässe, sowie Euer ganzes Ausseh'n,
Für einen schuld'gen Admiral wohl wären
Die Strafe sie, der Hoffnung sowie Ehre
Verloren; treffen sollten nicht den Mann sie,
In dessen Leben nichts die Wut der Bosheit,
Mit Blitzen und mit Donnermacht bewehrt,
Verwüsten kann. Gespannt werd' auf die Folter
Ich jetzt erst; in dem Auge da, das bricht,
Liegt schwerer noch der Tod, als alle Wut
Der Feinde ihn bisher erzeugt. O Herr,
Was ist's, das so verhängnisvoll, so schrecklich
Die Ruhe, den Triumph zerstört, die stets
Auf Eurer edlen Stirne thronen sollten?
Die Kränze, die auf Eurer Stirn jetzt blühen,
Das Gift der ganzen Welt kann sie zum Welken
Nicht bringen.

Admiral. Deine Wunden trägst, Allegre,
In klaren Lettern du auf dir geschrieben,
Allein im Buche meiner Leiden kannst
Du lesen nicht, dir fehlt dazu das Auge.
Offne Gewalt zerriß die Sehnen dir,
Die wohl die Zeit noch heilt. Allein die Folter,
Die deinen Herrn zerreißt, ist unsichtbar,

Nicht Arzenei heilt sie, auch nicht die Zeit,
Nicht Ruhm, noch Ehre, noch die Schmeichelei'n
Des Hofs. So schmückt ein hoher blühender Baum
Im Sommer, wenn von starker Hand verpflanzt,
Mit allen Blättern, allen farb'gen Blüten
Zum Scheine sich. Allein die Sonne kann
Mit ihrem Liebeslächeln nicht, und nicht
Der Tau des Morgens, nicht mit ihren Thränen
Die Nacht von neuem in der Erde Schooß
Die Wurzeln ihm befest'gen oder fruchtbar
Ihn machen. Nein, verdorren wird der Baum;
Und jene selben Strahlen, die zuvor
Sein Grün erwärmten, werden seinen Stamm
Vertrocknen lassen, daß ein Fieber hin
Bis an die Rinde strömt, bis er zerdrückt,
Was ihm das Leben gab! So Chabot, Chabot —
Allegre. Irr geht Eu'r Geist! Ich fürchte, krank seid Ihr.
Admiral. Nein, sorge nicht. Ein Ausspruch war's von mir,
Der nichts bedeutet. Wohl ist mir. Sieh, gehen
Kann ich; du, Armer, hast noch Kraft nicht.

Andere Scene.

Der **Vater des Admirals** legt dem **König** den Zustand dar,
in dem sich sein Sohn befindet.

Vater, König.

König. Sag an, wie geht es meinem Admiral!
    Bei deinem Leben, rede wahr!
Vater.   Ich wünschte,
    Um's ihm zu sichern, Ihr — —
König.   Ha! Wer vermißt
    Sich gegen ihn?
Vater.   Herr, einer ist's, der Macht
    Genug besitzt; sein großes Herz hat er
    Gebeugt.

König.　　　Ich will es rächen und die Macht,
Die so sich auflehnt, ganz zu Schanden machen.
Nennt ihn!

Vater.　　　Es war sein Freund.

König.　　　　　Was für ein Unglück
Hat solche neue Stürme denn erregt?

Vater.　Es ist der alte Sturm.

König.　　　　　Wie? Haben wir
Den Sturm besänftigt nicht, der um ihn tobte?

Vater.　Behandelt habt Ihr seine Wunden, ich
Gestehe, doch sie nicht geheilt.　Sie bluten
Von neuem.　Herr, verzeiht.　Obgleich so früh
Du dich beruhigt, ist er in Gefahr
Und neu ist ihm ein Wundarzt not.　Wenn auch
Er unbescholten dasteht, denkt er doch,
Daß hart ihr wart.

König.　　　　　Der arme Chabot!　Das
Betrübt ihn?

Vater.　　　Ja, und sehr, wenn mutig auch
Er und mit diamantnen Nerven ringt,
Es alles zu ertragen; wenn die Pfeile,
Die ihr geschossen, noch so tötend waren
— Auch dies verzeiht! — selbst in Centaurenadern
Nicht sieben konnte so das Blut.

König.　　　　　　Ist dies
Das Ganze, heilen will ich ihn.　Die Kön'ge
Bewahren mehr des Balsams in der Seele,
Als sie im Zorn verwunden.

Vater.　　　　　Ganz gefehlt,
O Herr; mit einem Hauch zerstören sie
Und Kön'ge können durch ein einz'ges Wort
Mehr Wunden schlagen, als ihr ganzes Reich
Durch Balsam heilen kann.　Gefährlich ist's,
Da, wo viel Tugend ist, zu sehr die Fehler
Zu rügen; Güte, die in armes Fleisch

Und Blut gebannt ist, hat nur wenig Macht.
Nur eine Rechte, die sich auf Musik
Versteht, soll musiciren, leicht wie Luft,
Doch jeden Griff beherrschend.

König. Still! Halt ein!
Dem Admiral empfiehl uns, sag zu ihm,
Der König, um Gesundheit ihm zu bringen,
Will ihn besuchen.

Vater. Segen wird das bringen;
Mit diesem Auftrag geh' ich schnell hinweg.

Andere Scene.

Der König besucht den Admiral.

König, Admiral, dessen Gemahlin und Vater.

König. Ceremonie bedarf's nicht. Schenk dein Herz mir,
Mein teurer Chabot. Doch umsonst, ich fürchte,
Sprech' ich den Wunsch aus. Hier in meinem eignen
Schon ist es, und so sorglich, wie ich kann,
Will ich es pflegen. Keine Macht soll's mir
Entreißen. Wenn Natur und Zeit zugleich sich
Vereinen, mir den kalten, matten Atem
Zu nehmen, wenn kein Puls in meinen Adern
Mehr schlägt, wenn alle meine Kräfte stocken,
Mein Innres öffne dann und lesen wird
Die Welt, daß drin du lebst. Und durch die Kraft
Des Namens, welcher drin geschrieben steht,
Wird niemals modern dieser Teil von mir,
Wenn sonst ich ganz in Staub zerfallen bin.

Admiral. Zu sehr, Herr, ehrt Ihr Euren armen Diener.
Ich zweifle, daß solch reiches Monument
Mir jemals werde, aber wenn ich sterbe —

König. Nichts hören möcht' ich, das auf Tod nur anspielt.
Der kündet meiner Krone Untergang,
Der solch ein trau'rges Schicksal prophezeit.

Zugleich laß beide leben uns und sterben.
Und bei der Pflicht, die dich bisher gelehrt,
Nach Fug und Recht mir immerdar zu dienen,
Gebiet ich dir, bewahre mir dein Herz
Und dir den Lohn, der dem Verdienst gebührt.

Admiral. Reich ist die Ernte, die in Eurer Gunst,
O Herr, mir wird; und in dem Ueberfluß
Der königlichen Gnade, die mir wird,
Ist mein Verdienst ein leerer Schatten nur,
Der von mir flieht. Soviel der Wünsche nicht
Hab' ich in meinem Schatze, daß damit ich Euch
Bezahlen könnte —

König.   Sprich, mich zu erfreu'n,
Sie aus denn.

Admiral.   Solche fromme Dankbarkeit
Euch zu bezeigen, soll mein Streben sein.
Jedoch —

König.   Nun, was?

Admiral.   Herr, ganz zu Trümmern ist
Mein Leib zerschlagen worden und erst jetzt
Genaß er wieder, schon die kleine Freude
Zerrüttet die Vernunft mir. Habt Geduld, Herr.

König. Geduld nicht hab' ich, wenn du Mannesmut
Nicht hast.

Admiral.   Gern möcht' ich glauben, daß ich Kraft
Noch habe —

König.   Nun beginn' ich Eure Furcht
Zu teilen, Aerzte. Wie ist Chabots Geist
Gesunken!

Admiral.   Wer nicht würde Eurer Huld
Zu dienen wünschen, Herr? Laßt ab von mir,
Denn Ihr verratet mich durch Eure Furcht.
Das Bleigewicht fällt ab von meinem Herzen.
Erst war es nur Gedanke; aber wenn's
Mich in den Tod hinabreißt, mag das Auge

Sich mir nicht anders schließen, als indem der
König vor ihm steht.

König.   Von einem König
Wie mächt'ge Wirkung übt auf edle Seelen
Ein Blick! Wie steht es nun mit meinem, Philipp?

Admiral. Noch eine andre Huld muß ich erbitten.

König. Wohl, unter der Bedingung, daß mein Chabot
Sich neu ermannt, und wieder selbst er ist,
Fortan soll teilen er mit mir mein Reich.

Admiral. Ich merke, daß ein heft'ger Zorn in Euch
Erwacht ist. Deinem Kanzler*), o vergib ihm,
Sofern du Kraft mir wünschest, dir zu dienen.
Laß die Geschichte Philipp Chabots nicht,
Wenn später sie erzählt wird, eine Thräne
Aus irgend einem Auge locken. Drum
Für ihn erfleh' ich Eure Gnade, Herr,
Und daß Ihr seiner Güter keines einziehst.
Sonst bleibt kein Trost mir.

König.   Sorg nur für dein Wohlsein,
Und allen in ganz Frankreich sei vergeben!

Admiral. Knien muß ich, Euch zu danken, mein Ge=
                                   bieter.
So, drückt das Siegel drauf. Reicht Eure Hand
Mir, die gesegnete, und lebet glücklich!
Mag jeglicher so treu Euch sein wie Chabot!
O, o!   (Er stirbt.)

Gattin. Gebrochen ist sein Herz.

Vater.   Indem
Er kniet, o Herr, als wär's im Tode noch
Sein Ehrgeiz, sich gehorsam Euch zu zeigen.

---

*) Der Ankläger Chabots.

IX

Thomas Decker.

---

1. Der alte Fortunatus.

Eine Komödie.

Die Göttin **Fortuna** erscheint dem **Fortunatus** und bietet ihm die Wahl von sechs Dingen an. Er wählt Reichtümer.

Fortuna, Fortunatus.

Fortuna. Eh deine Seele bei der Lotterie hier
Den Preis gewinnt, den das Geschick bestimmt,
Erfahre, daß die Wahl, die du getroffen,
Unwiderruflich ist. Erwäg drum reiflich!
Denn des Geschicks Gesetze, die in Erz
Gegrabenen, sind ewig, unverletzlich.

Fortunatus. Ihr Töchter Jovis und der heil'gen Nacht,
Gerechte Parzen, zeigt den rechten Pfad mir!
Gesundheit, Weisheit, Kraft, ein langes Leben
Schönheit und Reichtum.

Fortuna. Fortunatus, halt!
Noch einmal hör mich sprechen! Küssest du
Der Weisheit Wangen, so daß dein sie wird,
So wird sie Göttlichkeit einhauchen dir
Und Phöbus gleich wirst du Orakel sprechen.
Und deine Seele, gottbegeistert, wird
Auf Weisheitsschwingen sich zu Jovis Thron

Erheben, um der Ewigkeit Gesetze
Zu lesen und zu sehen, was vergangen,
Zu lernen, was noch kommen wird. Wofern
Du Kraft begehrst, so werden Heere zittern,
Wenn sie die Stirn dich runzeln sehn. Wie Kön'ge
Vor meinen liegen, sollen deine Füße
Auf Kaiserreiche treten. Wenn Gesundheit
Du wählst, so wirst du gegen böse Folgen
Der Völlerei gestählt und immer fröhlich
Und glücklich sein. Sprich aus den Wunsch nach Schönheit,
Und in den Augen werden dir zwei nackte
Cupidos schwimmen, und dir auf den Wangen
Will lieblich ich das Rot mit Weiß vermischen,
Daß Jupiter den jungen Ganymed
Fortjagen und dich, ein Unsterblicher,
Umarmen wird. Ersehnst du langes Leben?
So sei des Daseins Faden dir verlängert;
Der Königreiche Wechsel sollst du schauen,
Und jene Kinder sterben sehen, deren
Ahnherrn der Ahnherrn noch in Windeln liegen.
Wenn dich nach Golde hungert, wohl, so sollen
Die goldbekleideten Wollüstlinge,
Die in der Sonne ihre frost'gen Leiber
Durchwärmen, scharenweise dich umschwärmen,
Indes sich Haufen Goldes vor dir türmen,
Und nie erschöpfen soll sich ihre Fülle.

Fortunatus. Wohin, o, bin ich meinem Selbst entrückt?
In jeglichem Gedanken streiten Kämpfe,
Die heft'ger sind, als dessen, der den Fall
Trojas verschuldet. Soll ich mit der Liebe
Zur Weisheit mich bescheiden? Dann verlier' ich
Den Reichtum, und ein weiser armer Mann
Ist wie ein heil'ges, nie geles'nes Buch.
Nur für sich selber lebt er und für alle
Die andern ist er tot. Die heut'ge Zeit

Hält einen Narren, der vergoldet ist,
Für besser als den armen Heiligen,
Wie weis' er immer sei. So will ich stark sein:
Ein langes Leben schlag ich aus. Und wenn ich
Auch zwanzig Welten mir erobern sollte,
Ich weiß, es ist ein hagerer Geselle,
Der sämtliche Erob'rer unterwirft.
Die größte Kraft hört mit dem Atmen auf,
Der Stärkste wird in einem Augenblick
Vom Tod besiegt. So wähle lieber ich
Gesundheit oder langes Leben denn.
Doch thu' ich das, so könnt' ich häßlich werden,
Und vieles Elend kann in dem Kalender
Der Monde und der Jahre für mich stehen.
Die Schönheit wähl' ich drum. Nicht doch, denn oft
Bedeckt die schönste Wange eine Seele,
Die wie die Sünde selbst voll Aussatz ist,
Scheußlicher als die Hölle. Alle Weisheit
Der Welt ist Blödsinn doch, ein dünnes Rohr
Die Kraft, die Krankheit haßt stets die Gesundheit
Und sie wird endlich siegen. Ein Gemälde
Nur ist die Schönheit und ein langes Leben
Ist eine lange Reise im Dezember,
Langweilig und voll Mühsal. Darum mach
Mich reich, du heil'ge Kaiserin! Ich wähle
Gold, Gold in Fülle; weise sind die Reichen;
Wer reiche Kleider auf dem Leibe trägt
Ist weise, wenn auf seinem Haupte auch
Des Midas Ohren wachsen. In dem Gold
Besteht das Mark, die Kraft der Welt, die Seele,
Die Schönheit und die herrliche Gesundheit.
Verdeckt durch eine goldne Maske wird
Jedwede Häßlichkeit. Die Arzenei
Des Himmels und das Lebenselexir
Ist Gold. O, darum bitt' ich, mach mich reich!

Fortuna gibt dem Fortunatus eine Börse, die unerschöpflich
ist. Damit schafft er sich eine köstliche Kleidung an und
besucht alle afiatischen Höfe, wo er freundlich aufgenommen
wird und wegen seines unermeßlichen Reichtums großes
Ansehen genießt. In Babylon wird ihm vom Sultan ein
wunderbarer Hut gezeigt, welcher den Träger überallhin ver-
setzt, wohin er wünscht, über Land wie über Meer. Fortunatus
setzt ihn auf und wünscht, daß er nach Hause, nach Cypern,
zurückkehre, wohin er in einem Augenblick gelangt, als gerade
seine Söhne **Ampedo** und **Andelocia** von ihm sprechen. Er
erzählt ihnen seine Reisen.

Andere Scene.

Fortunatus, Ampedo, Andelocia.

Fortunatus. Faßt mich nicht an, Jungen, ich
bin nichts als Luft. Laßt keinen mich anreden, bis
ihr mich euch wohl gemerkt habt. — Bin ich, wie ihr
seid, oder bin ich verwandelt?

Andelocia. Mich dünkt, Vater, du siehst aus wie
früher, nur ist dein Gesicht mehr verwelkt.

Fortunatus. Seid stolz, Jungen! Euer Vater
besitzt die ganze Welt in diesem Werkzeug. Ich bin
ganz von Glück voll bis an den Rand. In einer
Minute bin ich von Babylon gekommen; ich bin diese
halbe Stunde in Famagosta gewesen.

Andelocia. Was, in einer Minute, Vater? Ich
sehe, Reisende müssen lügen.

Fortunatus. Ich habe die Luft wie ein Falke
durchschnitten. Ich wünschte, daß es euch seltsam er-
schiene. Aber es ist wahr. Ich wünsche auch nicht,
daß ihr es glaubt. Aber es ist wunderbar und wahr.
Der Wunsch, euch zu sehen, brachte mich nach Cypern.
Ich lasse euch mehr Gold hier und gehe andere Länder
zu besuchen.

Ampedo. Des Alters frost'ge Hand macht kalt dein
Blut jetzt

Und streut aufs Haupt dir seine Blüten Schnees,
Und kündet dir, daß schon nach wenig Jahren
Der Tod dich freien wird. Drum die Minuten,
Die dir das Lebensblut aussaugen, mußt
In Frieden du vollbringen, nicht auf Reisen.
Bleib denn in Cypern. Könntest du zehn Welten
Bereisen, dennoch sterben müßtest du,
Und bitter ist die Frucht, die es dir trägt.

Andelocia. Sag's ehrlich, Vater, welche Freude
hast du davon gehabt, daß du so viel Stationen zurück-
gelegt hast?

Fortunatus. Welche Freude, Junge? Ich habe
mit Königen geschmaust, mit Königinnen getanzt, mit
Damen getändelt, fremde Trachten getragen, phantastische Dinge gesehen, mit lustigen Gesellen gesprochen,
bin hingerissen worden von göttlichen Entzückungen,
von dorischen, lydischen und phrygischen Harmonien.
Ich habe die Tage in Triumphen und die Nächte beim
Banketiren verbracht.

Andelocia. O wahrhaftig, das war himmlisch! —
Der, welcher nicht ein arabischer Phönix sein möcht,
um in diesen süßen Feuern zu brennen, möge wie ein
Uhu leben und sich von der Welt bestaunen lassen.

Ampedo. Aber Bruder, sind das alles nicht Eitelkeiten?

Fortunatus. Eitelkeiten! Ampedo, deine Seele
ist aus Blei gegossen, zu dumpf, zu schwer, um sich
zu der überschwenglichen Glorie aufzuschwingen, zu
welcher das Reisen den Menschen erhebt.

Andelocia. Guter Vater, kitzle mein Ohr noch
mit etwas mehr.

Fortunatus. Als ich noch in der Heimat Armen lag,
Gelangweilt gähnt' ich. Als mein Körper noch
Gedrückt war von dem engen Horizont,
Sah sehnsuchtsvoll ich zu den Wolken auf,

Die weiterzogen. Aber, meine Jungen,
Die lichten Strahlen, welche draußen leuchten
In andern Himmeln, halb so hell wie sie,
Ist nicht das Feuer. In den Zonen all,
Die ich bereist, hab' ich verschmäht, inmitten
Des schmutz'gen Pöbels hinzukriechen, der
Mit seinem Atem, wie mit dickem Nebel
Die Schönheit, die in jedem Königreich
Sonst wohnt, ersticken würde. Kühn betret' ich
Stets ihre Höfe; denn das Leben dort
Ist köstlich, göttlich; Engelsangesichter
Dort kann man sehen, keusche Göttinnen
Gibt es in Menge dort, die mit den Augen —
O, schienen immer sie! — die Nacht in Tag,
Krystall'ner noch als der alltägliche,
Verwandeln können. Große Helden dann
Auch seht ihr, weißgelockte Herrn des Rats,
Minister, die wie feur'ge Cherubim
Um den Monarchen wachen, der in Glorie
In ihrer Mitte thront, als wär' ein Gott er,
Der eine neue Welt erschaffen hätte,
Wobei ihm die Umstehenden geholfen.

Andelocia. O, wie zu einem dritten Himmel mir
Erhoben wird die Seele! Reisen will ich
Und Umgang haben nur mit Königen.

Ampedo. Doch sag mir, Vater, hast an allen Höfen
Du solche Glorie geschaut, so herrlich,
So majestätisch und so unvergleichlich?

Fortunatus. An manchem Hof wirst du den Ehr=
                                  geiz seh'n,
Wie an die Schultern Schwingen er von Wachs
Wie Dädalus sich heftet, aber dann,
Sobald der Flug nach oben gehen soll, selbst
Wenn seine Hoffnung zu den Wolken stieg,
Sie an dem Sonnenstrahl der Majestät

Zerschmelzen und zerstört er niedersinkt.
Auf Reisen, Kinder, sah ich alles dies.
Phantastisch fliegen Komplimente hin
Und her, mit Tracht des Auslands aufgeputzt.
Die Worte, Blicke, Eide, die man hört,
Sind alle kindisch, äffisch, lächerlich.

Andere Scene.

Orleans verteidigt vor seinem Freund Galloway die Leiden=
schaft, mit welcher (während er Gefangener am englischen
Hofe ist) er bis zur Raserei in Agrippina, die Tochter des
Königs, verliebt ist.

Orleans, Galloway.

Orleans. Noch mehr verstimmt werd' ich durch die Musik da.
O Agrippina!

Galloway.   Lieber Freund, nicht mehr
Wahnsinn nennst du die Liebe; hasse sie
Daher, schon um des bloßen Namens willen.

Orleans. O schon des Namens wegen diesen Wahnsinn
Lieb' ich.

Galloway. Doch bänd'gen laß die Raserei mich,
Indem ich sage: Hier gefangen bist du;
Indem ich sage: Eine Königstochter
Ist sie; indem ich sage: zwischen ihren
Und deinen Blicken scheint wie eine Sonne
Der Sohn von Cyperns König, während du
Der Agrippina nur ein winz'ger Stern
Erscheinst. Er liebt sie.

Orleans.   Wenn er's thut, so thu's
Auch ich.

Galloway. Ehrgeizig ist die Liebe und sie liebt
Die Majestät.

Orleans.   Mein Freund, du täuschest dich;
Der Liebe Stimme tönt aus einem Bettler
Süß wie aus einem König.

Galloway. Teurer Freund,
Du täuschest dich. Gebiete deiner Seele,
Daß ihren Blick sie auf zum Himmel schlägt,
Und lies in diesem großen Wunderbuch,
Aus welchem Himmelsstoff sie ist geformt,
Die Kunde dessen schon wird wie Musik
Den rohen Geistern tönen.

Orleans. Auf zum Himmel
Blick' ich, zu seh'n, ob Agrippina dort ist.
Wenn nicht: fa, la, la, sol, la 2c. 2c.

Galloway. Laß von der Tollheit: Sieh doch, aus
dem Fenster
Jedweden Auges blickt Verachtung nieder,
In deren Wangen das Gelächter spielt;
Jedweder Finger ist gleich einem Pfeil,
Der von der Hand des Hohns geschossen wird
Und deinen Namen schändet, deine Ehre
In Stücke reißt.

Orleans. Mein Galloway, bin ich's,
Den sie verlachen?

Galloway. Ja.

Orleans. Ha, ha, so lache
Ich über sie; sind sie nicht toll, daß dieser
Mein wahrer, wahrer Gram sie lustig stimmt?
Ich tanz' und singe nur, damit der Gram
Sich darob ärg're, und in seinem Aerger
Das Leben mit der Faust von Erz zerschmettre.
O gutes Herz! so scheint es, daß sie lachen,
Weil Gram mich tötet. Welche gute Leute
Sind es, die über andrer Thränen lachen,
Und beim Gelächter andrer sich in Stücke
Zerreißen. Pfui! Gemein! Ha, ha, sobald
Ich einen Schwarm von Narren sehe, die
Für weise gelten wollen, lach' ich freudig,
Weil Agrippina unter ihnen fehlt,

Doch weine, weil sie nirgend ist. Und weine,
Weil, mag sie dasein oder nicht, vergessen,
Vergessen immer meine Liebe ist.

Galloway. Mein Orleans, still diese Thränen, nicht
Zu trauern hast du Grund.

Orleans. Sieh, Galloway,
Dorthin; erblickst du jene Sonne? Schau
Sie achtsam an: bevor zwei Stunden nur
Sie älter wird, ist alle ihre Glorie
Verschwunden, und aus Gram wird dieser Himmel,
So fröhlich, sich in Trauerkleider hüllen.
Und sollte Orleans nicht trauern? Ach!
O welche arge Tyrannei nicht wär's,
Wenn man den Kummer zum Gelächter zwingen,
Dem Gram gebieten wollte nicht zu weinen!
Ist tot doch meine Liebe, die Verachtung,
Die sie mich seh'n läßt, ist mein Grab; so geht
Für mich die Sonne unter. Und ich sollte
Nicht klagen?! Auf mein Wort, ich thu' es doch!

Galloway. Sei ruhig, Freund! Die Schönheit wie
der Gram
Sind überall. Rott aus in dir den Glauben,
Sie sei so schön, denn Weiber schön wie sie
Gibt's überall.

Orleans. Verräter nenn' ich dich
An jenem Weiß und Rot, das auf der Wange
Ihr ruht, die des Cupido Thronsitz ist,
Und meines Herzens Herrin. O, wenn tot
Sie ist, wird solche Wunderschönheit nirgend
Gefunden werden. Jetzt, da Agrippina
Nicht mein ist, schwör' ich, nur die Häßlichkeit
In Zukunft werd' ich lieben. Ich erstaune,
Daß alle nicht in dich, o Häßlichkeit, verliebt sind.
Der Menschen Herzen hast du nie gemordet,
Sie nie wie Wachs an deines Schicksals Sonne

Hinschmelzen lassen. Eine treue Amme
Der Keuschheit bist du. Deine Schönheit kommt nicht
Der Agrippinens gleich; von Alter, Sorge
Und Krankheit wird ihr Angesicht entstellt.
Doch ewig ist das deine Häßlichkeit,
Der Schönheit Agrippinas gleicht nicht deine,
Denn tot wird ihre Schönheit schön nicht sein,
Doch schön ist selbst im Grab noch dein Gesicht.

Die Stimmung eines überspannten Liebhabers ist hier
nach dem Leben gezeichnet. Orleans ist so leidenschaftlich und
verliebt, wie ein je von Shakespeare geschilderter. Er ist so
ein zweiter Adept in der Liebe. Die nüchternen Weltleute
sind für ihn

„Ein Schwarm von Narren, die für weise gelten wollen.“

Er redet „ganz Biron und Romeo“, er ist fast so poetisch
wie sie, ganz so philosophisch, nur etwas verrückter. Nach
allem haben die Sektirer der Liebe „eine Vernunft für sich
selbst“. Wir sind rückwärts gegangen in der edlen Ketzerei
seit den Tagen, als Sydney unsere Nation zu Proseliten dieses
Gemisches von Gesundheit und Krankheit machte, in dem
freundlichsten Symptom und dennoch der alarmirendsten
Krisis im verhängnisvollsten Stadium der Jugend, dem Nährer
und Zerstörer junger hoffnungsvoller Männer, der Mutter
jener Zwillingskinder, Weisheit und Thorheit, Kraft und
Schwäche.   Ch. Lamb.

Das Stück hat manche gute, aber noch mehr schleppende
Scenen. Tieck hat es wohl schwerlich gekannt, als er denselben Stoff in seinem Fortunat behandelte; eine genaue Vergleichung würde, was die Ausführung des Ganzen betrifft,
schwerlich zu Ungunsten des Deutschen ausfallen.

                                    Moritz Rapp.

----

2. Satiro-Mastix.

Der König läßt Sir **Walter** Terill einen Eid schwören, er
werde seine Braut **Cälestina** in der Hochzeitsnacht an den
Hof senden. Ihr **Vater** gibt ihr, um ihre Ehre zu retten,
einen Gifttrank, den sie nimmt.

Terill, Cälestina, Vater.

Cälestina. Warum hast du geschworen?

Terill.   Schwer bedrängte
    Der König mich, bis fast besinnungslos
    Den Schwur ich ausstieß.

Cälestina.   Einen Schwur, sag an,
    Was ist ein Schwur? Ein Rauch aus Blut und
                                              Flamme
    Auflodernd nur, nur eine Geistesblase,
    Die auf dem Strom des Grimms aufsteigt, zur Zunge
    Empordringt, und die Stimme, die sie spricht,
    Versengt, denn glüh'nde Worte sind die Eide.
    Du schwurst nur einen, lang ist er erfroren.
    Wohl einen schwört man, doch wo sind die Wohner
    Des Lands, in dem man nichts als Eide spricht?

Terill. Nicht Menschen, Teufel sind sie! Was? Ein Eid,
    Es handelt um der Seele Heil bei ihm sich,
    Gesetz ist für den Menschen er, das Siegel
    Des Glaubens, jegliches Gewissens Fessel.
    Ja einen solchen schwur ich, und dem König.
    Ein König gilt für tausend Tausend; als
    Ich ihm den Eid schwur, allen schwur ich ihn.
    Die Haare selbst auf seinem Haupte werden
    Als Zeugen gegen meine Treue sich
    Erheben, wenn den Eid ich brechen wollte.
    Sein Auge spräche mein Verdammungsurteil,
    Nicht rüttle mehr an Eiden, zu erhaben
    Steht meiner, denn dem König schwur ich ihn.

Cälestina. Soll ich verraten meine Keuschheit denn,

Die ich so lange fleckenlos bewahrt?
O Gatte, o mein Vater, wenn nicht keusch
Ich leben soll, so laßt mich keusch doch sterben.

Vater. Hier ist ein Zaubermittel, das dich keusch
Erhalten wird, komm, komm! Die alte Zeit
Hat eine Stunde nur um unsre Rollen
Zu spielen uns gelassen. Mag die Scene
Beginnen; wer soll als der erste sprechen?
O ich, den König spiel' ich, und zuerst
Gebührt den Königen das Wort. Du Tochter
Steh hier, du dort mein Sohn Terill; not ist
Hier kein Prolog; zuerst tritt ein der König,
Hübsch dünkt mich der Prolog. Vorhanden dann
Für Katastrophe und für Epilog
Ist einer reich in Silberkleidung glänzend,
Der, wenn er auftritt, sehr dem Publikum
Gefallen wird. Voll ist sein Mund von Worten;
Sieh, wo er steht. Laut wird beklatscht er werden.
Doch nun zu meiner Rolle: Denk, wer jetzt
Eintritt; ein König, dessen Augen silbern
Erglänzen, dessen Worte wie Musik sind,
Deß Gehen Tanz ist; näher tritt er jetzt,
Faßt deine Hand, so daß du denkst, die Sphären
Des Himmels kreisten unter deinen Fingern;
Dann spricht er so — ja so — ich weiß nicht wie.

Cälestina. Noch eine Antwort ich für ihn.

Vater. Nein, Kind!
Weißt du nicht, wie du ihm antworten sollst?
So ist das Feld verloren und er kehrt
Gleich einem mächtigen Eroberer heim;
Ihm keine Antwort geben! Schon gefallen
Aus deiner Rolle und das Stück verdorben!

Terill. Ja, ja, der wahren Keuschheit Zunge ist
So schwach, daß sie besiegt ist, ehe sie
Noch weiß, was sie antworten soll.

Vater.   Komm, komm,
Glückliches Ende jeder Unbill, du,
Du bist es, der den schwersten Zweifel löst,
Du hast zu sprechen, denn wir steh'n am Ende.
Du Tochter und auch du, den Sohn ich nenne,
Ich muß bekennen, eine Schenkung macht' ich
Dem Himmel, sowie dir, und gab mein Kind
Dahin euch beiden; da bei meines Segens
Verlust ich ihre Seele in den Kreis
Der ächten Keuschheit bannte, daß sie treu
So bis zum Tod verharrte; so verscherzt,
Wenn sie's nicht thut, sie meinen Segen jetzt
Und ist mit einem ew'gen Fluch beladen.
So sag ich euch, daß jetzt sie sterben soll.
Jetzt, während treu noch ihre Seele ist.

Terill. Was, sterben?

Cälestina.   Ja, ich bin des Todes Echo.

Vater. O Sohn, ich bin ihr Vater; jede Thräne
Ist siebzig Jahre alt, die ich vergieße.
Zwei Arten Thränen wein' und lächle ich.
Ich weine, daß sie sterben muß, ich lächle,
Weil sie als Jungfrau stirbt.

Terill.   Was ist im Becher?

Vater. Nun, weißer Wein und Gift.

Terill.   Der Name Gift
Vergiftet mich. O du des Menschen Winter,
Wanderndes Grab, des Leben einer Kerze
Gleicht, die erlöschen will, wie denn kannst du
Verstehen, was ein Liebender empfindet,
Was witterst du, als Tod? und was als Erde
Schmeckst du? Der Hauch, der von dir ausgeht, ist
So, wie der Dunst aus einer Grube, die
Erst eben aufgethan ward. Wohl weiß ich,
Worauf du sinnst. Weil nach dem Land der Gräber
Du reisest, trägst Begehr du nach Gesellschaft,

Und bringſt dem Tod hier einen Toaſt aus
In Gift. Ein Gift für dieſen ſüßen Frühling,
Dies Element iſt mein, dies iſt der Hauch,
In dem ich atme. Du vergeß es nicht.
Dies iſt mein Himmel. Ihn gekauft hab' ich
Mit meiner Seele ſelbſt von ihm dort oben,
Der einen Himmel hingibt, um dafür
Sich eine Seele zu erkaufen.

Vater.   Wohl,
So laß ſie gehen. Dein iſt ſie; du nennſt
Sie dein, das Element, in dem du atmeſt,
Du weißt es, allen iſt die Luft gemein,
In der du atmeſt, mach denn ſie auch ſo!
· Vielleicht wirſt ſagen du, der König nur
Soll ſie, die liebend dich umfangen ſollte,
Gebrauchen, und daß Kön'ge nicht gemein ſind,
Um braus zu folgern, daß er ſie gemein
Nicht machen kann. Fürwahr ſich ſelbſt, wie dich
Mag ſie in Schande ſtürzen, und für mich
Mögt ihr mit eurer Schmach ein gutes Wort
Einlegen. Da ſo hell der König ſtrahlt
Und wir ſo dunkel ſind, ſo wird durch ihn
Hindurch man unſer finſtres Unglück ſehn.
Denk dir, ſie ſei der Becher deines Lebens,
Wer würde wohl ſein eignes Weib dem König
Krebenzen.

Terill.   Dieſer Spruch hat ſie vergiftet;
Sie ſtirbt. O Leben! Welcher Sklave würde
Sein eignes Weib dem König wohl krebenzen?

Cäleſtina. Willkommen Gift, du Heiltrank gegen Wolluſt,
Geſunde Arzenei für treues Blut,
Du ſeltner Hüter, welcher meine Keuſchheit
Hier im Gefäß von Staub bewahren kann,
Komm, komm; kein Gift, nein ein Geſundheitstrank
Biſt du, das heiße Blut mir abzukühlen.

Unschuld'ger weißer Wein, kann man die Schuld
An meinem Tod dir geben? Nein, denn selbst
Bist du vergiftet. Nimm von hinnen mich,
Denn eine Unschuld soll die andre morden.

(Sie trinkt.)

Terill. Halt, halt, du sollst nicht sterben, meine Braut,
Mein Weib. O hemm den schnellen Todesboten.
Laß ihn hinabgeh'n nicht den engen Pfad,
Der in dein Herz hinabführt. Laß ihn Botschaft
Nicht deiner Seele bringen, daß zu sterben,
Verhängt dir ist.

Cälestina. Vollbracht ist es bereits.
Auf bricht aus dem gebrechlichen Gebäude
Der schwachen Sterblichkeit mein Geist. Mein Vater,
Nun segne mich auf ewig, du mein Gatte,
Noch teurer mir, leb wohl. Zugleich nehm' ich
Von dir und meinem Leben Abschied. Geh,
Und sag dem König, daß ein treues Weib
Du hattest.

Vater. Lächle nun, mein Angesicht,
Zu seh'n, wie eine ächte Jungfrau stirbt!

Decker hatte eine bessere Kenntnis der Charaktere, als
die meisten seiner Zeitgenossen; aber er besaß nicht die Schärfe
Marstons und kaum die Einbildungskraft Mibbletons und
blieb hinter der extravaganten Kraft und dem majestätischen
Stil Marlows zurück. Vielleicht hatte er jedoch mehr von
den guten Eigenschaften eines Dramatikers als beide. Er
verstand die Schwankungen des menschlichen Geistes. Seine
Männer und Frauen schreiten nicht bis zum Ende des Dramas
vor, ohne Wendungen nach rechts oder links zu machen, aber
sie geben sich in ihren Leidenschaften der Natur hin und
führen uns angenehm in einige Geheimnisse und Inkon-
sequenzen der wirklichen Welt ein. Seine Portraits von
Matther und Bellafront, besonders dem ersteren, und von

Friscobaldo und Hippolito sind bewundernswert. Er ist bei=
nahe der einzige Autor, sogar in seiner großen Zeit, der den
Umständen ihre volle Wirkung auf die Personen einräumt,
und sie von dem Pfade, auf welchem sie ausgegangen, ab=
weichen läßt. Er that den Thatsachen keine Gewalt an, da=
mit sie sich einem vorgefaßten Charakter anpaßten, sondern
veränderte die Charaktere in einer den Thatsachen entsprechen=
den Weise. Er weiß, daß inkonsequent sein und sich verändern
Männern und Frauen angeboren ist und richtete sich danach.

Edinburgh Review. 38. Bd. Februar 1823.

X

Thomas Decker und Philipp Maſſinger.

—

Die jungfräuliche Märtyrin.

Angelo, ein Engel, begleitet als Page **Dorothea.**

Dorothea. Gib Buch und Kerze mir!
Angelo.   Hier, heilige
Gebieterin.
Dorothea.   Aus deiner Stimme ſtrömt
So himmliſche Muſik, daß niemals ich
Von gleichem Ton entzückt ward; wär' auf Erden
Ein jeder Diener ſolcher Güte voll
Wie du, ſo würden Engel niederſteigen
Bei uns zu wohnen. Angelo, ſo iſt
Dein Name und ein Engel biſt du ſelbſt.
Geh nun zur Ruhe; allzulanges Wachen
Kann deiner Jugend ſchaden.
Angelo.   Nicht doch, Herrin;
Ich könnte Sterne müde machen, oder
Den Mond durch allzulanges Wachen zwingen,
Daß er die Augen ſchließe, während ich
Dir ruhlos biene. Wenn du beim Gebet
Vor dem Altare knieſt, iſt mir, als ſäng' ich
Mit einem Chor im Himmel, ſolchen Segen
Fühl' ich durch deine Nähe. Drum gebiete,

O vielgeliebte Herrin, deinem Pagen,
Der dir so gerne dient, nicht fortzugehen,
Sonst brichst du ihm das Herz.

Dorothea. Bleib bei mir noch,
In goldnen Lettern will ich dann den Tag
Anschreiben, welcher dich geschenkt mir hat.
Ich hatte nicht geglaubt, daß solche Welten
Von Trost in dir, dem kleinen, hübschen Knaben
Zu finden, als ich aus dem Tempel kommend
Dich meinen guten, süßen Betteljungen,
Almosen, das mit will'ger Hand ich gab,
Erbitten hörte; und als ich nach Haus
Dich mit mir nahm, da war mein keusches Herz
Mit keiner Glut der Wollust angefüllt,
So dünkt mich, nein, mit einer heil'gen Flamme,
Und stieg auf Cherubsschwingen höher auf,
Als je zuvor.

Angelo. Mit hohem Stolze seh' ich
Daß meiner Herrin so bescheidnes Auge
Solch einen niedern Diener gerne hat.

Dorothea. Ich habe Haufen Gold dafür geboten,
Um deine Eltern nur zu seh'n. Verlassen
Würd' ich die schönsten Königreiche, könnt' ich
Bei deinem guten Vater wohnen; denn
Wenn schon der Sohn durch seine Gegenwart
Mich so bezaubert, zehnmal mehr muß der es
Noch thun, der ihn erzeugt hat. Süßer Knabe,
Zeig deine Eltern mir, ich bitte dich.
Hab keine Scheu!

Angelo. Ich habe keine. Nie
Hab' ich gewußt, wer meine Mutter war.
Allein bei jenem himmlischen Palast,
Von leuchtenden Bewohnern angefüllt,
Versichern kann ich dich, und diese Augen
Und diese Hand setz ich dafür zum Pfand;

Mein Vater ist im Himmel. Und, o Herrin,
Wenn Euer hehres Stundenglas den Sand
Nicht schlechter, als bisher es that, ausschüttet,
Bei meinem Leben, werden meinen Vater
Wir beide droben treffen und willkommen
Wird er Euch heißen.

Dorothea. O, der sel'ge Tag!

Diese Scene hat Schönheiten von so hohem Rang, daß mit aller meiner Achtung für Massinger ich nicht glaube, er habe genug dichterische Begeisterung gehabt, um sie hervorzubringen. Sein Mitarbeiter Decker, der den alten Fortunatus geschrieben hat, hatte Poesie genug, um alles zu vollbringen. Die Unreinheiten selbst, welche sich zwischen die süße Frömmigkeit dieses Stückes einschleichen, wie Satan zwischen die Söhne des Himmels, haben eine Kraft des Kontrastes, eine Frische und Glut in sich, die über Massingers Kräfte hinausgehen. Sie lassen die Reinheit der übrigen um so mehr hervortreten, etwa so wie Caliban Miranda in das rechte Licht stellt. Ch. Lamb.

XI.

John Webster.

---

1. Die Herzogin von Malfy.

Die **Herzogin von Malfy** heiratet **Antonio**, ihren Haus=
meister.

Die **Herzogin**, **Cariola**, ihr Mädchen.

Herzogin. Ist hier Antonio?
Cariola. Zu Euern Diensten
Steht er.
Herzogin. Verlaß mich, Gute, doch verbirg dich
Dort hinterm Vorhang, daß du dort uns hörst.
Wünsch Heil mir, denn in eine Wildnis geh' ich,
Wo keinen Pfad ich finde, keinen Leitstern.
(**Cariola** zieht sich zurück.)

Antonio tritt auf.

Herzogin. Gesandt hab' ich nach dir. Sitz nieder hier
Und Tint' und Feder um zu schreiben nimm!
Bist du bereit?
Antonio. Ja.
Herzogin. Was hab' ich gesagt?
Antonio. Ich solle schreiben.
Herzogin. Ja, das war's. Nachdem
Vorbei die Feste, die so viel gekostet,

Ist's nötig, an den Haushalt auch zu denken,
Wie viel uns bleibt für morgen.

Antonio. Wie es Euch
Gefällig, schöne Fürstin!

Herzogin. Schön fürwahr!
Ich dank Euch. Jung um Eurethalb erschein' ich,
Auf Euch genommen habt Ihr meine Sorgen.

Antonio. Die Einzelheiten will ich Euer Gnaden
Von dem, was Ihr ausgabt und einnahmt, geben.

Herzogin. Schatzmeister gibt es wenige wie Euch.
Doch mißverstanden habt Ihr mich, denn wenn
Ich sagte, wissen wollt' ich, was für morgen
Uns bleibe, dacht' ich an den Morgen drüben.

Antonio. Wo?

Herzogin. Nun, im Himmel. Denn mein Testament,
So wie es Fürsten ziemt, denk' ich zu machen,
Solang mir völlig noch Besinnung bleibt.
Und, bitte, sagt mir, ist's nicht besser, daß
Man so es lächelnd macht, als unter Seufzen
Mit fürchterlichen, geisterhaften Blicken,
Als ob die Gaben, welche wir verließen,
So heftige Verwirrung in uns schüfen.

Antonio. O, besser viel.

Herzogin. Hätt' ich jetzt einen Gatten,
Der Sorge wär' ich quitt. Doch zum Berater
Ernenn' ich Euch. Was sollen wir zuerst
Des Guten thun? Sprecht!

Antonio. Wohl; nach der Erschaffung
Des Menschen war das erste Gute, was
Geschah, die Heirat. Damit fangt denn an!
Zuerst für einen guten Gatten müßt
Ihr sorgen; gebt ihm Alles.

Herzogin. Alles!

Antonio. Ja,
Euch selbst.

Herzogin.   Im Leichentuch?

Antonio.   Im Hochzeitskleid!

Herzogin. S. Winifred, ein seltsam Testament
  Wär' das!

Antonio. Seltsamer wär' es noch, wenn Ihr
  Euch nicht nochmals vermählen wolltet.

Herzogin.   Was
  Ist Eure Ansicht von der Ehe, sprecht!

Antonio. Die derer, die das Fegefeuer leugnen;
  In ihr ist Himmel oder Hölle, doch
  Kein dritter Platz.

Herzogin.   Wie? trachtet Ihr nach ihr?

Antonio. In der Verbannung, die so trüb mich stimmte,
  Oft that ich es.

Herzogin.   So laßt davon mich hören!

Antonio. Sagt, daß ein Mann sich nie vermählt,
                        daß nie
  Er Kinder zeugt, wird so sein Wert geringer?
  Nur darin, daß er Vater nicht genannt wird,
  Daß er die Kinderchen auf Steckenpferden
  Nicht reiten sieht, nicht schwatzen hört wie Staare,
  Die man's gelehrt.

Herzogin.   Pfui! Was ist alles dies?
  Mit Blut ist da Eu'r Auge unterlaufen,
  Drückt meinen Ring darauf; man sagt das wirke.
  Es war mein Hochzeitsring, und ich gelobte
  Mich nie von ihm zu trennen, bis ich ihn
  Dem zweiten Gatten reichte.

Antonio.   Jetzt habt Ihr Euch
  Von ihm getrennt.

Herzogin.   Eu'r Augenleiden so
  Hofft' ich zu heilen.

Antonio.   Blind vielmehr geworden
  Bin ich durch Euch.

Herzogin.   Wie das?

Antonio.   Ein list'ger Teufel
Voll Ehrgeiz tanzt in diesem Ring.

Herzogin.   Entfernt ihn!

Antonio. Wie?

Herzogin. Wenig zu beschwören gibt's hier. Leicht
Kann's Euer Finger thun. So, paßt er Euch?

(Sie steckt den Ring an seinen Finger.)

Antonio (knieend). Was sagtet Ihr?

Herzogin.   Sir, dies Eu'r niedres Dach
Ist allzu niedrig; aufrecht unter ihm
Kann ich nicht stehen oder mit Euch reden,
Ich muß es höher haben; drum steht auf!
Ist meine Hand dabei Euch nötig — so!

Antonio. Ehrgeiz ist eines großen Mannes Tollheit.
In Ketten nicht und engverschloff'nen Zimmern
Wird er gehalten, nein, in lichten Räumen.
Und von der schwatzenden Besucher Lärm
Ist er umringt, so daß er ohne Heilung
Verrückt wird. Glaubt nur nicht, ich sei so dumm
Und zielte nicht dorthin, wohin Ihr mir
Mit Eurer Gunst winkt. Doch der ist ein Narr,
Der, wenn er friert, die Hände, sie zu wärmen,
Ins Feuer steckt.

Herzogin.   So, nun geebnet ist
Der Grund, seh'n mögt Ihr nun, wie reich der
                              Schatz ist,
Zu dessen Herren ich Euch mache.

Antonio.   Ach,
Wie unwert dessen fühl' ich mich!

Herzogin.   Unrecht
Von Euch war's, daß Ihr selber Euch verkauftet.
Daß Euern eignen Wert Ihr so verkleinert,

Ist nicht, wie es die Handelsleute machen.
Sie haben schlechtes Licht, daß an den Mann
Sie schlechte Waren bringen. Und ich muß
Euch sagen: Wenn zu wissen Ihr begehrt,
Wo ein vollkommner Mann lebt (schmeicheln nicht
Will ich, wenn ich es sage), schaut Euch um,
Und seht Euch selbst an!

Antonio.   Wär' auch Himmel nicht
Noch Hölle, ehrenhaft doch würd' ich sein.
Der Tugend hab' ich lang gedient und nie
Begehrt' ich Lohn dafür. —

Herzogin.   Doch nun bezahlt
Sie ihn. — O, unser Elend, die wir hoch
Geboren werden! Freien müssen wir,
Denn niemand freit uns; und wie ein Tyrann
In Worten spricht von zweifelhaftem Sinn,
So unsre wilden Leidenschaften müssen
Wir kund in Rätseln und in Träumen thun,
Und so der Tugend rechten Pfad verlassen,
Die nie bestimmt war, das zu scheinen, was
Sie nicht ist. Geh, daß du mich ohne Herz
Gelassen hast, kannst du dich rühmen, denn
In deiner Brust ist meins; ich hoffe, mehr
In ihr entflammen wird es deine Liebe.
Du zitterst. Laß nicht so dein Herz erstarren,
Daß du mich fürchtest mehr, als liebst. Sei offen!
Was sinnst du jetzt? Bedenk, ein lebend Weib
Bin ich; und nicht die Marmorstatue, die
Am Grabe meines Gatten kniet. Erwach,
Erwache! Jede eitle Form leg' ich
Bei Seite und als jugendliche Witwe,
Nur leicht errötend, steh' ich da vor dir.

Antonio. Die Wahrheit möge für mich sprechen: Stets
Das Heiligtum, das deinen guten Namen
Bewahrt, denk' ich zu sein.

Herzogin.   Ich dank dir, Teurer.
Und so auf deinem Mund will ich besiegeln,
Daß mein du bist. Du hättest selbst darum
Mich bitten sollen. Kinder hab' ich oft
Gesehen, wie sie Süßigkeiten langsam
Verzehrten, gleich als ob sie fürchteten,
Zu kurz nur würde das Vergnügen währen.

Antonio. Doch deine Brüder —

Herzogin.   Denke nicht an sie.
Wenn sie's erfahren sollten, wird die Zeit
Den droh'nden Sturm vertreiben.

Antonio.   Mein wär es
Gewesen, das zu sagen, sowie alles,
Was du gesagt hast, hätte nur ein Teil
Für Schmeichelei nicht gelten können.

(Cariola kommt.)

Herzogin.   Kniee!

Antonio. Ha!

Herzogin.   Sei erstaunt nicht, dieses Mädchen ist
Vertraut mit mir. Von Rechtsgelehrten hab' ich
Gehört, wird im Gemache nur per verba
Praesenti eine Ehe abgeschlossen,
So ist sie gültig; diesen gord'schen Knoten
Laß, Himmel, die Gewalt ihn nie zerhauen!

Antonio. Und möge unsre süße Neigung ewig,
So wie der Lauf der Himmelssphären dauern!

Herzogin. Und uns mit gleicher, lieblicher Musik
Umtönen!

Cariola (bei Seite). Ob in ihr der Geist der Größe,
Ob der des Weibes herrscht, nicht weiß ich es.
Doch arge Tollheit ist's; die arme Fürstin!

Andere Scene.

Nachdem die Heirat zwischen der Herzogin und Antonio ent=
deckt ist, schließt sie ihr Bruder **Ferdinand** in einen Kerker
und quält sie mit verschiedenen Arten ausgesuchter Grausam=
keit. Auf seinen Befehl zeigt **Bosola**, das Werkzeug seiner
Anschläge, ihr die Leichen ihres Gatten und ihrer Kinder in
Wachs nachgebildet.

Bosola. Er bietet dir dies traur'ge Schauspiel dar,
Daß nun du sicher wissest, sie sei'n tot.
In Zukunft höre weislich auf zu trauern,
Um was verloren ist.

Herzogin. Auf Erden nicht
Und nicht im Himmel ist ein Ding mehr, das
Ich jetzt noch wünschen könnte, mehr zerreißt's mir
Mein Herz, als wär's mein eignes Bild von Wachs,
Durchbohrt von einer Zaubernadel, dann
In einen eklen Haufen Mist begraben. —
Dorthin sieh, ein vortrefflich Mittel ist das
Für den Tyrannen und als eine Gnade
Würd' ich's betrachten.

Bosola. Was ist das?

Herzogin. Wenn sie
Mich bänden an den abgestorbnen Stamm,
Daß so zu Tod ich fröre.

Bosola. Du mußt leben.
Laß diesen eitlen Gram. Wenn es zum Schlimmsten
Gekommen, bessert sich's. Die Biene, wenn sie
Dir ihren Stachel in die Hand gebohrt,
Kann dann mit deinem Augenlide spielen.

Herzogin. Gutmüt'ger Mensch; rat einem Unglück=
sel'gen,
Des Körper auf dem Rad gebrochen ist,
Neu machen lassen soll er sich die Glieder.
Bitt ihn, zu leben, daß er nochmals sich

Hinrichten lasse. Wer soll aus der Welt
Mich schaffen? Ein langweiliges Theater
Bedünkt mich diese Erde, denn ich spiele
Drauf eine Rolle wider meinen Willen.

Bosola. Komm, tröste dich; ich will dein Leben retten.

Herzogin. Für solche Kleinigkeiten hab' ich Zeit nicht.
Ich will zu beten gehen. Nein — zu fluchen.

Bosola. O pfui!

Herzogin. Ich könnte auf die Sterne fluchen.

Bosola. O, fürchterlich!

Herzogin. Und auf die lieblichen
Drei Jahreszeiten, daß sie eisig wie
Der Winter Rußlands werden. Ja, die Welt
Ins alte Chaos kehren! Eine Pest
Wie jene, welche ganze Völker aufreibt,
Verzehre meine Brüder. Gleich Tyrannen
Mag ihrer, wegen ihrer Missethaten,
Man einzig denken! Möge kein Gebet
Der Frommen in den Kirchen für sie schallen.
Der Himmel höre eine Weile auf,
Die Märtyrer zu krönen, und bestrafe
Indessen sie. Geh, heule ihnen dies
Ins Ohr und sag, ich lechze nach dem Tod.
Wenn Menschen eilends töten, ist es Gnade.

(Ab.)

Ferdinand tritt ein.

Ferdinand. Vortrefflich, wie ich's wünsche; kunstvoll
wird sie
Gemartert. Diese Bilder sind allein
In Wachs geformt von jenem seltnen Meister
In solcher Kunst, Vincenzio Lauriola.
Sie glaubt, das seien wirklich wahre Körper.

Bosola. Wozu denn thust du dies?

Ferdinand. Sie zur Verzweiflung
Zu bringen.

Bosola. Ueber allen Glauben geht's.
Genug grausam warst du; send ihr ein Bußhemd,
An ihre zarte Haut es anzulegen,
Betbücher, Rosenkränze gib ihr.

Ferdinand. Mag
Verdammt sie sein! Ihr Leib, als rein mein Blut
In ihm noch rann, war mehr als das noch wert,
Was du zu trösten denkst, und Seele heißt.
Ich will gemeiner Buhlerinnen Masken
Ihr schicken, ihre Speisen sollen Kuppler
Ihr bringen, und weil toll zu werden sie
Durchaus begehrt, gefaßt ist mein Entschluß:
Das Tollhaus will ich öffnen und daraus
Hervor die Narren alle lassen, daß sie
Bei ihrer Wohnung hausen. Mögen dort sie
Ihr Wesen treiben, singen, tanzen, schreien,
Und bei des Vollmonds Scheine lustig schwärmen.

Andere Scene.

Die **Herzogin** wird durch den Lärm der Wahnsinnigen wach-
gehalten, und zuletzt von gewöhnlichen Henkern erwürgt.

Herzogin, Cariola.

Herzogin. Welch grauser Lärm war das?

Cariola. Es ist das wilde
Konzert der Tollen, hohe Frau, die nah'
Bei Eurer Wohnung der Tyrann, Eu'r Bruder,
Versammelt hat. Nie, bis zu dieser Stunde,
Ward, glaub' ich, solche Tyrannei geübt.

Herzogin. Fürwahr ich dank' ihm; nichts als Lärm
und Narrheit
Kann machen, daß ich noch bei Sinnen bleibe,
Indes Vernunft und Schweigen toll mich machen.
Sitz nieder und erzähle mir ein grauses
Unglück.

Cariola.   O, deinen Trübsinn wird das mehren.

Herzogin.   Du irrst dich. Wenn von größerm Gram
                                    ich höre,
So mildert das den meinen. Ist das hier
Ein Kerker?

Cariola.   Ja; doch von dir schütteln wirst
Du noch dies Leiden.

Herzogin.   Du bist närrisch. Nie
Lebt das Rotkehlchen und die Nachtigall
Im Kerker lang.

Cariola.   Ich bitte, weine nicht!
Woran denkst du?

Herzogin.   An nichts. Wenn so ich starre,
So schlaf' ich.

Cariola.   Was? Mit offnen Augen, wie
Ein Toller?

Herzogin.   Glaubst du, daß einander wir
In einem Leben jenseits kennen werden?

Cariola. Ja, ohne Frage.

Herzogin.   Wär' es möglich doch,
Daß wir zwei Tage mit den Toten uns
Besprechen könnten! Was ich nimmer hier
Erfahren werde, könnten sie mir künden.
Erzählen will ich dir ein Wunder. Noch
Nicht bin ich toll, wie groß mein Gram auch ist.
Der Himmel über meinem Haupt bedünkt mich
Wie von geschmolznem Erz. Die Erde scheint mir
Von feur'gem Schwefel, doch bin ich nicht toll.
Ich bin befreundet mit dem traur'gen Elend,
Wie der Galeerensklav' mit seinem Ruder.
Das Schicksal will, daß nie mein Leiden aufhört,
Und die Gewohnheit macht es leicht. Wem jetzt
Bin gleich ich?

Cariola.   Deinem Bilde im Palast.
Fast lebend äußerlich; doch wirklich tot.

Doch mehr noch einem altehrwürd'gen Denkmal,
Das, selbst zertrümmert, Mitleid noch erregt.

Herzogin. Recht hast du. Und das Glück hat Augen nur
Dazu, daß es mein Mißgeschick betrachte.
Doch da! Was für ein Lärm ist das?

(Ein Diener tritt ein.)

Diener. Ich komme,
Um Euch zu künden, daß Euch einen Spaß
Eu'r Bruder machen wird. Ein großer Arzt,
Als sehr der Papst erkrankt an Trübsinn war,
Bestellte Tolle mancher Art zu ihm,
Welch wildes Schauspiel, voll von Spaß und Narrheit,
Ihn lachen machte, was die Krankheit heilte.
Und so auch dich zu heilen, denkt dein Bruder.

Herzogin. Laß sie eintreten!

Hier folgt ein Tanz von Wahnsinnigen verschiedener Art
nebst dazu passender Musik, worauf **Bosola**, als alter Mann
verkleidet, eintritt.

Herzogin. Ist der auch toll?
Bosola. Das Grab dir zu bereiten
Bin ich gekommen.
Herzogin. Ha! Mein Grab? Du sprichst,
Als ob ich auf dem Totenbett schon läge,
Nach Atem ringend; glaubst du, ich sei krank?

Bosola. Ja, und um so gefährlicher, da deine
Krankheit von dir nicht bemerkt wird.
Herzogin. Sicher, du bist nicht verrückt; kennst du mich?
Bosola. Ja.
Herzogin. Wer bin ich?
Bosola. Du bist eine Schachtel voll Wurmsamen;
im besten Fall nur ein Gefäß voll grünem Brei. Was
ist dieses Fleisch? Ein bischen geronnene Milch, phan=
tastisch aufgetriebenes Gebäck. Unsere Leiber sind
schwächer, als jene papiernen Häuschen, in welchen

Knaben Fliegen gefangen halten; um so verächtlicher, als sie bestimmt sind, Aufenthaltsort der Regenwürmer zu werden. Sahst du je eine Lerche in einem Käfig? Eine solche ist die Seele im Körper; diese Welt ist gleich ihrem Häuflein Gras; und der Himmel über unsern Häuptern gibt uns, gleich ihrem Fensterchen, nur ein jämmerliches Bild von dem kleinen Umfang unseres Kerkers.

Herzogin. Bin ich nicht deine Herzogin?

Bosola. Du bist gewiß irgend eine hohe Frau, denn Ermattung beginnt sich auf deiner Stirn, in graue Haare gekleidet, zwanzig Jahre früher als auf der eines munteren Milchmädchens zu zeigen. Du schläfst schlechter, als eine Maus, wenn sie gezwungen würde, im Ohre einer Katze zu schlafen. Ein kleines Kind, das im Zahnen ist, würde, wenn es bei dir liegen müßte, schreien, als wärst du der unruhigere Bettgenosse.

Herzogin. Ich bin noch Herzogin von Malfy.

Bosola. Das macht deinen Schlaf so unruhig:
Die Erdengröße scheint, von fern geseh'n,
Hell wie der Glühwurm, aber wenn du näher
Hinschaust, nicht Wärme findest du, noch Glanz.

Herzogin. Du redest grad heraus.

Bosola. Mein Geschäft ist, den Toten zu schmeicheln, nicht den Lebenden. Ich bin ein Grabmacher.

Herzogin. Und du kommst, mein Grab zu machen?

Bosola. Ja.

Herzogin. Laß mich ein bischen lustig sein; woraus willst du es machen?

Bosola. Nein, sage mir zuerst, von welcher Gattung es sein soll.

Herzogin. Wie, werden wir denn launig auf unserm Totenbett? Suchen wir ein Grab nach der Mode zu haben?

Bosola. Das ist unser Ehrgeiz; die Bilder der
Prinzen auf ihren Gräbern liegen nicht, wie sie ge=
wohnt waren, so daß sie zum Himmel zu beten schei=
nen, sondern halten die Hände unter die Wangen, als
wären sie an Zahnweh gestorben. Sie sind nicht, mit
den Augen auf den Himmel gerichtet, ausgehauen,
sondern, wie ihre Seelen ganz auf die Welt gerichtet
waren, scheinen sie ebendahin ihre Gesichter zu wenden.

Herzogin. Laß deiner grausen Vorbereitung Wirkung
    Mich völlig denn gewahren; für ein Schlachthaus
    Paßt deine Rede.

Bosola.   Gleich!
(Es werden ein Sarg, Stricke und eine Glocke gebracht.)
                      Ein Geschenk
    Ist das hier von den Fürsten, Euern Brüdern,
    Und muß willkommen für Euch sein; es bringt
    Die letzte Wohlthat dir, den letzten Schmerz.

Herzogin. Laß mich es seh'n. So viel Gehorsam
                    hab' ich
    In meinem Blut, daß ich's, wenn's ihnen gut thut,
    Vergießen will.

Bosola.   Hier hältst zum letzten Mal
    Du Hof.

Cariola.   O süße Herrin!

Herzogin.   Ruhig; mich
    Erschreckt es nicht.

Bosola.   Ich bin der Todesbote,
    Der abgesandt wird, um das Urteil denen,
    Die sterben sollen, nachts zuvor zu künden.

Herzogin. Erst eben sagtest du, ein Totengräber
    Seist du.

Bosola.   Es war, um stufenweise dich
    Zum Henkertod zu führen. Da, horch auf:
    Horch, nur der Eule geller Schrei
    Tönt durch die Nacht, die ringsum graut,

An unfre Herrin schallt ihr Ruf,
Komm in das Grab, du Todesbraut.
Viel Schätze, Länder hatteſt du,
Nun ruht im Staube dein Gebein,
In langen Kämpfen rangeſt du,
Nun ist ein ew'ger Friede dein.
Narrheit iſt dieſes Treiben. all.
Schon das Geborenwerden Sünde,
Das Leben Irrtum, bis uns Tod
Hinabreißt in der Erde Schlünde.
Streu süßes Pulver auf dein Haar,
Die Füße leg auf weißes Linnen,
Ein Kruzifix ſteh neben dir
Und ſcheuch den böſen Feind von hinnen!
Die Mitternacht iſt nah; ſo kommt
Und laßt dies Klagen, das nichts frommt.*)

Cariola. Fort, Schurken, Mörder: Was wollt ihr
                                                    beginnen
      Mit meiner Herrin? Ruf nach Hilfe!

Herzogin.   Wen?
      Die nächſten Nachbarn? Das ſind ja die Narren.
      Leb wohl, Cariola! Bitte, denke dran,
      Daß meinem Kleinen, welcher heiſer iſt,
      Du Sirup gibſt, und laß mein Töchterchen
      Hübſch beten, eh ſie einſchläft. — Nun beſtimmt
      Den Tod mir, ben ich ſterben ſoll.

Boſola.   Erhenken.
      Hier ſind die Henker.

Herzogin.   Ich vergebe ihnen.

---

*) Das Obige iſt, wie ich ſehr wohl weiß, nur ein
ſchlechtes Surrogat für dies merkwürdige Lied, das einigermaßen befriedigend zu übertragen über meine Kräfte ging.
Ich verſuchte zuerſt paarweiſe, wie das Original zu reimen,
aber dies gab ich auf, weil es gänzlich mißglückte.

Der Schlagfluß, ein Katarrh, ein Lungenhusten
Kann gleiches ja bewirken.

Bosola. Flößt der Tod
Dir keinen Schrecken ein?

Herzogin. Wer möchte denn
Vor ihm sich fürchten, wenn er weiß, wie gute
Gesellschaft in der andern Welt er findet?

Bosola. Doch sollt' ich denken, solche Todesart
Müßt' Euch entsetzen; dieser Strick hier Furcht Euch
Einjagen.

Herzogin. Nicht doch; würd' es Freude mir
Gewähren, wenn die Kehle mit Demanten
Man mir abschnitte? Oder auch mit Cassia
Mich töten wollte? Oder mich mit Perlen
Totschösse? Wohl weiß ich, zehntausend Thore,
Durch die hinaus die Menschen gehen, hat
Der Tod, und so geschickt sind ihre Angeln
Gefügt, daß sie nach beiden Seiten hin
Sich aufthun; sei's wohin, um's Himmels willen,
Wenn ich nur Euch entrinne; meinen Brüdern
Sagt, daß der Tod, mit wachem Sinn, so sprech' ich,
Das Beste ist, was sie mir geben können,
Was ich empfangen kann. Ich würde gern
Den letzten Fehler meiden, der als Weib
Mir anklebt und Euch nicht Langweile machen.
Reißt, reißt nur stark, da Ihr auf mich herab
Den Himmel stürzen müßt; doch, haltet ein,
So hoch auf ragt nicht seine Wölbung, wie
Der Könige Paläste. Wer eintreten
Dort will, muß niederknie'n. Komm, mächt'ger Tod,
Dien mir als Schlummertrank und mach mich schlafen.
Geh, sage meinen Brüdern, ruhig könnten
Sie sein, wenn ich im Grabe läge.

(Sie wird erwürgt, während sie niederkniet.)

Ferdinand tritt ein.

Ferdinand. So ist sie tot?

Bosola.   Sie ist, was du verlangtest.
Blick hin hier!

Ferdinand.   Ja, fest thu' ich's.

Bosola.   Weinst du nicht?
Wohl andre Sünden gibt's, die sprechen, doch
Der Mord schreit laut. Das Element des Wassers
Macht feucht die Erde nur, allein das Blut
Fließt aufwärts und bethaut den Himmel.

Ferdinand.   Deck
Ihr Antlitz zu, mir schwindelt's vor den Augen.
Jung starb sie.

Bosola.   Mich bedünkt's nicht so. Es schien,
Ihr Unglück hatte nur zu viel der Jahre.

Ferdinand. Wir beide waren Zwillinge, und wenn
In diesem Augenblick ich stürbe, hätt'
Gleich viel Minuten ich gelebt, wie sie.

––––––––––

Alle die verschiedenen Teile der fürchterlichen Zurüstung,
durch welche der Tod der Herzogin herbeigeführt wird, sind
ebenso weit entfernt von den Konceptionen der gewöhnlichen
Rache, als der wunderbare Charakter des Leidens, welches
sie auf ihr Opfer herabzuziehen scheinen, über die Einbil=
dungskraft gewöhnlicher Dichter hinausgeht. Wie sie nicht
Unglücksfällen dieses Lebens gleichen, so scheint auch ihre
Sprache nicht von dieser Welt zu sein. Sie hat unter
Schrecknissen gelebt, bis sie mit diesem Element vertraut ge=
worden ist, als wäre sie darin geboren. Sie redet die
Sprache der Verzweiflung, ihre Zunge hat einen Klang vom
Tartarus und den Seelen, die in Verzweiflung sind. —
Was sind des „Lukas eiserne Krone", der eherne Stier des
Perillus, das Bett des Prokrustes gegen die wächsernen Bil=
der, die die Toten nachahmen, gegen die wilden Masken=
tänze der Tollen, den Totengräber, den Henker, das Toten=

lieb für eine Lebende, die stufenweise Hinschlachtung?! Einen
Schrecken geschickt zu erregen, eine Seele mächtig zu rühren,
der Furcht so viel aufzubürden, wie sie ertragen kann, ein
Leben so überreif und müde zu machen, bis es abfallen will
und dann mit den Todesinstrumenten zu kommen, um seinen
letzten Rest dahin zu nehmen — das vermag nur ein Webster
zu thun. Dichter von einem geringeren Genius mögen „auf
das Haupt des Schreckens Schrecken häufen", aber sie können
nicht dies thun. Sie verwechseln Quantität mit Qualität,
sie „erschrecken Knaben mit gemalten Teufeln"; doch sie
wissen nicht, wie eine Seele erschüttert werden kann; ihren
Schrecknissen mangelt es an Würde.   Ch. Lamb.

Wenige Dramen besitzen ein tieferes Interesse in ihrem
Fortgang oder sind ergreifender in ihrem Schluß als die
Herzogin von Malfy. Die Leidenschaft der Herzogin für
Antonio, ein für die Behandlung äußerst schwieriger Stoff,
ist mit unendlicher Zartheit dargestellt. In einer für den
Autor sehr gefährlichen Situation steigt sie von ihrem Stande
herab, ohne sich zu erniedrigen, und erklärt die Zuneigung,
welche ihr Untergebener ihr eingeflößt hat, ohne daß sie
etwas von ihrer Würde und der ihr gebührenden Achtung
einbüßte. Ihre Zuneigung ist gerechtfertigt durch die Treff=
lichkeit dessen, auf den sie fällt, und sie scheint das Privi=
legium ihres hohen Ranges nur zu üben, um das Verdienst
aus der Dunkelheit zu erheben. Wir sympathisiren vom
ersten Anfang an mit der Liebe der Herzogin zu Antonio
und wir trauern um so mehr über das Unglück, das sie er=
wartet, weil wir fühlen, daß Glück die natürliche und be=
rechtigte Frucht einer so reinen und begründeten Zuneigung
wäre. Es ist die vermählte Freundschaft einer Frau von
hohem Range zu einem Manne von untergeordnetem Stande,
an den Hof verpflanzt, um dessen kalte und glänzende Ein=
samkeit zu erheitern. Sie blüht nur für eine kurze Zeit in
jener ungewohnten Sphäre und wird dann mit Gewalt aus=
gereutet. Wie pathetisch ist die Scene, wo sie sich trennen,
um sich nie wieder zu begegnen! Und wie schön und rührend
ist ihr Ausruf:

— — — — — — — — Die Vögel,
Die von der wilden Wohlthat der Natur
Im Walde leben, leben glücklicher
Als wir; denn die Gefährten können sie
Sich wählen und dem Frühling ihre Freuden
Im schmetternden Gesang verkünden.

Die Leiden und der Tod der eingekerkerten Herzogin bemächtigen sich des Geistes wie schmerzvolle Wirklichkeit.

Alex. Dyce.

Die Herzogin von Malfy ist in unserer Zeit von Richard Horne neu für die Bühne bearbeitet und in London aufgeführt worden. Lope de Vega in seinem „Majordomo de la duquesa de Amalfi" hat nach Bandellos Novelle denselben Stoff behandelt. Es scheint nicht, daß der spanische oder der englische Dramatiker, welche beide Zeitgenossen waren, einer das Werk des andern gekannt habe.

---

2. Appius und Virginia.
Eine Tragödie.

Appius, der römische Triumvir, ist nicht im Stande, die unschuldige **Virginia** zu verführen, welche die Tochter des römischen Generals **Virginius** und neu vermählt ist mit **Icilius**, einem jungen und eblen Manne. Um sich in ihren Besitz zu setzen, stiftet er einen gewissen **Clodius** an, sie als die Tochter einer verstorbenen Sklavin von ihm zu fordern, und zwar auf das Zeugnis gewisser gefälschter Papiere, welche angeblich die Verfügung jenes Weibes auf dem Totenbette sein sollen und die das Bekenntnis enthalten, daß das Kind fälschlich auf Virginius als sein eigenes übergegangen sei.
Der Fall wird in Rom vor Appius verhandelt.

Appius, Virginia, Virginius, ihr Vater, **Icilius**, ihr Gatte.
Römische Senatoren. Amme und andere **Zeugen.**

Virginius. Ihr Herren, glaubt dem saubern Redner nicht.
Hätt' ich ihn erst bestochen nur, er hätte
Gewiß solch glatte Mär zu unsern Gunsten
Erzählt.

Appius.   Vergönnt —

Virginius.   Er ist geübt in Formeln;
Vorwände, Listen braucht er, unbekümmert,
Welch einen Lauf die Sache nimmt. Fragt nur
Dies alte Weib, ich bitte, die am besten
Von ihrer Herkunft Zeugnis geben kann.

Appius. Nur ruhig! Ist sie Eure einz'ge Zeugin?

Virginius. Sie ist's.

Appius.   Wie, kann es sein? Solch
                              hohe Frau
Bei ihrer Niederkunft sollt keine Zeugin
Als eine Amme haben?

Virginius.   Meines Wissens
Tot sind die andern, Herr.

Appius.   Tot? nein. Vielleicht
Mit Eurer toten Gattin waren sie
Im Einverständnis, und sie schämen sich,
Nochmals die arge Lüge auszusprechen.
Nimm, Amme, dich in acht, dein niedres Handeln
Heischt eine Strafe. Ruf mehr Peitschenhiebe
Nicht noch auf dich herab.

Amme.   Ich trotze ihnen.

Appius. Liktoren, heißt sie schweigen.

Virginius.   O, welch Unrecht!
Durch deinen Zorn forttreibst du meine Zeugin.
Ist dies Gesetz und Recht?

Appius.   Habt Ihr die Schriften
Gelesen? Diesen Kunstgriff wollt Ihr brauchen
Damit zu unsern Erben unsre Sklaven
Ihr macht.

Virginius.   Willst du mich hören, Appius? Schmach
Habt einem holden Weib ihr angethan,
Die jetzt in einem edlen Grabe schläft.
Mehr gilt ihr einfach Wort in meinen Augen,
Als deine oder irgend eines Seele.

Appius. Das macht dich elend. Ich beklage dich,
Du alter Mann, daß eine Liebe durch
Gewohnheit zur Natur für dich geworden,
Die der Natur nach nichts als Abscheu doch
Sein sollte. An den Sperling denke, welcher,
Nachdem er einen Kuckuck ausgeheckt,
Und seine Brut nun als ein Ungetüm
Erkennt, das seine eigne Art verschlingt,
Von ihm sich wendet, und mit größrer Furcht
Ihn flieht, als er im Frühling Sorge trug,
Ihn zu erzieh'n. Hier gibt's genug der Zeugen.
Denkst du, in Schnee geschrieben sei das Recht
Von Rom und daß dein Hauch es schmelzen kann?

Virginius. Nein, solche heiße Gier nicht dulden wir.
Das merk dir!

Virginia.   An die Götter, Appius, denk!
Die hieran Teil nicht haben. Deine Gier
Wird gleich dem Biß der gift'gen Natter dich
Zur Hölle führen. Deine Sünden, mögen
Im Leben sie als gut erscheinen auch,
Im Tode sind sie Teufel.

Appius.   Frechheit ist das!

Icilius. Nein, Herr! Vorlegen deine Briefe, voll
Von wilder Lust, die diesem Weibe du
Gesandt, will ich!

Appius.   Aufschub erlangen sollen
Nur diese Kniffe. Mensch, ich kenne dich
Bis auf das Herz und habe wohl dein acht.

Icilius. Thu's, aber sei gerecht dabei! Wasch rein
Dich erst, o Appius, eh du rasch uns anklagst.
Wir wissen, daß des Richters Amt mißbraucht wird,
Wenn von dem einen Dieb der andere
Gehängt wird.

Erster Senator. Allzukühn seid ihr.

Appius.   Liktoren,
  Ergreift ihn!

Icilius.   Es ist gut! Will die Papiere
  Hier keiner sehen? was, keiner? Jupiter,
  Auf Erden hast du einen Nebenbuhler
  Gefunden.   Stumm macht jedermann sein Wort.
  Ich muß mich beugen.   Jener Esel, der
  Auf seinem Rücken Isis trug, vermeinte,
  Das abergläub'sche Volk sänk auf die Kniee,
  Um demutsvoll vor seiner Dummheit sich
  Zu beugen.   Denkst du so, du stolzer Richter,
  So sollst du seh'n, daß ich vor deinem Kleid
  Mich tief verneige, aber nicht vor dir.

Virginius. In Haft ist einer schon. O edler Jüngling,
  Zier sind für den die Fesseln, der sie trägt,
  Weil er die Wahrheit sprach.   Ich bleibe bei dir,
  Ich schwör's, im Kerker auch. — Verzeihen werden
  Das Unrecht wir, das ihr an uns begeht.
  Allein gerecht ist's, daß den Göttern wir
  Die Pflicht auflegen, uns zu rächen.

Appius.   Toll
  Ist das, und lieben doch, bei meiner Seele,
  Dich muß ich.

Virginius.   Deine Seele? Sag, du alter
  Pythagoras, wohin soll eine Seele,
  So schwarz wie diese, flieh'n? In welches gier'ge
  Untier sich bergen, welch gefräß'gen Raben?
  Nur in ein weinend Krokodil.   Mich lieben!
  Du liebst mich wie den Regen liebt die Erde,
  O Appius, einzig ihn hinabzuschlingen.

Appius. Bedenkst du, wo du stehst?

Virginius.   Frei will ich sprechen.
  Zu sehr auf ihre Unschuld bauend, suchen
  Sich gute Menschen so nicht zu verteid'gen,
  Wie Götter oder Menschen ihnen es

Verstatten, sondern achten dessen nicht
Und geh'n zu Grunde.

Appius.   Schreiten wir zum Spruche!

Virginius. Bevor du sprichst, gönn mir, daß Lebewohl
Ich meiner Tochter sage.

Appius.   Thu's, ich bitte.

Virginius. Süße Virginia, lebe wohl! Nie, nie
Soll Frucht die heil'ge Hoffnung tragen mir,
Die ich auf dich gesetzt. Laß nicht mich denken
An deine holde Kindheit, als zuerst
Vom Krieg heimkehrend es mir Wonne war,
Auf meinem Schilde, Tochter, dich zu wiegen,
Und als mein Kind den Vater in der Rüstung
Von blankem Stahle küßte, seinen Hals
Umklammerte, und, in das blinkende
Metall hineinschau'nd, lächelte, daß es
Noch eine andre Virginia
Darin gespiegelt sah; als ich zuerst
Dich gehen, sprechen lehrte. Und, wenn mich
Die Wunden schmerzten, wohl gesungen hab' ich
Mit ungefüger Stimme, aber gern,
Mein Kind in Schlaf zu wiegen. O Virginia,
Als unser Leben anfing, fing zugleich
Auch unser Leiden an, und es nahm zu,
Wie sterbend noch das Leben wächst. So nun
Leg' ich sie nieder in dem Saal der Götter.

(Er ersticht sie.)

Und du sieh, stolzer Appius! Wenn es auch
Gerecht nicht war, befreit doch hab' ich sie.
Und ist dadurch nicht deine Lust gestillt,
Mach deinen eignen Leib zu ihrem Grab!

———

Das Trauerspiel Appius und Virginia wurde im
Jahre 1654 gedruckt. Wenn ich dessen Einfachheit, sein

tiefes Pathos, seine unverkennbaren Schönheiten, die Ein=
heit seines Plans und den leichten, nie stockenden Gang
seiner Handlung ins Auge fasse, so muß ich glauben, daß
manche Leser dieses Drama allen anderen Produktionen
unseres Autors vorziehen werden. Ehe Appius und Vir=
ginia im Druck erschienen, war Webster aller Wahrschein=
lichkeit nach schon tot. Alex. Dyce.

---

3. Totenlied bei einem Leichenbegängnis.
Aus
Des Teufels Rechtsfall.

Alle Frühlingsblumen gießen
Ihren Duft auf dieses Grab.
So wie sie nach kurzem Blühen
Sinkt der Mensch auch in sein Grab.
Kaum daß wir geboren werden,
Wieder sinken wir in Staub.
Aller Glanz der Fürstenhöfe
Wird alsdann des Todes Raub.
Selbst der Duft der schönsten Blumen
Muß verwehen auf den Matten;
Das geschieht so sicher immer,
Wie der Sonne folgt der Schatten.
Eitel ist der Kön'ge Ehrgeiz
Durch ihr stolzes Siegesprangen,
Suchen Ruhm sie, aber weben
Netze, nur den Wind zu fangen.

---

4. Der weiße Teufel
oder
Vittoria Corombona, eine venetianische Dame.
Eine Tragödie.

In einer längeren, diesem Trauerspiel vorgesetzten Vorrede an den Leser sagt Webster:

„— — Denen, welche anführen, daß ich lange Zeit zu
der Komposition dieser Tragödie gebraucht habe, gestehe ich,
ich benütze zum Schreiben keine mit zwei Flügeln beschwingte
Gänsefeder; und wenn man es durchaus mir zum Vorwurf
machen will, muß ich zur Antwort geben, was Euripides zu
einem tragischen Autor, Alkestides, sagte. Als dieser dem
Euripides vorwarf, daß er an drei Tagen nur drei Verse
geschrieben habe, während er selbst dreihundert zu Stande
gebracht, sprach Euripides: ‚Du sagst die Wahrheit; aber
der Unterschied liegt darin, deine Verse werden nur drei
Tage lang gelesen werden, während die meinigen drei Jahrhunderte dauern werden.‘

„Herabsetzung ist ein geschworener Freund der Ignoranz; ich meines Teils habe immer meine gute Meinung
über würdige Arbeiten andrer sorglich gepflegt, besonders
über den vollen und erhobenen Stil des Meisters Chapman,
die durchgearbeiteten und einsichtsvollen Werke des Meisters
Jonson, die nicht minder würdigen Kompositionen der beiden
wahrhaft excellenten Meister Beaumont und Fletcher und
endlich, ohne ihnen damit ein Unrecht zufügen zu wollen,
nenne ich zuletzt den sehr glücklichen und reichen Fleiß der
Meister Shakespeare, Decker und Heywood, indem ich wünsche,
daß das, was ich schreibe, bei ihrem Lichte gelesen werde.“

Die Gerichtsverhandlung gegen **Bittoria**. — **Paolo Giordano
Urſini**, Herzog von **Brachiano**, veranlaßt wegen ſeiner Liebe
zu **Bittoria Corombona**, einer venetianiſchen Dame, und
auf ihren Antrieb die Ermordung ihres Gatten **Camillo**.
Verdacht fällt auf Bittoria, die in Rom auf die doppelte
Anklage des Mordes und des Ehebruchs hin vor Gericht
geſtellt wird. Zugegen ſind dabei der Kardinal **Monticelſo**,
Vetter des verſtorbenen Camillo, **Francesco de Medici**,
Stiefbruder des Brachiano, die Geſandten von Frankreich,
Spanien, England ꝛc. ꝛc. Wie die Verhandlung beginnt,
tritt der Herzog nichts ahnend in den Saal.

Monticelſo. Laßt ab, Mylord, hier iſt kein Platz für Euch.
  Den Fall hat ſeine Heiligkeit zur Prüfung
  Uns überlaſſen.

Brachiano.   Mag wohl aufgehoben
  Er bei euch ſein!

Francesco.   Her einen Stuhl für ihn!

    (Er ~~breitet~~ ein reiches Gewand unter ihn.)

Brachiano. Laßt eure Güte; ungebetnen Gäſten
  Geziemt's zu reiſen, wie die Weiber Hollands
  Zur Kirche geh'n, die ihren Stuhl ſelbſt tragen.

Monticelſo. Wie's Euch beliebt, Herr. Tretet, edle Frau,
  Zum Tiſch heran! — Wohlan, Signor, zur Sache!

  Anwalt. Domine judex, converte oculos in
hanc pestem mulierum corruptissimam.

Bittoria. Wer iſt er denn?

Francesco.   Der Anwalt, der Euch
        anklagt.

Bittoria. Laßt ihn in der gewohnten Sprache reden.
  Sonſt geb' ich Antwort nicht.

Francesco.   Nun, du verſtehſt
  Latein ja.

Bittoria.   Freilich, Herr; allein von denen,
  Die kommen, den Prozeß hier anzuhören,
  Unwiſſend mag darin die Hälfte ſein.

Monticelſo. Nun weiter! (Zum Anwalt.)

Vittoria. Mit Vergunſt, in fremder
Sprache
Will ich die Klage nicht erhoben wiſſen;
Hier alle ſollen hören, weſſen ihr
Mich anklagt.

Francesco. Nicht viel liegt ja dran, Signor,
Ich bitte, ſprecht wie wir.

Monticelſo. Um Gottes willen!·
Für Euern Ruf ſo werdet, edle Frau,
Ihr ſchlecht nur ſorgen.

Anwalt. Wohl denn, wie Ihr wollt.

Vittoria. Ich bin die Scheibe und zum Ziel will ich
Euch dienen, hören ſollt von mir ihr, ob
Ihr nahe ſchießt.

Anwalt. Ihr hochgelehrten Herren,
Gefall es euch, ein Urteil euch zu bilden
Betreffend dieſes üpp'ge, laun'ge Weib,
Die ſolch Gewirr von Unheil hat geſchaffen,
Daß die Erinnrung dran durch ihren Tod
Und die Vereitlung ihrer argen Pläne
Allein zu tilgen iſt.

Vittoria. Was ſoll das alles?

Anwalt. Seid ruhig! Eitern müſſen arge Sünden.

Vittoria. Gewiß, ihr Herren, dieſer Rechtsgelehrte,
Verſchluckt muß ein'ge Proklamationen
Und Apothekerrechnungen er haben;
Und harte Worte, unverdauliche,
Nun gibt er von ſich, Steinen gleich, die wir
Den Habichten als Medizin eingeben.
Ei, kauderwelſcher noch als Eu'r Latein
Iſt das.

Anwalt. Ihr Herrn, dies Weib kennt nicht die Bilder,
Die ſie gebraucht, auch akademiſch weiß
Sie nicht das, was ſie redet, zu erklären.

Francesco. Herr, Eure Mühen ſpartet beſſer Ihr

Und Eure Redekunst wird nach Verdienst
Geschätzt von denen werden, welche Euch
Versteh'n.

Anwalt.   Mein guter Herr!   :

Francesco.   Herr, steckt nur Eure
Papiere in die Mappe.

    (**Francesco** spricht dies wie verächtlich.)
                            Und empfangt
Mein Lob für Euern hochgelehrten Wortkram.

Anwalt. Ich statte Eurer Lordschaft meinen Dank ab.
Gebrauchen werd' ich anderswo die Schriften.

Monticelso (zu Vittoria). Mehr grabeaus denk' ich mit
                            Euch zu sprechen,
Und Eure Narretei'n in Rot und Weiß
Natürlicher, als das auf Euren Wangen,
Will ich ausmalen.

Vittoria.   O, Ihr mißversteht mich;
Ihr laßt ein Blut so edel ins Gesicht
Mir steigen, wie das Eurer Mutter ja nur
Gewesen ist.

Monticelso.   Ich muß so lang dich schonen,
Bis der Beweis hierzu du Metze! ausruft.
Beachtet dies Geschöpf hier, edle Herren,
Ein Weib von hohem, wundersamem Geist.

Vittoria. Geehrter Herr, für einen Kardinal
Geziemt es nicht, den Rechtsgelehrten so
Zu spielen.

Monticelso.   O, Eu'r Handwerk lehrt Euch, so
Zu reden. Welche gute Frucht sie scheint,
Ihr Herren, seht ihr; aber solche Aepfel,
Erzählen Reisende, gedeihen dort,
Wo Sodom und Gomorrha einst gestanden.
Berühren will ich sie nur und sofort,
Ihr werdet's seh'n, wird sie in Staub zerfallen.

Vittoria. Das sollt' Euer gift'ger Apotheker eher.

Monticelso. Gewiß, gäb es ein zweites Paradies
Noch zu verlieren, dieser Teufel brächt' es
Zu Stande.

Vittoria.　　　　O, in Purpurkleidern, arme
Barmherzigkeit, wirst selten du gefunden!

Monticelso. Wer weiß nicht, wie, als Nächte hinter
　　　　　　　　　　　　Nächten,
An ihrem Thor die Kutschen wimmelten,
Und ihre Säle mit den bunten Lichtern
Die Sterne überstrahlten, und an Festen,
Gelagen und Musik sie mit dem Prunk
Der Fürstenhöfe einen Wettstreit hielt,
Als Heil'ge diese Hure dastand.

Vittoria.　　　　　　　　Ha!
Was heißt das, Hure?

Monticelso.　　　　　　Soll ich das dir sagen?
Wohlan, ich will's; vollkommen wie sie sind,
Will ich dir sagen. Näschereien erst
Sind sie, die den, der sie genießt, verderben,
Giftige Düfte dem, der daran riecht.
Sie sind verführerische Alchymie,
Schiffbrüche, während unbewegt das Meer.
Was sind denn Huren? Kalte Winter Rußlands,
So öde, als ob die Natur den Frühling
Vergessen hätte; ja, das wahre Feuer
Der Hölle sind sie; schlimmer als die Zölle,
Die in den Niederlanden man bezahlt
Für Fleisch, Getränke, Kleider, ja sogar
Für Sünden, die dem Menschen die Verdammnis
Bereiten. Was sind Huren? Jenen Glocken
Vergleichbar sind sie, welche holde Töne
Für Hochzeitsfeste wie Begräbnisse
Gleichmäßig haben. Eure reichen Huren,
Schatzkammern sind sie einzig, durch Erpressung
Gefüllt und durch verfluchte Schwelgerei

Geleert. Noch schlimmer als die Leichen sind sie,
Dem Galgen abgestohlen, dran Chirurgen
Arbeiten, um Anatomie zu lehren.
Der nachgemachten goldnen Münze gleicht
Die Hure, die, wer sie zuerst auch prägte,
Verdruß jedwedem, der sie annimmt, schafft.

Vittoria. Die Schilderung faß ich nicht.

Monticelso.   Ihr faßt sie nicht?
Fortnehmt von allen Tieren und Metallen
Ihr tödlich Gift —

Vittoria.   Wohlan, was dann?

Monticelso.   Ich will
Dir's sagen; einen Apothekerladen
Find' ich in dir, der ihnen allen gleich kommt.

Franz. Gesandte. Schlimm war ihr Leben.

Engl. Gesandte.   Ja, doch, ob's
                          auch wahr ist,
Zu bitter war der Kardinal.

Monticelso.   Ihr wißt,
Was eine Hure ist. Dem Teufel Ehbruch
Folgt auf dem Fuß der Teufel Mord.

Francesco.   Tot ist
Eu'r unglücksel'ger Gatte.

Vittoria.   O, er ist
Ein glücklicher, da jetzt er der Natur
Nichts weiter schuldet.

Francesco.   Künstlich ward sein Tod
Herbeigeführt!

Monticelso.   Berechnet war's, daß stürzen
Ins Grab er mußte.

Francesco.   Welch ein Wunder, daß
Zwei Klafter nur herab ein Mann den Nacken
Gebrochen.

Monticelso. In den Linsen!

Francesco.   Und noch mehr.

Im Augenblick vergeht ihm alle Sprache
Und die Bewegung, gleich als ob verwundet
Er tagelang gelegen.   Nun beachtet
Jedweden Umstand!

Monticelso.   Und beachtet, diese
Hier war sein Weib.   Nicht einer Witwe gleicht sie;
Sie kommt mit Unverschämtheit und mit Hohn.
Ist dies ein Trauerkleid?

Vittoria.   Hätt' ich, wie ihr
Mich anklagt, seinen Tod vorausgewußt,
So hätt' ich meine Trauer angeordnet.

Monticelso. O, Ihr seid schlau!

Vittoria.   Indem Ihr so es nennt,
Schmäht Ihr die eigne Urteilskraft.   Kann's sein,
Wird es von meinem Richter Unverschämtheit
Genannt, daß ich, wie's Recht ist, mich verteid'ge?
Laßt mich von diesem christlichen Gerichtshof
An einen in der Tartarei Berufung
Alsdann einlegen.

Monticelso.   Meine Herren, seht,
Wie des Gerichts Verfahren sie verhöhnt.

Vittoria. Demütig vor den hoch von mir geehrten
Gesandten beug' ich mich in weiblicher
Bescheidenheit; indessen, da ich so
In einen schmählichen Verdacht geraten,
Muß Männerkraft bei der Verteidigung
Ich zeigen.   Nun zur Sache! Findet mich
Nur schuldig, trennt vom Leibe mir das Haupt,
Als gute Freunde wollen wir uns trennen.
Daß man auf Eure oder irgend eines
Fürbitte meines Lebens schont, verschmäh' ich.

Engl. Gesandte. Ein tapfrer Geist wohnt in ihr.

Monticelso.   Mag es sein!
Doch solche nachgemachte Diamanten
Erregen gegen ächte leicht Verdacht.

Vittoria. Ihr irrt euch. Eure Häupter all zusammen,
Die gegen dieses von Demanten schlagen,
Als gläsern werden sie sich nur erweisen
Und brechen. Kinder, meine Herren, schreckt
Mit Teufelsbildern. Ueber solche Schrecken
Bin ich hinaus. Die Namen Hure, Mörd'rin
Geh'n von euch aus, als ob ein Mann dem Wind
Entgegenspuckte. Ins Gesicht zurück
Fliegt ihm der Schmutz.

Monticelso. Signora, eine Frage
Gestattet mir. Wer hat in Eurem Haus
In der verhängnisvollen Nacht gewohnt,
Als Euer Gatte sich den Hals gebrochen?

Brachiano. Die Frage nötigt mich, nicht mehr zu schweigen;
Ich war dort.

Monticelso. Und weshalb?

Brachiano. Um sie zu trösten,
Kam ich zu ihr und um ihr Geld zu bringen,
Das ihr für ihren Haushalt nötig war,
Da ich vernommen, daß ihr Gatte Euch
Verschuldet war.

Monticelso. Er war's.

Brachiano. Und sehr besorgt
War man, daß Ihr sie hintergehen möchtet.

Monticelso. Wer setzte Euch zu ihrem Wächter ein?

Brachiano. Nun, meine Großmut, die von jedem Edlen
Auf Waisen und auf Witwen reichlich sich
Ergießen sollte.

Monticelso. Eure Wollust war's.

Brachiano. Am lautesten stets bellen feige Hunde!
Nachher ein Wort zusammen reden wir! —
Hört Ihr? Das Schwert, das Ihr so trefflich schmiedet,
Will ich in Euren eignen Eingeweiden
Begraben. Viele, die in solchen Röcken
Wie du stolziren, gleichen Postillionen.

Monticelso. Ha!

Brachiano. Feile Postillione ihr! Enthalten
In euren Briefen ist die Wahrheit, doch
Mit unverschämten Lügen füllt, so ist
Es eure Art, ihr euren Mund. (Er erhebt sich.)

Diener. Mylord,
Habt Acht auf Euren Mantel!

Brachiano. Lüg nicht so!
Es war mein Sitz. Gib deinem Herrn ihn,
Der auch den andern Hausrat für sich heischt.
Denn nie so bettelhaft war Brachiano,
Aus einer andern Wohnung einen Stuhl
Mit sich zu nehmen. Mag er ihn als Decke
Auf seinem Bett benutzen, oder ihn
Auf seines hochehrwürd'gen Maultiers Rücken
Hinleiten. Monticelso, nemo me impune lacessit.
(*Brachiano* ab.)

Monticelso. Eu'r Ritter ist gegangen.

Vittoria. Um so besser
Kann beten nun der Wolf.

Francesco. Ein starker Argwohn,
Daß Mord begangen sei, liegt vor, doch keiner
Vermag zu sagen, wer der Mörder sei.
Was mich betrifft, so glaub' ich nicht, so schwarz
Sei zur Verbringung dieser That ihr Herz.
Wär's so, sie würde, wie in kalten Ländern
Man Wein pflanzt und mit warmem Blut ihn tränkt,
Den einen Sommer saure Früchte tragen,
Und vor dem nächsten Lenz an Stamm und Wurzel
Verdorren. Uebergeht die Blutthat lieber
Und prüft allein den Fall der Buhlerei.

Vittoria. Gift spür' ich unter Eurer Pillen Gold.

Monticelso. Jetzt, da der Herzog fort, will einen
Brief ich
Vorlegen, drin der Plan geschmiedet ward,

Daß Ihr und er in eines Apothekers
Landhaus euch an der Tiber treffen solltet.
Seht ihn, ihr Herren! Wo nach üpp'gem Bad
Und ausgelaff'ner Schwelgerei des Mahls —
Ich bitte, lest es, von dem übrigen
Zu reden, schäm' ich mich.

Vittoria.   Auch zugegeben,
Daß in Versuchung ich gewesen sei:
Versuchung ist Beweis nicht für die That.
Casta est quam nemo rogavit.
Ihr lest, wie heiß verliebt er in mich war,
Doch meine frost'ge Antwort nicht.

Monticelso.   Ei, Frost
Zur Hundstagszeit! Seltsam!

Vittoria.   Verdammt ihr mich,
Weil mich der Herzog liebte? So müßt auch
Ihr einen Fluß von klarem Wasser tadeln,
Daß irgend jemand sich in ihn aus Schwermut
Gestürzt hat.

Monticelso.   In der That gestürzt.

Vittoria.   Ich bitte,
Summt meine Fehler auf, ihr werdet finden,
Daß Schönheit, bunte Kleider, Fröhlichkeit
Und Freude, die an gutem Mahl man findet,
Die einz'gen Frevel sind, die auf mir ruhen.
Fürwahr, Mylord, mit Flinten mögt nach Fliegen
Ihr schießen, edler wäre solch Vergnügen.

Monticelso. Sehr gut!

Vittoria.   Geht eures Weges ihr; es scheint,
Zuerst gebeten habt ihr mich und möchtet
Mich nun umbringen. Häuser und Juwelen
Hab' ich und einen armen Rest von Geld noch.
Ach möchten diese euch barmherzig stimmen!

Monticelso. Wenn je in schöner Form der Teufel auftrat,
Seht hier sein Bild.

Vittoria. Noch eine Tugend habt Ihr,
Mir schmeicheln wollt Ihr nicht.

Francesco. Wer hat den Brief hier
Gebracht?

Vittoria. Nichts zwingt mich, daß ich das Euch sage.

Monticelso. Tausend Dukaten hat der Herzog Euch
Gesandt, am zwölften des August.

Vittoria. Es war,
Um damit Euern Vetter aus dem Kerker
Zu retten und die Zinsen dafür zahlt' ich.

Monticelso. Ich glaube eh'r, es war, um seiner Wollust
Behilflich Euch zu zeigen.

Vittoria. Wer wohl sagte
Das außer Euch? Wenn Ihr mich anzuklagen
Gedenkt, so wollt doch nicht mein Richter sein!
Erhebe dich von deiner Bank, leg vor,
Was für Beweise wider mich du hast,
Und überlaß es diesen, mich zu richten.
Herr Kardinal, wüßt' ich, Ihr wärt' gesonnen,
Das günstig auszulegen, was ich denke,
So sagt' ich's Euch.

Monticelso. Nur zu, nur zu! Nachdem
Ihr beim Banquett so prahlerisch geschwelgt,
Geb' ich Euch einen Knebel für den Mund.

Vittoria. Den Ihr erfunden?

Monticelso. In Venedig seid Ihr
Geboren, aus dem edlen Haus Vitelli;
Es war das Schicksal meines Neffen, daß
Er sich in böser Stunde Euch vermählte.
Von Eurem Vater hat er Euch gekauft.

Vittoria. Ha!

Monticelso. Ausgegeben hat er dort zwölftausend
Dukaten in sechs Monden, und soviel
Ich weiß, von Euch als Brautschatz keinen Deut
Empfangen. Viele Silberlinge das

Für solche leichte Ware. Nur den Vorhang
Vor Eurem Bilde zieh' ich jetzt zurück:
Du kamst von dort als weltbekannte Dirne
Und bliebst seitdem dieselbe.

Vittoria.   Herr!

Monticelso.   Nein, hör mich!
Zum Schwatzen hast du Zeit nachher. Brachiano —
Ach, das nur wiederhol' ich, was tagtäglich
Geschwatzt, gesungen wird auf dem Rialto,
Und was gespielt auch auf der Bühne wurde,
Nur daß fürs Laster oft so laute Freunde
Sich finden, daß die Priester wie zum Schweigen
Verzaubert sind. Dein altbekannter Wandel,
So wie die heut'ge Zeit beschaffen ist,
Beraubt bei allen Edlen dich des Mitleids;
Solch ein verworfnes Spiel hast du getrieben
Mit deinem Leben wie mit deiner Schönheit.
Genannt hat ein verhängnisvolles Schicksal
Man dich, den flammenden Kometen gleich.
Vernimm dein Urteil. In ein Beß'rungshaus
Wirst du geführt.

Vittoria.   Ein Beß'rungshaus, was ist das?

Monticelso. Ein Haus für Dirnen, welche Buße thun.

Vittoria. Errichten solch ein Haus die Edlen Roms
Für ihre Weiber, daß man mich dahinschickt?

Francesco. Habt nur Geduld.

Vittoria.   Erst muß ich Rache haben.
Ich möchte wissen, ob durch ein Patent
Euch Euer Heil verbrieft ist, daß Ihr so
Verfahrt.

Monticelso. Hinweg mit ihr; führt sie von bannen!

Vittoria. Ein Raub! Ein Raub!

Monticelso.   Wie?

Vittoria.   Am Rechte habt

Ihr einen Raub begangen, es gezwungen,
Zu Willen Euch zu sein.

Monticelso.   Pfui! Sie ist toll.

Vittoria. Stirb mit den Pillen im verfluchten Maul,
Die dir Gesundheit bringen sollten, oder
Indessen auf der Richterbank du sitzest,
Ersticke an dem eignen Speichel du!

Monticelso. Sie ist zur Furie worden!

Vittoria.   Möge dich
Der jüngste Tag so finden, wie du jetzt bist,
Und magst auf ewig du der Teufel sein,
Der du vorher warst! Möge mich ein guter
Blutegel lehren, hochverräterisch
Zu reden; da, für was ich that, Ihr nicht
Mein Leben nehmen könnt, nehmt mir's für Worte.
O arme Weiberrache, der die Zunge
Nur zu Gebot steht! Weinen will ich nicht.
Vergießen will ich keine arme Thräne
Um Eurer Ungerechtigkeit zu schmeicheln.
Führt mich hinweg zu Eurem Haus — wie nennt
Ihr es mit milderm Ausdruck?

Monticelso.   Bess'rungshaus.

Vittoria. Ein Bess'rungshaus nicht soll es sein. Mein
                         Geist
Soll's mir zu einer bessern Wohnung machen
Als der Palast des Papstes ist und Frieden
Soll mehr dort herrschen als in deiner Seele,
Obgleich du Kardinal bist. Wisse das,
Und reiz es deine Galle, wenn du's hörst:
Im Dunkel strahlt der Diamant am hellsten.

————————

Dieser weiße Teufel von Italien weiß seine schlechte
Sache so gleißend vorzutragen und plaidirt mit einer solchen
unschuldig scheinenden Kühnheit, daß wir die unvergleichliche

Schönheit ihres Antlitzes zu sehen glauben, welche ihr so
frohe Zuversicht zu sich selbst einflößt und am Schluße ihrer
Verteidigung erwarten, ihre Ankläger, Richter, die ernsten
Gesandten, die als Zuschauer dasitzen, und der ganze Ge=
richtshof würden sich erheben und sich anschicken, sie zu ver=
teidigen, obgleich sie völlig überzeugt von ihrer Schuld sind.

Ch. Lamb.

Flaminio erschlägt seinen Bruder **Marcello** in Gegenwart
seiner Mutter **Cornelia.**

Cornelia, Marcello.

Cornelia. Ich hör' ein Flüstern durch den ganzen Hof,
Du würdest kämpfen. Sprich, wer ist dein Gegner?
Was ist der Streit?

Marcello.   Es ist ein leerer Lärm.

Cornelia. Willst du mich täuschen? Gut nicht ist's
                                        von dir,
Mich so zu schrecken. Nie schaust du so blaß aus,
Als wenn du heftig zürnst. Als deine Mutter
Beschwör' ich dich, ja will den Herzog rufen,
Er soll dich schelten.

Marcello.   Zeige keine Furcht,
 Die lächerlich dich macht; es ist nicht so.
Hat meinem Vater nicht dies Kruzifix
Gehört?

Cornelia. Ja.

Marcello.   Sagen hört' ich dich, als du
Noch meinen Bruder säugtest, hätt' er zwischen
Die beiden Händchen dieses Kruzifix
Genommen und ein Glied davon zerbrochen.

Cornelia. Ja, aber hergestellt ist's.

Flaminio tritt ein.

Flaminio.   Wieder dir
 Gebracht hab' ich die Waffe.

(Flaminio durchbohrt Marcello.)

Cornelia.   O Entſetzen!

Marcello. Du haſt zurückgebracht ſie; ja!

Cornelia.   Helft, helft!
  Er iſt ermordet.

Flaminio.   Schwillt die Galle dir?
  Zur Kirche geh' ich und den Wundarzt will
  Ich ſenden dir.   (Ab.)

          Hortenſius, ein Beamter, tritt ein.

Hortenſius.   Wie? auf dem Boden da!

Marcello. O Mutter, denk an das, was ich geſagt,
  Von dem zerbrochenen Kruzifix. Leb wohl.
  O, Sünden gibt's, die der gerechte Himmel
  An allen Gliedern der Familie ſtraft.
  Dazu gehört, wenn man durch arge Mittel
  Empor ſich ſchwingt. Laß alle Welt erfahren,
  Daß lange feſt ein Baum im Boden ſteht,
  Des Aeſte ſich nicht weiter als die Wurzeln
  Erſtrecken.

Cornelia.   O mein Gram, der nimmer endet!

Hortenſius. Tot iſt der treffliche Marcello. Bitte,
  Laßt ihn, o Frau. Kommt denn, ihr müßt.

Cornelia.   Er iſt
  Nicht tot, nur in Betäubung. Denn hier iſt
  Nicht einer, welcher durch ſein Sterben irgend
  Etwas gewinnen kann; um Gottes willen
  Laßt mich zurück ihn rufen!

Hortenſius.   Täuſchtet ihr
  Euch doch!

    Cornelia. O ihr verhöhnt mich, ihr verhöhnt mich!
  Wie viele ſind ſo hinweg gegangen, weil keiner ihrer
  Acht gehabt! Erhebe ſein Haupt, erhebe ſein Haupt;
  ſein Bluten nach innen wird ihn töten.

    Hortenſius. Ihr ſeht, er iſt verſchieden.

    Cornelia. Laßt mich ihm nachfolgen; gebt ihn

mir wie er ift; wenn er wieder zu Erde geworden ift,
laßt mich ihm einen herzlichen Kuß geben, und ihr
müßt uns beide in einen Sarg legen. Bringt einen
Spiegel her, fieh zu, ob fein Atem ihn nicht trübt,
oder zieht ein paar Federn aus meinem Pfühl hervor
und haltet fie an feine Lippen. Wollt ihr ihn verlieren, um ein bißchen Mühe zu erfparen?

Hortenfius. Eure wichtigfte Sorge ift, für ihn zu
beten.

Cornelia. Ach, ich möchte noch nicht für ihn beten.
Er kann vielleicht noch fo lange leben, daß er mich zu
Grabe bringt und für mich betet, wenn du mich nur
bei ihm läffeft.

Brachiano tritt mit Flaminio und einem Pagen ein.

Brachiano. War dies dein Werk?
Flaminio. Mein Unglück war's.
Cornelia. Er lügt, er lügt; er hat ihn nicht ge-
tötet, diefe haben ihn umgebracht, welche ihm kein
beffere Los gönnten.
Brachiano. Such dich zu tröften, tiefbetrübte Mutter.
Cornelia. Hör auf zu krächzen, Eule!
Hortenfius. Gute Frau,
Schweigt doch!
Cornelia. Laßt geh'n mich, laßt mich geh'n.

(Sie ftürzt auf Flaminio mit gezogenem Meffer zu; als fie
aber zu ihm kommt, läßt fie es fallen.)

Der Gott
Des Himmels mag vergeben dir! Erregt's
Dir nicht Verwundrung, daß ich für dich bete?
Ich will dir fagen, was der Grund davon.
Kaum Atem bleibt foviel mir, daß ich zwanzig
Minuten zählen kann; und nicht in Flüchen
Verfchwenden will ich den. Gehab dich wohl!
Dein halbes Selbft liegt dort. Und mögft du ler

Bis daß mit seiner Asche eine Sanduhr
Du füllen kannst, die kündet, daß in Zukunft
In heil'ger Reue du die Lebenszeit
Verbringen solltest.

Brachiano.   Mutter, sage mir,
Wie kam ums Leben er? Was war der Streit?

Cornelia. Auf seine Manneskraft war allzu stolz er.
Mein jüngrer Sohn begann zu schmähen ihn,
Zog erst sein Schwert; und so, ich weiß nicht wie,
Denn nicht bei Sinnen war ich, mit dem Haupt
Fiel er an meine Brust.

Page.   Das ist nicht wahr.

Cornelia. Ich bitte, ruhig! Schon verschossen ist
Ein Pfeil. Fruchtlos wär's diesen auch verlieren;
Denn wiederfinden läßt sich nie der andere.

Grablied für Marcello, gesungen von seiner Mutter Cornelia.

Ruft Rotkehlchen und Meise herbei,
Da sie schweben ob Mooren und niederen Hecken
Und mit Blättern und Blüten die Leichen
Unbegrabener Menschen bedecken.
Ruft zu seiner Grabesstatt
Maulwurf heran, Ameise und Maus,
Daß sie Hügel ihm häufen, die warm
Ihn halten drunten im düsteren Haus.
Doch ferne haltet den Feind der Menschen, den Wolf,
Sonst mit den Tatzen gräbt er ihn wieder aus.

———

Ich habe nie etwas diesem Grabliede Gleiches gesehen,
ausgenommen das Lied, welches Ferdinand an seinen er-
trunkenen Vater im „Sturm" erinnert; wie dies an das Wasser

mahnt, so ist jenes von der Erde erdig. Beide haben die
Intensität des Gefühls, welches sich in die Elemente auf=
zulösen scheint, von denen sie reden. Ch. Lamb.

Im Jahre 1612 wurde Vittoria Corombona gedruckt,
ein Stück von außerordentlicher Kraft. Der Plan, obgleich
etwas verwirrt, ist in hohem Grade interessant, und die
Handlung, obgleich vielleicht ein wenig mit furchtbaren Er=
eignissen überladen, ist doch von der Art, daß die Phantasie
sie gern als glaubhaft hinnimmt. Welcher Genius war er=
forderlich, einen so verschiedenartigen und doch so konsequen=
ten Charakter wie den der Vittoria zu erfinden, welche Ge=
schicklichkeit ihn zu gestalten! Wir werden nicht leicht im
ganzen Umfange unserer alten dramatischen Literatur eine
wirksamere Scene finden als die, in welcher sie wegen des
Mordes ihres Gatten angeklagt wird. Es ist die Wahrheit
selbst. Wie Brachiano seinen Mantel auf den Sitz nieder=
wirft, und ihn dann mit ungeduldiger Ostentation beim
Abgehen hinter sich läßt; des Anwalts lateinische Einleitung,
die scherzende Unterbrechung der Schuldigen, die ungestüme
Ungeduld des Kardinals, der schlagfertige und nicht zu über=
wältigende Geist Vittorias — das alles vereint sich dahin,
vor den Geist ein Gemälde hinzustellen, das ebenso stark und
mannigfaltig ist, wie irgend eines, das aus einem Vorgang
des wirklichen Lebens hervorgehen könnte. — —

Durch das Stück zerstreut sind Stellen von ausge=
zeichneter poetischer Schönheit, welche, wenn einmal von
jemand, der Geschmack und Gefühl hat, gelesen, nie wieder
vergessen werden können. Alex. Dyce.

Die tiefen Schmerzen und Schreckniffe der Tragödie
waren besonders Websters Domäne. „Seine Einbildungs=
kraft," sagt sein letzter Herausgeber, „war tief vertraut mit
Gegenständen des Schreckens und der Furcht. Das Schwei=
gen des Grabes, die Bilder auf Marmormonumenten, das
Läuten der Kirchenglocken, die Leichentücher, der Epheu,
welcher in den Gräbern der Toten wurzelt, find die Vor=
stellungen, welche sich zunächst seinem Geist darbieten." Ich
halte diese schön ausgedrückte Ansicht für etwas einseitig

und mich dünkt, daß sie der Mannigfaltigkeit von Websters
Begabung kaum gerecht wird; aber in Wahrheit war er so
tief, wie irgend einer seiner Zeitgenossen mit dem wilden
Geschmack der italienischen Schule behaftet, und in der Herzogin von Malfy läßt er kaum genug Personen auf der Scene
zurück, um die Toten zu begraben.

Dies ist das berühmteste unter Websters Dramen. Die
Geschichte ist aus Bandello genommen und in ihr häuft sich
Nichtswürdigkeit und Grausen, wie sie italienische Novellisten
verkehrterweise darstellten und wie sie unsere Trauerspiel-
dichter in ebenso verkehrter Art nachahmten. Doch die
Scenen sind geschickt ausgearbeitet und bringen einen starken
Eindruck hervor. Webster ist in der Charakterzeichnung vielen
der alten Dramatiker überlegen; er ist selten so extravagant, daß er die Grenzen der Natur überschreitet; wir
finden die Schuld oder selbst Atrocität der menschlichen
Leidenschaften, aber nicht jene Inkarnation böser Geister,
welche einige gewöhnlichere Dramatiker gern vorführten. In
dem Charakter der Herzogin von Malfy selbst fehlt es weder
an Originalität noch an geschickter Durchführung und ich
wüßte nicht, daß irgend ein Dramatiker nach Shakespeare
in der schwierigen Scene, wo sie ihre Liebe zu einem Unter-
gebenen diesem entdeckt, glücklicher gewesen wäre. Vielleicht
mangelt es darin etwas an Würde und Delikatesse besonders
gegen den Schluß; aber die Herzogin von Malfy ist nicht
wie eine Isabella oder Portia gezeichnet; sie ist eine liebes-
sieche Witwe, tugendhaft und von wahrer Liebe, aber mehr
geeignet für unsere Sympathie, als für unsere Verehrung.

„Der weiße Teufel“ oder Vittoria Accorombona ist nicht
viel geringer in Sprache und Inhalt als die „Herzogin von
Malfy“; aber der Plan ist verworrener, weniger interessant
und schlechter geführt. Mr. Dyce, der jüngste Herausgeber
von Webster, rühmt die dramatische Kraft der Rolle der
Vittoria, doch ist er mit Recht anderer Meinung als Lamb,
welcher von der „unschuldähnlichen Kühnheit“ spricht, die sie
in der Gerichtsscene zeigt. Es ist vielmehr die Zeichnung
verzweifelter Schuld, welche in einer nachgemachten Kühnheit alles das verliert, was das Tribunal bestechen oder

versöhnen könnte. Websters übrige Stücke sind weniger
packend; in Appius und Virginia hat er vielleicht bessern
Erfolg gehabt, als irgend ein andrer, der einen im Ganzen
für die Tragödie nicht sehr glücklichen Vorwurf behandelt
hat. Mehrere der Scenen sind dramatisch und wirkungs=
reich; die Sprache ist, wie gewöhnlich bei Webster, von der
Art, daß ein Schauspieler darin sein Talent entfalten kann,
und ist der gangbaren Geschichte hinreichend gefolgt, um eine
übermäßige Metzelei am Schluß zu vermeiden. Webster fehlt
es nicht an komischem Witz, ebensowenig wie an Kraft der
Phantasie.   Hallam.

Webster war ein Dichter voll von düsterer Gewalt, mit
Zügen von tiefem Gefühl und höchstem Pathos. Seine
Phantasie feierte ein Fest über Gräbern und Wahnsinn und
Mord und „verhaßte Melancholie" erfüllten seine Träume.
Ein gewöhnliches Unglück hielt er seiner nicht für würdig
und gewöhnliche Rache war zu trivial für seine Muse. Aus
seiner Feder träufte Blut und er war vertraut mit dem
Hospital und dem Leichenhause und er strengte sein Gehirn
an, die Schrecknisse von beiden zu übertreffen. Seine Visionen
waren nicht vom Himmel noch von der Luft, sondern sie
kamen düster und modrig aus den Gräbern. Und das Irren=
haus leerte seine Zellen, um dem Schluß seiner fürchterlichen
Geschichten gerecht zu werden. Es gibt wenige Stellen,
außer in Shakespeare, die ein so tiefes Gefühl haben wie die
folgende. Ferdinand, der Herzog von Calabrien, hat seine
Schwester, die Herzogin von Malfy, durch Bosola, seinen
Helfershelfer, umbringen lassen. Sie stehen bei der Leiche:

Bosola. Blick hin hier!

Ferdinand.   Ja, fest thu' ich's.

Bosola.
                                      Weinst du nicht?
  Wohl andre Sünden gibt's, die sprechen, doch
  Der Mord schreit laut. Das Element des Wassers
  Macht feucht die Erde nur, allein das Blut
  Fließt aufwärts und bethaut den Himmel.

Ferdinand.   Deck
  Ihr Antlitz zu, mir schwindelt's vor den Augen;
  Jung starb sie.

Bosola. Mich bedünkt's nicht so. Es schien,
Ihr Unglück hatte nur zu viel der Jahre.
Ferdinand. Wir beide waren Zwillinge und wenn
In diesem Augenblick ich stürbe, hätte
Gleich viel Minuten ich gelebt, wie sie.

Wir möchten nicht, daß man annähme, wir hielten diesen Dichter für fehlerlos. Im Gegenteil, er hatte manche Gebrechen; er hatte ein zu düsteres Gemüt und einen verdorbenen Geschmack; er war bisweilen hart und bisweilen ermüdend; aber er hatte tiefes Gefühl und nicht selten große Kraft des Ausdrucks. Er war wie Marlowe mit dem Unterschied, daß so wie Marlowes Phantasie sich zum Himmel schwang, so die seine durchdringend und tief war. Der eine erhob sich zu den Sternen, der andre tauchte in die Tiefe; gleich entfernt von den nackten Gemeinplätzen, welche die Erde bietet, suchten sie nach Gedanken und Bildern in den Wolken und in den Tiefen, um durch verschiedene Mittel zu demselben großen Ziele zu gelangen.

Edinburgh Review 28. Bd. Februar 1823.

XII.

William Rowley.

Julian.*)

Eine Tragödie.

Rodrigo, König von Spanien, übt Gewalt an der Tochter des Feldherrn **Don Julian,** während dieser im Kampfe mit den Mauren begriffen ist. **Jacinta** sucht ihren Vater im Felde, als er eben gesiegt hat.

Julian, Diener.

Diener. Ein Weib, von tiefem Gram erfüllt, o Herr,
    Fleht unter Thränen deine Gnade an
    Und wünscht zu seh'n dich.

Julian.   Wenn Gewalt ein Krieger
    Ihr angethan hat, so soll Tod ihn treffen.
    Bring sie herein! Selbst hab' ich eine Tochter,
    Und wenn ich ihrer nur gedenke, muß
    Ich Mitleid fühlen. Hab' ich meinem König
    Berichtet, welche Länder ich erobert,
    Erfahren soll mein Kind Jacinta dann,
    Daß ich für sie ein frommes Werk gethan.

  Der **Diener** kehrt mit der verschleierten **Jacinta** zurück.

Julian. Ist dies das Mädchen?

Diener.   Ja, und tiefbetrübt,
    Gebieter, ist's.

---

*) Der englische Titel lautet: All's lost by lust.

Julian. Geh du! Mitleid erregt
In mir ihr Blick, den sie zur Erde schlägt;
Ein Leichenzug schaut trauriger nicht aus.
Was kniest du? That ein Krieger dir Gewalt an?
Steh auf; nicht kommt mir diese Ehre zu.
Fehlt eine Zunge dir, dein Weh zu künden?

Jacinta. O teurer Vater!

Julian. Wer hat deinen Vater
Gekränkt?

Jacinta. Ein großer Feldherr.

Julian. Unter mir?

Jacinta. Nein, über Euch.

Julian. Wie, über mir? Wer steht
Denn höher als ein Feldherr? Einer nur,
Der allen Heeren Spaniens gebietet,
Und das ist König Rodrich, der so gut ist
Und deinen Vater sicherlich nicht kränkt.

Jacinta. Was war Tarquinius?

Julian. Ein König, doch
Ein Wüstling.

Jacinta. Damals gab es solche wenig,
Jetzt ist die Erde voll davon.

Julian. Ich bitte,
Sprich grad heraus!

Jacinta. Hast du nicht eine Tochter?

Julian. Wenn nicht, so bin ich der unseligste
Der Menschen; denn mein ganzer Reichtum lebt
In diesem Kind.

Jacinta. Um deiner Tochter willen
Hör denn mein Elend.

Julian. Stehe auf und sprich!

Jacinta. Nein, laß mich weiterknien. Wenn deine Tochter
Dir also zeigt, daß ihre Pflicht sie kennt,
So wirst du deine Vaterliebe nicht
Vergessen, denn für mich heischt meine Kränkung

Von dir dieselbe Sühne, welche du
Für deine üben würdest.

Julian.   Ja, so ist's.
Denn während ich dich knieen sehe, denk' ich
Jacintas, meiner Tochter.

Jacinta.   Sage denn,
Jacinta, keusch, so wie die Frühlingsrose,
Die eben aus der Knospe quillt und noch
In sich den eignen süßen Duft bewahrt;
Sag nun, daß eine Räuberhand die Blume,
Jacinta, jener Rose gleich, gepflückt,
Und sie geschändet, ihre weiße Keuschheit
Durch Flecken ekler Lust entstellend, was
Dann thätest du?

Julian.   O, schwer ist da die Antwort,
Wenn ernst und streng man nicht zuvor darüber
Mit sich beratschlagt hat. Da kommt die Liebe,
Die Vaterschaft, der Gram, die wilde Wut
Mit vielen Leidenschaften in Betracht,
Und alle diese müssen Rache zeugen.

Jacinta. Sag nun, dies hätte der verübt, der dir
Das schönste Freundesangesicht gezeigt.
Würd'st du in solchem Fall des Standes achten?

Julian. Den würd' ich kennen nicht.

Jacinta.   Sag, er sei edel.

Julian. Unmöglich das; unedel ist die That.
Die Biene zeugt kein Gift, wenn sie auch Saft
Des Schierlings einsaugt.

Jacinta.   Sag, ein König thät' es.
Wär' da die Schuld geringer, weil gewalt'ger
Die Macht war? Wird durch Majestät der Frevel
Geringer?

Julian.   Eher größer.

Jacinta.   Sage denn,
Daß Roderich, dein königlicher Herr.

Zum Danke für die Ehren, die für ihn
Du heimgebracht, dein Kind geschändet hätte.

Julian. Wer hat in dieser reizenden Gestalt
Mir eine Furie zur Qual gesandt?
Dies Antlitz, dünkt mich, sah ich einst, allein
Ich kenn' es nicht. Wie kannst in deiner Rede
Du so Verrat an meinem König üben?
Wofern ein Mann von allen denen, die
Auf Erden leben, solche Lüge spräche,
Dadurch zur Hölle führ' er, Roderich
So wie Tarquinius!

Jacinta.   Ja, und deine Tochter,
Wenn ihre Rolle sie dabei gespielt,
Zur anderen Lucretia würde sie.
Sieh her genau! Dein Kind Jacinta bin ich.

Julian. Ha!

Jacinta.   Und mein Ehrenräuber ist der König.

Julian. O, unwert eines Königs ist der Name.
Gewiß, er that es nicht. Doch in den Augen
Les ich ein fürchterlich Begebnis dir.

Antonio, Alonzo und andere **Hauptleute** treten ein.

Julian. O edle Freunde, unsre Kriege sind
Beendigt; sind sie's nicht?

Alle.   Sie sind es, Herr.

Julian. Allein begonnen hat ein Bürgerkrieg
In Spanien jetzt, nur Unheil sinkt auf mich
Herab. Erblickt ihr meine Tochter dort?
Von ihr schallt die Drommete, die mein Schwert
Zur Rache ruft.

Alonzo.   An wem? Sprich laut es aus,
Wer dich gekränkt hat. Mäß'ge deinen Zorn.
Der Ueberlegung gib die Oberhand
In deiner Leidenschaft; besänft'gen wird's
Das Ueberströmen deines vollen Herzens.

Sind dir Beleidigungen widerfahren,
So räche sie, wir alle steh'n dir bei.

Jacinta. Geliebter Vater!

Julian. Tochter, teure Tochter!
(Niederknieend.)

Jacinta. Warum kniet Ihr vor mir, o Herr?

Julian. Mein Kind,
Damit Verzeihung ich von dir erbitte,
Daß ich dich zeugte. Eine Schande dir
Hab' ich bereitet, die den ganzen Weg
Von dieser Erde bis zum Acheron
Befleckt. Die Wolken alle nicht, des Himmels
Gewalt'ger Baldachin, wenn sie die Meere
Zur ew'gen Ueberschwemmung schwellen könnten,
Vermögen je sie abzuwaschen. Bitte,
Laß mich! (Er fällt hin.)

Alonzo. Die Leidenschaften, die in ihm
Sich streiten, werden bald vorüber sein,
Und wieder kehrt der Friede.

Antonio. Wohl am besten,
So dünkt mich, werden wir ihn durch den Anblick
Der Ehren, die er sich erkämpft, erwecken.
Ruft her die Krieger, daß sie die Gefangnen,
Die er gemacht, ihm zeigen. Solcher Anblick
Wird jeden Kummer scheuchen.

Julian. Gut war jener
Heilkünstler, welcher solche Arzenei
Verschrieb. Wohl Eu'r Patient will, Herr, ich sein.
Zeigt meine Krieger mir, die neuen Ehren
Zeigt mir, die ich gewann. Gewissenhaft
Will ich sie gegen das, was ich erlebt,
Abwägen, ob vielleicht sie schwerer wiegen.

Alonzo. Hoffnung ist nun, daß er genesen werde.

Julian. Jacinta, noch bist du mein Kind, sei mir
Willkommen. Meiner Blutsverwandtschaft wirst

Du nicht entfrembet, wenn ein Schanbfleck auch
Auf dich geheftet warb.

Jacinta. Ermanne, Vater,
Den eblen Geist! Als Mann besieg ben Gram!
Gesiegt hast über tapfre Feinbe bu,
Laß Leibenschaften, wie für Weiber eh'r
Sie taugen, bich nicht überwältigen.

Julian. Versteh mich recht, mein Kinb, nicht geistverwirrt
Bin ich, noch barf ich thatlos sein; wohl besser
Wär's, wenn ein höhrer Geist mir eigen wäre.
Denn alt bin ich, boch größre Stärke hab' ich
In biesem Arm gefunben, als ich bessen
Mich rühmen könnte, hätt' ich's nicht bewiesen.
Robrich, bu Ungeheu'r von König, kannst
Du's über bich gewinnen, mich vom Hof
Um beiner Wolluft willen zu verbannen?
Dir ziemt es, bich zu schämen; seh'n nicht solltest
Du mich. Jacinta, horch, sie kommen, horch!
Jetzt sollst bu seh'n, was meinem König ich
Für Grunb gegeben, so mich zu beleibigen.

Chor der besiegten Mohren an die Sonne.

Hernieberfteig, bu strahlenhelle Göttin,
Aus beiner Sphäre; flieh vor unfrer Scham
Unb sink errötenb nieber in bein Bett.
Sinb wir nicht beine Söhne, ew'ger Ball?
Wir, beren hohe Stirnen nie besiegt
Bis heute worben; wir, auf bie bu selbst
Dein Siegel haft gebrückt, bas nimmermehr
Der ganze Ocean wegwaschen kann?
Was sollen jene kalten Angesichter,
Von ber Natur in ihrer Winterwerkstatt
Geformt, bie weichen, weißen Wangen benn,
Die krampfhaft mit ber schwachen Hanb sie färbt,
Zurück uns scheuchen?

XIII.

William Rowley und William Shakespeare.

————

Merlins Geburt.

Ein Schauspiel.

Donner, später Musik. Johanna, die Mutter Merlins, tritt
fliehend auf, vom Teufel verfolgt.

Johanna. Fort, schwarzes Greuel! Loderst du da wieder
  In wilden Flammen auf? Nicht dein Gebrüll
  Mehr, grauser Donner, übt jetzt Zaubermacht
  Noch über mich, noch deine schmeichelnde
  Musik. Weh über mich! Zuviel schon war's.
Teufel. Warum fliehst du vor mir? Dein Liebster naht
  Dir, dich mit Armen zärtlich zu umschließen.
Johanna. Hinweg, du Höllenhund!
Teufel.   Jag immerhin ihn fort,
  Der Hund bleibt schmeichelnd neben dir,
  Sich schlagen und sich streicheln lassen wird er.
  Dankst du dem Löwen nicht, der Macht besaß,
  Dich zu zerreißen und dich doch verschonte?
Johanna. Du bist es, ja; o schenke Freiheit mir,
  Ich will dir's danken.
Teufel.   Nicht entflieh'n mir kannst du,
  Mein, mein bist du. Schlingt nicht ein Kind noch fester
  Das Bündnis zwischen uns? Wo ist mein Sohn?

Johanna. Verhülle mich, o Nacht!

Teufel.   Der höchste Ruhm
Ward dir durch mich zu Teil; vergessen nie
Wird eine Mutter, die solch Kind gebar.
Der Kön'ge Namen dauert dadurch nur,
Daß sie die Chronik nennt; doch von Jahrhundert
Währt zu Jahrhundert Merlins Name fort.
Solang es Menschen gibt und nicht die Welt
Zusammenbrach, wird auch sein Ruhm besteh'n.

Johanna. O stürbe vor mir selbst mein Name noch;
Nicht ein vom Weib geborner heißen mag er,
Vielmehr ein Untier aus dem Höllenschlund.
Komm, Tod, befreie mich! Du, fort, hinweg!
Was kommst du jetzt zu mir? Nicht Eitelkeit
Noch sündige Begier hat aus dem Abgrund
Mir zum Verderben dich heraufbeschworen,
Wie damals, als du Gottverfluchter mir
Zuerst erschienst.

Teufel.   Derselbe bin ich noch,
Wie einst.

Johanna.   Doch eine andre ich.

Teufel.   Zurück
                    (Donner; es erscheinen **Geister**.)
Zu meiner Lüste Dienerin, die sonst
Du warst, verwandl' ich wieder dich. Euch ruf ich,
Die bei der Sterblichen Verderben ihr
Mir helft! Erscheint in Blitz und Donnersturm.
Umschlingt mit euern schwarzen Armen diese,
Hebt sie empor zur bleichen Hecate!
Von diesem Felsen will ich Dampfgewölk
Und Finsternis empor zum Himmel schleudern.
Fort soll auf Nimmerwiederkehr dies Weib
Von Merlin und Britannien.

Johanna.   Hilft mir niemand?
Bring Hilfe mir, wenn's nicht zu spät.

Merlin tritt auf.

Merlin. Ihr Sklaven
Der Hölle, halt! Laßt eure Beute fahren!
Beim Höllenfluß sonst schwör ich, euch so fest
Zu binden, daß die ganze Macht des Abgrunds
Euch nicht befreien soll. Entschwindet, fort!

(Die Geister verschwinden.)

Teufel. Ha, wer kommt da?

Merlin. Das Kind fand seinen Vater.
Kennst du mich nicht?

Teufel. Merlin!

Johanna. Sohn, hilf mir, hilf!

Merlin. Trag Sorge nicht! Kein Leid soll dir gescheh'n.

Teufel. Du hilfst ihr — du gehorchst dem Vater nicht?

Merlin. In deiner Schule lernt man nicht Gehorsam.
Durchs Blut und die Natur bin ich mit ihr ver-
bunden.
Verbunden gegen die Natur ist das,
Was ich von dir empfangen, so entbunden
Auch bin ich gegen dich der Pflicht.

Teufel. Verderben
Dich will ich. Als ein Denkmal meines Zorns
Sollst du auf diesem Felsen stehn.

Merlin. Ha, ha!
Zu schwach bist du. Was bist du, Teufel, denn?
Ein höllischer verruchter Incubus,
Der, sich das schwache Fleisch zu Nutze machend,
Unwissende betört. Wirf fort zur Stelle
Die menschliche Gestalt. Kriech auf dem Bauch,
Du buntgefleckte Schlange. Sprengen sonst
Werd' ich die Felsenkiefer des Avernus
Und ewig in des Abgrunds Glut dich fesseln.

Teufel. Verrat übst an der Hölle du! Fluch mir,
Der dich gezeugt!

Merlin. Dir selbst hast du die Geißel
Gezeugt. Laß ab von deiner Wut. Denn fest
Vom Schicksal ist bestätigt meine Kunst.
Die Hölle stürm' ich und vor meiner Macht
Erzittern deine Oberherrn. Zuerst
Sollst du sie fühlen.

(Es donnert im Felsen.)

Tenebrarum precis, divitiarum et inferiorum
deus, hunc incubum in ignis eterni abyssum
accipite, aut in hoc carcere tenebroso in sempi-
ternum astringere mando.

(Der Felsen schließt den **Teufel** ein.)

So, nun erschüttre bis in ihren Abgrund
Die Erde. Keinem Weib mehr sollst du nah'n.
Wie steht's nun, Mutter?

Johanna. Durch den Sohn bin ich
Befreit; doch nur mit Kummer nenn' ich ihn.

(Kriegsgeschrei von weitem.)

Merlin. Beruhige dich! Nicht läßt sich das Gescheh'ne
Mehr ändern. Hergeeilt bin ich, weil ich
Dein Unglück sah. Hörst du das Kriegsgeschrei?
Es ruft mich fort von dir, dem Pendragon
Zu helfen, der jetzt mit den Sachsen kämpft.
Nicht ziemt's Merlin da, fern zu sein. Geh du!
An einen stillen Platz in Merlins Laube,
Die ich durch Zauberkunst erschuf, dich bring' ich.
Dort sollst du künftig wohnen, einsam trauernd
Und Buße thun, indem du deinen Leib,
Der schwer gefehlt, kasteist, so daß dein Geist
Dadurch von diesem Erdenstaub befreit wird.
Sobald du stirbst, will ich ein Denkmal dir
Auf Salisburys berühmter Ebne bauen.
Kein König soll solch hohes Monument
Besitzen, denn aus Felsen soll's besteh'n,

Die künstlich ohne Mörtel ich gerichtet;
Ein düstres Rätsel soll's der Nachwelt sein;
Denn fassen wird kein Sinn die seltne Kunst
Des Bauwerks, welches deinen Staub umschließt.
Kein Spukgeist kann dort Unheil stiften, wo
Die Mutter ruht des Zauberers Merlin.

(Beide ab.)

———————

John Marston.

Die Geschichte von Antonio und Mellida.
Erster Teil.

Andrugio, Doge von Genua, aus seinem Lande verbannt, wird, nachdem er einen Sohn verloren, der, wie er glaubt, ertrunken ist, auf das Gebiet seines Todfeindes, des Dogen von Venedig, getrieben. Es ist niemand weiter bei ihm, als Lucio, ein alter Edelmann, und ein Page.

Andrugio. Ist dort der Schimmer nicht der grau'nde
Morgen,
    Der Silberstreifen östlich an den Rand
    Des Himmels wirft?
Lucio.   So glaub' ich, ist's, wofern
    Es Euer Excellenz beliebt.
Andrugio.   Hinweg!
    Ich bin nicht Excellenz, der so man schmeichelt;
    Hab' auf den Brauch der Welt, ich bitte, Acht,
    Der nur der Größe schmeichelt. Und hierin
    Befried'ge meine Excellenz! Seit je
    Hoch standest du bei mir und eine Stelle
    Im Innersten des Herzens hat Andrugio
    Dir eingeräumt. Laß ab vom Schmeicheln, Guter.
    Gefangen von Betrachtung ist mir ganz
    Der Geist, warum denn diese arge Erde,
    Dies Ungetüm, das seine eignen Kinder

Verschlingt, nicht Augen und nicht Ohren hat.
Schulweisheit meint wohl, die Natur sei weise,
Und bilde nichts, was unvollkommen ist
Und nutzlos. Sprich, schuf die Natur die Erde?
War's diese, welche jene schuf? Hervor
Bringt doch der Erde Schmutz die Dinge alle;
Er macht den Menschen, macht auch mich,
Und dem geschickten Meister Hollands gleich
Malt er mich, diese Puppe, welche Atem
Zu haben scheint, und leiht dem Klumpen Lehm
Den Anschein einer Seele. Geh nur, geh!
Du lügst, Philosophie. Unnütze Dinge
Schafft die Natur nur, eitle, unvollkommne.
Warum hat sie mit Augen und mit Ohren
Die Erde nicht geschaffen, auf daß sie
Die Wüsten sähe und der Menschen Klagen
Vernähme; daß, wenn eine Seele tief
Von Gram zerrissen und zerwühlt ist, sie
So an die Brust der Erde sinken könne,
Und in ihr Ohr ihr Elend schrei'n: O du,
Die alles trägt, nach der die Menschen hungern,
Bis ihren Mund du füllst, und ihre Kehlen
Mit Staub erstickst, erschließe deine Brust
Und laß in dich mich sinken: „Horch, wer klopft?
Andrugio ruft." Doch taub ist sie und blind;
Der Unglücksel'ge findet schwachen Trost
Nur bei der Erde.

Lucio.   Teurer Herr, verbann
Die Leidenschaft und strecke deine Waffen!
Da wir durch Zufall von der wüt'gen See
Hier auf Venedigs Sumpf geworfen worden,
Laß uns auf Glück nicht rechnen mehr, daß nicht
Ein schlimmres Schicksal —

Andrugio.   Noch ein schlimmeres!
Erstick, o Lucio, diesen Laut. Ich fordre

Den Himmel jetzt heraus. Das Schickſal hat
Die Stirn gerunzelt bis zur letzten Falte;
Sein Gift hat es vergoſſen. Welches Land,
Ach, bleibt noch, welcher Sohn und welcher Troſt,
Den es mir rauben kann? Sprich, triumphirt
Venedig nicht bei meinem Sturz? Lechzt nicht
Das Land, das mich gebar, nach meinem Tod?
Liegt nicht mein Sohn im wilden Meer begraben?
Und lauert mehr des Unglücks noch auf mich?
Nichts mehr iſt dem Andrugio nun gelaſſen,
Als ſein, Andrugios, Selbſt. Und dies kann Unglück,
Macht, Schickſal, Hölle nimmerdar ihm rauben.
Das Schickſal kann mein Glück, doch nicht mein Selbſt
Erſchüttern.

Lucio. Bleib du ſelbſt; allein verſtatte,
Daß ich dich glücklich wünſche. Wenn man dich
Nur ſieht, erkennt man dich an deinen Waffen.
Drum leg ſie ab und nimm —

Andrugio. Willſt unbewaffnet
Du mich in meiner Feinde Mitte wiſſen,
Von Leidenſchaft beſtürmt, und in die Schranken
Zum Kampf mit Gram und mit Verzweiflung tretend,
Die Seele von der Leidenſchaften Wut
Beinah zerſchmettert? Lucio, ha, du willſt,
Ich ſolle unbewaffnet gehn? Komm, Seele,
Leg wieder an die Tapferkeit der Jugend.
Ich ſelbſt, ich ſelbſt will allen Gegnern trotzen;
Will Heere muſtern, mächtig, unbeſiegt;
Die undankbare Erde ſoll zerſtampft
Von Reiterſcharen werden, und ihr Schooß
Soll bis ins Innerſte vor Schmerzen ächzen,
Daß ſolche Waffenlaſt ſie tragen muß.
Geſträubten Haars ſoll geiſterhafter Schrecken
Vor uns herziehen und uns weitertreiben,
Indes mit Todesklang Drommeten dröhnen.

Lucio. Nur ruhig, guter Herr; Ihr sprecht vorschnell.
Ach, mustert Eur Geschick! Seht hin, was noch
Von Eurem Heer, von Euren Hoffnungen
Zurück Euch blieb. Ein schwacher, alter Mann,
Ein Page und Eu'r armes Selbst.

Andrugio. Noch lebt
Andrugio und ein gutes Recht zum Kampf.
Das ist ein unbesiegbar mächt'ges Heer.
Wer das besitzt, ein königliches Heer
Umgibt den, eine wohlerprobte Rüstung
Hat er, in Erz geschiente Reiterscharen,
Fähnlein von Lanzen, Millionen Büchsen,
O, fest steht ewig eine gute Sache
Und Legionen Engel schützen sie.

Die Situation von Andrugio und Lucio ähnelt derjenigen von Lear und Kent in dem Unglück, das diesen König betrifft. Andrugio legt wie Lear eine Art von königlicher Ungeduld an den Tag, eine sich aufbäumende Größe, und eine zur Schau getragene Resignation. Die Feinde, in deren Reihen er eindringt („Verzweiflung und mächt'ger Grimm" 2c.) und die Streitkräfte, welche er führt, um sie zu besiegen, sind in dem kühnsten Stil der Allegorie. Ch. Lamb.

Antonios Rache.

Der zweite Teil von Antonio und Mellida.

Antonio, Sohn des Dogen Andrugio von Genua, den Piero, der Doge von Venedig und Schwiegervater Antonios, grausam ermordet hat, bringt Pieros kleinen Sohn Julio um, um den Geist Andrugios durch dieses Opfer zu besänftigen. — Der Schauplatz ist ein Kirchhof, die Zeit: Mitternacht.

Julio, Antonio.

Julio. Sag an, bist du.in Wahrheit hier jetzt, Bruder
Antonio? Was siehst du so düster aus?

Gesagt hat meine Schwester, daß ich Bruder
Dich nennen sollte; das hat sie gesagt,
Als du mit ihr vermählt wardst. Küsse mich.
Mehr lieb' ich dich fürwahr als meinen Vater.

Antonio. Als deinen Vater? Gnäb'ger Himmel, wie
Gerecht du bist! Venit in nostras manus
Tandem vindicta, venit et tota quidem.

Julio. Fürwahr, seit meine Mutter starb, hab' ich
Am meisten dich geliebt. Verdruß hast du
Gehabt, so scheint's. O, sieh doch heitrer aus!

Antonio. Ja, lachen will ich und die Freude soll
Mir auf der Wange strahlen. Hoch klopft mir
Das Herz und möchte deine Brust umschlingen.
Zeit, Raum und Blut, wie paßt ihr gut zu=
                       sammen!
Des Himmels Sphären tönen nicht so schöne
Musik, daß die Unsterblichen sich dran
Erfreu'n, wie der Accord die Brust entzückt.
Mir ist, hin schritt' ich auf der Stirn des Zeus,
Verächtlich über alles Niedre schreitet
Mein Fuß dahin; und zur Gewaltthat mich
Anschickend, beb' ich nicht vor Mord zurück.
O wüßt' ich, welch Gelenk und welche Seite,
Welch Glied ganz Vater wäre, aber nichts
An sich von deiner Mutter hätte, um
Es Ader neben Ader zu zerstücken,
Und auf die Glieder ganzer blutender
Geschlechter Rache, Rache einzumeißeln.
Allein da in einander es gemischt ist,
Blind will ich zuhau'n! Knabe, komm hieher,
Dies ist Andrugios Grab.

Julio.   O Gott, du wirst
Mir weh thun. Um der Schwester willen bitt'
Ich dich, thu mir nicht weh. Wenn du mich tötest,
Werd' ich's dem Vater sagen.

Antonio.   O, ins Schwanken
Mit meiner Rache deiner Schwester halb
Gerat' ich.

        (Andrugios Geist ruft „Rache!")

Antonio.   Halt, teurer Vater, o halt ein,
Erschreck mich nicht mehr. Rache, rasch wie Blitz,
Zuckt auf. Komm her, du hübsches, zartes Kind;
Nicht dich haß' ich, nicht du bist's, den ich töte.
Das Blut, das hin durch deine Adern rollt,
Ist's, das ich hasse, deines Vaters Blut!
Das ist es, was die Rache schlucken muß.
Ich liebe deine Seele, und wenn nur
Du nicht aus Pieros Blut erwachsen wärst,
Würd' ich dich küssen. Doch da seins es ist,
So, so will ich es strafen, ja so, so!
Die Furcht laß fahren! Meine Augen sollen
Thränen vergießen, während deine Wunden bluten.

Julio. Wenn du mich lieben willst, so thu, was dir
Gefällt.   (Er stirbt.)

Antonio. Nun bellt der Wolf dem vollen Mond
Entgegen, gierig nun nach Futter brüllen
Der Löwen halb erschlaffte Eingeweide,
Die Kröte röchelt und die nächt'gen Krähen
Schrei'n laut, um die Behausungen von Seelen
Hinflatternd, die aus ihrem Körper scheiden.
Die Gräber klaffen nun, und wie sie gähnen,
Erschließen sie gefangner Seelen Kerker,
Um wiederum die Erde zu besuchen.

      (Unter der Erde vernimmt man ein Aechzen.)
Heul nicht, du Moderschlund, ächzt nicht, ihr Gräber.
Verstumme, Atemzug. Hier steht der Sohn
Andrugios, seines Vaters würdig. So,
Ich fühle keinen Atem mehr. Herab
Gesunken ist sein Kinn, in andre Räume
Entwichen seine Seele, und nichts mehr

Ist übrig nun, als Piero. Er ist ganz
Piero, sein Vater ganz; dies Blut, dies Herz
Und diese Brust sind der Piero ganz.
Den also ich zerstücke, Geist des Julio,
Vergiß, daß das dein Leichnam ist. Ich lebe
Fort als dein Freund. Umschlingen möge dich
Die klare Ewigkeit mit weichen Armen.
.Allein zum Weihrauch für die Rache mache
Ich deines Vaters Blut.

XV

James Shirley.

---

1. Der Politiker.

Eine Tragödie.

Marpisa, Witwe des Grafen **Altomarus,** gelangt durch die Hilfe ihres Geliebten **Gotharus** dazu, Gemahlin des Königs von Norwegen zu werden. Sie hat von ihrem ersten Gatten einen Sohn **Haraldus.** Um diesem, zum Nachteil des recht= mäßigen Thronerben, die Nachfolge auf dem Thron durch die Hilfe von Gotharus zu sichern, sagt sie dem Gotharus, das Kind sei sein eigenes. Er glaubt ihr und erzählt es dem Haraldus, der, weil er sich über die auf seine Mutter fallende Schande und seine uneheliche Geburt grämt, in eine tödliche Krankheit verfällt.

Die Königin, Haraldus.

Königin. Wie geht es meinem Kind?

Haraldus.   Ich weiß, du liebst mich.
  Doch sagen muß ich dir, ich kann nicht leben.
  Und — dien' es dir zum Trost — nicht unwillkommen
  Wird mir der Tod sein. Ungern nicht sterb' ich.
  Und da sich mir mein Wunsch erfüllt, hast du
  Zum Trauern Grund nicht.

Königin.   Was verbittert denn
  Das Leben dir, das deine Wohnung doch
  Mit allen Wonnen füllt, die so Natur

Wie Kunst dir bieten können, reich an allem,
Was du nur wünschen magst? Allein nichts ist
Das alles gegen deiner Mutter Liebe,
Die, um dich zu erfreuen, dem Gedanken,
Zum Himmel einzugeh'n, auf eine Weile
Entsagen würde.

Haraldus.   Hüte dich, o Mutter.
Gut hört der Himmel und besitzt die Macht,
Für deine allzugroße Liebe dich
Dadurch zu strafen, daß er mich auf ewig
Von hinnen abruft. Dich um dein Gebet
Und deinen Segen bitt' ich.

Königin.   Trüb gestimmt
Bist du. Ermanne dich, o lebe!

Haraldus.   Mutter,
Es ist umsonst.

Königin.   Also am Fieber sterben
Und in die Erde sinken! Blick empor;
Du darfst nicht sterben.

Haraldus.   Eine Wunde hab' ich
Im Herzen, welche du nicht siehst; sie tötet
Mehr als ein Fieber.

Königin.   Eine Wunde? Wo?
Wer ist's, der dich ermordet hat?

Haraldus.   Gotharus —

Königin. Ha, mögen alle Furien ihn verfolgen!

Haraldus. Ich bete für ihn. Meine Pflicht ist das,
Obgleich er mich getötet hat. Er ist
Mein Vater.

Königin.   Wie, dein Vater?

Haraldus.   So gesagt
Hat er zu mir und mir den Tod gegeben
Mit diesem Wort. Ich fühlte, Mutter, wie
Sein Stoß mich traf. O, wär' ich nie geboren!

Königin. Nein, glaub ihm nicht!

Haraldus. Ach, füge zu der Sünde,
Die schon begangen wurde, keine neue!
Mitleidig ist der Tod, beschützen wird
Er mich vor der Verachtung aller Welt.

Königin. Bei allen meinen Hoffnungen: Gotharus
Hat dich getäuscht. Aus meinem Schooß bist du
Ein ehelicher Sprößling; Altomarus
War Vater dir —

Haraldus. Ha!

Königin. Er, vor dessen Geist
(Der längst ins Reich der Heiligen und Engel
Hinweggeführt ward) ich hier wiederhole:
Du bist mein Sohn.

Haraldus. Zehntausend Segnungen
Fleh' ich dir auf das Haupt herab, o Mutter!
Sag es nochmals, damit ich weiter lebe.
Dahin durchs Herz strömt fromme Freude mir
Und Himmelsharmonie füllt meine Seele.
Kannst, ohne zu erröten, deinen Sohn du
Und den des Altomarus nennen mich?
Mög alles Heil'ge ewig in dir wohnen,
O sprich es noch einmal, nur einmal noch.

Königin. Und wär's mein letzter Atem, sagen muß ich:
Sein Kind bist du und meins.

Haraldus. Genug, sieh her,
Wie meine Thränen fließen, dir zu danken.
Ich bitte, noch ein Rätsel löse mir.
Warum war's, daß mein Herr Gotharus mich
Den Sprößling seines Blutes nannte?

Königin. Ach,
Er glaubt, du seist es.

Haraldus. Was sind das für Worte?
Vernichtet bin ich wieder.

Königin. Ha!

Haraldus. Nicht mehr

Ist's Zeit, daß du zurück die Worte rufst.
Er glaubt, ich sei sein Sohn.

Königin. Zu viel hab' ich
Bekannt und zittre, wenn ich daran denke.
Vergib mir, Kind, und mag der Himmel auch
Es thun, wofern für ein so schwarz Verbrechen
Verzeihung ist, wie das, von dem ich jetzt,
Um die Befürchtungen von dir zu scheuchen,
Gestehen muß, daß ich's begangen habe.
Schuld ruht auf uns. Bestimmen wollt' ich ihn,
Daß er dich auf den Thron erheben möchte,
Indem ich seinen Wahn, du seist sein Sohn,
Dazu mißbrauchte. Doch ein solcher Flecken
Ruht nicht auf dir. Rechtmäßig bist erzeugt du,
Sonst strafe mich der Himmel. Seltsam ist,
Daß einem Kind ich solch Bekenntnis mache,
Doch Balsam wird's auf deine Wunden träufeln.
Mein Harald, lebe, wenn für andre nicht,
Doch dazu, daß du meine Buße schaust,
Und mit wie vielen Thränenströmen ich
Reinwaschen mich von meiner Sünde werde.

Haraldus. Bin ich kein Bastard denn?

Königin. Du bist es nicht.

Haraldus. Allein wenn du verloren bist, wie kann
Ich leben? Mir erliegt der Geist.

Königin. Kann nichts
Dich trösten denn?

Haraldus. Gib deinen Segen mir,
Und auf das Haupt dir werd' ich reichlich ihn
Herniederfleh'n. Von dieser eitlen Welt
Hinweg flieht mir der Geist. Schließ, gute Mutter,
Die Augen mir.

Königin. Kein ander Kind, das hold
Und lieblich war wie er, ist noch gestorben.

Shirley ist ein dramatischer Autor, welcher tief unter manchem seiner Zeitgenossen steht, aber er hat einen gewissen Ruf oder wenigstens Notorietät seines Namens durch die Neuausgabe seiner Stücke erlangt. Dies sind zwischen zwanzig und dreißig, einige darunter jedoch in Gemeinschaft mit anderen Dramatikern geschrieben. Einige sind Tragödien, einige dagegen Lustspiele, welche englische Sitten schildern; aber in der Mehrzahl finden wir den Lieblingsstil jenes Zeitalters, die Charaktere sind die von Ausländern und von hohem Rang, das Interesse ist ernst, geht aber nicht immer auf hohem Kothurn, die Katastrophe ist glücklich, kurz alles gehört zu der Gattung, welche Tragikomödie genannt wird. Shirley hat keine Originalität, keine Kraft in der Erfindung oder Zeichnung der Charaktere, wenig Pathos und vielleicht noch weniger Witz. Seine Dramen bringen keine tiefe Wirkung beim Lesen hervor, und können daher keine in der Erinnerung zurücklassen: Aber sein Geist war poetisch; seine bessern Charaktere, besonders die weiblichen, drücken reine Gedanken in reiner Sprache aus; er ist niemals gespreizt oder affektirt und selten dunkel. Die Begebenheiten folgen schnell auf einander, die Personen sind zahlreich, und in den Scenen herrscht eine allgemeine Belebtheit, welche uns beim Lesen Vergnügen macht. Kein sehr gutes Stück, vielleicht auch nicht eine sehr gute Scene läßt sich in Shirley finden, aber er hat manche Zeile von bedeutender Schönheit. Unter seinen Komödien möchten „Die Spieler" zu den besten zu rechnen sein. Karl I. soll gesagt haben, es sei das beste Stück, welches er innerhalb sieben Jahren gesehen habe; und es ist sogar hinzugefügt worden, die Fabel davon sei von ihm angegeben worden. Es verdient unstreitig Lob, sowohl wegen der Sprache, als wegen der Führung des Plans, und es hat den Vorteil, daß es das Laster lächerlich macht; aber die Damen jenes Hofes, die schönen Gestalten, welche Van Dyck unsterblich machte, müssen in der That sehr verschieden von denen der Nach=welt gewesen sein, wie sie denn das meiner Meinung nach auch waren, wenn sie das Stück ganz anhören konnten.

Hallam.

Shirley war ein Autor von ungefähr derselben Bedeu=
tung wie Forb, hatte aber weniger Pathos. Er war über=
dies der letzte in jener glänzenden Reihe von Dichtern, deren
Ruhm sich seit so lange behauptet hat und so lange dauern
muß, wie Leidenschaft und tiefer Gedanke und Phantasie und
Witz noch in Ehren gehalten werden. Es mag ein Wechsel
in der Mode, eine Revolution in der Politik stattfinden, das
Reich des Geistes wird aber immer dasselbe bleiben. Dem
Genius ist eine hohe Dauerhaftigkeit eigen, eine Stetigkeit
des Ruhms, welche keine Wolken verdunkeln oder auslöschen
können. Der Politiker und seine Siege können vergessen
und die Entdeckungen der Wissenschaft verdunkelt werden,
aber das Ringen des Dichters und des Philosophen geht
nach der unveränderlichen Wahrheit und ihr Ruhm wird, wie
das, um was sie sich gemüht, unsterblich sein.

Edinburgh Review 38. Bd. Februar 1823.

2. Des Mädchens Rache.

Eine Tragödie.

Antonio fällt in einem Zweikampf durch das Schwert
Sebastianos. Sebastiano ist trostlos darüber, daß er seinen
Freund getötet. Während er Buße thut, wird er von
Antonios Schwester **Castabella** besucht, welche als Page
verkleidet ist.

Castabella, Sebastiano.

Castabella. Geliebt hat der Euch, Herr, der dies Geschenk
    Euch sandte. Daß er's that, Ihr werdet's selbst
    Euch sagen.

Sebastiano.   Bitte, nennt ihn mir.

Castabella.   Antonio
    War jener Freund, von dem ich kam.

Sebastiano.   Wer hat
    Gesandt dich, daß du des Sebastian Seele

Verfuchſt, für dieſen Schreck, den du mir einjagſt,
Auch dich zu töten?

Caſtabella.   Nicht, fürwahr, komm' ich,
Dich zu verhöhnen oder zu erſchrecken;
Der Himmel kennt mein Herz. Ich weiß, Antonio
Iſt tot; doch ein Geſchenk war's, das er ſchon
Dir zugedacht, als er am Leben noch.
Und hier dir bring' ich's.

Sebaſtiano.   Nicht Betrug, denk' ich,
Uebſt du. Sprich, welche Gabe bringſt du mir?

Caſtabella. Mich ſelbſt, Herr. Als Antonio noch lebte,
War ich ſein Page. Doch kein Page hat
Solch einen guten Herren noch verloren.
Als er am Leben war, verſprach er mir,
Er würde mich dem liebſten ſeiner Freunde,
So ſehr mich liebt' er, zum Geſchenke machen,
Und Euch, Herr, nannt' er, wenn ihn überleben
Ihr ſolltet. Denn er mußte, daß ſo mehr
Um ſeinetwillen Ihr mich lieben würdet.
Mit allem Eifer dienen will ich Euch,
Und keine Mühe ſcheuen, Eure Liebe
Und Eure gute Meinung zu erwerben.

Sebaſtiano. Kann's ſein, geweſen wärſt ſein Page du?
O, haſſen ſollteſt du mich dann. Es ſcheint,
Falſch biſt du, und ich darf dir nicht vertrauen.
Ihm zeigſt du jetzt dich untreu, um von mir
Gewinn zu zieh'n. Ich habe deinen Herrn
Getötet. Sicher gab es einen Freund,
Dem er dich hätte anvertrauen können.
Ich einzig unter allen Menſchen war
Sein Feind, der bitterſte von ſeinen Feinden.

Caſtabella. Gewiß, ſo war's. Er ſprach die volle
                        Wahrheit.
Und hätt' er ſeinen letzten Willen noch
Aufſetzen können, ſicher als Legat

Hätt' er mich Euch bestimmt, daß Euer Page
Ich sei. Und, Herr, darin gehorchen will
Ich ihm. Hätt' er befohlen mir, daß ich
Mit seinem heil'gen Staube dies mein Blut
Vermengte, das so wertlos, gern gebracht
Hätt' ich dies Opfer, und geehrt mich hätt' ich
Gefühlt, daß solchen Dienst ich ihm geleistet.
Ich weiß, Herr, nicht mit bösem Herzen habt
Ihr ihn getötet, nein, mit Eurer Seele
Lagt Ihr im Streit darob.

Sebastiano.   So wahr ist alles
Wie ein Orakelspruch; sprich, glaubst du das?

Castabella. Fürwahr, ich thu's.

Sebastiano.   Doch handle nicht zu rasch.
Kein Vorteil ist's, wenn man mir angehört.
Beim Hofe hab' ich Anseh'n nicht noch Macht,
Zu einem Glück dich zu erhöhen, wie
Der Eifer es verdient, den ich von dir
Erwarte, wenn bei mir du bist.

Castabella.   Zu thun,
Was meine Pflicht, soll all mein Ehrgeiz sein.

Sebastiano. Bedenk, in meinem Dienst betrüben wird
Dich Einsamkeit und Gram. Denn nur in Kummer
Leb' ich und bin nie froh; den Tag verbring' ich
Mit dem Erzählen trauriger Geschichten,
An Thränen, Seufzern hab' ich Wohlgefallen.
In einen Wald, zu einem Strom bisweilen
Nehm' ich den Weg, und fordere das kühnste
Der Echos auf, daß meines Mundes Seufzen
Es widerhalle. Kind, es wird dein Tod sein!

Castabella. Herr, glücklich werd' ich sein, wenn Teil
                              ich nehmen
An einer deiner Kümmernisse darf.
Niemals hab' ich solch hartes Herz gehabt,
Daß Thränen mir gefehlt für deinen Gram.

Sebaſtiano. Für alle Schätze Indiens nicht verlaſſen
Dich will ich, wenn du bei mir bleiben willſt,
Mein Liebling ſei; komm mit und bleib bei mir!

Perinthia tötet ihren Bruder **Sebaſtiano,** während er ſchläft.

Sebaſtiano, Caſtabella, ſeine Geliebte, die, von ihm un=
erkannt, als Page bei ihm weilt.

Caſtabella. Wenn die Gelegenheit, um Euch zu tröſten,
Die ich benutze, Herr, ein Fehltritt iſt,
Und wenn als Diener ich nicht, wie es ziemt,
Mich ferne von Euch halte, meine Liebe
Verklaget drum. Wenn es ein Irrtum iſt,
Fürwahr, aus meinem Pflichtgefühl entſpringt er.

Sebaſtiano. Geduld, mein Knabe. Wie ich mich auch mühe,
Daß die Erinnerung ich an den toten
Antonio ſcheuche, immer reibt die Liebe
Die Wunden auf, daß ſie von neuem bluten.

Caſtabella. Das iſt vorbei. Verbinde deine eignen
Der Ehre wegen und dich ſelber liebe.
O hüte dich, verliere die Vernunft nicht,
Um fruchtlos ſo zu trauern. Vorbereitet
Hab' ich Muſik, die düſteren Gedanken
Zu ſänftigen, die ſich in dir bekriegen.

Sebaſtiano. Ach, Knabe, größre Laſt des Grams wird das
Nur auf mich häufen. Noch durch Schlimmeres
Als durch Tarantelbiß bin ich verwundet,
Und durch Muſik kann ich geheilt nicht werden.
Mag noch ſo gut geſtimmt die Laute ſein,
Sie kann mir in Accorde die Gedanken
Nicht bringen.

Caſtabella. Herr, auf kurz zu ruhen läd
Dies Lager ein. Ich bitte dich, erprob es.
Vergönne mir ein wenig nur zu ſingen.

(Sie ſingt. **Perinthia** tritt leiſe ein.)

Caſtabella. Bezaubre, ſüßer Schlaf, den traur'gen Geiſt ihm,
Und liebliche Gedanken, ſchüttet klangreich

Euch auf sein Haupt; ihr aber, Himmelsengel,
Schwebt um ihn her mit euern leichten Flügeln,
Daß niemand seine süße Ruhe störe.
Schon auch beginnt der Schlummer seine Netze
Um mich zu werfen; so will ich gehorchen
Und von ihm träumen, welcher selbst im Traum
Nicht denkt, wer wohl ich sei.

(Sie legt sich an seine Seite.)

Berinthia. ·Im Kampf mit mir
Ist die Natur, doch meine Liebe
Bewaffnet meine Rache gegen sie.
Das Recht steht höher als das Band des Bluts.
Du, Sebastiano, sollst der erste sein,
Der kund dem Geiste des Antonio thut,
Wie sehr ich ihn geliebt.

(Sie ermordet ihn auf seinem Lager.)

Sebastiano (erwachend). Berinthia,
Zurück halt deine Hand. Doch nein, du hast's
Gethan. Vergeben mag der Himmel dir.
Von dir verlangen muß ich, mir zu sagen,
Was dich dazu bewog. Aus vielen Thoren
Rinnt hin mein Leben, aber mehr der Wunden
Als diese noch gibt mir Berinthia
Durch ihren Namen. Nun, Antonio,
Antonio, werden neu wir Freunde sein. (Er stirbt.)

James Shirley gebührt ein Platz unter den hervor=
ragenden Dichtern dieser Periode, nicht sowohl wegen irgend
eines ungewöhnlichen Talents, das er besessen, als deshalb,
weil er der letzte einer großen Generation war, deren Mit=
glieder alle dieselbe Sprache redeten und denen dieselben Ge=
fühle und Ansichten gemeinsam waren. Eine neue Sprache
und eine völlig andere Gattung des tragischen und komischen
Interesses brach mit der Restauration herein. Ch. Lamb.

XVI.

John Ford.

---

1. Das gebrochene Herz.

Ein Trauerspiel.

Ithocles liebt Calantha, Prinzessin von Sparta, und wünscht, daß seine Schwester Penthea bei der Prinzessin für ihn werbe. Sie hält ihm ihre eigene unglückliche Lage entgegen, da sie durch eine Ehe mit Bassanes, zu welcher er sie gezwungen, unglücklich geworden sei, während sie doch nach dem Willen ihres verstorbenen Vaters und in Folge eigener Hinneigung mit Orgilus verlobt gewesen sei; zuletzt jedoch willigt sie ein.

Ithocles, Penthea.

Ithocles. Setz näher, Schwester, dich zu mir, noch näher,
    Wir haben einen Vater, unser Leben
    Entsprang in einem Schooß, als Zwillinge
    Erzogen wurden wir, und haben doch
    Einander fern gelebt, wie Fremdlinge.
    Ich könnte wünschen, daß der erste Pfühl,
    Auf dem gewiegt ich ward, ein Grab gebracht
    Mir hätte.
Penthea.   Glücklich wärst du dann gewesen.
    Gekannt dann hättest nie du jene Sünde
    Des Lebens, welche alles spät're Glück
    Durch eine Rache auslöscht, weil du nicht
    Vollstreckt den letzten Willen jenes Toten,
    Dem du das Leben dankst.

Ithocles.   Zu grausam nicht,
  Penthea, kannst du sein; durch meine Thorheit
  Ist mit Gewalt ein liebend Herz hinweg
  Von deiner Brust gerissen worden, daß es
  In Staub zerrieben werde, und das meine
  Bricht jetzt darum.

Penthea.   Noch nicht; ich flehe dich,
  O Himmel, darum an; laß Flammenglut
  Eh'r dies dein Herz versengen, nicht verzehren;
  Genährt mit gränzenlosen Wünschen mag
  Die Glut dir werden und mit Hoffnungen,
  Die nicht erfüllbar sind!

Ithocles.   O arme Schwester!
  Der Unrecht ich gethan, dein Flehen ist
  Erhört.

Penthea.   Durch eines Bruders grausam Handeln
  Sieh hier ins Elend mich gestürzt.

Ithocles.   Ich schmachte
  Nach Tod, doch kann nicht sterben.

Penthea.   Auf dem Lande
  Die Mädchen, ihre Arbeit lassend, löschen
  Im Bach mit Lämmern ihren Durst,
  Indes mit meinen Thränen meine Seufzer
  Ich stille.

Ithocles.   Sei sein Brod auch noch so grob,
  Der Landmann ißt's und streckt zum Schlaf sich hin;
  Indessen jeder Bissen, den ich koste,
  Mir gallig bitter wird, so bitter, wie
  Pentheas Fluch.   Für meine Tyrannei
  Leg jede Buße, die du willst, mir auf,
  Und als barmherzig preis' ich dich.

Penthea.   Ich flehe
  Dich an, von meinem eifersüchtigen Gatten
  Befrei mich, töte mich; in Freundschaft dann,
  Aufs neu laß Bruder uns und Schwester sein.

Ithocles. Nachdem ich außen Sieg auf Sieg erkämpft,
Fand ich daheim Verzweiflung. Ruchlos hat
Der Undank der Natur mein Thun gemacht.
Als eine Gottheit wirst du dasteh'n, Schwester,
Und für das Märtyrtum, das du dir selbst
Auflegst, verherrlicht werden; Frau'n und Mädchen,
Die Unglück schwer getroffen, werden dir
An deinem heil'gen Schrein Gebete weih'n
Und Turteltauben, myrtenlaubbekränzt,
Dort opfern, wenn dein Mitleid einem Bruder
Nur einen Finger leiht, um ihm den Druck
Des Herzens zu erleichtern.

Penthea.   O! nicht weiter.

Ithocles. Der Tod harrt mein, mich ans Gestad des Styx
Zu führen, und aus meiner Knechtschaft Chaos
Mich zu befrei'n; doch ruhig dulden muß ich,
Bis du vergibst.

Penthea.   Wer ist die Heil'ge, der
Du dienest?

Ithocles.   Freundschaft oder Blutsverwandtschaft
Mit einer anderen als meiner Schwester
Fürwahr nicht hätte also fragen dürfen.
Denn ein Geheimnis ist's, von dem zu murmeln
Ich zu mir selbst sogar nicht wage.

Penthea.   Laß —
Bei dem, was selbst du mir beteuert hast,
Beschwör' ich dich — mich ihren Namen hören.

Ithocles. Das wag' ich nicht.

Penthea.   All das ist eitel Vorwand!

Ithocles. Nicht doch! Calantha ist's, des Königs
                         Tochter,
Die einz'ge Erbin Spartas. O! ich Armer!
Lieb' ich dich nun? Ueb Rache für die Kränkung,
Die ich dir zugefügt, und hinterbringe
Dem König den Verrat, den ich geübt.

Thu's! Noch nicht weiß Calantha es und noch
Nicht Prophilus, der mir am nächsten steht.

Penthea. Nimm an, bu wärst mit ihr verlobt, würd' es
Dir nicht das Herz zerreißen, wenn bu säh'st,
Wie wider ihren Willen sie ihr Vater
Aus deinen Armen risse und dem Prinzen
Von Argos sie vermählte?

Ithocles. Mach, o Schwester,
Die Quelle meiner Thränen düstrer nicht
Durch deine Trübsal noch! Blutschweiß entströmt mir
Darob.

Penthea. Wir sind versöhnt. Ach, da zwei Aeste
Von einem Stamm wir sind, geziemt es nicht,
Daß wir uns trennen. Fasse Mut, Trost kannst
Du finden.

Ithocles. Ja in dir allein, Penthea.

Penthea. Hat Gram mir nicht zu sehr den Geist verdüstert,
Zu frischem Handeln will ich mich ermannen.

Andere Scene.

Penthea empfiehlt ihren Bruder **Ithocles** im Sterben der
Fürstin.

Calantha. Penthea.

Calantha. Da du allein bist, die Gelegenheit
Dir, Penthea, gewähr' ich, die bu suchtest,
Und bie bu fördern konntest.

Penthea. Eine Wohlthat
Ist das, für die ich selbst im Tod bir danke.
Die Sanduhr meines Lebens, teure Fürstin,
Wird abgelaufen sein in kurzer Frist.
Ein innrer Bote kündet mir, daß nah
Die Stunde meines Aufbruchs ist.

Calantha. Du bist
Zu melancholisch.

Penthea. Alle Glorien
Der Erdengröße sind nur schöne Träume
Und Schatten, welche schnell verschwinden werden.
Hier auf der Bühne meiner Sterblichkeit
Hat meine Jugend ein'ge eitle Scenen
Gespielt und in die Länge ausgedehnt.
Wohl waren ein'ge Freuden drein gemischt,
Doch tragisch ist der Ausgang.

Calantha. Wahrlich, Grund
Hast du zur Trauer, aber nicht so starken,
Daß du nicht Heilung davon hoffen dürftest.

Penthea. Ein Leichentuch muß dieses Mittel sein,
In einem abgelegnen Winkel drunten.
Damit ich dich nicht länger warten lasse,
Hör mein Gesuch, o Fürstin, gleich.

Calantha. So sprich!

Penthea. Sei du Vollstreckrin meines letzten Willens
Und übernimm es, die Vermächtnisse,
Die ich zu machen denke, zu erfüllen.
Nicht viel zu geben hab' ich, drum nicht groß
Wird deine Mühe sein. Der Himmel wird
Dich dafür lohnen, wenn ich tot bin. Sicher,
Ich kann nicht leben und ich hoff' es nicht.
Hier auf das Blatt hinschrieb ich meinen Willen,
Den jetzt aus meinem Mund du hören sollst.

Calantha. So sprich!

Penthea. Drei arme Edelsteine nur
Hab' ich. Hör: Meine Jugend ist der erste.
Denn wenn ich gleich an Kummer alt schon bin,
An Jahren bin ich noch ein Kind.

Calantha. Wem denn
Vermachst du deine Jugend?

Penthea. Nun, an Jungfrau'n,
Die nie Gehör unreinen Wünschen geben.

Calantha. Der zweite Edelstein?

Penthea. Das ist mein Ruf,
Den noch Verleumdung nicht befleckt, so denk' ich.
Ihn hinterlaß' ich der Erinnerung,
Sowie dem alten Kind der Zeit, der Wahrheit.
Wenn je mein unglücksel'ger Name noch
Genannt wird, während ich in Staub zerfalle,
. Mag ihn die Milde vor Entehrung schützen.

Calantha. Hübsch spielst mit Phantasiegebilden du.
Zum Schlusse nun! Dein Testament gefällt mir.

Penthea. Sehr wert ist, hohe Frau, mir dies Juwel.
Streng an dich, bitte, so es zu verwenden,
Wie es mein Wunsch ist.

Calantha. Wohl, vertrau mir ganz!

Penthea. Vor lange schon verlor zuerst mein Herz ich
Und habe lange, sein beraubt, gelebt.
Der Erbin Spartas nun in heil'ger Liebe
Vermach' ich meinen Bruder Jthocles.

Calantha. Was sagst du?

Penthea. Mit mitleid'gem Auge schau
Auf ihn, o Fürstin, wie gleich einem Geist
Von dem, der jüngst er war, er jetzt erscheint.

Calantha. Soll ich mein Ohr dir leih'n?

Penthea. Eh'r wird sein Herz
In Asche sinken, weil du ihn mißachtet,
Als daß er wagt, der Arme, nur ein Auge
Zu deinem Himmelsantlitz zu erheben.
Doch mußt du wissen: der Verlorne liebt dich.
Sei Fürstin nun an Milde, wie dem Blut nach.
Verdamm ihn, oder richt ihn auf durch Tröstung.

Calantha. Hervorzurufen mein Mißfallen, wie
Wagst du das plötzlich?

Penthea. Von der Welt hinweg
Muß ich, um im Elysium zu schwelgen.
Für meines Bruders Wohl drum möcht' ich sorgen.

Doch Ithocles, ich hoffe, weiß von dem nichts,
Was ich jetzt thue.

Anmerkung. Zum Verständnis der folgenden Scene
muß man wissen, daß die Fürstin durch diese Bitten der
Penthea und durch das wirkliche Verdienst des Ithocles gewonnen wird, seine Liebe zu erwidern, und daß sie mit Zu-
stimmung des Königs, ihres Vaters, mit einander verlobt
werden.

Andere Scene.

**Calantha, Prophilus, Euphranea, Nearchus, Crotolon,
Chrystalla, Philema und Andere.**

Calantha. Wo bleiben Ithocles und Orgilus?

Crotolon. Mein Sohn, huldvolle Fürstin, flüsterte
Von einem neuen Plan, dem diese Feste
Allein zum Eingang dienten. Spieler würden
In diesen Ithocles sein und mein Sohn.

Calantha. Hübsch für ihr Fernesein ist die Entschuldigung.
Bassanes hat die Feste nie geliebt.
Armostes ist beim König?

Crotolon. Ja.

Calantha. Zum Tanz nun!
(Zu Nearchus.) Der Braut reich, teurer Vetter, deine
Hand.
In meiner Hut soll steh'n der Bräutigam.
Sei eifersüchtig nicht, Euphranea.
Nicht in Versuchung führen werd' ich ihn.
Der Tanz beginne!

Sie tanzen die erste Tour, während welcher **Armostes** eintritt.

Armostes. Tot ist Euer Vater,
Der König!

Calantha. Nun zur nächsten Tour!

Armostes. Ist's möglich?

Sie tanzen von neuem; **Bassanes** tritt ein.

Bassanes. O hohe Frau, die arme Penthea
Hat sich den Hungertod gegeben.

Calantha. Sei
Verwünscht! Fahrt fort!

Bassanes. Starr werd' ich vor Erstaunen!

Sie tanzen weiter; **Orgilus** tritt ein.

Orgilus. Ermordet ward der brave Ithocles.
Grausam ermordet.

Calantha. O wie dumpf ertönt
Da die Musik! Spielt lust'ger doch! So hurtig
Sind unsre Füße nicht, wie unsre Herzen.

Orgilus. Ich bin wie blitzgetroffen.

Sie tanzen die letzte Tour. Die Musik hört auf.

Calantha (zu Nearchus). Laßt uns kurz
Aufatmen. Hat nicht frischre Farbe dir
Aufs Antlitz dieser Tanz gelegt?

Nearchus. Eur Blut,
O holde Fürstin, ist so rein und leuchtet
Mit mildem Rot auf Euren weißen Wangen.

Calantha. Froh seh'n wir alle aus und wie mich dünkt:
Anmaßung, Vetter, ist es, diese Feier
Plötzlich zu unterbrechen.

Nearchus. Keiner wagt das.

Calantha. Ja, ja, von einer hohlen Stimme ward
Mir zugeflüstert, daß der König tot sei.

Armostes. Tot ist der König; diese traur'ge Nachricht
Hab' ich gebracht. In meinen Armen hat er
Den letzten Hauch verströmt und Euch zugleich
Mit seiner Krone Eurer Mutter Ehring
Vermacht, den ich hiermit Euch überreiche.

Crotolon. Höchst wundersam!

Calantha. Sei Friede seiner Asche!
Wir sind denn Königin.

Nearchus.   Lang leben mag
  Calantha, Spartas hohe Herrscherin!

Alle. Calantha lebe lang!

Calantha.   Was hat Bassanes
  Geraunt?

Bassanes.   Daß meine Penthea,*) die Arme,
  Elend den Hungertod gestorben ist.

Calantha. Glücklich ist sie, daß sie geendet hat
  Ein langes, schweres Leiden! Noch ein drittes
  Gerücht vernahm ich wider Willen.

Orgilus.   Mord
  Hat Ithocles ereilt.

Calantha.   Durch wessen Hand?

Orgilus. Dies Instrument vollstreckte meine Rache
  Aus wohlgerechten und bekannten Gründen.**)
  Sprecht ihn von diesen frei, so lebte nie
  Ein Mann von höherem Verdienst und mehr
  Gemacht, das Scepter eines Reichs zu führen.

Calantha. Mit einer Handlung der Gerechtigkeit
  Will ich mein Reich beginnen: dein Bekenntnis
  Verurteilt dich, unsel'ger Orgilus.
  Doch nicht zugegen darf dein Vater sein,
  Noch deine Schwester. Deinem Sohne gib
  Den letzten Segen, Crotolon, und du,
  Euphranea, sag dein letztes Lebewohl ihm.
  Dann geht, ihr beide.

   Crotolon, Philema und Chrystalla ab.

      (Zu **Orgilus.**) Blutiger Erzähler
  Der Frevel, welche du verübt, erwähle
  Den Tod dir, den du sterben willst. Das ist

---

  *) Die Frau des Bassanes.

  **) Penthea war zuerst an Orgilus verlobt, ward aber
von ihrem Bruder gezwungen, Bassanes zu heiraten; darüber
unglücklich, hungerte sie sich zu Tode.

Die letzte Gnade, die wir dir gewähren.
Doch daß ich kurz sein darf, laß, Vetter, mich
Dich bitten; diese Herren sollen jetzt
Sofort seh'n, wie dein Todesspruch vollstreckt wird.

Nearchus. Du kannst befehlen.

Orgilus. Eine Bitte noch
Hab' ich: verbürge deine Gnade mir,
Daß durch gemeine Hand ich nicht den Tod
Erleide.

Calantha. Ihrer Weisheit, welche Zeugen
Bei deinem Ende sind, stell' ich's anheim.
Tot sind die Toten. Wären sie nicht tot,
Notwendig müßten sie die Schuld bezahlen,
Die der Natur sie zollen. Schnell, ihr Herrn, nun! —
Zu meiner Krönung muß ich eilend schreiten.

(Ab.)

Armostes. Seltsam ist das, daß diese Trauerfälle
Niemals ihr weiblich Mitgefühl erregen.

Bassanes. Ihr Geist, fürwahr, ist der nicht eines Weibes.

Andere Scene.

Die Krönung der Prinzessin findet nach der Hinrichtung des
Orgilus statt. Sie tritt weiß gekleidet, eine Krone auf dem
Haupte tragend, in den Tempel, dort kniet sie am Altare
nieder. Die Leiche des ermordeten Ithocles (dem sie heim-
lich verlobt gewesen) wird auf einem Bahrtuch, in reicher
Kleidung, mit einer Krone auf dem Haupte, hereingetragen
und an der Seite des Altars niedergesetzt, wo sie hinkniet.
Nachdem sie gebetet, erhebt sie sich.

**Calantha, Nearchus, Prophilus, Crotolon, Bassanes,
Armostes, Euphranea, Amelus, Chrystalla, Philema und
Andere.**

Calantha. Erhört ward unser Fleh'n; die Götter sind
Barmherzig. Sagt mir nun, ihr, deren Treue
Mir, eurer Herrscherin, Ergebung zollt,
Daß außer Stande eure Dienstpflicht ist,

Dem Scepter einer Jungfrau unterthan
Zu sein, die immer ihr das Glück gehabt,
Nur Männern zu gehorchen. Hat ein Weib genug
Zu thun, doch ihrem eignen Verhalten
Und ihren Leidenschaften zu gebieten.
Ein kriegerisches Volk, gestählt zu Thatkraft,
Kann nicht ein Weib als Herrscherin gebrauchen.
Wir heischen euren Rat darum, wie wir
Uns einen Gatten wählen sollen, der
Das Königreich hier besser lenken kann.

Nearchus. Gebieterin, dein Wille ist Gesetz.

Armostes. Beweise deiner Festigkeit noch sahen
    Wir jüngst und können ihnen nicht mißtrauen.

Crotolon. Doch, treffen Eure Hoheit eine Wahl
    Nach eigner Neigung, welche statthaft ist
    Und Euch genehm, so kann dies Reich an Macht
    Gedeih'n und hoch und immer höher aufblüh'n.

Calantha. Mein Vetter Argos.

Nearchus.   Hohe Frau!

Calantha.   Wenn ich
    Nun dich zu meinem Herren wählen wollte,
    So sollst du hören, was dabei ich mir
    Bedingen würde, vor der Heirat schon.

Nearchus. Sprich offen, tugendhaftes Weib!

Calantha.   Ich würde
    Verlangen, daß nach den Gesetzen Ihr
    In Sparta herrschtet. Vicekönig könnte
    In Argos dann Armostes sein; das Scepter
    Drauf könnte in Messene Crotolon
    Ergreifen und Bassanes könnte Marschall
    Von Sparta sein. Die Menge hoher Aemter
    Genügte dann, zufrieden die zu stellen,
    Die über frühre Unbill sich beschweren.
    Die Herrn hier, Groneas und Lemophil
    Dann hätten aufzuwarten Euch bei Hof.

Vermählen würde mit Amelus sich
Chrystalla; sich als treues Weib bewähren
Wird sie; und in der Vesta Tempel müßte
Philema Priestrin sein.

Bassanes. Ein Testament
Ist das; es klingt nicht wie ein Ehvertrag.

Nearchus. Dies alles wird gescheh'n.

Calantha. Von Prophilus
Zuletzt noch! Feierlich, mein Vetter, soll er
Bekleidet werden mit all jenen Titeln
Und Ehren, welche mein vergeßner Gatte
Zu kurze Zeit genoß.

Prophilus. Unwürdig bin ich,
In der Erinnerung Euch fortzuleben.

Euphranea. Wie trefflich seid Ihr!

Nearchus. Sagt, was meintet Ihr,
Wenn Ihr von dem vergessnen Gatten spracht?

Calantha. Verzeihe mir! Jetzt wend' ich mich zu dir,

(Sich an den Leichnam des Ithorles wendend.)

Du Schatten meines mir vermählten Herren.
Seid Zeugen all ihr; meiner Mutter Ring
Steck' ich an seinen Finger; meines Vaters
Vermächtnis war er: so von neuem ihm
Vermähl' ich mich, des Weib ich bin. Der Tod
Soll uns nicht trennen. Meine Herrn, es war
Nur Täuschung, wenn ich seelenstark euch schien,
Als eine Nachricht auf die andre kam
Von Tod und Tod und Tod; noch immer tanzte
Ich weiter; doch es traf mich — hier! und plötzlich.
Wohl mögen Weiber sein, die durch Geschluchz
Und Weinen sich von ihrem Schmerz entlasten
Und weiterleben, um sich neu zu freuen,
Und wieder diese Freuden überleben.
Die stummen Schmerzen aber sind es, die

Des Herzens Saiten springen laſſen. Laßt
Mich lächelnd ſterben!

Nearchus.   Wahr iſt's; aber ſchrecklich.

Calantha. Noch einen Kuß auf dieſe kalten Lippen
Drück' ich; es iſt mein letzter. Argos iſt
Jetzt Spartas König.   (Sie ſtirbt.)

———

Ich kenne in keinem Drama eine ſo grandioſe, ſo feier=
liche und überraſchende Kataſtrophe wie dieſe. Das heißt in
Wahrheit, wie Milton ſagt, „hohe Leidenſchaften und Thaten
ſchildern". Die Stärke eines ſpartaniſchen Knaben, der ein
Tier ſeine Eingeweide zernagen ließ, bis er ohne einen Seufzer
auszuſtoßen ſtarb, iſt nur ein ſchwaches körperliches Bild von
dieſer Zerreißung des Herzens und Zerfleiſchung des innerſten
Gemüts, welche Calantha mit heiliger Anſtrengung gegen ihre
eigene Natur tief verbirgt, bis die letzten Pflichten eines
Weibes und einer Königin erfüllt ſind. Märtyrergeſchichten
drehen ſich nur um Ketten und das Hochgericht; ein kleines
körperliches Leiden. Welch edles Ding iſt die Seele in ihrer
Kraft und in ihrer Schwäche! Wer möchte weniger ſchwach
ſein als Calantha? Wer kann ſo ſtark ſein? Der Eindruck
dieſer gewaltigen Scene trägt mich in der Phantaſie nach
Golgatha und dem Kreuz, und ich glaube eine gewiſſe Aehn=
lichkeit zwiſchen dem Leiden hier und dem wirklichen Todes=
kampfe dort zu finden, auf das ich kaum hinzudeuten wage.

Ford gehörte zu der höchſten Klaſſe der Dichter. Er
ſuchte die Erhabenheit nicht hier und dort in Metaphern und
Bildern, ſondern direkt, wo ihr Wohnplatz iſt, in den Herzen
der Menſchen, in den Thaten und Leiden der größten Geiſter.
Bei ihm finden wir eine Größe der Seele, höher als die
Berge, die Meere und Elemente. Sogar in der Geiſtesver=
wirrung von Giovanni und Annabella gewahren wir Spuren
jenes feurigen Strahles, welcher noch in dem wilden Ab=
weichen von der ausgetretenen Bahn des Handelns ſelbſt
auf dem krummen Wege etwas von dem rechten entdeckt,
und Andeutungen von einer noch verbeſſerungsfähigen Größe
in der tiefſten Erniedrigung unſerer Natur zeigt.

Ch. Lamb.

Von allen letzten Scenen auf irgend einer Bühne ist
die letzte in Forbs gebrochenem Herzen die überwältigendste,
sowohl in der Einheit des äußeren Effekts wie dem inneren
Eindruck nach. Andere Tragödien haben einen gleich grandiosen
Schluß mit gleich vieler oder noch größerer poetischer Kraft;
keine, wie mir scheint, mit solcher Vereinigung von äußerem
und geistigem Effekt. Als eine bloße Bühnendarstellung ist
sie so groß koncipirt und so mächtig ausgeführt, daß selbst
bei weniger gewaltigem und zartem Ausdruck, bei weniger
hervortretender und mächtiger Leidenschaft in dem Maß und
der Bewegung der Worte sie sich dem Gedächtnis zu ewiger
Bewunderung einprägen würde. Tief gegründet, wie sie ist,
auf feierliche und ruhige Herzensbewegung, in herrlichen und
majestätischen Versen ausgeführt, verdient diese große Scene
sogar jene höchste Lobpreisung ihres größten Kritikers.

Swinburne.

2. Giovanni und Annabella.

Ein Trauerspiel.

Giovanni, ein junger Edelmann aus Parma, hegt eine un=
erlaubte Liebe zu seiner Schwester. Er bittet **Bonaventura**,
einen Mönch, um Rat.

Bonaventura, Giovanni.

Bonaventura. Sprich weiter nicht, denn wisse, junger
Mann,
Dies ist nicht Schulweisheit; mit Argumenten,
Wenn schwach auch, mag sich die Philosophie
Befassen, doch nicht mit sich spaßen läßt
Der Himmel. Geister, die auf ihren Witz
Zuviel vertrauten und beweisen wollten,
Es sei kein Gott, entdeckten durch ihr Klügeln
Den ersten Weg zur Hölle und erfüllten
Die Welt mit gottverfluchtem Atheismus.
Thöricht sind, Jüngling, solche Fragen; besser

Ist's, viel die Sonne segnen, als zu streiten,
Warum sie scheint; doch der, von dem du sprichst,
Ist höher als die Sonne. Nicht mehr will
Ich davon hören.

Giovanni. Lieber Vater, dir
Voll aufgeschlossen hab' ich meine Seele
Und meines Herzens ganzes Vorratshaus
Vor dir geleert, so daß ich kein Geheimniß
Mehr berge; ungesprochen ist von mir
Kein Wort geblieben, das mein ganzes Denken
Und Fühlen vor dir offenbaren konnte.
Und nun ist dies der Trost, den du mir gibst?
Darf ich nicht thun, was alle Menschen dürfen,
Ich meine: lieben?

Bonaventura. Lieben darfst du, ja,
Mein Sohn.

Giovanni. Muß solche Schönheit ich nicht preisen,
Die, wenn sie eben erst gebildet würde,
Die Götter selbst zu einer Gottheit machten,
Und vor ihr knieten, so wie ich vor ihnen?

Bonaventura. Wahnsinniger!

Giovanni. Soll denn ein leerer Laut,
Soll eine Form, an die einmal die Menschen
Gewöhnt sind, soll der Name „Bruder, Schwester"
Als Schranke zwischen mir und meinem Glück steh'n?

Bonaventura. Hör auf, Unsel'ger, sonst bist du ver=
loren!

Giovanni. Nein, Vater, dir im Auge les' ich Mitleid;
Sowie aus einer heil'gen Quelle tropft
Aus deinem Alter weiser Rat. Sag mir,
Welch eine Heilkur kann in dieser Drangsal
Mir helfen?

Bonaventura. Reue wegen deiner Sünde,
Mein Sohn, denn eine Majestät dort oben
Hast du durch deine Blasphemie beleidigt.

Giovanni. O, ſprich nicht davon, teurer Beichtiger!

Bonaventura. Biſt jenes Wunder du von Geiſt, mein
Sohn,

Der als Mirafel in den letzten Monden
Von ganz Bologna angeſtaunt ward? Wie
Hat nicht die hohe Schule dein Talent,
Wie dein Verhalten, deine Redegabe
Und deine Geiſtesgegenwart bewundert,
Und was noch ſonſt den Wert des Menſchen ausmacht!
Stolz war ich drauf, daß du mein Schützling warſt,
Eh'r meinen Büchern Lebewohl geſagt
Hätt' ich, als dir. Doch nun verloren iſt
In dir die Frucht all meiner Hoffnungen,
Wie du dich ſelbſt verlorſt. O mein Giovanni,
Haſt du der Weisheit Schule denn verlaſſen,
Der Wolluſt dich zu weihen und dem Tod?
Denn Tod harrt deiner wegen deiner Sünde.
Betrachte doch die Welt und du wirſt ſehen,
Daß manches Antlitz ſchöner iſt, als das
Idol, vor dem du knieſt.

Giovanni.   Der Ocean
In ſeiner Flut und Ebbe ließe eher
Sich hemmen, als in meiner Liebe ich.

Bonaventura. Zu Ende bin ich dann; in deiner Liebe
Schon ſehen muß ich deinen Untergang.
Der Himmel iſt gerecht. Doch meinen Rat
Vernimm!

Giovanni. Hoch acht' ich ihn!

Bonaventura.   Von hinnen eil'
In deines Vaters Haus; ſchnell ſchließ dich dort
Allein in deine Stube ein, dann wirf
Dich auf das Knie und beuge dich zum Staub,
In Thränen waſche jedes deiner Worte,
Und, kann es ſein, in Blut. Zum Himmel flehe,
Daß er dich von der Wolluſt Ausſatz rein'ge.

Erkenne, was du bist, ein Wurm, ein Nichts.
Dreimal bei Tage und dreimal bei Nacht
Fleh' Gott mit Seufzen an; und sieben Tage
Thu' dies. Wenn keine Aenderung du dann
In deinen Lüsten fühlst, komm neu zu mir;
Und auf ein Mittel will ich sinnen. Bete
Zu Haus für dich, und wenn du willst, will hier
Ich für dich beten. Lebe wohl! Ich gebe
Dir meinen Segen, Beten ist uns Not.

Andere Scene.

Giovanni, Annabella.

Giovanni erklärt der Annabella seine Liebe.

Annabella. Ist Schmeichelei das oder höhnst du mich?
Giovanni. Wenn eine Schönheit du erblicken willst,
  Vollkommner, als die Kunst sie nachzubilden
  Vermag, so schaue in den Spiegel doch
  Dich selbst darin zu sehn.
Annabella.   Ein schmucker Jüngling
  Bist du.
Giovanni. Da nimm.   (Er reicht ihr sein Schwert.)
Annabella.   Was soll ich thun?
Giovanni.   Und hier
  Ist meine Brust. Stoß zu, durchbohre sie!
  Ein Herz drin wirst du sehn, auf das die Wahrheit
  Geschrieben steht, von der ich rede; was
  Noch zögerst du?
Annabella.   Sprichst du im Ernst?
Giovanni.   Fürwahr,
  Im vollsten Ernste! Lieben kannst du nicht.
Annabella. Wen?
Giovanni.   Mich. — Betrübnis in der Todesglut
  Hat dies, mein tiefgequältes Herz, gefühlt.
  O Annabella, ganz vernichtet bin ich.

Die Liebe, die ich zu dir fühle, Schwester,
Der Anblick deiner wundervollen Schönheit,
Zerstört ward meine Ruhe und mein Leben,
Ja jede Harmonie in mir durch sie.
Was thust du nicht den Stoß?

Annabella.   Ach, meine Angst!
Ich kann nicht.   Ist dies Wahrheit, besser wär's,
Ich wäre tot.

Giovanni.   Ja Wahrheit, Annabella!
Nicht Zeit ist hier zum Scherzen; allzulang
Hielt ich geheim die Flammen meines Herzens,
Die mich beinah verzehrt; wie manchesmal
Hab' ich die stille Nacht in Weh und Seufzern
Verbracht, mein Denken all geprüft, mein Schicksal
Verwünscht, mit Gründen wider meine Liebe
Selbst angekämpft, jedweden Rat befolgt,
Den glatte Tugend nur erteilen konnte,
Doch alles fand ich zwecklos; mein Geschick
Verlangt, daß du mich liebst, sonst muß ich sterben.

Annabella. Sprichst du im Ernst?

Giovanni.   Mag schweres Mißgeschick
Mich treffen, wenn ich etwas dir verhehle.

Annabella. Du bist mein Bruder, mein Giovanni.

Giovanni.   So
Wie du, ich weiß es, meine Schwester bist.
Und Gründe könnt' ich daraus schöpfen, dich
Darum so mehr zu lieben. —

(Weiter gibt er einige sophistische Gründe an und fährt fort:)
Nun, muß ich leben oder sterben, sprich!

Annabella. So lebe denn, du hast das Feld gewonnen,
Bevor du noch gekämpft.   Mein Herz, das seiner
Nicht Herr mehr ist, gefaßt hat es den nämlichen
Entschluß seit lang.   Rot werd' ich, dir zu sagen,
(Und dennoch sag' ich es) für jeden Seufzer,
Den du für mich verhaucht hast, hab' ich zehn

Verhaucht; für jede deiner Thränen zwanzig
Vergossen, und nicht deshalb, weil ich liebe,
Nein, mehr noch, weil ich's nicht zu sagen wagte;
Ja nur zu denken.

Giovanni. Gib, o Gott, daß nicht
Dies Glück ein Traum sei! Mitleid hab mit mir.
Ich fleh' dich an.

Annabella (niederknieend). Auf meinen Knieen, Bruder,
Bei meiner Mutter Staub beschwör' ich dich,
An deine Laune oder deinen Haß
Verrat' mich nicht; mein Bruder, liebe mich,
Sonst töte mich.

Giovanni (niederknieend). Auf meinen Knieen, Schwester,
Bei meiner Mutter Staub beschwör' ich dich,
An deine Laune oder deinen Haß
Verrat mich nicht; o Schwester, liebe mich,
Sonst töte mich.

Annabella. So meinst du's ernstlich so?

Giovanni. Ja, ich beteur' es; und so ist's mit dir?
Sprich, meinst du es im Ernst?

Annabella. Ja, schwören will ich's.

Giovanni. Und ich; austauschen diesen Augenblick
Nicht würd' ich für Elysium.

Andere Scene.

Annabella wird schwanger von ihrem Bruder. **Sorano,** ihr
Gatte, an den sie eben verheiratet worden, entdeckt ihren
Zustand, doch kann er den Urheber desselben von ihr nicht
erfahren. Endlich durch Vasques, seinen Diener, entdeckt er
die Wahrheit. Er gibt vor, daß er vergebe und sich mit
seinem Weibe versöhnt habe. Sodann veranstaltet er ein
prächtiges Fest, zu welchem **Annabellas** alter Vater **Giovanni** und alle vornehmsten Bürger von Parma eingeladen
werden, indem er Giovanni durch List in einen Hinterhalt
und in den Tod zu locken denkt. Annabella schöpft Verdacht
und benachrichtigt ihren Bruder.

Giovanni, Annabella.

Giovanni. So schnell verändert? ist dein Hirn verwirrt,
  Daß so Verrat du übst, an den Gelübden
  Und an den Eiden, welche du geschworen?

Annabella. Bei meinem Mißgeschicke kannst du scherzen,
  Und denkst an die Gefahren nicht, die dich
  Bedroh'n?

Giovanni.   Ist ihrer eine halb so groß,
  Wie solcher Treubruch? Schwester, du bist treulos,
  Denn wissen mußt du, Bosheit und Verrat
  Vor einem Falten meiner Stirne müssen
  Sie beugen sich; ja fest in meiner Faust
  Gepreßt halt' ich das Schicksal, und gebieten
  Könnt' ich dem ew'gen Lauf der Zeit, wärst du
  Um eine Spur nur treuer als das Meer,
  Das ebbende, gewesen.

Annabella.   Teurer Bruder,
  Bedenk, was ich gewesen, und daß nur
  Noch eine Spanne Zeit vom Untergang
  Uns trennt. Laß diese Stunden, die so kostbar,
  Uns doch durch eitle Reden nicht verlieren.
  Ach! Eine Absicht ist's, in der die Festnacht
  Hier vorbereitet ward. Die prächt'ge Feier
  Wird nicht, damit die Gäste fröhlich sei'n,
  Gehalten. Ich, die eingeschlossen ich
  Allein hier war, von meinem Hüter fern
  Und jedem sonst, nicht zwecklos ward ich jetzt
  Auf kurz befreit, so daß man Andern Zugang
  Zu mir vergönnte. Täusch' dich nicht, mein Bruder.
  Dies Festmahl ist für mich und dich ein Bringer
  Des Todes. Sicher kannst du sein, so ist's.
  Darum bereite dich zum Sterben.

Giovanni.   Nun denn,
  Gelehrt wird ja, daß dieser ganze Erdball

In einem Augenblick in Staub und Asche
Versinken werde.

Annabella.   So gelesen hab' ich.

Giovanni. Doch wenn die Wasser brennten, seltsam wär'
Ein solcher Anblick. Hielt ich das für möglich,
An einen Himmel auch und eine Hölle
Dann könnt' ich glauben.

Annabella.   Daß es solche gibt,
Ist sicher. — Aber jetzt, mein guter Bruder,
Wie denkst du dich aus der Gefahr zu retten?
Bedenk, wie du entfliehen willst. Ich bin
Gewiß, gekommen sind die Gäste schon.

Giovanni. Blick' her, was siehst du mir im Angesicht?

Annabella. Verwirrung und ein zagendes Gewissen.

Giovanni. Tod neben Zorn, der schnell auflodert, — schau
Noch einmal, was siehst du in meinen Augen?

Annabella. Mir scheint, du weinst.

Giovanni.   Ich weine, ja; dies ist
Das Totenopfer auf dein Grab geweint.
Dies furchte meine Wangen, als zuerst
Ich liebte und noch nicht verstand zu werben.
O, schöne Annabella, wollt' ich hier
Die Mähr von meinem Leben wiederholen,
Verlören wir die Zeit. Seid Zeugen mir,
Ihr Geister all der Luft und all ihr Dinge,
Die ihr noch weiter seid, daß Tag und Nacht,
Daß früh und spät der Zoll, den dies mein Herz
Der heil'gen Liebe Annabellas zahlte,
Die Thränen waren, die ich ihrem Tod
Jetzt weine. Nie bis jetzt hat die Natur
Ihr größtes noch gethan, der Welt zu zeigen,
Was höchste Schönheit sei, und als sie kaum
Noch einen Augenblick geseh'n nun worden,
Heischt sie die neidische Natur zurück.
O bete, Annabella, bete, da

Wir scheiden müssen, geh' du, rein von Seele,
Um einen Thron der Heiligkeit und Unschuld
Im Himmel einzunehmen. Bete, Schwester,
Ja bete!

Annabella. Nun erkenn' ich deine Absicht.
Behütet mich, ihr Engel!

Giovanni. Gib die Hand mir.
Wie lieblich 'in den schöngefärbten Adern
Rollt hier das Leben hin! Wie sicher kündet
Da. dieser Puls Gesundheit! Doch zu schelten
Vermöcht' ich die Natur, die so dir schmeichelt!
Vergib mir.

Annabella. Ja, von Herzen.

Giovanni. Lebe wohl!

Annabella. Gehst du?

Giovanni. Verdunkle, lichte Sonne, dich
Und wandle diesen Mittag um in Nacht,
Daß deine goldnen Strahlen eine That
Nicht schau'n, die finsterer sie machen werden,
Als ihren Styx die Dichter malen.

Annabella. Was
Denkst du?

Giovanni. Zu retten deinen Ruf.
(Er ersticht sie.)
So stirb,
Und stirb durch mich! Durch meine Hand! Die Rache
Ist mein; die Ehre geht der Liebe vor.

Annabella. Vergib ihm, Himmel, und mir meine
Sünden.
Leb' wohl, mein Bruder, unbarmherz'ger Bruder!
(Sie stirbt.)

3. Perkin Warbeck.

Perkin Warbeck und seine Anhänger werden von Lord Dawbney dem König Heinrich als Gefangene vorgeführt.

Dawbney. Der König lebe! Fest mag steh'n sein
Thron!
Hier einen Schatten, königlicher Herr,
Von Majestät führ' ich dir vor, allein
In Wahrheit einen Gegenstand des Mitleids.
Reif ist in nichts noch dieser junge Mann,
Doch hofft auf deine Gnade. Perkin ist's,
Das selt'ne Wunder unsrer Christenwelt.

König. Dawbney, ein Wunder kann ich nicht gewahren.
Wahr ist es, eine Zierde der Natur
Erblick' ich, wohlgebildet, fein von Sitte;
Ein schöner Jüngling ist's, allein bewundern
Kann ich ihn nicht. Wo nahmst du ihn gefangen?

Dawbney. Im Heiligtum von Bewley bei Southampton.
Dort ein Asyl mit diesem Anhang sucht' er.

König. Nicht danken kann ich dir; zu tadeln warst du,
In heil'ger Häuser Zufluchtsstatt zu bringen.
Nicht schänden dürfen wir ein Gotteshaus.

Dawbney. Mein gnäd'ger Herr, freiwillig, ohne Zwang,
Ergaben alle sich.

König. So? Dann war's gut.
Wirf, junger Mann, den Blick jetzt auf dich selbst
Und dein vergangnes Thun. Was für ein Fasching
Tollkühner und ehrgeiz'ger Jünglinge
Ist nicht im Reigentanz durch unser Reich
Gezogen, bis daß dir der Athem ausging,
Und deines Stolzes Füße strauchelten,
So daß den Hals du brachst!

Warbeck. Doch nicht das Herz;
Mein Herz wird klopfen, bis jedweder Tropfen

Des Blutes in des Todes ew'gem Winter
Gefroren ist. Verdunkelt sich die Sonne
Der Majestät, so mag die Lebenssonne
Vor mir in einer Finsterniß erlöschen,
Die ewig währt. Gedenk, o Herr, ein Lichtguß
Brach in die Welt herein, als Richmond sich
Zurückzog, da er nicht die Krone wollte,
Um froh am Hof des Herzogs der Bretagne
Fortan zu leben. Richard, der das Scepter
In Händen hielt, war als Tyrann verhaßt.
Doch dann ging auf ein Dämmrungsstrahl für wen'ge
Umirrende, der Tag versprach zu werden,
Als an die Küste sie bei Milford Haven
Sich wagten, mochte dort Gefahr auch drohen.

Dawbney. Wohin versteigt sich seine Kühnheit? Thu,
O König, seiner frechen Zunge Einhalt.

König. Laß ihn agiren nur. Der Spieler ist
Noch auf der Bühne; dies ist seine Rolle; —
Was ging dann vor?

Warbeck. Die Schlacht von Bosworth, wo
Der Welt zum Staunen unverseh'ns der Morgen
Für Richmond und zugleich die Nacht für Richard
Einbrach. So liegt der Fall. Das Schicksal, das
Günstig für den Versuch war, wenn er wenig
Auch noch gesichert schien, wohl hätte andre
Gleich ihm Entschloss'ne auch dafür gewonnen.

König. Ein schmucker Held! So wohl gab Eure Tante,
Die Herzogin Burgunds, an ihren Neffen,
Anweisung; die gelungene Erfindung
Ward dann in familiären Dialog
Gebracht, oft hergesagt, bis sie, auswendig
Gelernt, für Wahrheit nun gehalten wird.

Warbeck. Wahrheit in ihrer schlichten Einfalt ist
Der Kunst bedürftig, sich mit schwacher Röte
Zu schmücken. Weisheit sowie ernste Haltung

Sind die Gewänder, die des Herrschers Größe
Am besten von dem Gaukler unterscheiden.

König. Laß das Gepräng, mit welchem du dich putzest,
Mein Junge, und erscheine, wie du bist.
Die Folgen wirst du tragen sonst davon,
Daß Puppenspiel du triebst zu einer Zeit,
In der sich das nicht schickt.

Warbeck.   Nichts mindres
Erwart' ich hier, als das, was von der Strenge,
Gerechtigkeit genannt wird und Staatsklugheit
Von den Politikern. Laßt jene betteln,
Die von Almosen leben. Doch wenn Nachsicht
Du einem Feinde schenken willst, so laß
Sie diesen Unglücksel'gen angedeihen,
Die ihre Lage zu verbessern dachten,
Doch alles nun dadurch verloren haben;
Im Tode einst noch, wenn durch einen edel
Gesinnten ihnen Gnade widerfährt,
Werd' ich den Zoll des Dankes diesem bieten.

König. So tapfer? Welch' ein kühner Schelm ist das!
Die Zeit verschwenden wir mit Thorheit so,
Urswick, empfiehl dies Herzoglein, sowie
Die andern an den Towerkommandanten.
Gebt ihnen sicheres Geleit nach London.
So ist's gefällig uns, nicht grobe Kränkung,
Mißhandlung oder Schmähung sollen sie
Erdulden. Milder, als sie es verdienen,
Gerichtet werden sollen sie. Die Zeit
Mag ihnen, die der Ehrgeiz in die Irre
Geführt hat, die Vernunft zurückerstatten.

Warbeck. Wer edlen Sinnes ist, der findet Freiheit
Im Kerker selbst. Der Tower, unsre erste
Furchtbare Kinderstube!

König.   Wurde je
So viele Unverschämtheit im Betrug

Geübt? Durch die Gewohnheit, daß er immer
Sich König nennen hörte, ward dahin er
Gebracht, zu glauben, daß er einer sei.

Andere Scene.

Warbeck wird zum Tode geführt.

Oxford. Blickt hin und seht dort Eu'r Gefolge, das
Bestimmt ist, Euch zum Tode zu geleiten.

Warbeck. Ihr Pairs von England, mutig wollen wir
Sie führen. Auf den Stirnen ihnen las
Ich den Triumph, mit dem die Tyrannei
Sie niederwarfen. Zagt nicht im Moment
Des Sieges! Unser Ende und das Haupt
Warwicks, des unschuld'gen Warwicks Haupt,
— Denn nur Prolog zu seinem Trauerspiel
Sind wir — beenden Heinrichs stete Furcht.
Und der glorreiche Stamm von vierzehn Kön'gen
Plantagenet schließt ab mit diesem letzten
Männlichen Sprößling. Mag des Himmels Wille
Geschehen. Gönnt der Zeit nicht ihr Erstaunen,
Ihr Freunde, und wir wollen der Natur
Verschwenderisch, was wir ihr schulden, zahlen.
Tod! das ist nur ein Schall, ein luft'ger Name,
Der Sturm nur eines Augenblicks, ja nicht
So viel. Von einem Bett in's andre stürzen,
Von ein'gen Aerzten nach einander zwei
Der Monde hingeschlachtet werden, weil
Man hofft, von Fieberqual so zu genesen;
Wohl könnte das die Mannheit wanken machen.
Hier ist die Pein vorüber, ehe recht
Sie noch gefühlt wird. Seid beherzte Männer!
Verachtet Feigheit, daß der Ruhm uns kröne
Als Kön'ge, die dem Tode obgesiegt.

In der Galerie von Fords Werken, wie in derjenigen von Websters, befindet sich eines, welches bestimmt zu sein scheint, ein Beispiel von regelmäßiger und klassischer Form zu liefern. Fords „Perkin Warbeck" nimmt denselben Platz auf seiner Bühne ein, wie „Appius und Virginia" auf derjenigen Websters. In beiden Stücken ist eine vollkommene Einheit der Handlung, eine consequente Durchführung des Planes; alles ist klar geordnet, und geht direkt auf das Ziel los; es sind keine Auswüchse, es ist keine Ueberwucherung der Phantasie darin. Verglichen mit der „Herzogin von Malfi" oder dem „Gebrochnen Herzen" scheinen sie starr und kahl zu sein. Beide sind edle Werke. Dasjenige Websters hat natürlich mehr Glut und energische Kraft, dasjenige Fords hat vielleicht mehr vollkommene Bühnenwirkung und sorgfältige Composition. Die Festigkeit und Treue der Hand, mit welcher seine leitenden Charaktere gezeichnet sind, könnte nur dargethan werden, wenn man das Stück Scene für Scene analysirte. Die herrische Aufrichtigkeit Warbecks, sein hoher Heroismus, wie seine Treue, seine Dankbarkeit und sein ritterliches Vertrauen liefern einen würdigen Beweis von Fords Geschicklichkeit, eine Figur von unbefleckter und erhabener Beschaffenheit zu zeichnen; die traurige und feste Treue seines Weibes, die reine und kühne Hingebung des Liebenden, der sie verloren hat, der mutwillige und pathetische Stolz ihres Vaters, alles zuletzt hingeschmolzen in mächtige Sympathie und Billigung ihrer Treue in der schwersten Prüfung; und mehr als alles dies die edle gegenseitige Anerkennung und Achtung Warbecks und Dalyells zur Zeit der letzten Prüfung sind Qualitäten, welche dieses Drama auf den höchsten Platz unter ähnlichen Stücken in Bezug auf die moralische Stimmung und Wirkung erheben. Die beiden Könige sind treue und stark gezeichnete Studien. Die sanfte und entschlossene Seelenstärke und auf sich selbst beruhende Klugheit des ersten Tudor hebt die ordinäre Ritterlichkeit und leidenschaftliche, hin- und herschwankende Energie des Mannes von Flodden hervor. — —

Von phantasiereicher Schönheit und poetischer Leidenschaft hat dieses Stück nichts; aber in edler und fester Zeich-

nung der Charaktere steht es an der Spitze von Fords
Werken. Es gibt kein klareres Beispiel in unserer Literatur
von der Wahrheit des Axioms, welches Matthew Arnold aus
den Lehren der großen griechischen Meister geschöpft hat, daß
alles auf den behandelten Gegenstand ankommt. Es sind
vielleicht mehr schöne Zeilen in dem „Opfer der Liebe" als
in Warbeck; doch ist das erstere Stück durchaus mißlungen
und widerwärtig, ein Monument der Niederlage und der
Verfehltheit, wie das letztere ein solches von eblem Streben
und eblem Erfolg. Es ist das eine hohe Beispiel eines historischen Schauspiels, welches zwischen der Zeit Shakespeares und
unserer eigenen hervorgebracht ward, das einzige Glied —
und zwar eines von solidem und bauerhaftem Metall — welches
die frühesten und die spätesten Arbeiten in dieser Gattung
der englischen Poesie verbindet, der eine triumphirende Versuch, die Tradition jener großen tragischen Schule aufrecht zu
erhalten, die Marlowe gründete, Shakespeare vervollkommnete,
der Verfasser von „Philipp von Artevelde" (Henry Taylor)
wieder erweckte.   Swinburne.

———————

4. Die Melancholie des Liebenden.

Streit zwischen einem Vogel und einem Musiker.

Als von Italien ich nach Hellas reiste,
Erregten jene Fabeln alter Dichter,
Die zur Verherrlichung des Thales Tempe
Erfunden waren, in der Seele mir
Die Sehnsucht, jenes Paradies zu schauen.
So kam ich nach Thessalien und, indem
Ich einsam ohne bessere Bekannte,
Als meine eigenen Gedanken, lebte,
Besucht' ich täglich unbetret'ne Thäler
Und weltentleg'ne Pfade. Eines Morgens
Begegnete mir dieser Vorfall da.

Den süß'sten Streit, den herzberückendsten,
Den je Natur und Kunst gestritten, hört' ich.
Musik drang mir zum Ohre, nein, vielmehr
Versetzte sie in Taumel meine Seele.
Als, von dem Klang gelockt, ich näher trat,
Gewahrt' ich diesen schönen Jüngling, wie er
Mit wunderbar verschied'nen Melodieen
Auf seiner Laute solchen selt'nen Wettstreit,
Mir schien es, mit der Wälder muntern Sängern,
Den Vögeln, anhub, daß, indes um ihn
Sie sich versammelten, sie alle schwiegen
Und über das, was sie vernahmen, staunten.
Ich staunte auch. Horch, eine Nachtigall,
Des Waldes beste Sängerin, beginnt
Den Wettstreit. Und auf jede Melodie,
Die jener schöne Jüngling angestimmt,
Sang eine sie, in der sie ihn besiegte!
Er konnte größ're Kunst entfalten nicht
Auf seiner Laute, welche zitterte,
Sie übertraf ihn stets, die Nachtigall,
Indem sie mit Gesang ihm Antwort gab.
    Zuletzt, als eine Zeitlang das gewährt,
Geriet der junge Mann in leichten Zorn,
Daß so ein Vogel, welchen nie die Kunst
Tonleitern oder Noten kennen lehrte,
Des Wettstreits sich mit ihm erdreistete,
Der sich durch Studium eifrig ausgebildet.
Um solchen Streit auf einmal zu beenden,
Spielt er auf seinem Instrument so schnell,
So vielerlei, was ihm die Seele eingab,
Daß Streit und Widerstreit verschiedener
Akkordefolgen sich in eines großen
Entzückens Mittelpunkt vereinigten.
Die Nachtigall — ersehn, in der Musik
Der erste Märtyrer zu sein — versuchte

All die verschied'nen Klänge nachzuahmen.
Und als die Kehle ihr zuletzt beim Schmettern
Versagte, voll von Gram auf seine Laute
Hinab sank mit gebroch'nem Herzen sie.
Welch' wunderbarer Anblick war's, den Sieger
Zu seh'n, wie er ein Trauerlied herab
Auf ihre Totenbahre weinte. Nieder
Schaut er auf die Trophäe seiner Kunst,
Die Augen trocknend seufzt er und ruft aus:
„Die Arme, ach! Gleich diese Grausamkeit
Will ich an dem, der sie geübt hat, rächen.
Hinfort soll diese Laute, welche so
Unschuld'ges Blut vergossen, niemals mehr
Zu frühem Tod harmlosen Frieden führen.“
Und als voll Grams er gegen einen Baum
Die Laute schmetterte, trat ich heran.

Diese Geschichte, welche sich ursprünglich in Stradas
Präludien findet, ist von Crashaw, Ambrose Phillips und
andern in Reimen paraphrasirt worden; doch keine dieser
Versionen kann an Harmonie und Grazie mit den reimlosen
Jamben von Ford verglichen werden. Sie sind so schön
wie irgend etwas in Beaumont und Fletcher, und stehen fast
dem Streite gleich, welchen sie feiern.   Ch. Lamb.

---

5. Das Opfer der Liebe.
Eine Tragödie.

Biancha, Caraffas, des Herzogs von Pavia, Frau, liebt
Fernando, den Günstling des Herzogs, und wird von ihm
geliebt. Sie widersteht lange seinen Bewerbungen; zuletzt
tritt sie in das Gemach, wo er schläft, und erweckt ihn, um
ihm das Bekenntnis ihrer Liebe zu ihm zu machen.

Biancha, Fernando schlafend.

Biancha. Entschließ dich, thu's! Gethan schon ist's. Was, sind
Denn diese Augen, die noch jüngst in Thränen

Sich babeten, jetzt so geneigt, zu ruh'n?
O Glücklicher, wie süß hat hier der Schlaf
Den Gram versiegelt? Doch, ich will ihn wecken.
Was, Herr, Fernando, Herr —

Fernando. Wer ruft mich da?

Biancha. Mein Herr, schlaft oder wacht Ihr?

Fernando. Wer ist da?

Biancha. Ich bin's. Habt meine Stimme Ihr vergessen?

Fernando. Frau Herzogin!

Biancha. Sie ist's; erhebt Euch doch
Und staunt, indes mein Gram sich mehrt. Die Nächte
Sind kurz und viel zu sagen hab' ich Euch.

Fernando. Ist's möglich? Ihr seid's?

Biancha. Ja, so ist's. Weshalb
Wohl komm' ich?

Fernando. Nun? Um all mein Glück zu krönen
Und alle meine Wünsche zu erfüllen.

Biancha. Wahr ist's; Ihr habt's erraten; jetzt hört zu.
Voll Scham und Leidenschaft bekenn' ich Euch:
Seit meine Augen Euch zuerst geseh'n,
Seid meines Herzens König Ihr gewesen.
Wenn's eine Tyrannei der Liebe gibt,
So hab' ich sie gefühlt. Sei Zeuge mir
Dafür die Strafe, die für meine Thorheit
Ich fürchte. Kurz, Fernando, sag' ich's dir,
Wie oft ich deine Liebe auch gescholten,
Musik war meinem Ohre jedes Wort,
Das du gesprochen. Nie war auf der Welt
Ein unglückfel'ges Weib, das so wie ich
Geliebt, so wahr, so aus der tiefsten Seele.

Fernando. O, hohe Frau —

Biancha. Um zu erkennen, daß
Ich Wahrheit sprach, blick' her: So dreist tret' ich
Heran zu deinem Lager, meine Schwäche
Dir zu bekennen. Wenn du es versuchst,

Mich deiner Liebeslust geneigt zu machen,
So werd' ich unterliegen.

Fernando.   Ew'ges Glück das!

Biancha. Hör' mich zu Ende nun. Als mich Caraffa,
Pavias Herr, zum ersten Male sah,
So liebt' er mich, und ohne jede Mitgift
Nahm er mich zur Gefährtin, gab den Rang mir,
Der jetzt mich schmückt, auf keinen Ratschlag achtend,
Noch seiner hohen Stellung eingedenk.
Zum Dank dafür gelobte meine Seele
Vor Gott, ein treues Weib wollt' ich ihm sein.
Treu blieb dem Schwur ich. Und auf dieser Erde
War keiner, der für alle Herrlichkeit
Der Welt zum Brechen meines Schwurs bewegen
Mich hätte können, außer dir, Fernando.
Lieb' ich dich jetzt?

Fernando.   Mehr als ich hoffen konnte.

Biancha. Mehr als sich denken läßt, ja, lieb' ich dich.
Vermag kein Unterpfand dir zu beweisen,
Daß, was ich zu dir sage, Wahrheit ist,
Als daß den besten Freuden ich entsage,
So sei zufrieden, richte mich zu Grunde,
Fernando.

Fernando. Was da meinst du?

Biancha.   Deinen Armen
Mich hinzugeben, eine Wonne, die
Vor dem verhängnisvollen Augenblick jetzt
Ich nie begehrt. Gib Acht nun. Wenn du mir
Dies Kleid der Scham nimmst, so gelob' ich dir,
Dem Himmel und der Welt: bevor der Morgen
Dem jungen Tage noch die Taufe gibt,
Will ich mich töten.

Fernando.   Hohe Frau, was sagst du!

Biancha. Ich werd' es. Thu du, was du willst, es steht
In deiner Wahl. Was sagst du?

Fernando. Still, kommst du,
Um mich zu prüfen? Sage mir zuerst,
Willst du mir gönnen einen Kuß?
Biancha. Ja, nimm ihn.
Das, oder was dein Herz nur irgend wünscht;
Ich bin ganz dein.
Fernando. O komm! Von wie viel Weibern
Sprich, hat man je gehört, daß Liebe sie
Gewährt, und doch wie du beteuert haben,
Sie wollten's nicht?
Biancha (knieend). Fernando, scherze nicht
Bei meinem Unglück; sieh, ich kniee nieder.
Bei diesen meinen Locken, den verwirrten,
Bei diesen Thränen, und bei allem dem,
Was gut ist, wenn auf dem, was jetzt ich sage,
Mein Herz auf ewig nicht beharrt, dann denke,
O mein Gebieter, daß ich keinem Mann
Geweigert, was von mir begehrt er hat,
Sieh eine niedre Dirne nur in mir
Und gib Befehl, daß meine Sünden man
Auf's Grab mir schreibe. Mag mein Name ewig
Geschändet sein. Thu so, wie dir gefällt.
Fernando. Ich muß dir glauben; doch ich hoffe,
bald,
Wenn du von mir geschieden, wirst du sagen,
Ich war ein guter, kalter, dummer Mann,
Ja lachen wirst du über meine Einfalt. —
Sag, wirst du's thun?
Biancha. Nein, nein, bei meiner Treue
Schwör' ich's, bei den Gelübden, die ich that.
Nein, immer teurer, teurer viel wirst du
Mir sein, als alle Erdenfreuden sonst,
Bei diesem keuschen Kuß!
Fernando. Du hast gesiegt!
Und Gott verhüte, daß durch niedre Triebe

Ich diesen heil'gen Tempel je entweihe.
Wenn du mich deinen Sklaven nennst, genügt's mir.

Biancha. Ja, dein bin ich! Gebiete über mich!
Und auf die Tafel meines Herzens will
Ich diese Liebe schreiben.

Fernando. Sei's genug;
Bewältigen will ich die Leidenschaft,
Und triumphiren, daß du mich besiegt,
Und nur noch sagen, meine Liebe hat
In dir begonnen, enden wird sie auch
In dir.

Biancha. Auch ich gelobe nochmals das.
Allein der Tag bricht an; so laß uns scheiden.

Fernando. Schlaf, süßes Leben, wohl!

Dieses Stück hat fast völlig dieselben Vorzüge wie „Giovanni und Annabella". Die Figuren sind mit bewundernswerter plastischer Energie und Lebendigkeit hingezeichnet, so daß es den Eindruck eines kindlich mittelalterlichen Stils macht. Dabei ist die Fabel nicht so abstoßend wie im ersten Stück, die Verhältnisse sind recht verständig angelegt, aber im Verlauf kommt der Dichter gleichwohl wieder auf die gräßlichsten Abwege, denn psychologisch haben wir es hier mit dem rein Unmöglichen zu thun; ich vermute fast, Cervantes curioso impertinente habe den Dichter auf diese Verirrung geführt. Ein edler Fürst hat eine schöne Frau aus niederem Stande gewählt und hat daneben einen erlesenen Herzensfreund. Er und die Frau verlieben sich und bieten sich einander gegenseitig an, aber beiderseits überwindet der Edelmut die Leidenschaft. Gleichwohl gesteht die Fürstin dem Gemahl, sie finde seinen Freund unendlich schöner und liebenswürdiger; er ersticht sie naturgemäß aus Eifersucht; das legt er sich aber dann als Grausamkeit aus, weil ihre faktische Unschuld an den Tag kommt, und ersticht sich. Mit solchen Verkehrtheiten war aber kein Drama zu machen. Die komischen Beiwerke sind zum Teil lebendig.

Moritz Rapp.

„Ich kenne," sagt Gifford, „nur Weniges, was mir so un=
erklärlich scheint, wie der tiefe und dauernde Eindruck, welchen
die mehr tragischen Teile von Fords Dramen machen." Es
gelingt ihm jedoch ziemlich gut, die Ursachen davon anzugeben.
Die Situationen sind furchtbar ergreifend, die vorkommenden
Unglücksfälle mächtig, die Gedanken und Ausdrücke passen
für tiefen Gram. Ford, ohne die moralische Schönheit und
Erhebung Massingers, hat in viel höherem Grade als dieser
die Macht über Thränen, wir sympathisiren sogar mit seinen
lasterhaften Charakteren, mit Giovanni und Annabella und
Bianca. Liebe und Liebe in Schuld oder Gram ist fast aus=
schließlich die Empfindung, die er darstellt; keine heroische
Leidenschaft, keine abgemessene Würde findet sich in seinen
Trauerspielen. Aber die Anordnung seiner Stücke ist gut
und ohne Verwirrung; seine Scenen sind oft hoch gesteigert
und effektreich; seine Charaktere, ohne überraschende Neuheit,
sind doch gut gezeichnet; er ist selten extravagant oder ver=
nachlässigt die Wahrscheinlichkeit. „Das gebrochene Herz" ist
gewöhnlich als seine schönste Tragödie angesehen worden und
wäre der letzte Akt besser dadurch vorbereitet, daß die Liebe
Calanthas zu Ithocles in dem ersten Teile des Stücks deut=
licher dem Leser vorgeführt würde, so würde es sehr wenige
Partieen von größerem Pathos in unserer dramatischen Lite=
ratur geben. „Der Stil Fords," sagt Gifford, „ist völlig
original und ihm eigentümlich. Ohne den majestätischen Gang,
welcher die Poesie Massingers auszeichnet, und mit weniger
oder nichts von jenem leichten und spielenden Humor, welcher
den Dialog von Fletcher oder selbst von Shirley kennzeichnet,
ist er elegant, leicht und harmonisch; obgleich selten erhaben,
ist er doch genügend über die Gewöhnlichkeit erhöht, um den
pathetischsten Tönen jener Leidenschaft Ausdruck zu geben,
bei deren Stärke er besonders zu verweilen liebte." Dennoch
tadelt er nachher Fords Vorliebe für seltsame Phrasen und Ver=
worrenheit der Sprache. Von komischem Talent zeigt dieser
Autor nicht das mindeste. Nichts kann niedriger sein als
jene Teile seiner Dramen, welche er aus Nachgiebigkeit gegen
die vorgeschriebenen Regeln jenes Zeitalters den Gesprächen
von Dienern oder Possenreißern widmet.   Hallam.

Ford excellirt besonders in der Darstellung des Stolzes, der Galanterie und des hochtönenden Ehrgeizes der Jugend und der bezaubernden Sanftmut oder der milden und anmutigen Großherzigkeit weiblicher Charaktere. Es ist ein gewisser melancholischer Zug in seinen überraschendsten Darstellungen; und in dem sanften ergreifenden Pathos scheint er uns bisweilen einzig dem nachzustehen, der noch nie seinesgleichen gehabt hat.

Edinburgh Review Bd. 8. August 1811.

Fords „Bruder und Schwester" zeigt große Kraft des Pathos und großen Reiz der Versifikation, aber sie hätten nicht an einen solchen Gegenstand verschwendet werden sollen. Wir sind weit entfernt davon, die tragische Muse in Fesseln legen zu wollen, noch sie in festbeschriebene Grenzen einzuengen, aber es gibt Gegenstände (seien sie nun Fakta oder Erfindungen), welche allen, außer verdorbenen Gemütern, widerstreben. — Ford hat keine große Energie oder Kenntnis der Charaktere, noch viel Tiefe des Gefühls, außer in der Darstellung der Liebe. In dieser Hinsicht übertrifft er aber fast alle seine Zeitgenossen. Einige Teile des „gebrochenen Herzens" sind so schön, wie irgend etwas in Fletcher, und Panthea selbst (die eigentliche Heldin, die jedoch in Wahrheit eine bleiche Passionsblume ist) ist vortrefflich gezeichnet. Die Scene in „Bruder und Schwester", wo Giovanni Annabella ermordet, ist jedoch das schönste, was Ford geschrieben, und hierin wird er den Vergleich mit irgend einem aushalten, außer mit Shakespeare selbst.

Edinburgh Review Bd. 38. Februar 1823.

Ford ist unzweifelhaft ein hervorragender Dichter und eines dauernden Andenkens würdig. Er nimmt eine gesonderte Stellung unter seinen Genossen ein; hat keinen Lehrer und keinen Nachfolger. Die anderen Dramatiker der großen Zeit fallen von Natur unter gewisse Klassen. So, um zwei von den größeren zu nehmen, haben Webster und Decker etwas von Shakespeare an sich. „Die Herzogin von Malfy" gemahnt an seine Tragödien, „Der alte Fortunat" an seine romantischen Stücke, nicht sowohl von Seiten der Nach-

ahmung, als von jener der Verwandtschaft. Diese beiden
Dichter waren gleichsam Golfe oder Teiche jenes Meeres, welches
Shakespeare ist. In Deckers bestem Werk weht uns eine
Luft aus dem Wintermärchen oder Sommernachtstraum an,
in Websters aus Lear und Othello. Aber die Poesie Fords
ist kein Ausfluß oder Arm jenes grenzenlosen Meeres; sie
könnte vielmehr mit einem Bergsee verglichen werden, ein=
geschloffen von einsamen Hochlanden ohne sichtbaren Ausfluß
oder Einfluß, besser bei Sternenlicht als bei Sonnenschein
gesehen. Nichts ist bemerkenswerter an diesem Dichter, als die
leidenschaftslose Vernunft und die gleichmäßige Art des Stils,
mit welchem er in seinen größten Werken von den tiefsten
und feurigsten Leidenschaften handelt, das ruhige Auge, mit
welchem er die mächtigsten Ergüffe der Erschütterung erspäht,
die ruhige Hand, mit welcher er sie niederschreibt. — Der
Ruf Fords beruht hauptsächlich auf zwei großen Tragödien,
welche glücklicherweise in ihrer Struktur stark genug sind,
um einen dauernden Ruhm zu stützen. Zwei andre von
seinen Stücken sind in der That vortrefflich und eines langen
ehrenvollen Lebens würdig. Aber unter dem mächtigen Ge=
dränge von Dichtern, welche damals producirten, hätte
kaum eine leitende Stelle demjenigen eingeräumt werden
können, welcher nur die „Melancholie des Liebenden" oder
„Perkin Warbeck" hervorgebracht; dem Verfasser von „Giovanni
und Annabella" und „Das gebrochene Herz" kann sie nicht
geweigert werden.

Unter diesen großen Zwillingstragödien ist im Ganzen
die erstere die schönere. Die Feinheiten und Verschieden=
heiten des individuellen Charakters liegen eigentlich nicht in
der Sphäre Fords; doch in der Rolle Giovannis finden wir
mehr von dieser Macht als anderswo. Hier hat der Dichter
seine ganze Kraft entfaltet; die Figur seines Helden steht
vollständig und klar da. Es ist mehr Leichtigkeit und Leben
in ihm als in seinen andern Gebilden. Die Vollständigkeit
und Konsequenz der Zeichnung ist hier um so bemerkens=
werter, als wir zu häufig diese dem Dramatiker besonders
nötige Eigenschaft bei ihm wie bei andern großen Dichtern
jener Zeit vermissen.

Giovanni ist der von Leidenschaft blind und verrückt
gewordene Mann der Wissenschaft; in der äußersten Tiefe
eines kaum denkbaren Verbrechens reflektirt, vernünftelt er
über die Teufel, von denen er besessen ist. In der einzigen
anderen Tragödie jener Zeit, welche auf blutschänderische
Liebe gegründet ist, Massingers unnatürlichem Zweikampf,
ist der Verbrecher alt und verhärtet, seine Seele in Sünde
getaucht und festgeschmiedet; er ist ein Mann von Blut und
Eisen seit seiner Jugend. Aber auf Giovanni sinkt sein
eigenes Verbrechen wie ein Fluch, so plötzlich wie der Blitz.
Er steht vor uns wie ein in der Fülle geistiger Gesundheit
von Pest Befallener, hilflos unter der Geißel der Liebe wie
Myrrha, Phädra oder Pasiphae. Die merkwürdige Ver-
mengung von Vernunft mit Leidenschaft läßt ihn noch
ohnmächtiger zum Widerstand, noch rettungsloser verloren
erscheinen. Die Schwester ist vielleicht weniger schön gezeichnet, obgleich die Ebbe und Flut der Leidenschaft in
ihr mit großer Kraft wiedergegeben ist, und die in ihr
wechselnden Gefühle von Verlangen und Entsetzen, Reue und
Trotz verhindern in der That, wenn wir auch bisweilen von
der Plötzlichkeit des Wechsels befremdet sind, in Wahrheit
nicht die Einheit des Charakters und verdunkeln nicht die
Klarheit des Umrisses. Sie erliegt leichter als ihr Bruder
dem Fluch der Venus und sie thut es mit einer leiden-
schaftlichen Fügsamkeit, welche uns auf die folgende Nieder-
geschlagenheit ihres Gemüts zu den Füßen ihres Beichtigers
und von neuem auf das Wiedererwachen eines furcht- und
schamlosen Geistes unter der Heftigkeit ihres Gatten vorbereitet. Nichts kann schöner sein als die Striche, welche
die Aehnlichkeit und Unähnlichkeit der Charaktere beider
hervortreten lassen, ihr Hin- und Herschwanken, und seine
Hartnäckigkeit, ihre endliche Reue und seine bis zum Schluß
dauernde Reuelosigkeit. Nachdem die Sünde einmal begangen, ist ihm kein weiteres Zögern oder Schwanken möglich, ihm, der so gewaltig gegen die dämonische Besessenheit
gekämpft hat, während sie, die Leib und Seele dem Ver-
sucher ergeben hat, schon beim Hören eines Worts dem
Einfluß der Religion und der Gewissensbisse zugänglich

bleibt. Von allen den prachtvollen Scenen, welche ihre Ge=
schichte darstellen, ist die letzte (wie dies sein mußte) die
edelste. Es ist in der That die schönste Scene in Forb.
Selbst die Katastrophe in dem gebrochenen Herzen — jene
„transcendente Scene", wie Charles Lamb sie richtig ge=
nannt hat —, obgleich von noch überwältigenberer Wirkung
in poetischem Mechanismus und materieller Auffassung, ist
doch von weniger tiefem und durchbringendem Eindruck.

Kein Dichter läßt sich weniger vergessen als Forb;
keiner drückt, sozusagen, den Stempel seines Genius tiefer
in die Erinnerung des Lesers. Man kann ihm nicht die
Hand schütteln und dann weitergehen, man kann nicht nach
Belieben ihm begegnen und sich von ihm trennen; wenn er
uns einmal berührt, nimmt er uns ganz gefangen, und was
er gefangen nimmt, das hält er fest. Seine Werke werden
ein Teil unseres Gedankens. Er drückt uns gleichsam sein
eignes Selbst mit einem Stempel überlegter und entscheiden=
der Macht auf. Seine Kraft ist niemals die des Zufalls.
Die zufällige Gottheit der Schönheit, welche gleichsam ge=
radezu vom Himmel auf einzelne Zeilen und Phrasen einiger
Dichter fällt, fällt niemals durch einen solchen himmlischen
Zufall auf die seinen. Seiner Kraft des Impulses kommt
die Kraft seines Willens gleich. Er dichtet nie mehr nach dem
Instinkt als nach dem Entschluß. Er weiß, was er erreichen
möchte und was er vollbringen kann, und erreicht sein Ziel
und vollbringt sein Werk mit vollem Bewußtsein seines
Zwecks und Beharrlichkeit der Absicht. Durch die Macht
eines großen Willens, unterstützt durch die Kraft einer mäch=
tigen Hand, gewann er den Platz, den er gegen alle Künste
der Nebenbuhlerschaft in einem Wettlauf streitender Giganten
behauptet hat. In jener Galerie monumentaler Männer und
mächtiger Erinnerungen in der Mitte oder über den Ge=
nossen seiner gottähnlichen Kraft steht die hohe Figur Forbs
erhaben aufrecht. Sein Name läßt sich nicht aus der Rolle
unserer großen Autoren streichen.   Swinburne.

XVII.

John Ford, William Rowley und Thomas Decker.

Die Hexe von Edmonton.

Eine Tragikomödie.

Mutter **Sawyer** allein (bevor sie Hexe wird).

Warum auf mich? Was gießt die neid'sche Welt
Auf mich denn ihre ganze Bosheit aus?
Weil arm ich bin, unwissend, mißgestaltet,
Gebeugt, so wie ein Bogen und gekrümmt
Durch einen, der sich mehr auf Unheilstiften
Versteht, als ich. Muß ich zu einer Grube
Gemacht drum werden, für den Schmutz und Unrat
Der Menschenzungen? Eine Hexe sei ich,
So sagen die und jene, und während
Ich nichts von solcher Kunst weiß, haben sie
Nicht Ruhe, bis sie mich zu einer machen.
Sie geben an, daß meine böse Zunge —
Die nur durch ihre Bosheit so geworden —
Ihr Vieh bespricht, ihr Korn behext, sie selbst
Und ihre Diener, sowie ihre Kinder,
Die an der Amme Brust noch saugen. Dies
Wird mir von ihnen angedichtet und
Halb mach' ich's wahr.

Banks, ein Bauer, tritt ein.

Banks. Fort, fort mit dir, du Hexe!

Sawyer. Du nennst mich Hexe?

Banks. Ja, ich thu's, ich thu's,
Du Hexe, und ich würde ärger noch
Dich schmäh'n, wüßt' ich noch einen schlimmern Namen.
Was hast du hier auf meinem Grund zu schaffen?

Sawyer. Ich suche Zweige, Holz, mich dran zu wärmen.

Banks. Wirf weg sie! Ich befehle dir's. Sonst sollen
In deiner Haut die Knochen klappern dir!

Sawyer. Du willst es nicht? Du Schuft, du Galgenstrick.
Da sind sie.
Daß sie dir durch die Kehle, die Gedärme, das Maul
Das Zwerchfell drängen!

Banks. Sagst du mir das? Hinweg von meinem Acker.

Sawyer. Schlägst du mich, Unhold? Schmerz mag
fahren nun
In dein Gebein, Krampf pack dir die Gelenke,
Und Zucken schieße hin durch deine Sehnen!

Banks. Du fluchst mir, Hexe? Da, nimm das und das!

(Er schlägt sie und geht.)

Sawyer. Schlag nur, und mögen deine Hand, dein Arm
Verdorren, deren Schläge mich gelähmt!
Vom morschen Leib dir mögen sinken sie!
Schlag, martre mich! nenn Hexe, Zaub'rin mich!
Mit welchem Namen, wo, durch welche Kunst
Erlernt, durch welche Sprüche, welchen Anruf
Läßt sich das Ding, das Teufel heißt, erkaufen?

————————— — —————————

Gefloh'n, gehaßt werd' ich wie eine Pest,
Verhöhnt von jedem Stande und Geschlecht.
Gehört hab' ich schon manches Mal, wie alte
Gevatterinnen von den Teufeln sprachen,
Die in Gestalt von Ratten, Mäusen, Wieseln

Und noch in anderen, ich weiß nicht welchen,
Erschienen, um das Blut aus ihren Adern
Zu saugen. Doch durch welche Künste sie
Bekannt mit ihnen wurden, weiß ich nicht.
Wollt' eine Macht, ob gut nun oder böse,
Mich lehren, wie an diesem Kerl zu rächen
Ich mich vermöchte, thuen würd' ich dafür,
Ich weiß nicht was; und hier mein welker Leib,
In der verfallnen Hütte da möcht' er
Vor Alter siechend sterben; kein Gebet
Mehr sprechen, allem Gutenthun abschwören,
Und Flüche, gotteslästerliche Reden
Erlernen, grause Eide, alles, was
Es Böses gibt, wenn dadurch Rache ich
An diesem Schurken, diesem schwarzen Hund,
Der bellt und beißt und mir das Blut aussaugt
Und meinen guten Namen, nehmen könnte.
Dasselbe ist es, eine Hexe sein
Und dafür gelten. — — —   ˙

(Nachdem sie einen Teufel bekommen hat, der ihr in Gestalt
eines schwarzen Hundes dient.)

Sawyer. Durch Flüche und durch Wahnsinn völlig bin
Ich abgezehrt; und in den Adern hab' ich
Kein Blut mehr, diese süßen Lippen dir
Zu netzen. Heb dich auf die Hinterfüße!
Küß mich, mein Tommy. Reib mir ein'ge Runzeln
Von meiner Stirne fort, wenn meine Rippen
Aus Freude über deine hübschen Streiche
Erbeben. Was hast du gethan? Laß uns
Uns kitzeln. Hast das Roß du lahm gemacht,
Wie ich gebot?

Teufel.   Ja, und das Kind beim Saugen
Gekniffen.

Sawyer.   O, mein Schätzchen, meine Perle!
Von keiner Dame wird ihr Papagei,

Ihr Affe oder Hund so sehr geliebt,
Wie du von mir.

Teufel. Neun Stunden lang nun hat
Das Mädchen schon gebuttert, doch nicht wird
Die Butter kommen.

Sawyer. Laß sie Käse essen
Und Molken!

Teufel. Reichen Spaß hab' ich gehabt
Beim Tanz der Rüpel.

Sawyer. Aus der Haut heraus,
Vor Freude, dich zu hören, könnt' ich tanzen.
Allein, mein Mätzchen, jene böse Dirne,
Die Anna Ratcliff, die durch etwas Seife,
Von meiner Sau geleckt, beinah sie lahm
Gemacht: hab' ich denn dir geboten nicht,
Die Vettel solltest bis aufs Blut du plagen?

————————————————————————

(Ihr Teufel hat sich entfernt; sie ruft ihn wieder an.)

Sawyer. Drei Tage lang hast du mich nicht gesehen?
Verloren bin ich ohne meinen Schatz.
Ich bitte, komm; die Rache ist für mich
Viel süßer als das Leben, und du bist
Der Rabe, der auf seinen Schwingen, schwarz
Wie Kohlen, mir die Rache bringt: O du,
Mein süßer Schatz, in Flammen brenn' ich hell,
(Selbst wenn mich Eis umgibt) und hochauf kocht
Mein Blut, bis meine halbgebrochnen Kniee
Dein lockig Haupt auf ihnen ruhen fühlen.
Komm denn, mein Holder. Wenn du in der Luft
schwebst,
So komm zu mir in einer dunklen Wolke.
Und wie ich Schlangen oft und Drachen schon
In Lüften sah, erscheine so mir jetzt!
Bist du im Meer, so ruf die Ungeheuer

Der Tiefe all herauf und sei von ihnen
Das häßlichste. O, wenn dein Körper nur
Mir seine schwarze Wange zeigt, laß spalten
Die Erde sich und aus der Hölle brich
Hervor. Könnt' ich wie eine Pulvermine
Im Erdengrund mich hinzieh'n, platzen würd' ich,
Ihn in die Lüfte lassen, nur um dich
Zu finden, möcht' ich auch zu Grunde gehen. —
Du kommst noch nicht? So bet' ich denn aufs neu:
Sanctibiceter nomen tuum!

(Er kommt in weißer Gestalt.)

Sawyer.   Was
Erscheinst du so auf einmal mir in Weiß,
Als wärst der Geist du meines süßen Schätzchens?

Teufel. Bei Laune bin ich nicht, mir fehlt's an Lust
Mit dir zu reden, doch dich quälen will ich.
Daß weiß ich bin, läßt an dein Leichentuch
Dich denken.

Sawyer.   Bin ich nah dem Tod?

Teufel.   Verdorre
Bei dem, was ich dir jetzt verkünden will.
   Die weiße Farbe ist der Laufbursche des Tages,
und läuft dem Lichte voraus, das dein altes ver=
wittertes Gesicht zeigt: Schändlichkeiten werden nackt
ausgezogen; die Hexe muß aus ihrem Schlupfwinkel
herausgeprügelt werden.

Sawyer. Erscheinst du mir als weiße Fahne für
Den Waffenstillstand? Krieg hab' ich mit Allen.
Nur unter schwarzer Farbe kämpf' ich, mir
Verhaßt ist deine Puritanerblässe.

Mutter Sawyer ist von den Hexen Middletons und
Shakespeares verschieden. Sie ist die schlichte Altweiberhexe
unserer Vorfahren; arm, mißgestaltet und unwissend, der

Schrecken der Dörfer. Das müßte ein tüchtiger Gerichtsherr
sein, dem die Macht eines ganzen Bezirks zu Gebot stünde,
welcher wagen sollte, die Hand an die Unholdinnen zu legen.
Sie sind einer andern Gerichtsbarkeit unterworfen. Aber
der gewöhnlichen und angenommenen Meinung haben der
oder die Verfasser den Stempel großer Phantasie aufgedrückt.
Es liegt etwas furchtbar ernstes in ihren Teufelsbeschwö=
rungen.   Ch. Lamb.

Die „Hexe von Edmonton" ist ein Stück von seltener
Schönheit und Bedeutung, sowohl in poetischer als in socialer
Hinsicht. Es ist vielleicht der erste Protest der Bühne gegen
die Schrecknisse und Brutalitäten des Volksaberglaubens.
Ein Protest, um so wertvoller, wegen des absoluten Glaubens
an Zauberei und Teufelswesen, welcher Hand in Hand mit
Mitleid für die Werkzeuge sowohl, wie für die Opfer der
Hexerei geht. Dr. Theodor Plönnies selbst hatte keinen
innigeren Glauben an die Zaubereien der Sidonia von Bork,
als die Dichter an die Missethaten der Mutter Sawyer zu
haben scheinen: während weder Meinhold noch irgend ein
moderner Schriftsteller einen edleren Abscheu gegen die
wahrhaft höllischen Tollheiten und Grausamkeiten hatte,
welche in natürlicher und regelmäßiger Ordnung immer neue
Scharen von Hexen auf die Folter und den Scheiterhaufen
führten. Selbst Viktor Hugo konnte kaum ein zärtlicheres
und tieferes Mitleid für die schrecklichen und herzzerreißenden
Todeskämpfe des ausgestoßenen Greisenalters und von allen
geflohenen Elends fühlen, als dasjenige, welches die Rede
der elenden Hexe von der ersten Scene, wo sie verhungert,
geschlagen, gelähmt und gebeugt von Schlägen, bejammerns=
wert und furchtbar in ihrem schweren Jammer Holzstücke
aufliest, um sich zu wärmen, bis zu dem letzten Moment,
wenn sie durch den Lärm des Pöbels zur Hinrichtung ge=
führt wird, erfüllt und durchglüht. In diesem ganzen Teil
des Stücks preise ich die Hand Deckers; seine genaue und
vertraute Kenntnis des Elends, seinen großen und liebevollen
Geist des Mitleids mit dem Geschick der Armen und Leiden=
den, welchem sein eignes glich, indem er oft ins Gefängnis

geworfen und wieder aus ihm befreit worden. Die zwei
Hauptmonologe der Mutter Sawyer, ihre erste und letzte
Anrufung an den Teufel sind edle Beispiele seiner Leiden:
schaft und dramatischen Energie; ihr Stil hat eine feurige
Kraft und eine Rapidität, welche ganz verschieden von der
gewöhnlichen Manier seines Mitarbeiters ist. Gifford hatte
wahrscheinlich Recht, wenn er den ganzen ersten Akt ihm zu:
schrieb; es gibt auf der englischen Bühne keine bewunde:
rungswürdigere Exposition; die vollkommene Geschicklichkeit
und die gerade aufs Ziel vorwärtsgehende Kraft, mit welcher
der Plan des Stückes eröffnet und das Interesse des Lesers
gefesselt wird, werden um so mehr durch die direkte Ein:
fachheit der Methode und der gebrauchten Mittel klar ge:
macht. Ford muß daher nachgerühmt werden, zuerst zwei
der Hauptcharaktere in das bürgerliche Trauerspiel eingeführt
zu haben, welches den besten Teil dieses zusammengesetzten
Stückes ausmacht, und die Einführung von Frank und
Winnifrede gibt eine ominöse und sofortige Ankündigung des
Schreckens und des Pathos ihrer nachfolgenden Geschichte.
Die Rolle der Susanne ist eine der schönsten und zartesten
Studien Deckers; in drei kurzen Scenen hat er das Bild so
vollkommen in seiner einfachen Süßigkeit gegeben, daß er
schwerlich anderswo als in der Galerie von Shakespeares
Weibern übertroffen worden ist. Die zarte Frische seines
Pathos, seine einfachen, offenen Eigenschaften von Anmut
und Kraft zeigten sich nirgends mit reinerem und mächtigerem
Effekt als hier. Die spätere Scene, wo Franks Schuld ent:
deckt wird, hat dieselbe Kraft und lebhafte Schönheit. Die
Zusammenkunft von Frank mit der verkleideten Winnifrede
in dieser Scene darf von dem, welcher den dramatischen Stil
studirt, mit dem Scheiden derselben Charaktere am Schluß
verglichen werden. Die eine hat alle die hervorstechende
Einfachheit Deckers, die andere alle majestätische Energie
Fords. Die rohe Buffonerie des Narren und des Teufels
dürfen wir wahrscheinlich auf Deckers Rechnung schreiben;
es ist nicht viel Humor oder Sinn darin, aber es ist lebendiger
und weniger verletzend als die meisten von Fords Versuchen
in dieser Gattung. Der Mangel an Zusammenhang zwischen

den beiden Handlungen des Stücks, Mutter Sawyers Hexerei
und Frank Thorneys Bigamie, ist ein vielen Stücken jener
Zeit gemeinsamer Fehler, welche edle Skizzen von roher
und hastiger Arbeit sind. Doch in diesem Falle ist die
Zähigkeit des sie zusammenhaltenden Bandes so groß, daß
trotz der momentanen Dazwischenkunft des Teufels die Hexe
im Stande ist, mit vollem Recht alle Gemeinsamkeit der
Schuld mit dem Mörder zurückzuweisen. Solche Gemeinschaft
der Schuld hätte leicht angebracht werden können und der
tragische Bau der Dichtung würde an Harmonie des Interesses
vollkommen gewesen sein. Charles Swinburne.

XVIII.

Robert Green.

———

1. Georg Green, der Flurschütz von Wakefield.

Der **Friedensrichter** von Wakefield nimmt mit seinen Be-
gleitern auf der Richterbank Platz; **Bürger Georg Green,
Nicolas Mannering**, der Abgesandte der aufständischen
Farmer.

Friedensrichter. Herr Mannering, nehmt auf der Seite
           Platz,
 Indes wir Ratschlag pflegen, was zunächst
 Zu thun uns ziemt. — Ihr Bürger Wakefields hört,
 Der Graf von Kendall fordert Lebensmittel.
 Doch unsern König würden wir verraten,
 Wenn wir ihm hülfen. Laßt denn hören, Bürger,
 Was ihr zu thun gewillt seid.

Bürger.   Eurem Willen
 Nicht widerstreben wir.

Friedensrichter.   Entschlossen also
 Sind wir, Herr Mannering.

Mannering.   Wozu?

Friedensrichter.   Nun, so:
 Wir senden nicht dem Grafen, was er heischt,
 Weil er Verrat an seinem König übt;
 Denn wer ihm hülfe, wäre schlecht wie er.

Mannering. Seid ihr bei Sinnen nicht, ihr Leute
Wakefields,

Daß stumpf in der Gefahr euch der Verstand bleibt,
Und ihr nicht für euch selbst sorgt? Einer Heermacht
Von dreißigtausend Mann gebeut der Graf.
Und trotzt ihm eine Stadt, zerstört er sie.
Ihr stürzt euch in eu'r Unglück, Hirnverbrannte.
Damit er eure Stadt verschone, schickt
Den nöt'gen Vorrat ihm; nicht näher dann,
Als er jetzt steht, rückt er nach Wakefield vor.

Friedensrichter. Herr Mannering, Euch ward Bescheid;
drum geht!

Mannering. Wohl, Woodroffe also, hör' ich, heißest du,
Die dreiste Antwort sollst du noch bereuen.
Ihr alle auf der Bank hier, schwer bezahlen
Sollt ihr die Stunde, da ihr dem Gebot
Getrotzt.

Friedensrichter. Das Aergste thu; wir sind gefaßt.

Mannering. Seht ihr die Siegel hier? Bevor zur
Stadt

Ihr geht, muß alles, was mein Herr gebraucht,
Ich haben, mögt ihr's wollen oder nicht.

G. Green. Du frecher Affe, zieh die Mütze ab
Vor dieser Bank hier, die den König Englands
Repräsentirt, sonst leg' ich vor die Füße
Den Kopf dir, Kerl.

Mannering. Wer bist du denn?

G. Green. George Green
Bin ich, der treue Diener meines Königs.
Nicht duld' ich es, daß diese Ehrenmänner,
Verräterischer Wicht, du so bedrohst.
Ihr, meine wackern Freunde, meine Nachbarn,
Und ihr dort auf der Bank, dem König sind
Wir alle unterthan. Engländer sind wir
Und Edwards Freunde drum, verpflichtet ihm

Von Mutterleib her schon. Des Herrgotts droben
Sind unsre Seelen, unsre Herzen aber
Des Königs. Unser Hab und Gut und Dienst
Gehören ihm. So wisse, du Kumpan,
Nichts bleibt uns für Verräter, als daß wir
In ihrem Blute unsre Schwerter baden,
Und eher sterben, als euch Lebensmittel
Zuschicken.

Friedensrichter. Recht so, Georg Green.

Bürger. Laßt ihn,
Den Georg Green, doch lieber für uns sprechen!

G. Green. Nein, keine Lebensmittel sollt ihr haben,
Nicht einen Kuhfuß, eh'r mögt ihr verhungern!

Mannering. Ob deiner Frechheit muß ich staunen,
Mensch,
Wer bist du denn, daß meinem Herrn du trotzest,
Der du doch seine große Heerkraft kennst;
Nicht von mir selber, guter Junge, komm ich,
Die hohe Vollmacht, die ich habe, sieh hier!

G. Green. Reich her! Wes sind die Siegel? Sprich!

Mannering. Hier sieh
Des Grafen Kendall Wappen; hier ist das
Des Mylord Bonfield, dies Sir Gilbert Armstrong's.

G. Green. Hör', wenn des guten Königs Edward Sohn
Mir eine Vollmacht gegen seinen Vater
Besiegelt gäbe, sie zerreißen würd' ich,
Wie diese, weil er meinen Herrn verriete.
(Er zerreißt die Vollmacht.)

Mannering. Was, du zerrissest meines Herren Vollmacht?
Bereu'n sollst das du und ganz Wakefield mit.

G. Green. So hitzig, wie? So geb' ich Pillen dir,
Dein Blut zu kühlen. Siehst du hier die Siegel?
Bei meines Vaters Seele, friß sie, sonst,
Du frecher Schuft, friß meinen spitzen Dolch!

Mannering. Du spaßest, hoff' ich, nur.

G. Green. Seh'n sollst du das
Eh' wir uns trennen!

Mannering (ein Siegel hinunterschluckend).
Gut denn, wenn's so sein muß!
Eins ist herunter, sieh, Georg; nun mehr nicht!

G. Green. O Freund, wenn dir das eine nicht geschadet,
Bekommen dir die andern auch.

(Mannering verschluckt auch die beiden andern Siegel.)
So, Mensch,
Nun geh und sag dem Grafen Kendall: Hätt' ich
Die Vollmacht auch zerrissen, schickt' ich dennoch
Aus Reverenz die Siegel ihm durch dich
Zurück.

Mannering. Ausrichten will ich's.

G. Green. Seinem Herren
Erzähl' er nun, daß den George Green er sprach,
Den Oberflurschütz Wakefields, der für Narren
Wohl Arzeneien hat und Pillen für
Verräter, die an ihrem König freveln.
Seid ihr mit dem zufrieden, was ich that?

Friedensrichter. Vollkommen, mein Georg, viel Ehre
machst
Du unserm Wakefield, daß so heimgeschickt
Den stolzen Mannering du hast. Komm nun,
Denn heut' sollst mein willkommner Gast du sein,
Da Lohn und Liebe reichlich du verdienst.

(Alle ab.)

Andere Scene.

Robin Hood, Maid Marian, Scharlach, Much, der
Müllerssohn.

Robin. Wie, schöne Marian, bist du schlecht gelaunt?
Was hat mein Schatz, daß er so traurig ist?

M. Marian. Du irrst, Robin, wenn du betrübt mich
glaubst,

Allein, wohin ich kommen mag, stets einzig
Hör' ich, wie man den Georg Green besingt,
Nur Bettris, seine schöne Liebste, preist man,
Und Folterqual ist das für mich, mein Robin.

Robin. Was thut's uns, wenn als wacker den Georg
Man preist, solang er uns nicht Schaden bringt?
Der Neid thut Schaden nur dem, der ihn hegt.
Drum, Marian, sieh mir freundlich ins Gesicht.

M. Marian. Nie sieht Marian den Robin freundlich an,
Noch liegt mit ihm im grünen Waldesschatten,
Bis du nach Wakefield gehst und mir zu Liebe
Den Schützen dort besiegst.

Robin. Still, Marian;
Laß ab vom Gram; ich breche auf dahin
Mit meinen lustigen Kumpanen; hör
Mich schwören, dir zu Liebe schlag ich dort
George Green, wenn er nicht mich zu Boden schlägt.

Scharlach. Wie ich, der Scharlach, nächst dem kleinen
John,
Der kühnste Bursche in der Bande bin,
Dem Robin Hood so folg' ich überall hin,
Zu seh'n, was dieser Flurschütz leisten kann.

Much. Des Müllers Sohn, der Much, bin ich, verlassen
Hab' ich die Mühle, um mit dir zu geh'n.
Nicht andern Lohn als dieses lust'ge Leben
Begehr' ich. Alles, was dir gut dünkt, thu' ich.
Und leb' und sterbe mit dem Robin Hood.

M. Marian. Und Marian auch, mein Robin, geht
mit dir,
Zu seh'n, ob Bettris in der That so schön ist.

Robin. Ja, geh'n, Marian, sollst du mit deinem Robin.
Nun spannt die Bogen, zieht die Sehnen straff,
Die Pfeile schärft! Auf seine Schulter nehme
Ein jeder eine Keule, stark genug,
Um auf den Boden einen Mann zu strecken.

Scharlach. Ich nehme die des Peter Tuck.

Much. Ich die

Des kleinen John.

Robin. Von einer Esche mach'
Ich eine mir, die ein'ge Hiebe aushält.
So komm, Marian, mit mir, denn eh' noch morgen
Die Sonne steigt, muß fern von hier ich schon
Den Flurschütz, den George Green in Wakefield treffen.

(Alle ab.)

Andere Scene.

Georg Green, Bettris.

G. Green. Sag, Teure, ist zufrieden dein Gemüt?
Gefällt dir dieses Leben mit Georg?

Bettris. Wie fragst du nur so lieblos, mein Georg?
Kam deinethalb ich nicht von Brabford her,
Und ließ, mein holder Freund, um dich den Vater?
Wir bleiben nun vereint hier lebenslang.

Robin Hood, Marian und Begleiter treten auf.

G. Green. Wie glücklich bin ich, daß du mich so
liebst! —
Allein, wer kommt mit den Begleitern dort?

Bettris. Drei Männer kommen durch das Kornfeld her.

G. Green. Zurück, ihr Unbesonnenen; irr seid ihr;
Das ist der Weg nicht.

Robin. Schande wäre das;
Wenn einer du, sind wir drei brave Leute.
Sag, was du willst, vorwärts geh'n wir des Wegs.

G. Green. Springt übern Graben, sonst die Beine will
Ich euch beflügeln! Ist die große Straße
Zu schlecht euch, daß ihr das Getreide lieber
Zertretet?

Robin. Bist toll du, dreien so zu trotzen?
Wir sind nicht Kinder, schau uns drauf nur an.

G. Green. Sei groß der Leib, stark ist drum noch
das Herz nicht.

Wärt ihr so gut, wie Robin Hood und seine
Drei rüstigen Begleiter, doch des Wegs,
Den ihr gekommen, trieb ich euch zurück.
Seid Männer ihr, so greift ihr mich zugleich
Nicht an, doch seid ihr Feiglinge, wohlan,
So kommt nur alle drei zugleich! Versucht,
Wie euch der Flurschütz heimschickt.

Scharlach. Wärst so stark du
In Thaten, wie großsprecherisch in Worten,
So könntest du den Kampf mit Kön'gen führen.
Doch leere Kessel rasseln immer laut,
Und mehr als brave Leute schwatzen feige.

G. Green. Wagst du es, Mensch, entgegen mir zu
treten?

Scharlach. Ja, Mensch, ich wag' es.

(Sie kämpfen; Georg Green schlägt ihn zu Boden.)

Much. Wie, liegst du am Boden?
Komm nur, ich bin der nächste.

(Sie kämpfen; Green schlägt ihn zu Boden.)

Robin. Wohl zu mir nun;
Und wie ich dein nicht schonen will, so schone
Du mein nicht, Freund!

G. Green. Du sorge nicht um mich,
Selbst bin ich dreist genug.

(Sie kämpfen; Robin hält ein.)

Robin. Halt ein, Georg,
Denn ich beteure, daß der beste Kämpfer
Du bist, an den ich je die Hand gelegt.

G. Green. Erlaubt mir, Euch zu sagen, Herr, Ihr lügt,
Noch habt ihr nicht die Hand an mich gelegt.

Robin. Georg, laß dieses Wakefield, komm mit mir,
Zwei Jägerkleider geb' ich dir des Jahrs
Und vierzig Kronen Lohn.

G. Green. Wer bist du denn?

Robin. Nun, Robin Hood! Ich kam mit Marianne
Und meinen Burschen her, dich zu besuchen.

G. Green. Der Liebste neben König Edward bist du
Mir, Robin Hood. Von Herzen sei willkommen,
Willkommen du auch, Maid Marian, wie er.
Kommt in mein armes Haus denn, Freunde, mit;
In Fülle findet ihr Gebäck bei mir,
Fleisch, seit dem Martinstag geräuchert schon,
Und Kalb= und Hammelfleisch; wenn das euch nicht
Behagt, so eßt das, was ihr mitgebracht.

Robin. Hab' Dank, Georg, heut bin ich Gast bei dir.

G. Green. Robin, du ehrst mich. Wohl, ich geh' voran.
(Alle ab.)

Andere Scene.

König **Edward** und König **James** von Schottland, der mit
dem Grafen Kendall verbündet gegen England Krieg führte
und gefangen genommen wurde, kommen verkleidet auf der
Suche nach Georg Green, den König Edward sehr hatte
rühmen hören, nach Bradford. Sie tragen ihre Stäbe auf
den Schultern.

König Edward. In der Verkleidung wird für Kön'ge
Uns keiner halten. Komm denn, König James,
In Bradford, denk' ich, sind wir hier, wo all
Die lust'gen Schuster wohnen.

Schuster (auftretend). Nieder, nieder
Mit euren Stäben, Freunde!

König Edward. Und warum?

Schuster. Ich seh', du bist hier fremd, sonst fragtest du
Nach so was nicht. Dies ist die lust'ge Stadt
Bradford; und hier nach alter Sitte trägt man
Den Stab nicht auf der Schulter, sondern schleppt
Ihn nach sich durch die ganze Stadt, wenn man's
Mit mir zu thun nicht haben will.

König Edward.   Und billigt
Der König diese Sitte?

Schuster.   Selbst ein König,
Ein Kaiser darf auf diesem Weg nicht geh'n,
Als König Eduard; der Großen selbst
Von seinem Hofe keiner. Nieder drum
Mit euren Stäben!

König Edward.   Was da machen wir?

König James. Das sind, Mylord, in Wahrheit wackre
                          Kerle!
Und weil es uns um Spaß zu thun doch ist,
. Laßt uns die Stäbe schleppen.

König Edward.   Freund, sei ruhig;
Friedliche Leute auf der Reise sind wir,
Drum schleppen wir die Stäbe.

Schuster.   Geht den weiter;
Das ist der Weg da.

Georg Green und Robin Hood kommen verkleidet.

Robin.   Sieh, Georg, da geh'n
Zwei Männer durch die Stadt, zwei starke Männer,
Und dennoch schleppen sie den Stab.

G. Green.   Mein Robin,
Zwei Bauern sind's, nur vornehm ausstaffirt. —
Hört, ihr zwei Fremden!

König Edward.   Ruft ihr uns?

G. Green.   Ja, euch.
Stark seid ihr ja; was schleppt ihr so die Stöcke,
Die leicht ihr auf den Schultern tragen könntet?

König Edward. Stark sind wir schon; doch hier ist's
                          Sitte nicht,
Daß auf den Schultern man die Stöcke trägt,
Sie an der Spitze haltend schleppt man sie.
Friedliche Leute sind wir und wir lieben's
In heiler Haut zu schlafen.

G. Green.   Niedre Bauern,
Nicht wert der Namen Männer! Was habt Arme,
Habt Knochen ihr, und doch fehlt's euch an Mut?
Könnt ihr nicht Waffen führen? Fühlt ich Scham nicht,
Durchwalken würd' ich eure Schultern stracks,
Daß ihr das nächste Mal euch tapfrer zeigtet.
Schuster. Schweig, Faselhans! Thut eure Stäbe nieder.
König Edward. Hört meinen Rat, ihr Leute, senkt
                                    die Stäbe,
Wenn klug ihr seid, sonst mit der ganzen Stadt
Habt ihr's zu thun.
G. Green.   Nicht klug ist, was du sagst.
Doch rat ich euch, den Lümmeln hier von Bradford
Zum Trotz nehmt auf den Rücken eure Stäbe,
Mit mir zu thun sonst habt ihr's, und ich hau' euch
So durch, wie ihr noch nie gehau'n seid worden.
König Edward. Hoch tragen wollen unsre Stäbe wir.

(Georg Green fällt über die Schuster her und schlägt sie
alle zu Boden.)

G. Green. Sind weiter keine Schuster hier? Nur schnell,
Ruft her die ganze Stadt, so alt wie jung!

(Die Schuster erkennen Georg Green)

Schuster. Ihr seid's, George Green? Der Teufel soll
                                    Euch holen.
Ihr trugt wohl recht Begehr, uns durchzuwalken?
Kommt, George, laßt eine Kanne Bier uns trinken,
Eh' wir uns trennen.
G. Green.   Eine Kanne, Schuft?
Nein, hundert sollen's sein. Nimm meinen Beutel,
Will Perkins, hol mir eine Tonne Bier
Und stell sie auf den Markt, daß alle draus,
Die durstig sind, heut trinken. Und zum Willkomm
Des Robin Hood in Bradford mög's gescheh'n.

(Eine Tonne Bier wird gebracht; alle trinken.)

Sitz nieder, Robin, hier, der beste Mann
Am Tische bist du heut. Ihr Fremden, nehmt
Da Platz, wo's euch beliebt. Stoß, Robin, an
Aufs Wohl des guten Edward. Wären hier
Doch seine Feinde! Sehr sie durchzuwalken
Bin ich gelaunt.

Der Graf von **Warwick** tritt mit andern Edelleuten auf
und bringt die Kleider des Königs; **Georg Green** und die
andern knieen nieder.

König Edward. Ihr alle, steht doch auf,
Der Beste, Robin Hood, seid heut am Tisch Ihr.
Steh auf, Georg.

G. Green. Unartig wäre das,
Mein hoher Herr; im Sprechen dreist zwar sind
Wir hier in Yorkshire, höfische Manier
Ist fremd uns. Doch wir wissen von Natur,
Was gegen Euch uns ziemt, vergebt mir drum.

Robin. Dem Robin, guter König Edward, auch
Verzeiht, wie allen hier.

Schuster. Den Schustern auch
Vergebt, wir bitten drum.

König Edward. Ja, allen euch
Vergeb' ich. Du, reich deine Hand mir, George,
Kein Leid soll in ganz England dir gescheh'n!
Um dich zu seh'n, kam ich von meinem Hof her;
Und sehe nun, der Ruf hat Recht gehabt.

G. Green. Ich dank' Euch demutsvoll, erhabner König,

König Edward. Was kann ich für dich thun? Wenn
ich's vermag,
Gewähr' ich's dir.

G. Green. Ich hab' ein schönes Liebchen;
Hell strahlt sie, wie der Silbermond, doch weigert
Der alte Vater Grim mir ihre Hand,
Weil ich nur Flurschütz bin, wie sehr wir zwei
Uns lieben auch.

König Edward.   Wo ist sie denn, sag an!

G. Green. In meinem niedern Haus; und nimmer wird,
Wenn nicht ihr Vater ja sagt, sie mich nehmen.
Das ist mein größter Gram.

König Edward.   Ist's weiter nichts?
Bald soll's beendet sein.   Nachgeben soll
Der Grim, müßt' ich's auch mit Gewalt erzwingen.

*   *   *

Es treten zu den vorigen der alte **Musgrove**, der König **James** gefangen genommen hat, **Cuddy**, sein Sohn, Grim, **Bettris**, seine Tochter, des Green Geliebte. **Maid Marian** und **Willy**, Bedienter Greens, als Mädchen verkleidet, in den sich der alte Grim verliebt hat.

König Edward. Wer ist dein alter Vater, Cuddy, sprich!

Cuddy. Der hier, mein König.

König Edward.   Musgrove, steh doch auf,
Nicht knieen darf so graues Haar vor mir.

Musgrove. Noch viel glücksel'ge Tage lebt, Herr König!
Gefall's Euch, schlichte Gabe, mein Gebieter,
Aus Billy Musgrove's Händen zu empfangen.
Der König Jakob gab zu Medlams-Schloß
Mir dies; mit Ehre ist's gewonnen worden,
Drum geb' ich's Euch.

König Edward.   Dank für die Gabe, Musgrove.
Wie dieses Schwert du einem König gabst,
Schlägt jetzt dies Schwert zum Ritter dich dafür.

Musgrove. Was thut Ihr, hoher Herr? Ach, ich bin arm.

König Edward. So nimm das Schloß von Medlam,
und ist das
Noch nicht genug, so geb' ich mehr dir noch,
Damit nach deinem Stand du leben kannst. —
Georg, von diesen hier, wer ist dein Liebchen?

G. Green. Die hier, o Herr!

König Edward.   Bist du, der Greis, ihr Vater?

Grim. Ich bin's, wenn's Eurer Hoheit so genehm.

König Edward. Was, dem Georg willst du die Tochter
weigern?

Grim (auf **Willy** zeigend).

Nicht doch, wenn er die hübsche Dirne da
Zur Frau mir gibt.

König Edward.   Was meinst dazu du, George?

G. Green. Ich stimme zu, und das aus vollem Herzen.

Grim. Dann mag Georg auch meine Tochter haben.

Willy. So wird die Heirat bald zu Stande kommen,
Wenn ich ein Mädchen bin; allein der Bursch
Des Georg Green bin ich und heiße Willy;
Für meinen Herrn ersann ich diesen Streich.

König Edward. Du bist ein Knabe? Was nun sagst
du, Grim?

Grim. Fürwahr, Herr, in dem Burschen da steckt mehr
Durchtriebenheit, als in der ganzen Welt.
Doch haben soll Georg, das ist mein Wille,
Mein Kind und meinen ganzen Grundbesitz.

König Edward. Wie du's verdienst, Georg, belohn
ich dich,

Darum zu eigen geb' ich dir hiermit
Die Hälfte dessen, was Kendall besaß,
Und was von Bradford mein ist noch dazu.
Dein freies Eigentum für immer ist's.
Knie hin, Georg.

G. Green.   Was wollt Ihr thun, o Herr?

König Edward. Zum Ritter schlagen dich.

G. Green.   Ich bitt' um eins,
Herr König.

König Edward. Was?

G. Green.   Laßt mich als Bauer leben
Und sterben. Wie der Vater sei der Sohn!
Man achtet's höher, wenn der niedre Landmann
Was Großes thut, als der von hohem Stand.

König Edward. So sei's, Georg.

König James.   Ich bitte Majestät,
Bestimmt mein Lösegeld und gebt mich frei.

König Edward. Georg, du setze fest das Lösegeld!

G. Green. Verzeiht, mein König, nicht vermag ich das.

König Edward. Thu's immerhin; dein sei davon die Ehre!

G. Green. So soll der König James die Städte wieder
Aufbau'n, die an der Gränze abgebrannt,
Und für die Waisen sorgen, deren Väter
Im Krieg gefallen sind, den er verschuldet,
Dafür ein Pfand auch Eurer Hoheit geben
Und dann abzieh'n. Wollt das Ihr, König James?

König James. Ich will's; manch gutes Schloß ver=
                                         pfänd' ich Euch
Dafür, mein königlicher Herr.

König Edward.   Das ist
Genug. Nun in dein Haus geh' ich mit dir,
Georg, und will mit dir dort Mahlzeit halten.
Dem alten Brauch, den Stab zu senken, bleibt
Stets treu, da ich das Privilegium gab.
Und fragt man nach dem Grund dazu, so sagt:
Auch Englands König hat den Stab gesenkt.

                    (Alle ab.)

———————

Dies ist ein niedliches Stück mit politischer Grundlage,
aber von idyllischen und pittoresken Zügen durchwoben, die
die Hauptsubstanz bilden. Die Lokalsagen mit Robin Hood
erinnern an viele ähnliche bei den Spaniern.

                              Moritz Rapp.

2. Bruder Bacon und Bruder Bungay.

Bruder Bacon tritt auf und schiebt die Vorhänge mit einem weißen Stock zurück. Er hält ein Buch in der Hand und zündet eine Lampe an. Das eherne Haupt. Miles, sein Diener, steht gewaffnet dabei.

Bacon. Wo bist du, Miles?

Miles.   Hier, Herr.

Bacon.   Du zögerst lang.

    Miles. Denkt Ihr, daß die Bewachung des ehernen
Kopfes keine Zurüstung bedarf? Ich bürg' Euch, Herr,
dafür, ich habe mich so vorgesehen, daß, wenn alle Eure
Teufel kommen, ich mich auch nicht ein bißchen vor
ihnen fürchten werde.

Bacon. Daß in die Hölle ich hinabgetaucht bin,
    Miles, weißt du, und daß ich die finstersten
    Paläste der Dämonen dort besucht,
    Daß der gewalt'ge Belcephon, gezwungen
    Von meinen Zaubersprüchen, seine Wohnung
    Verlassen hat und vor mir hingekniet ist.
    Von beiden Polen wurden da die Klammern
    Der Erde losgerissen, Luna barg,
    Die Dreigestalt'ge, ihre Silberblicke
    Und zitterte auf ihrer hohen Wölbung,
    Als Bacon las aus seinem Zauberbuch.
    Indem ich sieben Jahr lang die Magie
    Getrieben und der dunklen Hecate
    Geheimen Künsten nachgespäht, hab' ich
    Ein ungeheures Haupt von Erz geformt,
    Das durch die Zauberkräfte Lucifers
    Seltsame, grause Dinge künden soll
    Und unser schönes Land mit einem Gürtel
    Von Erz umschließen. Ich und Bungay haben
    Nun sechzig Tage lang gewacht und jetzt

Verlangen unsre Lebensgeister Ruhe.
Lebt' Argus noch mit seinen hundert Augen,
Doch überwachen könnten sie die Nacht
Phobeter's nicht. Nun, Miles, auf dir beruht
Jetzt Bruder Bacon's Wohl; sein Ruhm hängt ab
Davon und seines ganzen Lebens Ehre,
Daß wohl bewacht wird dieses ehrne Haupt.
Darum beschwör' ich dich beim ew'gen Gott,
Der in der Faust der Menschen Seelen hält,
Wach diese Nacht! Denn eh' der Morgenstern
Den prächt'gen Schimmer auf den Osten ausgießt,
Beginnt der Kopf zu sprechen. Miles, alsdann
Bei deinem Leben, mußt du mich erwecken.
Denn dann mit meinem Zauber will ich suchen,
Ruhmvoll mein siebenjähr'ges Werk zu krönen.
Beschleicht auch nur ein Nicken dir das Auge,
Dahin dann seid ihr, Bacon's Ruhm und Ehre.
Den Vorhang, Miles, schließ eng, bei deinem Leben
Sei achtsam jetzt und —

(Er verfällt in Schlaf.)

Miles. So, ich dachte, du würdest über deinem
Geschwätz bald einschlafen, und es ist kein Wunder.
Dies nun ist die Nacht und es ist meine Aufgabe, zu
wachen, weiter nichts. Jetzt, Jesus, segne mich! Was
für ein hübscher Kopf und welche Nase! Ich bin gut
mit Waffen versehen; nun, Herr, will ich mich auf
einen Posten niedersetzen und es so gut wie ein Nacht-
wächter machen, wenn ich zufällig einschlafe. Ich dachte,
guter Nachbar Kopf, ich würde dich aus deinem Brüten
aufwecken können. — Um Gotteswillen, da habe ich
mir beinahe den Schädel eingeschlagen! Auf, Miles,
an deine Arbeit. Nimm deine Partisane in die Hand;
hier treibt einer von deines Meisters Kobolden sein
Spiel.

(Großer Lärm.)

Das Haupt. Zeit ist's!

Miles. Zeit ist's. — Ei, Meister Erzkopf, habt Ihr eine so vortreffliche Nase und antwortet in Versen: Zeit ist's? Besteht meines Herren ganze Schlauheit darin, ein sieben Jahre langes Studium über Zeit ist's hinzubringen? Gut, Herr, es mag so sein, wir werden bald einige Reden von ihm bekommen; wohl, ich will Euch so genau bewachen, wie Ihr je bewacht worden seib und will mit Euch spielen wie die Nachtigall mit dem Glühwurm. Ich will einen Stachel gegen meine Brust setzen. Nun bleib dort ruhig, Miles. — Gott hab' Gnade mit mir; ich habe mich fast umgebracht. Auf, Miles, horch, welchen Lärm sie machen!

Das Haupt. Zeit war's!

Miles. Nun, Bruder Bacon, Ihr habt Eure sieben Jahre Studium gut verwandt, daß Ihr Euren ehrnen Kopf dahin bringen könnt, nur zwei Worte auf einmal zu sprechen: Zeit war's. Ja, Junge, Zeit war's, als mein Herr ein weiser Mann war; doch das war, bevor er den Erzkopf zu machen anfing. Ihr werdet liegen, bis Euch der Hintere wehthut, und Euer Kopf wird darum nicht besser sprechen. Wohl, ich will wachen und auf- und niedergeh'n, und ich will ein Peripatetiker und Philosoph von Aristoteles' Art sein. Was? Ein neuer Lärm? Nimm deine Pistolen in die Hand, Miles.

Das Haupt. Zeit ist vorbei!

(Während das Haupt spricht, zuckt ein Blitz und eine Hand erscheint, die das Haupt mit einem Hammer zerschlägt.)

Miles. Meister, Meister, auf! Die Hölle ist losgebrochen. Eu'r Haupt spricht, und es donnert und blitzt so, daß ich sicher bin, ganz Orford steht in Waffen. Heraus aus Eurem Bett; nehmt eine Partisane in die Hand; der jüngste Tag ist gekommen.

Bacon. Ich komme, Miles; o selten gute Wacht!

Bacon wird dich faſt wie ſich ſelber lieben.
Wann ſprach das Haupt?

Miles. Wann das Haupt ſprach? Sagtet Ihr
nicht, daß es ſeltne philoſophiſche Sätze vorbringen
würde? Es ſpricht jedoch jedesmal nur zwei Worte.

Bacon. Wie, Schurke, hat es oft geſprochen denn?

Miles. Oft, ich hab's dreimal gehört; aber in
allen dieſen drei Malen hat es nur ſieben Worte ge=
ſprochen.

Bacon. Was denn?

Miles. Nun, das erſte Mal ſagte es: Zeit iſt's,
als hätte Fabius Commentator geſprochen; das zweite
Mal ſagte es: Zeit war's, und das dritte Mal ſagte
es unter Blitz und Donner in großem Zorn: Zeit iſt
vorbei!

Bacon. Fürwahr, ſie iſt vorbei. Vorbei, ja Schurke,
Iſt ſie, mein Ruf, mein Ruhm, mein Leben, alles
Iſt nun vorbei. Die Türme deiner Hoffnung,
O Bacon, ſind geſtürzt, im Staube liegen
Die ſieben Studienjahre nun. Zerbrochen
Liegt da das ehrne Haupt durch einen Sklaven,
Der wachte und nicht wollte, wenn der Kopf
Es wollte. Was denn ſprach der Kopf zuerſt?

Miles. Eben: Zeit iſt's.

Bacon. Schuft, hätteſt du nach Bacon da gerufen,
Hättſt du gewacht und aus dem Schlaf den Mönch
Geweckt, ſo hätte ſicher Zauberſprüche
Dies ehrne Haupt geſprochen und ganz England
Mit Erz umzingelt. Aber Aſtmenoth,
Der ſtolze, welcher Herrſcher iſt des Nordens,
Und Demogorgon, Lenker der Geſchicke,
Sind zornig, daß ein Sterblicher ſoviel
Vermag. Die Hölle drunten zitterte
Bei meinen Zauberſprüchen und es zürnten
Die Teufel, wie ſie einen Menſchen ſah'n,

Der ihnen überlegen. Bacon konnte
Sich höher rühmen als vor ihm ein Mensch;
Jetzt aber ist's vorbei mit Bacon's Macht,
Europa hält nicht Bacon hoch, wie sonst mehr,
Und übel schließen seine sieben Jahre
Und, Schurke, nun zu Ende ist mein Ruhm.
Zu bösem Schicksal will ich dich verdammen.
Hinweg, du Schuft! Pack dich aus Bacon's Augen!
Geh, irre sollst du streifen durch die Welt
Und als ein Vagabund auf Erden sterben!

Miles. Also, Herr, Ihr stoßt mich aus Eurem
Dienst?

Bacon. Aus meinem Dienste? Ja, mit meinem Fluch,
Du Schurke, daß dich Tod und Pest befalle.

Miles. Was liegt daran, ich bin gegen Euch mit
dem alten Sprichwort: Je mehr der Fuchs verflucht
wird, so besser geht's ihm. Gott sei mit Euch, Herr.
Ich will nur ein Buch in die Hand nehmen, einen
Rock mit weiten Aermeln anziehen und eine spitze Kappe
aufsetzen und dann sehen, ob's mir anderswo besser geht.

(Ab.)

Bacon. Ein Teufel oder Geist mag um dich spuken,
Wenn du mit schwanken Schritten weiterirrst,
Bis sie dich eilends in die Hölle fördern.
Denn keinen frohen Tag wird Bacon haben,
Seitdem er Ruhm und Ehre eingebüßt.

(Ab.)

Andere Scene.

Es treten Bruder **Bacon** und Bruder **Bungay** in des ersteren
Zelle.

Bungay. Was ist dem Bruder, der noch jüngst so
froh war,
Daß er trübsinnig sitzt in seiner Zelle,
Als hätt' im Spiel sein Alles er verloren?

Bacon. Zu Nichte, Bungay, ward mein ehrnes Haupt;
  Mein Ruhm ist hin und meine sieben Jahre,
  Verloren sind sie; Bacon's Ruhm, der einst
  Verbreitet durch die ganze Welt gewesen,
  Wird untergeh'n durch dieses tiefe Unglück.

Bungay. Bacon hat seines Ruhmes Fundament
  So fest gelegt, indem er seltsam tolle
  Mirakel übte, daß ihm sein Verdienst
  Ein solches Unglück nimmer schmälern kann.

Bacon. Sitz nieder, Bungay, denn als Zukunftseher
  Künd' ich, verhängnisvoll wird dieser Tag.
  Gescheh'n wird noch vor Abend eine Mordthat,
  Doch was für eine, kann ich nicht erraten.

Bungay. Was auch gescheh'n mag, schwer ist mir das Herz.

(Es klopft.)

Bacon. Wer klopft da?

Bungay.   Zwei Scholaren, die mit Euch
  Zu sprechen wünschen.

Bacon.   Laßt herein sie treten.

Zwei Scholaren treten ein.

Bacon. Nun, meine Jünglinge, was steht zu Dienst?

Erster Scholar. Aus Suffolk sind wir, Herr, und beide
                              Nachbarn;
  Zu Haus behaglich leben unsre Väter
  Auf Nachbargütern; meiner wohnt in Crackfield,
  In Laxfield seiner. Auf der Schule sind
  Kumpane wir, und schworen Freundschaft uns,
  Gleich unsern Vätern.

Bacon.   Und wozu dies alles?

Zweiter Scholar. Wir hörten, Herr, in Eurer Zelle
                              hättet
  Ihr einen Spiegel, der die Zukunft zeigt;
  In ihm soll man erblicken, was man irgend
  Im Herzen, in Gedanken wünschen kann.

Erfahren möchten wir, wie's unfern Vätern
Ergeht.

Bacon.   Rechtschaffnen Leuten immer steht
Es frei, daß sie in meinen Spiegel schau'n.
Sitzt nieder, und in kurzem sollt ihr seh'n,
Wie's euren Vätern, die jetzt so befreundet,
Ergeht. Inzwischen sagt mir eure Namen.

Erster Scholar. Ich heiße Lambert.

Zweiter Scholar.   Serlsby ich, Herr Bacon.

Bacon. Ich wittre, Bungay, daß ein Trauerspiel
Bevorsteht.

Im Spiegel erscheinen **Lambert** und **Serlsby**, die Väter der
beiden Scholaren, mit Rapieren und Schwertern.

Lambert.   Eingehalten haft die Stunde
Du, Serlsby, wie's dem Wackeren geziemt.
Des Namens Edelmann zeigst du dich würdig
Und wohl verdienst du der Geliebten Gunst.
Die Worte, die in Fresingfield gefallen,
Kennst du, schamlos sind sie, wie sie kein Mann
Ertragen kann. Wohl, dulden will ich nicht
Beleidigungen, die so töblich sind;
Bereite, Serlsby, dich; von uns der eine
Muß sterben.

Serlsby.   Wohl, du siehst, ich stelle mich
Allein dir gegenüber, und was ich
Gesprochen, will ich mit dem Schwert verteid'gen.
Sei auf der Hut; kein Wort mehr sollst du hören,
Und wenn ich falle, denk, daß einen Sohn
Ich habe, der in Oxford lebt und sicher
Mit Blut den Tod des Vaters rächen wird.

Lambert. Und, Serlsby, einen muntern Jungen hab' ich
Alldort, der deinem wohl im Kampfe steht. —
Zieh dein Rapier, denn zwischen uns jetzt geht's!

Bacon. Nun, muntre Jungen, in den Spiegel blickt
Und sagt mir, ob ihr eure Väter seht.

Erster Scholar. Serlsby, nicht gut ist's; unrecht thut
dein Vater,

Im Kampfe mit dem meinen sich zu messen.

Zweiter Scholar. Lambert, du lügst; mein Vater ward
beleidigt,

Das sollst du seh'n, wenn Unheil ihn betrifft.

Bungay. Wie geht's, ihr Herrn?

Erster Scholar. In hartem Kampf begriffen

Zu Fresingfield sind unsre beiden Väter.

Bacon. Sitzt, meine Freunde, still und seht den Ausgang.

Lambert. Was, Serlsby, zögerst du? Bist für dein
Leben

Du bang? Stoß zu! die schöne Margaret

Verlangt's.

Serlsby. Wohlan für sie!

(Die beiden fechten und töten sich gegenseitig.)

Erster Scholar. O, gut gestoßen!

Zweiter Scholar. Doch achte, wie sich jener deckt.

Lambert. Ich bin

Getötet!

Serlsby. Herr, sei gnädig mir! Auch ich.

Erster Scholar. Mein Vater fiel? Serlsby, so wehr
das ab!

(Die beiden Scholaren erstechen sich gegenseitig.)

Zweiter Scholar. So meiner auch. Lambert, ich zahl's
dir heim.

Bungay. Seltsam Gemetzel das!

Bacon. Sieh, Bruder Bungay,

Wie tot die Väter und die Söhne liegen!

Dein Zauber, Bacon, rief die Metzelei da

Hervor; der Spiegel hier zeugt vieles Weh,

Darum, weil sie im Spiegel diese beiden

Der Liebe halb im Zweikampf enden sah'n,

Sind deiner Kunst die beiden Jünglinge

Erlegen, und all deine Zauberkraft

Ist aus zugleich. Der Dolch, durch den ihr Leben
Geendet, wird sogleich den Spiegel da
Vernichten, der ihr Mißgeschick verursacht.
So sei das Glas zerschmettert und mit ihm
Verschwinden mögen die Erscheinungen,
Die Zauberei in dem Krystall geschaffen!

(Er zerbricht den Spiegel.)

Bungay. Was meint denn der gelehrte Bacon, daß
Er so sein Glas zerbricht?

Bacon.   Ich sag' dir, Bungay,
Es reut mich schwer, daß je in diese Kunst
Sich Bacon mischte. All die Stunden, die
Ich hingebracht, um Teufel zu beschwören,
Der Mißbrauch mit dem heil'gen Namen Gottes,
Wie Sother, Eloim und Adonai,
Alpha, Manoth und Tetragrammaton,
Beweisen, daß verdammt der Bacon wird,
Weil er mit Teufeln gegen Gott gekämpft.
Doch, Bacon, Mut, versink nicht in Verzweiflung!
Noch gibt es Heil für Sünder, viel kann Reue.
Am Throne der Gerechtigkeit sitzt Gnade.
Und aus den Wunden, von den blut'gen Juden
Gebohrt, die neu ob deines Zaubers oft
Geblutet, träuft für dich der Gnade Tau,
Um wie ein neugebornes Kind dich rein
Von Schuld zu waschen. Bungay, ganz in Andacht
Verbringen will ich meines Lebens Rest,
Den Herrn anflehend, retten mög er das,
Was Bacon durch sein eitles Thun verlor.

Robert Green ist ein Zeitgenosse und Vorläufer Shake=
speares auf der Bühne; dieser verdankt ihm den Stoff zum
„Wintermärchen". Bacon ist der Zauberer Faust der deut=
schen Volkssage auf der Universität Oxford, mit dem englischen

Königtum und ritterlichen Elementen kombinirt. Die schöne Bäuerin Margareta könnte auch an die Faustsage erinnern. Es ist ein im Ganzen idyllisch gehaltener Roman, der ans „Wintermärchen" erinnert, die Ausführung darum eher romanhaft als scharf dramatisch. Der Zauberspiegel, welcher eine Hauptrolle spielt, findet sich ebenso in Calderons „Conde Lucanor". Moritz Rapp.

Robert Greens „Friar Bacon und Friar Bungay" sind wahrscheinlich in das Jahr 1590 zu setzen. Dieses Lustspiel, obgleich etwas die alte Schule verratend, enthält leichte und geistvolle Versifikation, welche, obgleich nicht so energisch wie die Marlowes, uns häufig an die von Shakespeare erinnert. Green ist recht glücklich in jenem blühenden und munteren Stil, welcher etwas zu bilderreich ist, und den Shakespeare oft seinen Fürsten und Hofleuten leiht, und welcher einige leidenschaftslose Scenen in den historischen Stücken wir= kungsreich und glänzend macht. Hallam.

Green ist in der Leichtigkeit des Ausdrucks und in dem Flusse seines Blankverses nicht unter seinen Zeitgenossen Peele zu stellen. Sein gewöhnlicher Fehler, der mehr in seinen Stücken als in seinen Gedichten hervortritt, ist ein Mangel an Einfachheit. Aber seine pedantischen klassischen Anspielungen, denen es häufig an Anmut und Geschmack fehlt, hatte er mit seinen andern scribelnden Zeitgenossen ge= mein. Es war Shakespeares Glück, daß er in hohem Grade ohne jene Gelehrsamkeit war und daher auch ohne deren Fehler. — Tieck rühmt ihn als ein glückliches Talent, einen klaren Geist und preist seine lebhafte Einbildungskraft, welche alle seine Schriften charakterisiren. Collier.

XIX

Richard Broome.

———

Die Antipoden.

Eine Komödie.

Ein Doctor spiegelt seinem Patienten, der über lügenhafte
Reisebeschreibungen halb verrückt geworden ist, zum Spaße
vor, daß er selbst seiner Zeit ein großer Reisender gewesen.

Peregrine, der Patient; Doctor, eine Frau.

Peregrine. So seid Ihr auf der ganzen Welt gewesen?

Doctor. Darauf und drunter.

Peregrine.   Bei den Antipoden?

Doctor. Ja überall. Kein Winkel ist, kein Eiland,
Den in der untern Welt ich nicht entdeckt.
Glaubt, Herr, Ihr, zu den Antipoden sei
So weit die Reise?

Peregrine.   Keine weitre gibt es,
So glaub' ich, und daß Mandevil auf Erden
Der einz'ge Mensch ist, der bis dahin kam.

Doctor. Ja, weit kam Mandevil.

Peregrine.   So weit, wie nie
Englische Beine noch gekommen sind,
Von denen ich gelesen.

Doctor.   Herr, was denkt Ihr
Von unserm großen Landsmann denn, dem Drake?

Peregrine. Drake war ein Pfuscher neben Mandevil.
Candish und Hawkins, sowie Frobisher,
All' unsre Reisenden sind weit zurück
Geblieben hinter Mandevil; doch wär' er
Bis hierher vorgedrungen, ja hierher
In diese Wildnis, hätt' er hier die Bäume
Der Sonne und des Mondes, welche sprechen,
Und König Alexander seinen Tod
Verkündeten, geseh'n; er hätte sicher
Auch offen einen Weg den Reisenden
Gelassen, der von wilden Tieren jetzt
Versperrt wird, Drachen, Schlangen, Elephanten,
Einhörnern, Löwen von verschiednen Farben
Und andern Ungeheuern viel, so zahllos,
Wie namenlos.

Doctor.   Was sagt Ihr?

Peregrine.   Les't doch hier.
Ihr könnt doch lesen? Sprach ich Wahrheit nicht?

Doctor. So wahr ist's, wie daß ich geseh'n es habe.
Ich leugne nicht, daß alles Wahrheit ist,
Was Mandevil von seinen Reisen sagt.
Allein so gut kann man mir selber glauben.

Peregrine. Da Ihr mit Achtung von ihm sprecht,
                                      sprecht weiter.

Doctor. Nicht von Europa will ich sprechen, viel zu nah,
Zu nah uns ist's. Wer kennt nicht Spaniens Moden,
Die Art, wie Italiener sich verbeugen,
Wer nicht das Achselzucken der Franzosen,
Die Weise, wie die Deutschen sich umarmen?
Auch nicht behell'gen will ich Euch mit dem,
Was in Arabien ich, in Paphlagonien
Gewahrt, in Mauritanien, Syrien, Indien,
Mesopotamien, Persien und Thessalien.
Zu nah ist alles das. Wenngleich die Wolken
Ich auf den Pyrenäen auch berührt,

Und auf den Höh'n von Paphos auf das Bild
Der schönen Venus einen Kuß gedrückt,
Das alles ist zu nah, nicht prahlen kann man
Damit, daß man's gesehn. Dem Reisenden
In weit entlegne Länder muß das klingen,
Gleich den Berichten solcher, die als Bettler
Aus Edinburgh, Venedig oder auch
Paris zurückgekehrt und prahlerisch
Nun von der Reise zu erzählen wissen,
Vielleicht auch aus Madrid, wohin man leicht
Den Weg ja findet, wenn man auch allein
Mit seinem einen Nasenloche riecht.
Das ist nicht halb so schwer, wie es für arme
Mit Schulden überhäufte ist, den Weg
Von Charing Croß bis zu der alten Börse
Zu machen. Nein, nichts Näh'res laß ich gelten,
Als zu den Antipoden, was die weit'ste
Entfernung ist, wo jeder Fuß gerade
Dem unsern gegenübersteht.

Frau.   Was, aufwärts
Mit ihren Sohlen steh'n sie so? Hilf Himmel,
Wie machen sie's, sich nicht den Hals zu brechen?

Doctor. Auf fester Erde gehen sie, wie wir hier,
Und haben über sich das Firmament,
So wie wir hier.   ·

Frau.   Und doch grad unter uns!
Wo ist die Hölle dann?

Doctor.   Das mögt Ihr selbst
Leicht finden, ohne daß Ihr danach fragt.

Scene bei den Antipoden.

NB. Bei den Antipoden geht alles so vor, wie es unseren
Sitten völlig entgegen ist; die Weiber beherrschen ihre
Männer; Diener regieren ihre Herren; alte Leute gehen
wieder in die Schule u. s. w.

Der **Sohn**, **Diener**, ein **Herr** und eine **Frau**, Eingeborene.
Ein **englischer Reisender**.

Diener (zu seinem jungen Herrn).

   Wie gut war es, daß Euern Vater heut

Ihr in die Schule schicket, da ihr wißt,

Wie gern umher er bummelt.

Sohn.   Doch gegangen

   Noch ist er nicht zur Schule.

Diener.   Bleibt hier steh'n,

Und sehen werdet Ihr's mit eignen Augen.

      Es treten drei **alte Männer** mit Schulränzeln ein.

Die drei alten Männer (singend).   Domine, domine,

                           sieh, gesprungen

   Kommen wir hier, drei lustige Jungen!

Sohn. O das ist prächt'ge Kurzweil! Kommt heran doch.

   Ist eure Schule dies? Heißt dies denn lernen?

Erster alter Mann. Ich bitte, guter Sohn— —

Sohn.   Zur Schule mußt du,

   Hinweg mit ihm! Und treib die andern Buben,

   Den ganzen Haufen mit ihm fort.

Zweiter alter Mann.   Du sollst

   Uns jetzt hinweg nicht schicken, nein, du sollst nicht!

Dritter alter Mann. Von uns nicht einer ist dein

                      Vater, nein,

   Nicht einer.

Sohn.   Fort mit ihnen, fort, ich sag's.

   Und kündet ihrer Lehrerin, was sie

   Für Bummler sind, und bittet sie, sie tüchtig

   Dafür zu prügeln.

Alle drei alten Männer. O! O! O!

Frau.   Ach bittet

   Denn keiner für die armen alten Knaben?

Reisende. Geh'n Männer von so reifen Jahren hi

   Zur Schule?

Gentleman. Sonst als Tröpfe. stürben sie.
Gelehrt in ihrer Jugend waren sie;
Doch wenn hier alt die Männer werden, schwindet
Ihr Wissen nach und nach und nimmt so ab,
Daß, wenn sie bis zu sechzig Jahren leben,
Von ihren Söhnen sie aufs neu zur Schule
Gesendet werden, sonst kaum lallen mehr
Wie neugeborne Kinder könnten sie.

Reisende. Weis ist das Volk hier, und die Frömmigkeit
Der jungen Leute höchst empfehlenswert.
Allein vergönnt als einem Fremden mir,
Daß ihre Freiheit ich für heut erbitte.

Sohn. Es ist bewilligt; richtet euch empor
Und dankt dem Herrn da, nach Gelehrtenart
Kratzfüße machend.

Die drei alten Männer. Gratias, Gratias, Gratias.

          (Sie gehen singend ab.)

XX

Unbekannte Verfasser.

1. Ein Trauerspiel in Yorkshire.

Oliver und **Rudolf**, zwei Bediente.

Oliver. Rudolf, die junge Frau meines Herrn ist über sein langes Ausbleiben sehr schlecht gelaunt.

Rudolf. Kannst du ihr das übel nehmen? Wenn der Apfel so lange am Zweig hängt, bis er überreif ist, fällt er herab. — Nicht besser geht's mit den thörichten Weibern, wenn man sie nicht bei Zeiten bricht, fallen sie leicht von selbst, und dann hat jeder das Recht, sie aufzuheben, das weißt du.

Oliver. Wahrhaftig, so ist's. Aber wo bleibt denn unser junger Herr, und ist Samuel noch nicht wieder aus London zurück?

Rudolf. Weder der Herr ist da, noch der Diener. — Doch nein, da hör' ich Samuel, da ist er, der Bummler. Wahrhaftig, er ist's! Mich kitzelt's schon in der Nase, was Neues zu hören.

Oliver. Und mich am Ellenbogen.

Samuel (hinter der Scene). Nun, wo seid ihr denn? Junge, laß mein Pferd sich langsam abkühlen; ich bin tapfer geritten. Gewiß klebt ihm die Haut am Rück= grat fest. Das wäre eine saubere Geschichte, wenn es Husten oder Lungenschwindsucht bekäme. (Er tritt auf.) Da sieh, Rudolf und Oliver!

Beide. Willkommen, Samuel, du ehrlicher Kerl! Was bringst du für Plunder aus London mit?

Samuel. Seht, ich bin ganz nach der neuesten Mode ausstaffirt. Drei Hüte und zwei Spiegel, zwei steife Halskragen, an der Seite eine Hutschachtel, auf dem Rücken eine Bürste, in der Tasche einen Kalender und im Hosenlatz drei Balladen. Im Ernst, ich bin das leibhaftige Abbild eines gemeinen Lakaien.

Oliver. Daß du das bist, kann ich beschwören. Doch, Samuel, sag, was gibt's in London Neues?

Rudolf. Ja, das wollt' ich auch fragen. Unsre junge Herrin quält und grämt sich um ihren Mann.

Samuel. Die Närrin, die dumme Gans!

Oliver. Wie meinst du das, Samuel? Nun?

Samuel. Nun, er hat ja schon längst eine Andre geheiratet.

Beide. Ist's wahr? Nein, du machst nur Spaß.

Samuel. Und das wißt ihr noch nicht? Freilich ist er verheiratet, prügelt seine Frau und hat zwei oder drei Kinder von ihr. Denn ihr wißt ja, je mehr die Weiber geprügelt werden, desto mehr Kinder bekommen sie.

Oliver. Hör', Samuel, den Lohn von zwei Jahren gäb' ich dafür, wenn meine junge Herrin das nie erführe, sonst käme sie gewiß um ihr Bischen Verstand, und er kehrte nie zurück.

Samuel. Und ich glaube, hätte er sie nicht geheiratet, so wäre sie schon in der Wiege glücklich gewesen. Hat er doch all seine Habe verputzt, seine Güter verpfändet, und sein Bruder, der Student, hat sich für ihn verbürgen müssen. Zum Teufel, er hat mehr Schulden, als sein Balg galt.

Oliver. Kann es sein?

Samuel. O, ihr sollt noch mehr erfahren! Er schimpft seine Frau ebenso geläufig Dirne, als ob er von Dörte und Grete spräche, und seine Kinder nennt er geradezu Bankerte. — Doch was ist das? Mir ist, als würden mir die Hosen heruntergezogen. Bald hätt' ich die beiden Plätteisen vergessen; die sind auch aus London; hier ist jetzt alles, was aus London kommt, prächtig. Dinge, die weit herkommen, sind für die Damen die besten.

Oliver. Gewiß, und auch für die Kammerjungfern.

Samuel. Sag, Rudolf, unser Bier ist doch nicht beim letzten Gewitter sauer geworden?

Rudolf. Nein, noch hält sich's.

Samuel. Wohl, dann folg mir; von mir sollst du lernen, wie man sich auf die lustigste Art betrinkt. Selbst hab' ich's erst die vorige Woche in London gelernt.

Beide. Was du sagst! Laß hören!

Samuel. Ich sag' euch, auf die prächtigste, die lustigste Art. So sich zu betrinken, ist ein wahrer Genuß. In London heißt es der Ritterschlag, wenn man knieend trinkt.

Beide. Wahrhaftig, das ist herrlich.

Samuel. Folgt mir! Ich will euch alle Grade, so wie sich's gehört, erteilen.

(Sie gehen ab.)

Andere Scene.

Der **Mann** erfährt durch einen Beamten der Universität, daß sein Bruder, der Student, wegen der Bürgschaft, die er für ihn geleistet, ins Gefängnis geworfen wurde.

Mann (allein). O du wüster, ausgelassener Mensch! Dein Schwelgen in Sünden hat dich ins Verderben gestürzt. Deine Frevel haben dich zum Bettler ge=

macht. Wie doch nur der Himmel sagen konnte, es
sei verboten, zu sündigen, und trotzdem Weiber schuf.
Daß er unsern Sinnen die Möglichkeit gab, Er=
götzungen aufzusuchen, die uns, wenn wir sie gefunden,
ins Elend stürzen! Wozu war es, daß wir Freuden
kennen lernen, die uns so arg in die Irre führen?
O, daß die Tugend doch lieber verboten wäre! Dann
wären wir jetzt alle tugendhaft, denn das ist uns an=
geboren, daß wir das Verbotene lieben. Wäre Trunken=
heit nicht verboten, welcher Mensch wäre dann der
Affe eines Schweins geworden, um im Kot seine Künste
zu machen? Was ist denn in den drei Würfeln für
ein Zauber, daß einer dreimal dreitausend Morgen
auf einen Wurf setzt, und mit hochadliger gichtiger
Hand seine Nachkommen zu Dieben und Bettlern
macht? — Nun ist's geschehen, und ich hab's mir
selbst geschaffen, dies fürchterliche Elend. Wie gut
war ich nicht geborgen, sehr gut. Meine Landgüter
leuchteten wie ein Vollmond um mich her; aber nun
ist es das letzte Mondesviertel, abnehmend, abnehmend,
und ich möchte rasend werden, wenn ich denke, daß
dieser Mond mir gehörte, mir gehörte, mir und meinem
Vater und meinen Voreltern von Geschlecht zu Ge=
schlecht. Unser Haus kommt herunter, tiefer und tiefer
sinkt es. Dieser Name, der Jahrhunderte lang die
ganze Grafschaft berühmt gemacht hat, geht in mir
und meinen Nachkommen zu Grunde. Außer mir werden
noch fünf Leute meines Hauses unglücklich. Meine
Verschwendung ist nun Kerkermeister meines Bruders,
der Jammer meines Weibes, die Armut meiner drei
Kinder, und meine eigne Schmach!

    (Sich das Haar raufend.)
  Was sitzen mir auf dem verfluchten Kopf
Noch diese Haare? Fallen sie von allem
Dem Gift in mir nicht aus? Mein Bruder sitzt

Gefangen unter Teufeln, die ihn zerren,
Daß er gefügig sei und Geld hergebe.
Und ich bin Bettler, habe nicht so viel,
Um selbst zu leben, oder aus der Haft
Ihn zu befreien. Mögen von der Hölle
Auch Priester reden oder Sterbende,
Schon wohnen alle ihre Qualen, Elend
Und Sklaverei in meinem Herzen hier.
Wer nähme nicht in diesem Falle Geld
Auf seine Seele auf, sein ew'ges Heil
Verpfändend, daß er von den Zinsen lebe?
Daß ich, der von jeher in Ueberfluß
Ich lebte, darben muß, entsetzlicher
Als alle Höllenmartern ist's fürwahr.

Ein kleiner **Knabe** *mit einem Kreisel und einer Peitsche
tritt auf.*

Knabe. Was winselst du denn so, Papa, ist dir
nicht wohl? Solange du so dastehst, kann ich meinen
Kreisel nicht schlagen. Du streckst deine Beine so weit
aus, daß du das ganze Zimmer einnimmst. Nun, vor
deinem bösen Gesicht werde ich mich nicht fürchten.
Ich habe vor keinen Masken und vor keinem Popanz
Angst.

Der **Mann** *hebt das Kind mit der einen Hand in die Höhe
und zieht mit der andern den Dolch.*

Mann. In die Höhe mit dir, Junge, denn hier
unten ist kein Erbteil für dich.

Knabe. O, was willst du machen, Papa, ich bin
ja dein kleiner, weißer Bube.

Mann. Mein roter Junge sollst du werden!
Nimm das!

(Er schlägt ihn.)

Knabe. Papa, du thust mir weh!

Mann.   Mein ältster Bettler,
Du sollst es nicht erleben, einen Wuchrer

Um Brod zu bitten, vor der Großen Thüren
Zu winseln, oder Euer Gnaden rufend
Die Kutschen zu verfolgen.   Nein, das sollst
Du nicht, auch nicht dein Bruder. Nichts ist's, als
Barmherzigkeit, wenn ich dein Hirn zerschlage.

Knabe. Wie aber soll ich lernen, wenn mein Kopf
Entzwei geschlagen ist?

Mann (ihn ermordend).   Eh' bluten sollst du,
Als betteln! — Deines Namens Schande sollst du
Nicht werden.   Wenn du stirbst, so ist's ein Glück
Für dich.   Göttinnen des Geschicks, ins Antlitz
Soll aller meiner Kinder Blut euch spritzen.
Seh'n sollt ihr, wie dem Bettelstand wir trotzen.

(Ab mit der Leiche des Knaben.)

Andere Scene.

Ein **Kindermädchen** mit einem Kinde im Arm; die **Mutter**
schläft daneben auf einem Ruhebette.

Kindermädchen. Schlaf, holder Knabe, deine Mutter schläft
Vor Gram.   Die Vorbedeutung ist nicht gut,
Wenn jemand wird so schwer von Weh gedrückt.
Sei, lieber Junge, still! Wohl Beßres konntest
Du hoffen.   Was uralte Ehre hat
Gewonnen, ging durch Würfelspiel verloren.
Grausam ist's, wenn der Vater seinen Sohn
Verwürfelt.   Elend einzig herrscht im Haus hier,
Verderben, Untergang.   Oh!

Der **Mann** mit seinem blutenden Kinde tritt ein.

Mann.   Gib mir her
Den Jungen, Mensch!

(Er ringt mit dem Mädchen um das Kind.)

Kindermädchen.   Wir sind verloren, Hilfe!
Ach Hilfe! Mord!

Mann. Willst du noch schwatzen? Still,
Verwegnes Weibsbild, halt den Mund. Ich will
Geschrei und Hals auf einmal brechen dir.
Hinab die Treppe da, stürz' über Kopf
Hinab.

(Er wirft sie hinunter und stößt nach dem Kinde.)

Der beste Weg, ein Weib zur Ruh
Zu bringen ist, daß man den Hals ihr bricht,
Ein Staatsmann hat das Nämliche gethan.*)

Kind. Man bringt mich um, o Mutter, Mutter hilf!

Die Frau wacht auf.

Frau. Wer hat geschrie'n? O weh mir, meine Kinder!
In ihrem Blut, in ihrem Blut die beiden!

(Sie hebt das jüngste Kind auf.)

Mann. Mensch, laß den Jungen liegen! Laß ihn liegen,
Den Bettler.

Frau. O geliebter Mann!

Mann. Nichtswürd'ge
Ehbrecherin!

Frau. Was machst du, lieber Mann?

Mann. Den Bastard her!

Frau. Dein eignes holdes Kind.

Mann. Der Bettler sind zu viel.

Frau. Mein bester Mann.

Mann. Wehrst du's mir immer noch?

Frau. O Gott!

Mann. Da hat
Er eins ins Herz.

(Er ermordet das Kind in ihren Armen.)

Frau. O, du mein bester Junge!

---

*) Anspielung auf die aus Walter Scott's Kenilworth
bekannte Mordthat Lord Leicesters.

Mann. Nicht länger deinem Hause, Bube, sollst
Du Schande machen!

(Die **Frau** wird von ihm ermordet und sinkt zur Erde.)

Frau. Jesus!

Mann. Fort mit dir.
Der Metzen gibt's genug, und eine solche
Wärst du aus Not geworden.

Ein **Diener** tritt auf.

Diener. Lieber Herr,
Was gibt es hier?

Mann. Verworf'ner Sklav, willst du
In meiner Wut mich noch zur Rede stellen?

Diener. Herr, wärt Ihr auch der Teufel selbst, ich hielt'
Euch fest.

Mann. Festhalten, mich? Verwegener,
Der Satan hol dich!

Diener. O, uns alle habt
Ihr ins Verderben ja gestürzt.

Mann. Du wagst,
Die Hand nach deinem Herren zu erheben?

Diener. Ein Ungeheuer packt' ich an.

Mann. Bin ich
In diesem Haus nicht Herr? Soll mich ein Sklav
In Ketten legen?

Diener. Mit dem Teufel hab' ich
Gekämpft, zur Erde wirft er mich.

Mann. Du Schurke!
Dich packen, dich zerreißen will ich nun.
Als meinem Knecht drück' ich dir in den Leib
Die Sporen, dich zerschmettern, dich zertreten
Will ich. — So nicht einholen wirst du mich,
Ich denke. Schon gesattelt steht mein Pferd.
Hinweg, Hinweg! Zu meiner kleinsten Brut

Nun bei der Amme, ihm, der an der Brust
Schon Bettler ist. Ich lasse, arges Schicksal,
Dir keinen, daß du ihn mit Füßen tretest.

(Er geht ab.)

Andere Scene.

**Der Mann sieht auf dem Wege zum Gefängnisse seine Frau
und seine beiden ermordeten Kinder.**

**Der Mann, von Wächtern begleitet, ein Beamter der Uni-
versität, verschiedene Leute.**

Mann. Vor meinem Hause, meiner Ahnen Sitz
Hier steh' ich. Mein Frauchen lebt noch, hör' ich.
Doch mit dem Tode ringt sie. Gerne möcht'
Ich, eh' der Kerker mich umschließt, sie sprechen.

Die Frau wird hereingeführt.

Einer aus der Menge. Seht, da kommt sie von selbst.

Frau.   Mein liebster Mann,
Unglücklicher, jetzt der Gerechtigkeit
Verfallen! Meine größte Trübsal du,
Um den am meisten meine Seele blutet!

Mann. Was ist's, daß du zu mir so freundlich bist?
Hab' ich dich nicht verwundet und für tot
Am Boden liegen lassen?

Frau.   Nein, o nein,
Weit tiefre Wunden fühlt' ich in der Brust.
Lieblosigkeit schlägt eine tiefre Wunde
Als scharfer Stahl. Lieblos warst wider mich
Du immer.

Mann.   Ja, fürwahr, ich bin's gewesen.
Wild von der Faust weg, rasch, verzweiflungsvoll
Verübt' ich meine Morde. Aber jetzt
Hast eine feinre Art, um mich zu töten,
Du ausgedacht. Jedwedem meiner Augen
Hast sieben Wunden du geschlagen. Jetzt

Ringt sich aus mir der Teufel los und nimmt
Von meiner Glieder jedem Abschied. Selbst
Die Nägel treibt er in die Höhe mir.
O packt ihn, nie erhörte Qualen, bindet
Ihn noch für tausend weitere Jahre fest,
In jenem bodenlosen Pfuhl da unten,
Ihr sel'gen Engel, laßt ihn nicht empor
Aufs neue steigen und zu grausen Thaten
Die Menschen stacheln, nicht in einen Vater
Laßt fahren ihn aufs neu, ihn anzutreiben,
Daß er der Henker seiner Kinder werde,
Sein Weib, die Diener und, wen nicht? ermorde.
Denn finster wird's im Menschen, wenn den Himmel
Er ganz vergißt.

Frau.   Mein reuevoller Mann!

Mann. O teure Seele, die ich so beleidigt!
Für meinen Mord trifft mich der Tod und er
Ist mir ersehnt.

Frau.   Glaub mir, für diese Frevel
Nicht sterben würdest du, wenn die Gesetze
So leicht wie ich vergeben könnten.

(Die Leichen der beiden Kinder werden herausgelegt.)

Mann.   Was
Erblick' ich da?

Frau.   Ach, unsre beiden Knaben,
In ihrem Blute schwimmend auf die Schwelle,
Der Thür gelegt.

Mann.   Weh! schwer ist diese Wucht
Und muß des Herzens Sehnen wohl zerreißen.
Ach, wär's vergönnt doch euren holden Seelen
In eures Vaters Augen her vom Himmel
Zu blicken, dann in Thränen würdet ihr
Vor Reue sie zerschmelzen seh'n. Allein
Im Schoß der Engel droben spielt ihr schon
Und werdet nicht auf mich hernieder schau'n,

Der ich erbarmungslos, aus Mangel euch
Und Elend tötete. Vermöcht' ich jetzt
Das, was ich wünsche, zu erreichen, wieder
Möcht' ich euch leben seh'n, und müßt ich betteln
Auch mit euch geh'n. Das einzig fürchtet' ich,
Der böse Feind war das, der mir die Augen
So blendete. O könntet ihr den Himmel
Ansleh'n, daß er mir vergebe, mir,
Der bis ans Ende nichts ich fühlen werde
Als Reue.

Frau.   Ueber diese jede andre
Trübsal vergessend, nur der einen denk' ich.

Gerichtsdiener. Kommt, es ist Zeit!

Mann.   Das Blut, das ich vergoß,
Nur will ich küssen noch, dann folg' ich euch.
Mit Blut befleckt ist meine Seele ja,
Warum nicht sollen's meine Lippen sein?
Leb wohl, geliebtes Weib, wir müssen scheiden,
Doch alles Unrecht, das ich dir gethan,
Reut herzlich mich.

Frau.   O bleib, noch gehe nicht!

Mann. Vergebens alles; anders kann's nicht sein.
Fahr wohl, du meiner Kinder blut'ger Staub.
Wofür ich Strafen dulde, ihnen schafft's
Die ew'ge Seligkeit. Mag jeder Vater
Sich an dem Leiden spiegeln, das mich trifft,
So werden seine Kinder glücklich sein,
Indessen meine sich im Tod verbluten.

      (Er geht mit den Gerichtsdienern ab.)

————

Das „Trauerspiel in Yorkshire" ist nicht nur unbe-
zweifelt von Shakespeare, sondern es gehört meines Erach-
tens unter seine reiffsten und vortrefflichsten Werke. Es ist
ein bürgerliches Schauspiel in einem Aufzuge, eine dramati-
sirte Mordgeschichte; die tragische Wirkung ist erschütternd,

und es ist äußerst merkwürdig zu sehen, wie Shakespeare
auch solch einen Gegenstand poetisch zu halten gewußt hat.

A. W. v. Schlegel.

Dieses kleine Trauerspiel gründet sich auf ein Ereignis,
das Stowe in seiner Chronik unter den Merkwürdigkeiten
des Jahres 1604 erzählt: „Walther Calverly, Esqu. aus
Calverly in Yorkshire, ermordete zwei von seinen kleinen
Kindern, durchbohrte seine Frau mit dem Schwert, um sie
zu ermorden, und eilte gleich darauf von Hause weg, um
sein jüngstes Kind bei der Amme umzubringen, woran er
aber verhindert wurde. Ueber diese That stand er vor dem
in York gehaltenen Gericht stumm und überwiesen, er
wurde verurteilt, gerädert zu werden. Seine Hinrichtung
geschah auf dem Schlosse zu York den 5. August.“

Natürlicherweise mußte der schauerliche und abscheuvolle
Eindruck, den diese Mordgeschichte machte, sehr stark sein,
und ihr Andenken dadurch bleibend werden. Herr Steevens
hat einige mündliche, zum Teil wohl übertriebene und fabel=
hafte Sagen gesammelt, mit denen man sich noch jetzt in
Yorkshire trägt. Calverlys Mordthaten, sagt man, wurden
so allgemein verabscheut, daß sein Landhaus von allen seinen
Verwandten verlassen wurde, und, da man es zerfallen ließ,
seitdem nie wieder von wohlhabenden oder angesehenen Per=
sonen bewohnt wurde, sondern bloß eine Pächterwohnung
geworden ist. Auch soll es schwer halten, dem gemeinen
Mann in dortiger Gegend selbst jetzt (1783) die Meinung
auszureden, der Eigentümer von Calverly=Hall habe das
Schicksal des Regulus gehabt und sei, in ein mit Nägeln
ausgestecktes Faß gesperrt, die Anhöhe vor seinem Landsitz
heruntergerollt worden. Ferner erzählt man, Calverlys Be=
gräbnisort sei niemals recht bekannt geworden und man
habe verschiedene Särge, mit Sand angefüllt, in verschiedenen
Kirchspielen beigesetzt, damit sich der Pöbel nicht an den
Resten seines Leichnams vergreifen möchte, die er öffentlich
an einem Galgen aufzuhängen drohte. Man soll sie aber
zuletzt heimlich in das Familienbegräbnis zu Calverly ge=
bracht haben, wo auch die Leichen seiner Kinder sich befinden.
Man glaubte lange Zeit, sein Gespenst irre alle Nacht mit

fürchterlichem Geschrei durch die Gehölze in der Gegend zum großen Schrecken derer, die ihrer Geschäfte wegen spät abends oder früh morgens dadurch reisen müßten.

Kein Wunder, daß dieser Vorfall auch Balladen und Bänkellieder veranlaßte, wovon eines im Jahre 1605 gedruckt und vielleicht die unmittelbare Quelle des gegenwärtigen Trauerspieles ist. Dies letztere wurde 1608 zuerst gedruckt unter dem Titel: A Yorkshire Tragedy, not so new as lamentable and true. Auf dem Titelblatt wird William Shakespeare als Verfasser genannt und die Aufführung des Stücks auf eben der Bühne angegeben, auf welcher die meisten Stücke desselben zuerst gespielt wurden, nämlich auf seiner eignen.   Eschenburg.

Da dieses merkwürdige Stück sich weder in der Schlegel=Tieck'schen noch irgend einer der neueren Uebersetzungen Shakespeare's findet, wo es doch mindestens so gut einen Platz verdiente, wie Titus Andronicus, sind die Hauptscenen daraus hier aufgenommen.

---

2. Grim, der Köhler von Croydon.

Es treten auf **Morgan**, Graf von London, **Honorea**, seine stumme Tochter, **Lacy**, Graf von Kent, deren Bräutigam, **Forrest**, ein Edelmann, **St. Dunstan**, Abt von Glessenbury, der auf die Bitte Morgans es unternimmt, Honoreas Stummheit zu heilen, **Marianne**, Honoreas Kammerfräulein.

Morgan. Willkommen, heil'ger Dunstan, dem vom
                                        Himmel
Heilkraft verliehen ward, die wir nicht fassen;
In Morgan's Grafenhaus sei uns gegrüßt!
Drin Trauer herrschen wird, so lang durch dich
Nicht unser Glück aufs neu erblüht. Gelingt
Dir dies, so wartet Lohn und Ehre dein.

Lacy. Und deinen Namen werden immer hoch
Wir ehren, preisen soll die Chronik dich,
Wenn du die Stummheit Honoreas heilst.

Dunstan. Der Zungen heil'ge Gabe, wie, Mylords,
Ihr wißt, kommt von der höchsten Macht da droben;
Sie bindet sie und löst sie nach Belieben.
In ihrem Namen unternimmt auch Dunstan
Der schönen Honorea Heilung nun.
Da häng' ich auf die Harfe, die Gefährtin
Du mir in meiner stillen Zelle warst.

> (Er hängt die Harfe an die Wand.)

Ihr Lady kniet zur Seite mir, auf daß
Vereint sich mit dem meinen Eu'r Gebet
Zum Himmel hebe.

Sie knieen nieder. Es kommen **Clinton** mit **Belphagor**
(einem Teufel, der von Pluto auf die Welt geschickt wurde,
um ein Weib zu heiraten und zu erproben, ob die Frauen
wirklich so schlecht seien, wie berichtet worden), der als Arzt
verkleidet ist und sich **Castiliano** nennt, und **Akercock**, ein
Teufel, sein Bedienter unter dem Namen **Robin Gutgesell**.

Clinton.   Seht, hier sind die Grafen
Sowie der Mönch.

Belphagor.   Was? betet er?

Clinton.   So dünkt mich.
Doch stören muß ich ihn. Mylords, erlaubt,
Her übers Meer geschifft ist dieser Fremde
Und hofft, Mylord, zu heilen Eure Tochter.

Morgan. Der heil'ge Abt begann bereits das Werk.

Belphagor. Doch wird die Heilung nimmer ihm ge=
lingen.

Morgan. Was redest du? Wo ist dein Vaterland?

Belphagor. In Spanien geboren bin ich, Herr,
Und edlem Stamm entsprossen. Wenn der Hang,
Geheimnisvolle Kunst zu üben, auch
Mich eitlen Dingen nie nachjagen ließ,

So gönnte Reichtum doch mir das Geschick.
Ich heiße Castiliano und kein Blut
Ist in Castilien besser als das meine.
Da ich von Eurer Tochter Krankheit hörte,
Sowie von ihrer Jugend, ihrer Schönheit,
Durchsteuert' ich das Meer um sie zu heilen.

Dunstan. Du Thor, der du den Himmel zu bewält'gen
Mit deinen schwächern Kräften hoffst. Du denkst nicht,
Was das bedeutet. Nein, durch fromme Werke,
Durch Fasten und Gebet, läßt Eurer Tochter
Allein sich helfen. Eine Messe will
Ich selber für sie singen, und drei Schluck
Sie aus dem heil'gen Gnadenkelche schlürfen,
Sowie bei Ave's und bei Credo's hin
Die Kugeln durch die Finger gleiten lassen.
Getrost Mylord, so heil' ich Eure Tochter.

Belphagor. Verwünscht, das Schwatzen des geschornen
                                   Mönchs da!
Soll gelten das für Säcula, Mylord?
Pah, augenblicklich heilen will ich sie,
Gleich deutlich soll sie sprechen, wie wir zwei.
                    (Man hört Dunstans Harfe erklingen.)

Sorrest. Des heil'gen Abtes Harfe, hört Mylord,
Beginnt nun selbst zu spielen an der Wand!

Dunstan. Du Läst'rer, der den heil'gen Wink verhöhnt,
Vernimm die himmlische Musik der Engel,
Die mir bezeugt, daß ich die Wahrheit sprach,
Und Dunstans Seelenreinheit ebenso
Wie deinen alten Stolz beweist.

Belphagor.   Nicht so!
Ich war's, den die Musik willkommen hieß.
Nicht ferner Euch ertönen wird die Harfe,
Denn einen andern Meister hat sie jetzt.

Dunstan. Wer ist Gebieter über meine Harfe,
Als ich?

Belphagor. Erprobt benn, Herr, wie sie Euch dient!

(Dunstan versucht zu spielen, ist jedoch außer Stande, einen
Ton hervorzubringen.)

Dunstan. Ein Hexenmeister bist du und dein Zauber
Hält diese heil'gen Saiten festgebannt.

Belphagor. Könnt Ihr den Bann nicht lösen, heil'ger
Mann?
Daß meine Kunst die beste, dran erkenn' ich.
Nicht viel vermag der Abt, Mylord, Ihr seht's,
Und helfen Eurer Tochter kann nur ich.

Morgan. Was heischest du, wenn dir das Werk gelingt?

Belphagor. Erfüllung nur der einzigen Bedingung:
Daß sie mein Weib wird, denn dazu kam ich
Aus Spanien her. Wollt Ihr mir sie gewähren,
So sagt es klar, sonst bleibt sie ewig stumm.

Morgan. Mein hochgeschätzter Freund, der Graf von Kent,
Hat lang geworben um des Mädchens Hand
Und höchlich würd' es beiden jetzt mißfallen,
Wenn ihre Liebe so zerstört sie sähen.
Sonst alles drum, nur dieses fordre nicht.

Belphagor. Ein Schwächling ist der Graf, was soll
er denn
Mit Eurer Tochter thun? Selbst zwischen ihm
Und mir, mag wählen sie.

Lacy. So Land wie Leben
Würd' ich verlieren mit Honorea!

Belphagor. Es gilt, das Mädchen habe denn die Wahl!

Morgan. Erlaubt's der Graf, so widersprech' ich nicht.

Lacy. Ich wäre unwert ihrer, wollt' ich zögern.

Belphagor. Gut denn. Bringt einen Becher Wein
herbei!
Das also ist die Wette, die wir machen,
Belph. lord: Schlägt sie die Hand des Grafen aus,
Und e.t sie mein.

Geheim. Es gilt.
Mich eit.

(Es wird ein Becher Wein gebracht; **Belphagor** gießt den
Saft eines Krautes hinein.)

Belphagor.   Nun sollt ihr sehen,
  Ihr Herren, was ein Spanier vermag,
  Der auf den Ebnen von Amerika
  So heil'ge Kräuter aufgefunden hat,
· Durch die er die Natur so löst wie bindet.
  Dies Kraut, von andern selten nur gefunden,
  Steht zu Gebote mir so oft ich will.
  Und Honorea lernt badurch das Reden.
  Durch dies hier, Lady, mache frei dein Herz,
  Und mag's in Liebe dich für mich entflammen!

                    (**Honorea** trinkt.)

  Frei bist du nun, geliebte Honorea;
  Sprich nur du Himmlische, daß du mich wählst.

Honorea. Du fremder Söldling, bu entlaufner Wicht,
  Du hergelaufner Spanier, der du schamlos
  Um eine Lady Englands wagst zu freien,
  Der Liebe meiner Magd selbst bist du unwert
  Und Zorn erfüllt mich auf mich selbst, daß du
  Auf meine Gunst zu hoffen dich vermissest.
  Mir aus den Augen! Suche dir ein Weib,
  Das ruchlos ist, wie du! — Was weiter Euch
  Betrifft, mein guter Graf von Kent, so mein ich,
  Ihr thätet besser, da Ihr so bejahrt seid,
  Nicht an ein zweites Weib zu denken mehr.
  Pfui doch, Mylord, schämt solcher schnöden Gier Euch.
  Ich nehme solcher Sünder mich nicht an.
  Ein Graubart solch ein Fant: Abscheulich ist's!
  Kehrt heim und pflegt hübsch Eure müde Stirn;
  Wie kläglich wär' es, wenn noch ein Geweih
  Drauf sproßte. — Nun zu Euch ein Wort, mein Herr
  Und Vater; allzuwenig an die Liebe
  Denkt Ihr, wofern Ihr meint, daß meine Wahl
  Auf einen dieser Freier fallen sollte.

Wählt nur, das Ja und Nein doch steht bei mir.
Für diese Freier dünk' ich mich zu gut.
Das eine sag' ich nur, thut was Ihr wollt!
(Ab.)

Akercock. Heißt sprechen das, wie diese sich geberdet?
Daß wieder stumm sie wäre, wünscht wohl jeder.
Belphagor. Was ist, Mylord, was brütet Ihr so
stumm?
Lncy. Daß Gott die Zunge wieder fest ihr bände!
Belphagor. Ein schweres Ding das, Herr. Der Teufel
selbst
Vermag der Weiber Zungen nicht zu binden.
Vermöchte das der Mönch doch durch sein Beten!
Doch alles ist in Ordnung ja; Ihr habt
Sie mir versprochen, Herr, wenn sie den Grafen
Nicht wolle.
Morgan. Meinethalb nimm sie.
Belphagor. Ich will
So lang sie kneten, bis sie mürbe wird.
Akercock. Ich sage, wer das Glück hat, führt die Braut
Nicht heim.
Dunstan. Begreifen kann ich nicht, ich Schwachkopf,
Wie dieser Fremde ihr die Zunge löste.
Ein tief Geheimnis liegt darin für Dunstan,
Das aufgeschlossen ihm vom Himmel wird,
Damit den Lästerer er strafen möge,
Der fromme Werke so mißachten kann. (Alle ab.)

Dies ist die bekannte Fabel von Belphagor bei Machiavel
und andern Italienern und Franzosen. Die Ausführung ist
leicht und unterhaltend im Stil der italienischen Novelle,
doch ist der englische heilige Dunstan, Abt von Glessenburg,
etwas gewaltsam und kunstlos hereingezogen und die komischen
Scenen sind ganz im älteren englischen Genre.

Moritz Rapp.

3. Tancred und Gismunda.

Vor dem Hofe aufgeführt von den Gentlemen von Inner
Temple 1591.

Ein **Bote** bringt an **Gismunda** einen Becher, den ihr der
König, ihr Vater, sendet, und welcher das Herz ihres Geliebten enthält, dem sie sich ohne des Vaters Einwilligung
vermählt hatte.

Bote. Dein Vater hat in diesem Becher das,
 O Königin, was du am meisten liebst,
 Zu deinem Trost und deiner Freude dir
 Gesandt; so wie du ihn durch das, was ihn
 Am meisten freute, stets erheitert hast.
Gismunda. Dank meinem Vater, sowie Euch, mein Herr,
 Für diese Mühe; nehmt von mir dafür
 Dies Armband und empfehlt dem König mich.

————————————————

     (Bote ab.)
So ist die Stunde, die ich lang erwartet,
Gekommen, die verhängnisvolle Stunde.
Nun hat mein Vater seinen Durst gestillt
Mit Blut der Unschuld, das er lang begehrte.
Was bringt der Becher mir? — Weh mir! Das war's,
Was ich erwartet; meines Grafen Herz,
Vom Schwert durchbohrt, ist es. Geliebtes Herz,
Zu teuer hast erkauft du meine Liebe,
Ach, teures Herz, im Leben warst du süß!
Doch süßer noch im Tod bewährst du dich.
Ein andrer Sarg als dieser goldne hier
Nicht durft' ein Herz, so gut wie deines, bergen.
Mein Vater hat drum weise vorgesorgt,
In lautres Gold dich also einzuschließen,
Und dann dich mir zu senden, welcher du
Dem Rechte nach gehörst. Mein Vater hat

Sein Leben lang fürstliche Sorgfalt mir
Gezeigt und warme Liebe; doch nun übertrifft
Er alles, was bisher er für mich that,
Daß er dies Herz, das teurer als mein eignes
Mir ist, mir sendet. Nein, warst du nicht mein,
O teures Herz, indessen meine Liebe
Auf deinen goldnen Saiten tanzt' und spielte?
Bist du nicht mein, geliebtes Herz, nun da
Mein Teurer in den Himmel sich geschwungen
Und goldne Flügel sich gewoben hat?
Mir, mir gehörst du, und wirst immer mir
Gehören; drum schickt mir mein Vater dich.
O süßer Wohnplatz meines steten Denkens,
O Glück, das meiner Seele Flügel lieh!
Sei siebenfach verflucht die Hand, die so
An dir gefrevelt, so verstümmelt dich!
Doch in der Wunde hier seh ich, wie wahr
Geliebt du hast, wie groß gesinnt du warst,
Wie treu! Geh, liebes Herz, ruh aus im Grabe;
Nimm als mein letztes Lebewohl dies Zeichen!
(Sie küßt das Herz.)
Bald wird dir folgen dies mein Herz, das dein ist,
Das vor Verlangen klopft, sich dir zu einen.
So, armes Herz, hast deine Erdenlaufbahn
Du nun vollbracht und von des wankelmüt'gen
Geschickes Schlingen dir befreit das Leben.
So liegen hinter dir der Erde Sorgen.
Von deinem Feinde, der dich also ehrt,
Ein goldnes Grab, wie du verdient, empfingst du.
Nichts fehlt dir zur Bestattung, welche dir
Gebührt, als meine bittern Thränen, um
Die blut'gen Wunden dir zu waschen; nicht
Dir fehlen sollen sie, ob den Entschluß
Ich auch gefaßt, nicht Thränen zu vergießen.
Nein, ehmals dacht' ich heitern Angesichts

Mit Blut dein Grab zu netzen, nicht mit Thränen.
Entfliehen denn zu dir wird meine Seele,
Denn dazu sandte dich mein Vater mir.

———————

Beinahe ein Jahrhundert nach dem Datum dieses Stücks
schrieb Dryden seine bewundernswürdige Version derselben
Geschichte nach Boccaccio. Die Rede hier läßt sich mit der
entsprechenden Stelle in „Sigismonda und Guiscardo" ver=
gleichen, ohne daß der Vergleich unvorteilhaft für das ältere
Stück ausfiele. Sie ist gleich wuchtig, scharf und leiden=
schaftlich.   Ch. Lamb.

Ben Jonson.

---

1. Der betrübte Schäfer
oder
Eine Geschichte von Robin Hood.

Alken, ein alter Schäfer, weist Robin Hoods Leute an, wie sie eine Hexe ausfindig und wie sie auf dieselbe Jagd machen sollten.

Robin Hood, Tuck, der kleine John, Scharlach, Schlüsseldreher, George, Alken, Clarion.

Tuck. Habt ihr vom armen Tom gehört, dem Koch,
Daß er verzaubert ist? Schon knacken ihm
All die Gelenke, als ob festgeschnürt
Die Glieder wären; mürbe wird sein Leib,
Es ist, als ob ein Folterrad dahin
Ob seinem Rücken glitte; Podagra
Und Krämpfe schießen jetzt ihm durch das Haupt,
Jetzt sinken sie in seine Füße nieder.
Von Blei sind seine Füße und die Hände
Nicht mehr als einen toten Stummel kann
Er rühren.
Alken.   Nun! Behext ist er.
Clarion.   Beweis
Für ihre Bosheit und für ihre Macht
Zugleich ist dies.

Alken. Auf irgend eine Art
Unschädlich machen muß man dieses Weib,
Sonst wird sie weit im Unheilstiften gehen.

Robin. So rate, wie, du weiser Schäfer, gleich
Ausführen wollen wir's.

Alken. Send in den Wald
Denn deine Leute aus; trübsinnig stets
Ist eine Hexe; finden wird man sie
In ihrer Grube, oder hasengleich
Das Feld durchstreifend.

Clarion. Alken, sprecht Ihr doch,
Als kenntet Ihr den Spaß der Hexenjagd,
Wenn aufgescheucht die Zauberinnen fliehen.

Robin. Ans Werk, ihr Herrn; hier nehmt den George
Mit euch, er kann sie finden.

John. Köstlich ist,
Ich schwör' es, dieses Jagen nach der Hexe.

Scharlach. Laßt wie erprobte Jäger uns verfahren!

George. Wir haben sie, wenn wir sie nur erspähen.

Schlüsseldreher. Erst fragt es sich, auf welchem Wind
sie reitet,
Nach Norden oder Süden.

George. Eine Hexe,
So wie der Schäfer sagte, gleicht dem Hasen.

Schlüsseldreher. Und merkt das Wetter, wie der Hase
thut.

John. Wo können wir sie finden?

Alken. Wißt ihr denn
Der Hexen Schlucht?

Scharlach. Nicht mehr als ich die Wege
Der Hölle kenne.

Alken. Tief in düstrer Schlucht
Wohnt sie in einer Pfütze, überwachsen
Mit Dornen und mit Brombeersträuchern
Bei einer halb zertrümmerten Abtei,

Die auf den Boden hin ein Erdstoß stürzte.
Bei einem alten Leichenhaus, inmitten
Von Gräbern; dort in einer Grube werdet
Ihr finden sie, die furchtbar ist und traurig,
Sowie ihr Thun, mit Zaubermitteln reich
Umgeben, zwischen Raupen, Spinngeweben
Und Puppen; dann schleicht sie sich fort durch Nebel
Und faule Dünste, nach den Sümpfen, Tümpeln
Ins überschwemmte Land von Lincolnshire,
Daß Schafe Mißgeburten werfen, Schweine
Die Ferkel fressen, in der Weiber Tonnen
Die Butter nicht gerät, der Kinder Fäuste
Sich krampfen, und der Atem ausgesogen
Im Schlummer ihnen wird, ihr Blut getrunken.
Und wo die See den schleim'gen Schlamm auswirft,
Da sucht nach einem Zweige sie, um Schlösser
Damit zu öffnen.

John.   Staunen muß ich drüber,
Daß solches man von ihren argen Thaten
Berichten kann.

George.   Ich glaubte, lust'ge Streiche
Von alten Weibern wären Hexenkünste
Allein.

Scharlach.   Bosheiten sind's.

Schlüsseldreher.   Wie das sogleich
Klar würde, wüßten wir genau von allem.

George.   Ja dieser gute Mann weiß recht von ihr
Zu sprechen.

Scharlach.   Ihre Künste und Verstecke
Kennt er.

Alken.   Und ihre Schliche allgesammt;
Die gift'gen Pflanzen all, durch die sie tötet;
Wo die Alraune wächst, die durch ihr Seufzen
Tod bringt; der grause, unheilzeugende
Nachtschatten und der Stumpfsinn zeugende

Schierling und Goldwurz, sowie Natternzungen.
Wir hören Schreie unheilvoller Eulen,
Das Aechzen mächt'ger Krähen in der Luft.
Wir sehen blaue Feuerbrachen, Schlangen
Mit grünem Bauche, Fledermäuse, die
Im Schwindelflug auf Lederschwingen taumeln,
Die schupp'gen Käfer mit den blanken Panzern,
Die surrend, summend durch die Lüfte fliegen.
Dort in den Wipfeln wohnen weiße Fee'n
Und spannenlange Elfen, die im Kreis
Um einen Tümpel tanzen und in Armen
Jedwede halten einen Wechselbalg;
Die luft'gen Geister spielen mit den Schnuppen
Der Sterne und zum Himmel schwingen sie
Sich auf, den Mond zu küssen, während sie,
Die Hexe, dasitzt, um beim matten Licht
Des Glühwurms, oder auch beim fahlen Schein
Verfaulten Holzes, über das der Wurm
Gekrochen ist, die unheilschwang're Rolle,
Drauf ihre grausen Sprüche stehn, zu lesen.
Das alles weiß ich und für euch will ich
Sie finden, und sie zeigen auch, wo sie
In ihrer Grube dasitzt; legen will ich
An sie die Hand; sie zwingen, daß den Sack
Sie über'n Rücken hängt, und vor uns her
Sie treiben. Doch ihr müßt vorschreiben ihr's.
Und sehen werdet ihr, wie zwanzig Sprünge
Und Sätze über'n Pfad dahin sie macht,
Und neben uns dann niederstürzt.

John.   Fürwahr
Ein guter Spaß. Erwarten kann ich's kaum
Bei dieser Jagd zu sein.

Scharlach.   Wir wollen sorgen,
Daß wir durch unser Pirschen auf die Hexe
Berühmt wie wenig andre Jäger werden.

George. Wenn wir sie einmal zu Gesicht bekämen
Und schrie'n Hallo —
Alken. Versprechen kann ich's, sonst
Würd' ich kein guter Herenfinder sein.

Das pastorale Drama „Der betrübte Schäfer" ist das beste Zeugnis für die poetische Einbildungskraft Ben Jonsons. An Originalität, Lebendigkeit und Schönheit der „Treuen Schäferin" Fletchers überlegen, erinnert es uns vielmehr in der Sprache und Phantasie an den „Sommernachtstraum", und vielleicht kommt keine andre Dichtung Shakespeare so nahe wie diese. Jonson hatte wie dieser eine außerordentliche Herrschaft über die englische Sprache, über deren provinzielle und volksmäßige Idiome, sowie über das, was sich aus Büchern ausbeuten läßt; und obgleich seine unbesiegbare Pedanterie sich hier und da bis in die Reden der Schäfer vordrängt, so wird sie durch zahlreiche Stellen des natürlichsten und anmutigsten Ausdruckes compensiert. Dieses schöne Drama ist unvollständig, indem kaum mehr als die Hälfte vorhanden oder, noch wahrscheinlicher, je geschrieben worden ist. Es war Jonsons Schwanenlied. Alter und Armut hatten ihn ereilt; aber wie einer gesagt hat, der sich in derselben Lage befand, „Das Leben war noch in dem Blatt" und sein Lorbeer blieb grünend zwischen dem Schnee seines geehrten Hauptes. Die Schönheiten des traurigen Schäfers könnten für mehr poetisch als dramatisch gehalten werden; doch die Handlung ist sowohl mannigfaltig als interessant in einem Maße, wie wir das selten in einem Hirtendrama finden. In den komischen Reden ist wenig gemeines, in den ernsten nichts bombastisches.

Hallam.

2. Poetaster.

Eine komische Satire.

Ovid klagt über seine traurige Lage, da er vom Hofe und aus der Gesellschaft der Prinzessin Julia verbannt ist.

Ovid. Verbannt vom Hofe? Laßt vom Leben mich
Verbannt sein, da nur dort das Leben ist.
Am Hofe einzig liegt das ganze Reich.
Und da die heil'ge Sphäre dort am Hofe
Zehntausend Male mehr umfaßt, als rings
Der weite Raum im ungeheuern Reich,
Enthält ein jeglicher, der seine Sphäre
Bewohnt, zehntausendmal so viel in sich
Wie einer, der aus dessen Kreis verbannt ist.
So wie ein Zauberer in einem Kreis
Nicht von dem Geist, den er beschwört, bedroht ist,
Doch außerhalb desselben seine Wut
Zu fürchten hat, und seine Zauberkraft
Verliert, so ich: da aus dem Hofkreis ich
Verbannt, verlier' ich all' die guten Gaben,
Die ich besaß. Nicht andre Tugend gibt's,
Als die der Hof gestempelt, und kein Laster
Ist lasterhaft, das dessen weiße Hand
Hell leuchten macht. Die Quintessenz von allem
Verdienste Roma's ist der Hof, und Julia,
Die vielgeliebte, ist die Quintessenz
Des Hofs. Mich dünkt, nun naht sie mir, ich atme
Die Luft der Wonnen, die mir jüngst geworden.
Und da der Abend mit dem keuschen Schleier
So armen Schatten, wie ich selbst bin, gönnt
Hinauszugehn, will ich sie hier erwarten.
Ich weiß, nicht fern von hier weilt sie im Kerker
Und hofft von ihrem Wächter zu erreichen,

Daß er ihr die Vergünst'gung gibt, mit mir
Zu sprechen, und mit ihrem Atem mir
Den Geist, den schon ermatteten, zu stärken.

Julia erscheint oben an ihrem Kerkerfenster.

Julia. Hör, mein Ovid! Geliebter!

Ovid. Hier bin ich,
Du Himmlische.

Julia. Hier! und nicht hier! O wie
Dies Wort mit unser beider Schicksal spielt,
Verschieden wie wir selbst; und dennoch eins.
Ich hoch, du niedrig! Dieser Zustand hier:
Du drunten, oben ich am Fenster hier,
Läßt doppelt unsrer Liebe Hindernisse
Erkennen, so des Ortes wie des Standes
Erhabenheit und Niedrigkeit; zu hoch
Bin ich, zu niedrig du. Doch gleich
Sind unsre Seelen, o und unsre Körper
Die ihre Sklaven sind, was sollten sie
Sich denn von ihnen nicht beherrschen lassen?
Zu dir hernieder stürzen will ich mich.
Sterb' ich, so will ich ewig mit dir leben.
Geburt nicht, hoher Rang, grausame Macht nicht
Fernhalten sollen sie mich je von dir.
Wenn mich mein Vater in ein eh'rnes Grab
Auch schlösse, dennoch will ich bei dir sein.
Der Eltern Seelen gaben nicht Gesetze
Den Seelen ihrer Kinder. Wenn der Tod
Sie beide auflöst, gibt's nicht Kind noch Vater;
Dann gibt die Ewigkeit für alle Freiheit
Von jeder Rücksicht, die hier unten galt.
Ich komme, mein Ovid; in deinen Arm
Nimm mich und gönne, daß ich in die Brust
Dir meine Seele hauche.

Ovid. Halt, Geliebte.
Die Hoffnung, die auf deinen schnellen Tod

Du setzst und auf dein künft'ges Leben, ist
Nicht sicher. Du erwählst den Tod, so denkst du,
Im Jenseits könnest du mit dem Geliebten
Dich einen, aber meine hohe Braut,
Wenn tot du bist, nur als vollkomme Seele
Fortleben mußt du, und die Seele weiß
Von keiner Leidenschaft. Mit unserm Blut
Strömt die dahin. Und mit den Leidenschaften
Des Blutes schwindet unsre Liebe auch.
Wahrnehmungen, wie sie in Träumen uns
Erscheinen (wenn der Schlaf, der Sinne Fessel,
Sie freiläßt), werden dann zu Teil uns werden,
Wenn gänzlich uns der Tod zerstört. Wenn Liebe
Daher dein Trachten ist, verändre nicht dein Leben,
Leb hoch und glücklich fort; ich unten hier,
Arm und gering, so wie ich bin, will mich
An deinem Glück erfreu'n.

Julia.   O wehe mir!
Die Tugend, deren kühne Adlerschwingen
Mit jedem Schlag am Flammenhimmel droben
Gestirne treffen, sollte gleich der Schwalbe,
Im Sturme Beute suchend, dicht dahin
Am Boden fliegen und mit schnellen Flügeln
Das suchen, was kein andrer sehen kann,
Nein, was für Luft nur alle andern halten.
So denn mußt du, mein armer Freund Ovid,
Und alle Tugendhaften müssen es,
Der Schwalbe gleich auf unsichtbare Nahrung
Ausgehend, Fliegen oder Nichts verfolgen.
O Vater, da du mir den Geist nicht gabst,
Such nicht, ihn zu beherrschen; über das
Verfüge nur, was du gegeben hast.
Ist deine Sinnesart doch nicht die meine.
All meine Leiden muß ich tragen ja,
Laß denn auch meine Freuden mir. Nie galt

An Göttinnen selbst tugendhafte Liebe
Als Flecken. Aber er ist unbeugsam
Und, mein Geliebter, leicht gekürzt dir könnte
Das Leben werden, weil so lang ich rede,
Die schwer ich nur von dir mich trennen kann.
Leb wohl, mein süßes Leben! Wenn du auch
Vom Hof verbannt bist, doch in der Erinn'rung
Genieß mich noch; und auf dem Boden hier
In diesem Turme will wie tot ich liegen,
Bis wir einander wiederum begegnen.
Auf dieser stolzen Höhe dennoch knie' ich,
In meiner Liebe vor dir hingeworfen,
Freund, unter dir, den sel'gen Boden küssend,
Der deine Füße küßt.

Ovid.   Leb wohl, o Welt,
Lebt wohl, ihr Menschen und, wenn ich's ver=
                                          möchte,
Mit dir verlassen möcht' ich auch das Licht;
Und meine Stirne in der Hölle Schatten
Verbergen, bis die Strahlen deiner Schönheit
Auf's neue mich erlösten.

Julia.   Teurer Freund,
Ach könnten wir auf kurz nicht bei einander
Noch weilen?

Ovid.   Göttliche, zu deinem Heil
Beschwör' ich dich, verweile länger nicht.
Für mich, den untergeh'nden Stern, wie solltest
Hingeben du dein strahlend Firmament?
Geh, süßes Leben! Säh' ich unsanft nur
Dich meinethalb berührt, ich würde sterben.

Julia. So will ich gehn; und selbst der Himmel nicht
Bringt mich zurück.

Ovid.   Doch, Julia, wenn du willst,
Bleib nur auf kurz noch.

Julia.   Wohl, ich bin's zufrieden.

Ovid. O mächtiger Ovid! Was selbst der Himmel
    Zurück nicht führen konnte, meine Worte
    Doch haben es gethan.

Julia.   Wer soll zuerst
    Hinweggehn, Teurer? Meine Augen können
    Es nicht ertragen, scheiden dich zu seh'n.

Ovid. Wenn du zuerst gehst, folgt dir meine Seele.

Julia. Dann müssen wir noch bleiben.

Ovid.   Wehe mir,
    Einhalt in Liebesfreuden ist unmöglich.
    Wir beide sterben, wenn wir beide bleiben.
    Ich höre deinen Vater. Geh nun, Göttin!
              (Julia ab.)
    Furcht spiegelt Töne meinen Ohren vor.
    Ich hab' ihn nicht gehört. Von Liebe bin
    Ich toll. Hier auf den Knien anbeten will ich
    Den heil'gen Platz, drauf meine Göttin weilte,
    Die Luft, die liebend in die seidnen Arme
    Sie schlang. Ovid, du eitler, vor dem Platz
    Knie nicht, noch vor der Luft, in deinem Herzen
    Ist sie. Steh auf, und dort verehre sie.

Augustus unterhält sich mit seinen Hofleuten über Poesie.

**Augustus, Mäcenas, Gallus, Tibullus, Horaz, römische
Ritter.**

Augustus. Wir, die wir dazu nur erobert haben,
    Um das Eroberte uns zu bewahren,
    Die ungern wir bestraften, aber gern
    Belohnten, stolzer, wenn wir uns versöhnten,
    Als wenn wir Rache übten, nehmen nun
    In unsre Gunst den würd'gen Gallus wieder
    Und den Tibull auf.*) Wackre Männer seid

---

    *) Sie hatten den Kaiser beleidigt, indem sie ihm die
Liebe Ovids für die Prinzessin Julia verheimlichten.

Ihr beide; ein berühmter Krieger bist
Du, Gallus, und der erste der Präfekten,
Der unsre Adler in das schwarze Land
Aegypten führte und sie reiche Beute
Heimbringen ließ. An Tugenden seid beide
Ihr reich, die hell durch eure Glieder leuchten,
Zu zeigen, daß nicht eure Titel leer
Auf hohle Statuen nur geschrieben sind.
Von schöner Dichterverse Lorbeerkränzen
Verherrlicht werdet ihr. Das ist von allem,
Was Männer zieren kann, das schönste doch.
Die Dichtkunst kann dies Rom mit allem dem,
Was es umschließt an hohen Monumenten,
In ihrer Verse flüss'gem Marmorstein
Verew'gen, daß es frisch und wunderbar
Dasteht, wenn niedrer Staub es überweht.
In ihren süßen Strömen sollen einst
Nach ihrem Tod der großen Römer Seelen
Sich baden, während ihre edlen Thaten
Auf ihren weißen Schultern hell noch strahlen.
Weil hohen Dienst der Welt die Musen leisten,
Ehrt hoch August die Kunst der Pieriden.

Mäcenas. Die Gnade, welche Eure Majestät
Der Poesie gewährt, wiegt all die dumpfe
Mißgunst stumpfsinniger Gemüter auf,
Die ob des eitlen Dünkels mancher, die
Unwürdig, solchen hohen Kranz zu tragen,
Verachtung für der Dichtkunst würdigsten
Propheten haben.

Gallus.   Hochbeglückt ist Rom
Vor allen Erdenstädten, daß solch großer,
Erhabner Kaiser, wie Augustus ist,
Als Vorbild seinen kleinern Geistern leuchtet,
So selbst der Sonne höhern Glanz verleihend.

Horaz. Selbst Phöbus wird die Kniee vor dem Thron

Des Kaisers beugen und mit Lorbeerkränzen,
Betaut von Rebensaft, ihn überdecken,
Um die Verehrung, die der Imperator
Ihm zollt, zu lohnen; während andre Fürsten
Nur durch des Glückes Laune ihre Macht
Erlangten und wie Wolken vor der Sonne
Auf ihrer Höhe sitzen.

Tibull.   Ohne Ordnung
Lenkt alles menschliche Geschick Fortuna
Und blind verteilt sie selber blinde Gaben,
Die, keiner weiß warum, zu Teil den Schlechtesten
Oft werden.

Augustus.   Ordnen wird Augustus das,
Wie seine Macht und wie des Glückes Gaben,
Die zu Gebot ihm stehen, es verstatten.
Die Hände, welche keine Gaben spenden,
Auch solche, welche kleine nur verteilen,
Bekunden, daß sie keine Seele haben.
Und wer die Tugend, wenn er's auch vermöchte,
Nicht liebte, ist kein Mensch.

Ein Ritter.   Virgil ist hier,
O Herr.

Augustus.   Dann ist die Ehre Roms auch hier.
Bringt einen Sessel und zu unsrer Rechten
Stellt ihn; stets muß, da, wo am Platz es ist,
Die Ehre Roms wie unsre eigne sitzen.
Jetzt aus Campanien ist Virgil gekommen,
Vollendet wird er seine Aeneide,
So denk' ich, haben, die zu kennen ich,
Als wär' es meine zweite Seele, wünsche.
Was von Virgil, ihr Herren, denkt ihr, sprecht,
Und du, Horaz, was sagst du, der am ärmsten
Du bist und leicht aus Neid und Mißgunst ihn
Verkleinern könntest?

Horaz.   Cäsar spricht gleich andern

Und hebt hervor mich meiner Armut wegen,
Als ob der Fluch der Dürftigkeit so tief
In eines Weisen Geist, wie der des Reichtums
In den des Ignoranten dringen könnte.
Nein, Cäsar; ganz verirrte Geister sind's,
Die, von verfluchten Reichtums Gift verdorben,
Nachher noch tiefer als sonst Schurken sinken.
Doch Weisheit ist der Nektar, welcher frisch
Vollkommne Seelen hält, in diesem Grab
Der Sünden selbst. Was meine Seele anlangt,
Frei ist wie Cäsars sie. Wovon ich weiß,
Daß Recht es ist, ich geb es jedem gern.
Er, der Verdienst verkleinert oder schmäht,
Zeigt einen gierigen, kleinlichen Geist.

Augustus. Dank dir, Horaz, für deine scharfe
                                        Antwort,
Die mehr mir zusagt als serviles Wesen.
Ein Fürst, der Schmeicheleien liebt, wird bald
Ein Fürst der Narren; und um deinethalb
Will keinen Unterschied ich zwischen Großen
Und Guten machen, weil die letztern arm.
Sag denn, was von Virgil du denkst, Horaz.

Horaz. Ich meine, seinen Geist hat er gebildet
Durch vielen Umgang, so daß ähnlich er
Den Himmelswohnern ist; an Sitten streng
Und Selbstbeherrschung.

Gallus.   Auch ist ihm das Ohr
So keusch und zart, daß all die reichen Früchte,
Die sein Verdienst getragen, er gering
Doch noch in seinen eignen Versen achtet.

Tibull. Allein um seine hohen Meisterwerke
Gerecht zu schätzen, scheint mir folgende
Erwägung nützlich. Das, was er geschrieben,
Ist mit so vieler Urteilskraft vollendet,
Daß, wer nur seine Zeilen im Gedächtnis

Bewahrte, höher seinen Geist zu bilden
Daraus vermöchte.

Augustus. Einen Teil, Ihr meint,
Aus seinen Werken könnt' er wiederholen
Bei allem, was es zu erwägen gibt?

Tibull. Ja, königlicher Cäsar.

Augustus. Wahre Tugend
Zeigt sich in seinen Werken. Was, Horaz,
Der du Materialist bist, meinst denn du?

Horaz. Dem Wissen, das auf Schulen heimisch ist
Und leicht den Menschen leeren Ruhm gewinnt,
Gleicht seines nicht, nein, wie ein Auszug ist's
Von allen edlen Wirkungen der Kunst.
Und seine Poesie ist so voll Leben,
Daß stets sie größre Kraft gewinnen wird,
Um später mehr als jetzt geliebt zu werden.

Augustus. Daß so im Urteil überein ihr stimmt,
Und einer stets des anderen Verdienst
Erkennt, beweist, daß jeder unter euch
Wahrhaft Verdienst hat.

Virgil tritt ein.

Sieh, da kommt Virgil.
Wir wollen aufsteh'n, um ihn zu begrüßen.
Gegrüßt, Virgil! Dem Namen nach verschieden
Allein soll von Virgil Augustus sein.
Die Aeneide, dein berühmtes Werk,
Wo ist sie? Laß sie seh'n uns, daß darin
Wir schwelgen.

Virgil. Unwert deiner gnäd'gen Augen,
Sogar wofern vollkommen, wäre sie;
Weit mehr ist sie's mit allen ihren Fehlern,
Die zu verbessern ich noch Zeit nicht hatte.
Und wenn Augustus sich mit etwas anderm
Zufrieden gäbe, zeigt' ich sie ihm nicht.

Auguſtus. Virgil iſt zu beſcheiden; oder ſucht vergebens,
  Daß er noch höher mein Verlangen ſteig're.
  Zeig ſie mir, ſüßer Dichter.

Virgil.   In der Furcht,
  Die jenem ziemt, der dir, dem Imperator,
  Sein Werk darbeut, zeig' ich es voll von Demut.

Auguſtus. Lies, mein Virgil, dich ſelbſt. Nicht einen Ton
  Soll meine Zunge profaniren.   Sieh
  Den Seſſel hier, abſichtlich hingeſtellt,
  Damit du dein Gedicht drin leſen mögeſt.
  Schlag mir's nicht ab. Verdienſt, iſt es beſcheiden,
  Kann einen höhern Platz als Könige
  Für ſich in Anſpruch nehmen.

Virgil.   Scheinen wird es
  Für alle, die zugegen, lächerlich
  Und für die Zukunft eine Lüge wär's,
  Wenn ein Poet, der nicht Geburt, nicht Reichtum,
  Noch irgend eine Würde hat, den Sitz
  In Cäſars Seſſel nähme.   Würde ſo
  Die arme Tugend plötzlich hoch erhöht,
  Erniedrigt aber Adel, ſowie Reichtum,
  So würde das den Lauf des Himmels kreuzen.

Auguſtus. Den Lauf des Schickſals ſelbſt wird Cäſar
                                        kreuzen,
  Noch mehr den Weltgebrauch.

Horaz.   Der Weltgebrauch
  Im Punkt der Ehre geht ſtets in die Irre.
  Und ſolche, die das Glück am wenigſten
  Begünſtigt, ſind am beſten ſtets daran.

Auguſtus. Horaz ſprach unſere Gedanken aus,
  Nur deutlicher.   Darum ſoll die Vernunft
  Darthun, daß wir zu jenen nicht gehören,
  Die ſich vom Weltgebrauch beſtimmen laſſen.
  Nimm ein den Sitz, Virgil, denn, und beginn
  Aus deinem Buch zu leſen.

Virgil.   Hoher Cäsar,
  Dein Wille wird erfüllt. Den Sitz besteig' ich.
  Mißachten deine Güte wahrlich hieß es,
  Die frei die Tugend von dem Spinngewebe,
  Das sie umdüstert, macht, wenn deiner Huld
  Ich zu entsprechen zögerte, da du
  Freigebig sie und ungesäumt gewährst.
Augustus. Ihr Herrn des Hofs, laßt niemand zu uns ein.
  Beginne, trefflicher Virgil, dein Werk!
Virgil liest einen Teil aus dem vierten Buche der Aeneide.
Virgil. „Der Himmel unterdes begann zu donnern" ꝛc.

Dieses römische Stück scheint geschrieben zu sein, um
diejenigen Feinde Ben Jonsons zu widerlegen, welche in
seinen wie in unsern Tagen behauptet haben, daß er einen
pedantischen Gebrauch von seiner Gelehrsamkeit gemacht. Er
hat hier den ganzen Hof des Augustus wieder durch einen
gelehrten Zauberspruch auferweckt; wir erhalten Zutritt zu
der Gesellschaft der berühmten Toten Virgil, Horaz, Ovid,
Tibull, reden in unsrer eignen Sprache schöner und poetischer,
als sie sich in ihrem angeborenen Latein ausgedrückt haben. —
Man kann sich nichts Eleganteres, Vornehmeres und Höfi-
scheres denken, als die Scenen zwischen diesem Ludwig XIV.
des Altertums und seinen Schöngeistern. Das ganze Geheimnis und die Quintessenz dieses Umgangs ist darin enthalten: Die ökonomische Freigebigkeit, durch welche die
Größe, während sie anscheinend einen Teil ihrer Prärogativen
aufgibt, doch Sorge trägt, keine der wesentlichen fahren zu
lassen; die wohlabgemessenen Freiheiten eines Untergeord-
neten, welche durch die befohlene Kühnheit schmeicheln und
durch höfliche Aufrichtigkeit besänftigen. — Diese und
tausend schöne Stellen aus seinem „Neuen Wirtshaus", aus
„Cynthias Vergnügen" und aus jenen zahlreichen Hofmasken
und Unterhaltungen, welche er nach seiner täglichen Gewohnheit lieferte, könnten angeführt werden, um die poetische
Phantasie und Geisteseleganz des vermeintlich rohen, alten
Barden zu zeigen.   Ch. Lamb.

3. Catilinas Verschwörung.

Eine Tragödie.

Der Morgen der Verschwörung. **Lentulus, Cethegus** und **Catilina** begegnen einander, bevor die übrigen Verschwörer bereit sind.

Lentulus. Das dünkt mich ein verhängnisvoller Morgen.
Langsam steigt er, als ob sein düstrer Wagen
Mit aller Wucht des Schlafes und des Todes
Behangen wäre. Rosenfingrig ist
Er nicht, nein düster schwarz; sein Antlitz ist
Wie Wasser, das zu Blut verwandelt wird,
Und rings von Wolken ist sein krankes Haupt
Umhüllt, als ob mit Nacht er drohte, schon
Bevor der Tag gesunken. So nicht sieht
Er aus, als ob Gesundheit er und Heil
Uns wünschte, wie an andern Morgen wohl.

Cethegus. Nun, um so besser, Lentulus; wir kommen
Des Plauderns wegen nicht, Geschäfte rufen
Uns her.

Catilina. Du redest edel, Cethegus.
Wo ist Autronius?

Cethegus. Ist er nicht gekommen?

Catilina. Noch nicht.

Cethegus. Nicht Varguntejus?

Catilina. Auch nicht.

Cethegus. Verheeren
Mag Feuer ihren Busen und ihr Bett,
Die ihrer Trägheit dienen, nicht der Tugend.
Sie sind nicht Römer, und da, wo die Not
So hoch wie jetzt gestiegen, —

Lentulus. Beide sie,
Longinus, Lecca, Curius, Gabinus
Und Fulvius gaben mir die letzte Nacht

Ihr Wort durch Lucius Bestia, früh schon würden
Sie hier sein.

Cethegus.   Ja! wie du, wenn ich dich nicht
Gerufen hätte. Siebenschläfer sind
Wir alle, Fliegen, die halbtot; noch dumpfer
Ist es in uns, als dieser Morgen ist.
Gelähmt ist unser Geist, wie frosterstarrt.
Das Blut, so scheint's, ist uns zu Stein geronnen.
Nicht tau'n kann uns die Ehre, noch der Drang
Zum Handeln, wenn er heiß in unsern Schläfen
Auch brennt.

Catilina.   Daß sie in so gewicht'ger Stunde
Spät kommen, wundert mich.

Cethegus.   Wenn selbst die Götter
Zu wicht'ger Sache sie gerufen hätten,
Sie wären doch, wie jetzt, schildkrötengleich
Gekommen, um zu einer That, um welche
Die ew'gen Götter sie beneiden könnten,
Sich zu vereinen. Sehen möcht' ich wohl
Zu dieser Zeit schon Rom verbrannt, gesammelt
In einer Urne seine Asche. Ja,
Zertrümmert des Senates Königreich
Und dieser feigen Schwätzer Weiberrock
Vor Schrecken aus Italiens Luft entflohen.

Catilina. Du Mannesmut, Herz unsres großen Werks,
Wie lieb' ich solche Reden nicht bei dir!

Cethegus. O Zeit, als Sulla herrschte, als das Schwert
Sich frei zu jeder That schwang, die es wollte!

Catilina. Und mit den Eingeweiden so vertraut
Wie unsre Augurn war —

Cethegus.   Und als die Söhne
Die Väter, als die Brüder ihre Brüder
Erschlugen —

Catilina.   Als sie Lohn und Lob gewannen,
Und losgelassen, Wut und Ingrimm rasten.

Cethegus. Gemetzel wogte durch die Straßen hin
Und reckte sich empor, um schrecklicher
Als sonst noch auszuschau'n, indes hinauf
Das Blut zu den beschmutzten Schenkeln spritzte
Und ganze Haufen Glieder mit sich führend
Hernieder sank. Kein Alter ward verschont
Und kein Geschlecht.

Catilina. Ja, nicht der Würden höchste —

Cethegus. Kein Kind war in der Mutter Leibe sicher;
Dem kranken Alten, der nur einen Tag
Noch hoffen konnte nach der Dinge Lauf,
Blieb keine Frist. Jungfrauen, so wie Witwen,
Matronen, schwangre Weiber, alle starben.

Catilina. Genug Verbrechen war es, daß sie lebten.
Nur die zu würgen, die noch schaden konnten,
Schien matt und schwächlich.

Lentulus. Nicht bewält'gen konnte
Der rauhe Fährmann Charon all die Arbeit;
Statt eines Boots war eine ganze Flotte
Ihm nötig, um den traur'gen Schwarm, der ankam,
Hinwegzuführen. Raum genug nicht war
In Höhlen und im Bauch der wilden Bestien
Die Leiber aufzunehmen, draus erschreckt
Geflohen jene Seelen. Selbst die Gräber
Erfüllten Menschenleiber, die noch lebten,
Die Furcht und Flucht den Toten zugesellt.

Catilina. Dies wird sich wiederholen, mehr und mehr.
Ein neuer Sulla, muß nun Lentulus
In Rom ersteh'n.

Lentulus. Nein rede nicht von dem,
Was noch so ungewiß!

Catilina. Was!

Lentulus. Nun, ich meine,
Was als noch unklar der Erwägung nicht
Bedarf.

Catilina. Unsicher sind der Sibyllen Blätter!
Nicht unsrer göttlichen weissagungskundigen
Gelehrten Sprüche klar!

Lentulus. Auf Foltern läßt,
Du weißt, sich jede Prophezeiung spannen.

Catilina. Doch diese hat schon ohne sie bekannt
Und ist erwogen, so verglichen worden,
Daß Bosheit nur und Unvernunft,
Daran zu zweifeln wagen. — — —

Lentulus. Da Sulla, sowie Cinna untergingen,
So müssen unsre Augen auf den Mann
Wir richten, der noch aufrecht steht und strahlt,
Den eblen Cethegus; da steht er vor dir!
Schon glaubt man, daß er über dem Senat
Das Scepter schwinge und von dessen Blut
Die Aexte der Liktoren träuften; schon
Sieht man die Statuen von neuem schmelzen
Und die Penaten ächzend das Geschick
Der Stadt beklagen. Vor dem Wechsel schwitzen
Die Wände selber Blut. Die Steine stürzen
In den Ruin hinab, noch eh' er kommt.

Cethegus. Doch er und wir und alle sind noch müßig.

Lentulus. Was je der große Name der Cornelier
Noch werden mag, nicht die Augurien sind's,
Noch der Sibyllen Bücher; Catilina
Allein ist's, der es macht.

Catilina. Ein Schatten nur
Bin ich dem Lentulus hier gegenüber,
Dem trefflichen, und Cethegus, den Erben
Des Mars!

4. Der Fall des Sejanus.

Eine Tragödie.

Sejanus erfährt am Morgen, an welchem er vom Senat verurteilt wird, einige Anzeichen, welche seinen Tod voraus-verkünden.

Sejanus, Pomponius, Minutius, Terentius etc. etc.

Terentius.   Sind diese Dinge wahr?

Minutius.   Wohl Tausende
Sind auf den Straßen, um sie zu betrachten.

Sejanus. Was ist das?

Terentius.   Eben, Herr, erzählt Minutius,
Auf Eure Statue sei ein neues Haupt
Gesetzt, man fand auch einen Strick darum
Geschlungen, und ein feur'ges Meteor
Ward eben erst, ein großer Ball, erblickt,
Wie durch die sturmbewegte Luft er rollte,
Wo zu des hocherstaunten Volks Verwunderung
Er jetzt zu sehn noch ist.

Sejanus.   Nicht weiter! Schnell
Nun die Tribunen her, mehr der Soldaten
Noch sind uns not für unsre Sicherheit.
Minutius, ich bitte, geh zu Cotta,
Latiaris und dem Konsul Trio, auch
Zu den andern Senatoren, deren sicher
Du bist, daß sie für uns sind; du mein Natta,
Zu Laco, der den Wachen vorgesetzt ist;
Bewaffne ohne Lärm all unsre Diener!
Pomponius, du, für gutes Einvernehmen
Sorg mit dem Konsul. Diese Dinge seh'n
Fast wie Gefahren aus, die mir bevorsteh'n.
Geschick, dein Schlimmstes seh' ich mich bedroh'n.
Unsicher mögen Staaten, mögen Dinge
An deinem Willen hangen, mir jedoch

Wird sicher sein, unzweifelhaft der Tod.
Allein warum jetzt die Gedanken richte
Ich auf den Tod, ich, welchen das Geschick
So weit schon ungehemmt und tadellos
Auf seinem Gang geführt? Ich, der gefällt,
Ich den Germanicus, die höchste Ceder
Der Welt, der ich mit einem Streiche Drusus,
Die hohe Ulme, niederschlug, und Silius,
Sowie Sabinus, die gewalt'gen Eichen
Zur Erde warf. Dazu die andern Sträucher,
Cordus und Sosia, Claudia und Pulchra,
Furnius und Gallus, die ich ausgerodet,
Und meine Art alsdann so tief und fest
In Agrippinas breite Wurzeln schlug,
Auch ihre stolzen Zweige niederhieb,
Nero, Drusus und Cajus, wenn nachher
Auch neu empor sie schoßen. Ihr Geschicke,
Wofern ihr wollt, daß ich zu Grunde gehe,
Eh' meine Zeit kam, ist es Grausamkeit,
Denn Dinge hab' ich schon vollbracht, die groß
Genug. Ganz Rom war meine Sklavin; saß
Doch der Senat als müßiger Beschauer
Und Zeuge meiner Macht. Wenn hoch mir Scham
Das Antlitz rötete, weil mehr Befehle
Ich gab, als er in Schweigen dulden mußte,
Die Väter alle saßen willig da,
Mir Reiche, Tempel oder ihre Kehlen
Zu bieten, wenn ich sie von ihnen heischte.
Und, was das Ganze krönt, Rom, der Senat,
Das Volk, die ganze Welt, als meines Gleichen
Sah'n Jupiter sie an, den Cäsar nur
Als zweiten unter mir. So, ihr Geschicke,
Ist's eure Bosheit, die ihr Neid und Angst fühlt,
Daß eine andre Macht sei, als die eure.

Das Merkwürdigste an dem Stück ist wohl, daß Shake=
speare sich dafür interessirte, selbst Veränderungen daran
vorgenommen haben soll und daß er bei der Aufführung
mitspielte, denn unter dem Personenverzeichnis werden die
Hauptschauspieler angeführt und wir finden, daß neben den
bekannten Mimen Burbadge, Hemings, Condel, auch William
Shakespeare aufgetreten. — Das Stück hat mit der späteren
französischen tragédie weit mehr Aehnlichkeit als mit dem
englischen Trauerspiel; in der That war schwerlich bis dahin
ein historischer Stoff mit so viel Gelehrsamkeit auf die Bühne
gebracht worden. Moritz Rapp.

---

5. Das neue Wirtshaus
oder
Das leichte Herz.
Ein Lustspiel.

Lovel entdeckt dem Wirt des neuen Wirtshauses seine Liebe
Lady Frances und die Gründe, weshalb er seine Leiden=
schaft vor ihr verbirgt.

Lovel. So schön ist nichts auf Erden, wie verliebt sein.
Nichts wert sind Studien, Freuden und Geschäfte,
Nichts Weltverkehr, die Liebe einzig preis' ich.
Das trägste der Geschöpfe war ich, nutzlos,
Mein ganzes Leben, wie ein leeres Nichts;
Wie einem Siebenschläfer, einer Drohne
Verfloß mein Dasein, bis ich mich verliebte.
Zu wachen länger als die Nachtigall
Vermag ich jetzt und als ein Wucherer,
Ja auch im Gehen ihn zu überholen,
So wie ein Geist, der einen Schatz bewacht,
Umherzuschleichen. Und doch Liebe nur
Ist jener Schatz, den meine Phantasie

Sich schafft. Die Liebe hat in unserm Haus
Von jeher sich vererbt, mein edler Wirt,
Und, wie ich hoffe, Freund. Die Wahrheit ist:
Ich habe diese Dame lang geliebt,
Doch fruchtlos trotz des heißesten Verlangens,
Denn noch vermied ich's selbst ihr's zu gestehen.

Wirt. Wie denn?

Lovel.   Geschenke hab' ich ihr gesandt,
Des Witzes Spiele, Verse, Anagramme.
Sie nahm sie freundlich auf und lobte sie,
Doch wußte nicht, noch riet, von wo sie kämen.

Wirt. Hübsch war die Art, durch Rätsel so zu werben.

Lovel. Oft in Gesellschaft hab' ich sie geseh'n,
Und ganze lange Tage sie betrachtet;
Geliebt sie und bewundert, ohne ihr's
Zu sagen, fort liebt' ich und sah sie an
Und liebte, sah sie wieder an und seufzte.
Doch fortgeh'n mußt' ich, ohne daß sie mein
Geachtet.

Wirt.   Könnt Ihr dann sie tadeln, Herr,
Wenn stets kein Wort Ihr spracht, stets schweigend war't?

Lovel. O, um so mehr doch liebt ich, und sie konnt es
In meinem Schweigen lesen, wäre sie —

Wirt. Trübsinnig, meint Ihr, wie Ihr selbst gewesen.
Ich bitte, Herr, warum bleibt Ihr so stumm?

Lovel. Wißt, mein Herr Wirt, daran hängt eine ganze
Geschichte. Hörtet je Ihr vom Lord Beaufort,
Der tapfern Kriegerdienst in Frankreich that?
Ich war sein Page, dann, bevor er starb,
Sein Freund! Erst folgt' ich ihm im Krieg, alsdann
Zur Zeit des Friedens mich gesellt' ich ihm
In seinen Studien; keine Arthurs hatt' er,
Noch Rosiclers, auch keinen Sonnenritter
Noch Amadis von Gallien, Wesen nicht,
Aus nichts geformt, so wie Primalion

Und Pantagruel, solche Mißgeburten,
In dunklen Klosterzellen ausgeheckt,
Dies Gift der Höfe, diese Pest der Sitten,
Doch Agamemnons Thaten und Achills,
Des weisen Nestor Lehren, des Ulysses
Listvolle Schliche, des Tydiden Stärke,
Die der unsterbliche Homer beschrieb
Als Musterbilder von Heroentugend.
Oder, wie sie der Heldendichtung Meister
Virgil gefeiert, den Aeneas, der
Den greisen Vater auf den Schultern trägt,
Der aus den Flammen mit dem Sohn entflohen.
Und diese alle kennen lehrt' er mich.
Die erste Bildung, ich bekenn's, mir gab er,
Wohlthaten dann auf mich hat er ergossen,
Den Horen gleich, die auf den Wolken sitzen
Und in den Schoß der dankerfüllten Menschen
Des Himmels Spenden niederschauern lassen.
Doch über alles galt nur das Vermächtnis mir
Das er bei seinem Tode mir vertraute.
Er schlang dadurch um mich so feste Bande,
Daß keine Zeit sie jemals lösen wird,
Bis sie sich selber lösend, alle Dinge
In Staub begräbt: für seinen braven Sohn
Und Erben sollte ich der Vormund sein,
Der jung und tugendhaft und hoffnungsvoll
Die erste Neigung dieser Dame weihte.
Und ob ich überzeugt auch bin und weiß,
Daß sie aus Laune keinen lieben wird,
Und daß daher sie leicht für jedermann
Zugänglich sein wird ihr den Hof zu machen,
Wie sie mit allen uns verächtlich spielt,
Dennoch aus Pflichtgefühl für meinen Auftrag
Hab' ich gelobt, mich selbst nie auszusprechen,
Mag Leidenschaft mich auch zu Asche wandeln.

Andere Scene.

Lovel in Gegenwart von **Lady Frances**, dem jungen **Lord Beaufort** und andern Gästen des neuen Gasthauses setzt auseinander, was Liebe sei.

Lovel. Was sonst ist Liebe, als die edelste,
Die reinste Neigung zu dem Schönen, Guten?
Wunsch, dem sich zu vereinen, was man liebt?
Beaufort. Gelesen hab' ich irgendwo, daß Mann und
Frau
Bei der Erschaffung eins gewesen sind,
Und dann, nachdem man sie getrennt, beständig
Begehrten, daß vereint sie wieder würden.
Lovel. Aus Plutos Gastmahl ist das eine Fabel,
Die dort vom Aristophanes erzählt wird.
Wirt. Gut hier, zu gutem Zweck ward sie erwähnt.
Doch weiter; definirt, was Liebe sei.
Wunsch dem sich zu vereinen, was man liebt.
Lovel. Ich meinte eine nähere Erklärung:
Bewirkende Ursache ist das Schöne,
Formelle das Verlangen nach Vereinung,
Die endliche dann die Vereinung selbst.
Doch wollt ihr, daß ich näher es beschreibe:
Sie ist die Glut, die Flamme des Gemüts,
Tot in dem einen Körper, in dem andern
Lebendig. Sie verschmilzt den Liebenden
Mit der Geliebten, so daß er und sie,
Die lieben, ineinander die Idee
Von dem eindrücken, was sie lieben; Liebe
Ist so der Liebe Mutter wie auch Amme.
Die geistige Vermählung zweier Seelen ist sie
So herrlicher, wenn sie im Geist nur wohnt.
Ewig und allumfassend, nicht gemacht
Und nicht erfunden, nein, von selbst entstanden,
Und dann so kostbar, daß nicht anderes

Ihr gleichkommt als sie selbst; so frei, daß nichts
Als nur sie selber ihr gebieten kann. — —
Der wahren Liebe sind unwürdige
Gedanken fremd; nicht ungeziemende
Leichtfertige Gedanken oder Triebe
Kennt sie; fest unveränderlich ist sie.

Beaufort. Solch philosophisch Festmahl schmeckt mir
nicht.
Gib mir ein sinnliches Bankett, wie das
Ovids, und Formen, die das Auge freuen,
Mir eine Stimme, die mein Ohr ergötzt,
Gib aromatischere Düfte mir,
Leg eine weiche, weiße Hand in meine;
Und Küsse von Ambrosia, welche sanft
Auf meiner Lippe schmelzen, gönne mir.

Lovel. Die irdischen, die niedern Arten sind's
Der Liebenden, für welche solches paßt,
Die nur das Niedre, Sinnliche erfreut,
Die andre Liebe nicht als solche kennen.
Kein Ziel für mich ist's, ein Gesicht zu lieben;
Ein Auge, eine Lippe, eine Hand,
Noch einen andern Teil, der einer Statue
Doch nur gehört, die nicht vom Geist bewegt wird.
Das Ziel der Liebe ist, daß sie zwei Wesen
Zu einem macht, in Willen und in Neigung.
Schwach ist des Körpers Liebe, unterworfen
Dem steten Wechsel und mit ihm verändert
Sie sich. Doch fest ist die der Seele stets,
Ein und dieselbe; sie erwächst zuerst
Aus der Erwägung, was gut sei und schön
Dann, was die Sitte, die Vernunft gebiete;
Hieraus fließt guter Wille, aus dem Willen
Verlangen nach Vereinung. So erzeugt Erkenntnis
Zuerst Wohlwollen, dies gebiert dann Freundschaft,
Die Freundschaft Liebe. Und wo untreu diese

Dem eignen Ursprung wird, nichts weiter ist sie
Als ein entarteter, ein niedrer Trieb,
Und trägt nicht den Charakter mehr der Liebe.
Und denen nicht vermag man zu verzeihen,
Die zügellos in ihrer Liebe sind
Und ihrer schönsten Zierden sie entkleiden,
Der Schüchternheit und der Bescheidenheit,
Und das thun die, die Ungeziemendes
Von denen heischen, die zu lieben sie
Vorgeben. Denn was kann monströser sein,
Als wenn man hört, wie einem Weib ich Neigung
Beteure, die ich zu entehren trachte?
Und was kann größere Entehrung sein,
Als wenn ich das, was gut an andern ist,
Vernichte und zugleich was gut an mir,
So daß in Sünde zwei vereinigt sind?
Denn das, was unter Liebe man bisher
Verstand, vernichtet wird's auf solche Art;
Sobald verloren erst die Unschuld ist,
Wird auch die Herzensneigung bald erlöschen.
Und wahr ist nicht die Liebe, die nicht dauert.
Vollkommen kann auf Erden niemand sein,
Der mehr als einer seine Liebe schenkt.

————

Diese und die vorhergehenden Auszüge können die
Phantasie und Eleganz des Geistes des angeblich rauhen,
alten Barden zeigen. Tausend schöne Beispiele könnten aus
jenen Hofmasken und Unterhaltungen, die er tagtäglich zu
liefern pflegte, angeführt werden, um dasselbe zu beweisen.
Doch sie fallen nicht in meinen Plan.   Ch. Lamb.

6. Der Teufel ist ein Esel.

Ein Lustspiel.

Kerkermeister, Puck, der dumme Teufel, der verhaftet ist,
wird hereingeführt.

Kerkermeister. Dies soll jetzt Eure Wohnung sein,
wenn Ihr
Allein sein wollt, müßt tüchtig Ihr's bezahlen.
Puck. Da nehmt sogleich und geht.

(Kerkermeister ab.)

In Newgate bin ich;
O wie entehr' ich meinen Teufelstand!
Wie traurig liegt die Zukunft vor mir da.
Ha, brüllen wird mein Prinzipal vor Wut,
Daß einen Tag ich auf der Erde war
Und Rühmenswertes nicht vollbracht, vielmehr
Den Körper da, den sie am Galgen henkten,
Zurück nun liefre.

(Puck benutzt für die Dauer seines Aufenthaltes auf Erden
den Körper eines eben Gehenkten.)

Käme Mitternacht
Heran doch, daß das Aergste schon bekannt
Mir wäre. Sicher ist die Zeit betrunken
Und schläft. Jetzt aller meiner Leiden spott' ich,
Nicht zu erwarten brauch ich's erst, schon fühl' ich's. —

Das Laster tritt auf.

Laster. Du Höllenkind sei lustig doch, laß fahren Angst
und Bangen;
Wie frische Kirschen rot und voll laß strahlen deine
Wangen!
Gräm dich um deine Fesseln nicht; sie dienen dir
zum Schmucke.

Manch Besserer als du wohl seufzt schwer unter
ihrem Drucke.

Sieh jetzt mich an und hör mir zu, er läßt mit
seinem Gruße

Dir sagen, daß zu hart dir nicht erscheine deine
Buße,

Send' er durch mich die Botschaft dir: in diesem
Prachtpalaste

Trotz Frost und Hunger einen Mond zu weilen
noch zu Gaste.

Puck. Was, einen ganzen Monat hier?

Laster. Ja, stehen vor Gerichte

Wirst dann du und wir sind befreit von solchem
Bösewichte.

Puck. Zum Galgen karren wird man mich?

Laster. O, eine Staatskarosse

Wird tragen dich zum Ziel als wie zu einem Kaiser-
schlosse.

Da zeigst du gleich den andern dich, auf welche hofft
der Galgen,

Die all ihr Leben hingebracht mit Saufen, Stehlen,
Balgen.

Da hat dein endlicher Prozeß, du arger Bösewicht,
statt

Und voll von Neubegierde folgt halb London dir
zur Richtstatt.

Puck. Der oberste der Teufel scheint's zu sein,
Der solches spricht. O Satan, deine Bosheit
Erkenn' ich. Meine Qualen im Voraus
Hast du gekannt, indem in diesen Leib,
Der einem Gauner angehört, du mich
Gebannt. Nun bist du stolz, Tyrann, daß du
Mich festhältst im unsel'gen Leib des Diebes,
Der mich an allem Handeln hinderte.

Satan tritt auf.

Satan. Halt deinen frechen Mund, du frecher Kobold!
Unschuldig ist der Körper hier und du,
Nicht schämst du dich, die eignen dummen Fehler
Ihm Schuld zu geben? Dummkopf! Ehmals hat
Die Seele, welche diesen Leib bewohnte,
Lebend'ger sich geregt im kleinen Finger,
Als du im ganzen Körper. Und doch murrst
Und rebellirst du noch? War eine nur
Der Thaten, welche du vollbracht, so sündhaft,
Daß deiner, ja und noch mehr deines Herrn,
Sie würdig heißen konnte? Gleich zuerst
Nur waren's Prügel, die du selbst dir schufst,
Ein schöner Teufel, der die eigne Haut
Nicht schützen kann! Für unsre Ehre
Hast du gewirkt! Und jetzt willst du sie retten,
Indem ein Werk der Finsterniß du hinderst!
Dummheit hast du gezeigt so unerhört,
Wie sie dem Teufel keiner zutrau'n sollte.
So viel von deinen Thaten! Sprechen nun
Laß mich von deinen Leiden. Dich gefoppt
Mit einem falschen Barte haben sie
Und umgekehrten Mantel. Der gewiß,
In dessen Leib du steckst, erlebt nicht hätt' er
Was ähnliches. O schäme dich! Den Menschen
Die Kraft, die sie besitzen, offenbaren,
Und sie selbst einen eingefleischten Teufel
Noch meistern lehren, ewig wird ein Makel
Auf uns durch diese Niederlage ruh'n.
An wem, an einem Manne oder Weib
Versuchtest heut du deine Kunst, daß immer
Du nicht besiegt würdst, und nicht ihrer manche
Als beßre Teufel sich bewährten? Kannst
Du nun Beförderung wollen? Ja, gebrauchen
Kann dich die Hölle, daß Vorsteher du

Der Gauner und der Taschendiebe werdest,
Möglicherweise auch als Präsidenten
Der Kupplerinnen in dem Stadtteil hier;
Gedeihen könnte gut da dein Geschäft.
Verflucht dein Jagen nach Beschäftigung!
Siedendes Pech will ich, um es zu heilen
Dir geben und die Nägel dir mit Feuer
Stumpf sengen. Fürchtet' ich so argen Schimpf
Davon für unsern Staat nicht, daß der Teufel
Am Galgen baumelte, und er den Leib,
Den er gestohlen, davor nicht zu schützen
Vermochte, noch einmal zu baumeln dort,
Du solltest hoch, hoch in den Lüften tanzen.
Allein genug nun ist's, nur fort mit ihm! —

(Das Laster nimmt Puck auf den Rücken.)

Laster. Steig auf mein Teufelsjunge nur, stark bin
ich und robust ja,
Und reitest du zur Hölle mit, das ist mir eine
Luft ja.
Des Teufels Amt war es bisher, die Sünde fort-
zutragen,
Statt dessen hält die Sünde jetzt den Teufel fest
am Kragen.

(Alle ab; ein Knall und großer Tumult.)

Kerkermeister und die Schließer kommen erschrocken.

Kerkermeister. Gott steh uns bei!

Erster Schließer.　　　　Was gibt's?

Zweiter Schließer.　　　　　　Vom Sitzungssaal
Ein Stück ist eingestürzt.

Dritter Schließer.　　　　　Was für ein Dampf
Von Schwefel! Puh!

Vierter Schließer.　　　　Tot ist der Mensch, der just
Gebracht ward.

Kerkermeister.　　Wo denn, der?

Vierter Schließer. Nun seht.

Erster Schließer. Ei, kennen
Sollt' ich den Kerl, der Gauner Ralph ist es,
Der heut gehenkt ward!

Kerkermeister. Ja, der ist's!

Zweiter Schließer. Da ist
Der Teufel selbst dabei im Spiel gewesen.

Dritter Schließer. Was ist zu thun?

Kerkermeister. Dem Sheriff muß man's kund thun.

Erster Schließer. Ja und den Richtern auch.

Vierter Schließer. Seltsam ist das!

Dritter Schließer. Und riecht gewaltig nach dem
Höllenpfuhl.

Zweiter Schließer. Den Schwefel spür' ich in der
Nase noch.

Erster Schließer. Pfui!

Zweiter Schließer. Fort mit ihm!

Erster Schließer. Hinaus!

Zweiter Schließer. Welch ein Gestank!

(Sie gehen ab mit dem Körper.)

———————

Jonson wußte so gut wie wir, daß sein Volpone sein
vortrefflichstes Werk ist; jetzt 42 Jahre alt, beschloß er sein
Hauptwerk noch einmal zu erreichen, und ich glaube, es ist
ihm gelungen; die Composition ist vielleicht noch genialer.
Die Wette des Teufels, welche das Stück eröffnet, nennt
Schlegel ein Plagiat, ich vermute, daß er den bekannten
Belfagor von Machiavell im Sinne hat. Für die weitere
Ausführung, wie die einseitige Liebeserklärung und die Zusammenkunft an den Fenstern liegen andere italienische No-
vellen zu Grunde. Ich finde die Katastrophe dieses Stückes
höchst genial und dramatisch meisterhaft.

Mir drängt sich bei diesem Stück eine vielleicht barocke
Phantasie auf. Es ist bekannt, daß Shakespeare bei einem
Besuche seiner Freunde Drexton, Ben Jonson u. a. in Strat-

forb einem Gelage angewohnt haben, soll, woburch er sich ein
Fieber zugezogen, an bem er nach wenigen Tagen starb.
Sollte man nicht benten, ber als Trinker bekannte Ben Jonson
habe bamals bies sein neuestes wildes Produkt in der Trink=
gesellschaft Shakespeare und seinen Freunden vorgelesen?
Dann wäre bies in jeder Hinsicht merkwürdige Stück viel=
leicht auch noch ber zufällige Anlaß zu Shakespeares Tobe ge=
worden. Morit Rapp.

---

7. Volpone oder der Fuchs.
Ein Lustspiel.

Volpone, ein reicher venetianischer Edelmann, der keine Kinder
hat, stellt sich, als liege er im Sterben, um Geschenke von
solchen zu erhalten, die ihn umschmeicheln, weil sie hoffen,
seine Erben zu werden. **Mosca,** sein schurkischer Verbündeter,
spiegelt abwechselnd jedem von diesen vor, er sei zum Erben
bestimmt, und erpreßt hierburch von ihrer Leichtgläubigkeit
manche kostbare Geschenke.

Volpone, als ob er auf dem Totenbette läge, **Mosca, Corbaccio,** ein alter, halb tauber Herr.

Mosca. Signor Corbaccio, hier seib Ihr willkommen!

Corbaccio. Was macht Eu'r Herr?

Mosca. Es geht mit ihm wie früher.
Noch keine Besserung.

Corbaccio. Was? Besserung!

Mosca. Nein, Herr, eh'r geht's ihm schlechter.

Corbaccio. Schlechter? nun
Das ist ja gut. Wo ist er?

Mosca. Auf dem Bett,
Erst eben eingeschlafen.

Corbaccio. Schläft er gut?

Mosca. Kaum eingenickt, Herr, nicht heut Nacht noch
gestern.

Er duselt nur.

Corbaccio. Gut das! Die Aerzte muß
Um Rat er fragen. Einen Schlaftrunk hier
Hab' ich von meinem Doktor ihm gebracht.

Mosca. Von Medizin will er nichts wissen.

Corbaccio. Was?

Ich selber war dabei, als sie gebraut ward,
Sah all die Ingredienzen und gewiß
Bin ich, der Trank wird trefflich ihm bekommen.
Zum Pfand mein Leben setz' ich, Schlaf nur will
Ich schaffen ihm.

Volpone (bei Seite). Jawohl, sein letzter Schlaf,
Wenn er es nähme, wär's.

Mosca. Herr, kein Vertrauen
Hat er auf Arzeneien.

Corbaccio. Was meint Ihr?

Mosca. Kein
Vertrau'n hat er auf Arzenei'n. Er denkt,
Die meisten Eurer Aerzte sein die größte
Gefahr, sie seien eine schlimmre Krankheit,
Als seine eigne. Oft ihn protestiren
Hört ich dagegen, daß Eu'r Arzt jemals
Sein Erbe werde.

Corbaccio. Ich sein Erbe nicht? .

Mosca. Eu'r Arzt sein Erbe nicht.

Corbaccio. O nein, nein, nein!
Das mein' ich nicht.

Mosca. Nein Herr, sie zu bezahlen
Hat er nicht Lust. Er sagt, daß sie den Menschen,
Eh' sie ihn töten, schinden.

Corbaccio. Ich versteh dich.

Mosca. Sie thun es, sich in ihrer Kunst zu üben,
Wofür sie das Gesetz nicht einzig freispricht,

Nein, sie noch reich belohnt; und er verabscheut's,
Für seinen Tod zu zahlen noch.

Corbaccio. Wahr ist's,
So eifrig wie die Richter töten sie.

Mosca. Nein, mehr. Der Richter tötet nur, wen schon
Das Recht verdammt, und jene können auch
Ihn töten.

Corbaccio. Ja, auch mich und jedermann.
Wie steht's mit jenem Schlagfluß? Ist er noch
Davon gelähmt?

Mosca. Sehr schwer. Er stammelt nur
Und wie erloschen sind die Augen ihm,
Sein Angesicht sieht blässer aus als sonst.

Corbaccio. Was? Besser sieht er aus als sonst?

Mosca. Nein, Herr,
Sein Angesicht ist blässer als zuvor.

Corbaccio. O gut!

Mosca. Sein Mund ist immer aufgethan
Und seine Augenlider hängen schlaff.

Corbaccio. Gut.

Mosca. Die Gelenke alle sind ihm steif
Und kalte Stumpfheit macht sein Fleisch wie Stein
Ausschauend.

Corbaccio. Das ist gut!

Mosca. Langsam und träg
Geht ihm der Puls.

Corbaccio. Wohl! Gut sind die Symptome.

Mosca. Aus seinem Hirn —

Corbaccio. Was? ist sein Hirn gelähmt nicht?

Mosca. Ja, Herr, aus seinem Hirn —

Corbaccio. Gut, ich versteh' Euch.

Mosca. Fließt kalter Schweiß, mit einem ew'gen Schnupfen
Aus seinen Augenwinkeln.

Corbaccio. Kann es sein?

Da bin ich beſſer denn doch! und wie geht's
Mit ſeinem Schwindel?

Mosca. Bis zum höchſten Grad
Iſt er geſtiegen. Nicht Gefühl mehr hat er
Und röchelt nur noch; daß er athmet, kaum
Verſpürt man noch.

Corbaccio. Vortrefflich, o vortrefflich!
Gewiß iſt's nun, daß ich ihn überlebe.
Das macht mich ein paar Jahre wieder jünger.

Mosca. Ich wollte zu Euch gehen, Herr.

Corbaccio. Hat er
Sein Teſtament gemacht? Was hat er mir
Beſtimmt?

Mosca. Nein, Herr.

Corbaccio. Nichts? Ha!

Mosca. Sein Teſtament
Gemacht nicht hat er.

Corbaccio. O, o, o, was that
Voltore denn, der Rechtsgelehrte hier?

Mosca. Herr, einen Leichnam roch er, als er nur
Gehört, mit ſeinem Teſtament beſchäft'ge
Mein Herr ſich. Als zu Eurem Beſten ich
Ihn dazu mehr noch antrieb —

Corbaccio. Er kam zu ihm.
Iſt's ſo? Ich dachte mir's.

Mosca. Ja und er bot
Ihm dieſe Silberſchale.

Corbaccio. Um ſein Erbe
Zu werden?

Mosca. Herr, ich weiß nicht.

Corbaccio. Aber ich.

Mosca. So glaubt Ihr.

Corbaccio. Wohl noch hindern werd' ich ihn.
Sieh, Mosca, einen Beutel glänzender

Zechinen hab ich hier gebracht, der ganz
Sein Silber aufwiegt.

Mosca.　　　　　Ja Herr, dies fürwahr
Ist Arzenei, dies heil'ge Medizin,
Wo es dies große Elixir gibt, ist
Von andrer Medizin nicht mehr die Rede.

Corbaccio. Aurum palpabile ist es, wenn nicht
Potabile.

Mosca.　　　In seinem Becher soll
Es ihm geboten werden.

Corbaccio.　　　　　Ja so thu's,
Thu's, thu's!

Mosca.　　　O herzerquickend Mittel! Davon
Wird er genesen.

Corbaccio.　　　Ja, thu's, thu's!

Mosca.　　　　　　Ich glaube,
Das wäre nicht das Beste, Herr.

Corbaccio.　　　　　　Was sagst du?

Mosca. Ihn herzustellen.

Corbaccio.　　　O nein, nein, durchaus nicht!

Mosca. Herr, eine seltne Wirkung wird das thun,
Sobald er es nur fühlt.

Corbaccio.　　　　Wahr ist's; laß ab drum;
Versuchen will ich's anders, gib's mir wieder.

Mosca. Vergebt! Durchaus nicht. Selbst Euch sollt
　　　　　　　　　Ihr nicht
Solch Unrecht anthun, Herr. So Euch beraten
Schon will ich, daß Euch alles zufällt.

Corbaccio.　　　　　　　Wie?

Mosca. Ja alles, Herr; Ihr habt das Recht dazu,
Denn Euch gehört's. Kein Mensch kann einen Anteil
Davon für sich begehren. Euer ist's,
Ja vom Geschick für Euch allein bestimmt.

Corbaccio. Wie, guter Mosca?

Mosca. Sagen will ich's Euch;
Diesmal wird er genesen.

Corbaccio. Ich versteh dich.

Mosca. Und gleich wenn er zu Sinnen wieder kommt,
Will ich von neuem in' ihn bringen, daß
Sein Testament er mache, und ihm dies
Vorzeigen.

Corbaccio. Gut.

Mosca. Noch besser ist es, Herr,
Wenn Ihr mich hören wollt.

Corbaccio. Von Herzen gern.

Mosca. Nun möcht' ich raten Euch, geht heim in
Eile,
Ein Testament zu machen und darin
Zum Erben meinen Herren einzusetzen,
Und zwar zum einzigen.

Corbaccio. Und meinen Sohn
Sollt' ich enterben?

Mosca. O Herr, um so besser.
Das wird ihn um so mehr dafür einnehmen.

Corbaccio. Einnehmen meinst du?

Mosca. Euern letzten Willen
Müßt Ihr mir senden, Herr. Dann werd' ich kommen,
Ihm vorzustellen, wie für ihn gesorgt
Ihr habt, wie Ihr gewacht für ihn, gebetet,
Wie Ihr freigebig wart, welch reich Geschenk
Ihr heut ihm machtet. Dann Eu'r Testament
Zieh ich hervor, in welchem ohne Rücksicht
Auf Euren eignen Sohn, den trefflichen,
So hochverdienten Sohn, der Strom der Liebe,
Von ihm hinweggelenkt, zu meinem Herrn
Euch hingetrieben und zu Eurem Erben
Ihn eingesetzt. Er kann so dumm nicht sein,
So steinhart nicht, daß er aus Dankbarkeit
Und aus Gewissenspflicht —

Corbaccio. Er muß aussprechen,
Daß ich sein —
Mosca. Wahr ist's.
Corbaccio. An den Plan hab' ich
Zuvor gedacht.
Mosca. Das glaub' ich.
Corbaccio. Glaubst du's nicht?
Mosca. Ja, Herr.
Corbaccio. Mein eigner Plan!
Mosca. Sobald er das
Gethan —
Corbaccio. Wenn er als Erben mich verkündet?
Mosca. Und Ihr gewiß seid, ihn zu überleben —
Corbaccio. Ja.
Mosca. Da ein so gesunder Mann Ihr seid —
Corbaccio. Wahr ist's.
Mosca. Ja, Herr —
Corbaccio. Dran hab' auch ich gedacht.
Sieh, wie er zum Organ geworden, meine
Gedanken auszudrücken!
Mosca. Nicht Euch selbst
Nur habt Ihr eine Wohlthat zugefügt —
Corbaccio. Und sie für meinen Sohn noch mehr
vergrößert.
Mosca. Es ist in Ordnung, Herr.
Corbaccio. Von mir erfunden
Ward das.
Mosca. Ach Herr, der Himmel weiß,
Gerichtet war mein Sinnen all, mein Eifer
— Ja grau ward ich von allem dem — ich sinne nur,
Wie alles auszuführen —
Corbaccio. Wohl begreif' ich,
Mein süßer Mosca.
Mosca. Ihr seid der, für den
Ich hier mich mühe.

Corbaccio. Thu's nur, thu's! Ich will
Gleich mehr noch daran denken.

Mosca (bei Seite). Krächze dir
Sein Totenlied der Rabe!

Corbaccio. Dich als brav
Kenn' ich.

Mosca (bei Seite). Ihr lügt, Herr —

Corbaccio. Und —

Mosca. Nicht besser ist
Als Eure Ohren Eu'r Verstand.

Corbaccio. Du wirst
Erkennen, väterlich sorg' ich für Dich.

Mosca (bei Seite). Um seinen Segen will ich meinen
Bruder
Betrügen.

Corbaccio. Meine Jugend kann ich noch mir
Zurückgegeben seh'n; warum denn nicht?

Mosca. Ein wahrer Esel, Euer Gnaden, seid Ihr —

Corbaccio. Was sagst du?

Mosca. Daß Ihr eilen möchtet, Herr,
Wünsch' ich.

Corbaccio. Schon gut, schon gut! Ich gehe schon. (Ab.)

Volpone. O, ich muß bersten, halten nicht mehr kann
Ich mich.

Mosca. Herr, haltet nur zurück Eu'r Lachen.
Ein Köder, welcher jeden Angelhaken
Unsichtbar macht, Ihr wißt, ist diese Hoffnung.

Volpone. O wie du einzig bist und wie geschickt!
Zurück nicht halten kann ich mich, laß mich
Dich küssen, braver Schurke! Niemals noch
So gut gelaunt hab' ich gefunden dich.

Mosca. Nichts thu' ich, Herr, als was gelehrt mir ward
Und wozu Ihr mich angewiesen habt;
Vorsprech ich ihnen dies und das, gieß Oel
In ihre Ohren und fort schick' ich sie.

Volpone. Wahr iſt's, wahr iſt's. Welch eine ſeltne Strafe
Iſt ſchon der Geiz an ſich!

Mosca. Ja, wenn dabei
Wir helfen.

Volpone. Wie viel Sorgen, wie viel Leiden
Der Krankheit, wie viel Aengſte nicht ſuchen heim
Das Alter, o wie viel Anrufungen
Des Todes, der ſo mannigfach erſehnt wird,
Wenn ſchwach die Glieder werden, dumpf die Sinne,
Und Sehen, Hören, Gehen, alles tot,
Ja ſelbſt die Zähne fehlen, die zum Eſſen
Erforderlich: Und dennoch hält man das
Für Leben! Ja, geweſen hier iſt einer
(Jetzt ging er fort), der gerne länger lebte.
Nicht ſeine Gicht fühlt er, nicht ſeine Lähmung,
Hält ſich für viele Jahre jünger, als
Er iſt, und ſucht ſein Alter zu verbergen,
Hofft, daß durch Zaubermittel er wie Aeſon
Die Jugend wiederum erlangen könne
Und mäſtet ſich mit ſolcherlei Gedanken,
Als wenn das Schickſal ſich ſo leicht wie er
Betrügen ließe. Und dahin in Luft
Dann ſchwindet alles. Horch, wer iſt denn das?
Ein Dritter! (Es klopft.)

Mosca. Schnell zurück auf Euer Lager!
Ich höre ſeine Stimme. Unſer wackrer
Kaufmann Corvino iſt's.

Volpone. Nun bin ich tot.

Mosca. Nochmals die Augen ſalben will ich Euch.
Wer iſt da?

     Corvino, ein Kaufmann, tritt ein.

Mosca. Kommt, Signor Corvino! Sehr
Erwünſcht ſeid Ihr. Wie glücklich wärt Ihr, wenn
Ihr jetzt es wüßtet!

Corvino. Wie? Warum und was?

Mosca. Gekommen ist die letzte Stunde, Herr.

Corvino. Er ist nicht tot?

Mosca. Nicht tot, Herr, doch so gut,
Als wär er es. Nicht einen Menschen kennt er.

Corvino. Was soll ich thun dann?

Mosca. Wie, Herr?

Corvino. Eine Perle
Hier hab' ich ihm gebracht.

Mosca. Vielleicht hat er
So viel Erinn'rung noch, daß er Euch kennt, Herr.
Er ruft nach Euch noch stets. In seinem Mund
Ist nichts als Euer Name. Eure Perle,
Sagt, ist sie orientalisch?

Corvino. Eine gleiche
Sah nie Venedig.

Volpone. Herr Corvino!

Mosca. Horcht!

Volpone. Signor Corvino!

Mosca. Hört, wie er Euch ruft.
Reicht sie ihm hin. Herr, eben ist er hier
Und eine reiche Perle bringt er Euch.

Corvino. Wie geht's Euch, Herr? Sagt ihm zweimal
ein Dutzend
Carat hat sie.

Mosca. Er kann Euch nicht verstehen.
Taub ist sein Ohr. Doch Euch zu seh'n, gewährt
Ihm Trost —

Corvino. Sag ihm, auch einen Diamanten
Hätt' ich für ihn.

Mosca. Legt ihn in seine Hand!
Nur dann erkennt er's. Denn Gefühl noch blieb ihm.
Seht, wie er danach greift!

Corvino. Ach, guter Herr!
Welch traur'ger Anblick dies!

Mosca.   Sprecht doch nicht so!
Das Weinen eines Erben sollte doch
Ein heimlich Lachen sein.

Corvino.   Wie das? Bin ich
Sein Erbe?

Mosca.   Herr, geschworen hab' ich, nicht
Sein Testament, bevor er tot, zu zeigen.
Allein, hier war Corbaccio, hier Voltore,
Auch andre waren hier, so viele, daß
Ich sie nicht zählen kann, ein jeder gierig
Nach einer Erbschaft. Vorteil davon ziehend
Jedoch, daß er euch nannte, nahm Papier ich
Und sonst'ges Schreibgerät, und fragte ihn,
Wen er zum Erben haben wollte. Nun,
„Corvino", sagt er. Wen zum Exekutor,
„Corvino". Und auf jede Frage blieb
Er stumm. Doch ich, wenn er aus Schwäche nickte,
Legt' es so aus, als stimmt' er zu. Dann sandt' ich
Die andern heim, für die nichts übrig blieb,
Als Schrei'n und Fluchen.

Corvino.   O mein teurer Mosca,
Bemerkt er uns denn nicht?

Mosca.   Ein blinder Harfner
Wohl säh uns eher. Keinen Menschen kennt er;
Kein Freundesantlitz, keines Dieners Namen,
Nicht wer zuletzt ihm Trank und Speise bot.
Nicht weiß er mehr, wen er gezeugt, erzogen.

Corvino. Und hat er Kinder?

Mosca.   Bastards, ein'ge Dutzend,
Ja mehr, die er erzeugt mit Bettlerinnen,
Mit Mohrinnen und mit Zigeunerinnen,
Wenn er betrunken war. Habt Ihr das nicht
Gewußt, Herr? Allgemein erzählt man's ja.
Die Zwerge, Narren und Eunuchen sind
All seine Söhne. Wirklich ist er Vater

All seiner Dienerschaft, mich ausgenommen.
Doch ihnen hat er keinen Deut gegeben.

Corvino. Gut! Bist du sicher, daß er uns nicht hört?

Mosca. Herr, sicher? Euren eignen Sinnen traut,
Wenn Ihr Euch umseht.

   (Er schreit **Volpone** ins Ohr.)

      Mögen Euch die Pocken
Befallen und noch Eure Krankheit mehren,
Damit sie schneller Euch hinwegspedire.
Denn Eure Völlerei hat's ganz und gar
Verdient so und die Pest noch obendrein.

   (Zu **Corvino.**)

Kommt Ihr heran nur, Herr.

   (Zu **Volpone.**)

      Ich wollte, Eure
Triefaugen möchtet Ihr nur einmal schließen,
Aus denen Schleim läuft, wie in einem Froschpfuhl.
Und eben jene Hängebacken, die
Mit Fell bedeckt sind, statt mit Haut (o helft, Herr),
Die wie gefrorne Lumpen ausseh'n.

Corvino.   Oder
Wie eine alte rauchgeschwärzte Wand,
Daran der Regen niederrinnt in Streifen.

Mosca. Vortrefflich, Herr, sprecht aus! Noch lauter
      könnt
Ihr's thun. Wenn abgefeuert vor dem Ohre
Ihm dicht ein Mörser würde, hört' er's nicht.

Corvino. Fortwährend rinnt wie eine Straßengosse
Die Nase ihm.

Mosca.   Gut so! Und wie steht es
Mit seinem Mund?

Corvino.   Der ist wie eine Rinne.

Mosca. O stopfet sie —

Corvino.   O nein!

Mosca. Ich bitt' Euch, laßt
Mich's thun. Fürwahr mit einem Kissen könnt'
Ich ihn ersticken, so wie eine Wartfrau.

Corvino. Thu wie du willst, ich gehe.

Mosca. Thut das nur,
Nur weil Ihr hier seid, lebt er noch so lange.

Corvino. Ich bitte, brauch Gewalt nicht.

Mosca. Nicht? Warum das?
Was habt Ihr solche Skrupel? Bitte, Herr.

Corvino. Nun wie du willst.

Mosca. Wohlan, geht, guter Herr.

Corvino. Nicht will ich jetzt ihn drängen, meine Perle
Zu nehmen.

Mosca. Puh! Noch Euren Diamanten.
Welch eine Sorge quält so nutzlos Euch?
Gehört Euch alles hier nicht? Bin ich selbst
Nicht hier, ich Eu'r Geschöpf, da ich mein Dasein
Euch schulde?

Corvino. Wahrlich, Mosca, dankbar bist du.
Du bist mein Freund, Genosse und Begleiter,
Und sollst Teilhaber sein bei allem Glück,
Das mir zufließt.

(Corvino ab.)

Volpone. Göttlicher Mosca! Heute,
Beim Himmel, hast du selbst dich übertroffen!

Dieses Stück hat unleugbar eine große intensive Kraft, die mit der shakespearischen Kunst in keiner Weise verwandt ist. Dieser Zeitgenosse mußte darum in der That dem großen Dichter imponiren. Konnte er mit seinem Verstande keine Tragödie zeugen, so reicht es doch zu diesem, dem antiken oder vielmehr romanischen Possenspiel. Da Jonson in der Jugend abenteuernd durch die Welt zog, so wird er wohl auch in Venedig gewesen sein, denn dies Stück konnte kaum entstehen ohne die Anschauung der dortigen Zustände und der dortigen komischen Masken. Es ist alle Gaunerei aufs zierlichste concentrirt und nur zwei sogenannte Unschuldige sind vorhanden, die eben darum bloße Statisten sind, denn diese Poesie hat bloß an der Bosheit und Gemeinheit ihre wirkliche Substanz.

Im ersten Akt spielt der Hauptschelm Volpone den Erb= schleicher und hat als verstellter Kranker den Advokaten, Edel= mann und Kaufmann zum Narren. Das Zwischenspiel bilden einige Engländer, der phantastische Projektmacher mit seiner gemeinen Frau und der indifferente Reisende. Im zweiten Akt tritt der Held als Marktschreier auf und seine lange Rede, auch wenn sie der Natur abkopirt ist, ist ein wahr= haftes Meisterstück. Der Roman mit der Kaufmannsfrau soll bloß die bodenlose Gemeinheit des Ehemanns kulminiren lassen, was der dritte Akt zu Ende bringt. Es ist vortrefflich charakteristisch gedacht, daß der Mann zuerst eine polternde Eifersucht entwickelt und dann freiwillig seine Frau preis= gibt. Im vierten Akt wird der Gerichtshof als von derselben Corruption durchdrungen dargestellt, wie die übrige Societät. Der fünfte kulminirt, insofern der verstellte Kranke sich tot stellt. Dann aber vor Gericht, wie der eigne Diener den Herren verrät, kann es nur mit der allseitigen Bestrafung der Parteien zu Ende gehen.   Moritz Rapp.

Ben Jonson war seinen Genossen in der Tragödie nicht ebenbürtig, aber er übertraf sie und vielleicht alle andern in seinen kräftigen, schneidenden, ausgezeichneten komischen Scenen. Seine Domäne waren der Witz und Humor, aber am meisten der letztere, in dem er nicht übertroffen worden ist. Seine Striche waren bisweilen so fein wie die Shakespeares.

Edinburgh Review Bd. 38. Februar 1823.

XXII.

Thomas Kyd.

Die spanische Tragödie

oder

Hieronimo ist wieder verrückt.

Ein Trauerspiel.

Horatio, der Sohn des **Hieronimo**, ist ermordet worden, indessen er mit seiner Geliebten **Belimperia** an einem Baume in seines Vaters Garten sitzt. Die Mörder, **Balthasar**, sein Nebenbuhler, und **Lorenzo**, der Bruder Belimperias, hängen seine Leiche an einen Baum. Hieronimo wird durch das Geschrei Belimperias erweckt und entdeckt, wie er in seinen Garten kommt, beim Licht einer Fackel, daß der Ermordete sein Sohn ist. Aus diesem Anlaß verliert er den Verstand.

Hieronimo (verrückt.) Mein Sohn! Was ist ein Sohn?
                        Ein Ding, erzeugt
In wenigen Minuten ohne Zweifel;
Ein Erdenkloß im Dunkel aufgezogen,
Der dazu dient, die leichten Dinger, die
Man Weiber nennt, im Gleichgewicht zu halten,
Und nach neun Monden in die Welt hinauskriecht.
Was ist an einem Sohn denn, das den Vater
Kindisch, verrückt, irrsinnig machen kann?
Wird es geboren, mault es, schreit und zahnt.
Was ist an einem Sohn? Gefuttert werden

Und lernen, wie man geht und spricht, muß er.
Nun, was noch sonst? Warum vermöchte nicht
Ein Mann gleich gut ein Kalb zu lieben? Oder
In Leidenschaft hinschmelzen für ein Zicklein,
Als wär's sein Sohn? Mich dünkt, ein junges Ferkel,
Ein hübsches schlankes Füllen sollte Menschen
So sehr bewegen können als ein Sohn.
Denn ihrer eines schon in kurzer Zeit
Wird groß, daß es uns nützt. Indes ein Sohn,
Je mehr er wächst an Jahren und Gestalt,
So mehr erscheint er ungefüg und plump,
Sieht seine Eltern nur als Narren an,
Häuft Sorg' auf sie durch seine tollen Streiche
Und läßt sie alt erscheinen, eh' sie noch
Das Alter beugt. Dies ist ein Sohn! Und was
Für eine Lust ist, näher angeseh'n,
Denn dies? O, aber mein Horatio ist
So weit entrückt mir, daß mein niegestilltes
Verlangen ihn nicht mehr erreichen kann.
Er liebte seine Eltern, die ihn liebten;
Er war mein Trost und seiner Mutter Freude.
Er jener Arm, der aufrecht unser Haus hielt.
In ihm sah'n alle unsre Hoffnungen
Wir aufgehäuft — nur ein verdammter Mörder
Konnt' hassen ihn. Noch neunzehn Jahre hatte
Er nicht geschaut, als er mit starkem Arm
Den stolzen Prinzen Balthasar vom Roß warf,
Und sein erhabner Geist dem tapfern, doch
Uneblen Portugiesen allzumild
Das Leben schenkte.
Wohl, Himmel ist Himmel noch!
Und Nemesis gibt es und Furien
Mit Geißeln in den Händen,
Und diese treffen bisweilen Mörder;
Nicht immer retten sie sich vor der Strafe,

Das ist ein Trost. Ja, ja, und dann fließt hin
Die Zeit und fließt und fließt, bis sich die Rache
Erhebt, wie Donner, der in einen Ball
Von Feuer eingehüllt ist;
Und alle stürzt sie in den Untergang.   (Ab.)

Jaques und **Pedro**, Diener.

Jaques. Es wundert, Pedro, mich, daß unser Herr uns
Um Mitternacht mit Fackelbränden fortschickt,
Wenn Menschen, Tiere, Vögel alle schlafen.
Nur die nicht, die auf Raub und Mordthat lauern.

Pedro. Jaques, du mußt wissen, unsres Herren Geist
Ist sehr verwirrt, seit sein Horatio starb.
Und jetzt, da seine alten Jahre ruhen,
Sein Herz und Sinn des Schlafs sich freuen sollten,
Wird er wie ein Verzweifelnder wahnsinnig
Und kindisch um den Sohn. Bisweilen, wenn
Am Tisch er sitzt, spricht er, als säß' Horatio
An seiner Seite. Dann wie rasend springt
Er auf, stürzt nieder und ruft aus: Wo ist
Horatio, wo ist mein Horatio?
So daß durch tiefstes Weh und steten Kummer
Vom Menschen nicht ein Zoll in ihm zurückbleibt.
Da sieh, er kommt.

Hieronimo tritt ein.

Hieronimo. Durch alle Spalten jeder Mauer späh' ich,
Schau' jeden Baum an; blick' in jeden Riß.
Schlag' auf die Sträuche, stampfe auf die alte
Großmutter Erde, tauch' hinab in's Wasser
Und starre wieder dann zum Himmel auf:
Doch meinen Sohn Horatio seh' ich nicht.
Was nun, wer ist denn da?

Pedro.   Herr, deine Diener
Sind wir und harren deines Winkes.

Hieronimo. Was wollt ihr
Mit euern Fackeln in der Finsternis?

Pedro. Erwarten sollten wir Euch hier mit ihnen;
Ihr selbst befahlt's.

Hieronimo. Nein, nein, ihr seid getäuscht,
Nicht ich, ihr seid getäuscht: war ich so toll,
Euch zu befehlen, daß ihr jetzt die Fackeln
Anzündetet? Am hohen Mittag steckt
Mir an die Fackeln, wenn in ganzer Pracht
Die Sonne hinrollt; dann steckt an die Fackeln!

Pedro. Dann brennen wir das Tageslicht.

Hieronimo. Werd' es nur
Verbrannt; die Nacht ist eine Mörderin,
Und will nicht, daß entdeckt sei ihr Verrat.
Und dort die bleiche Hekate, der Mond,
Erlaubt das, was in Finsternis gethan wird,
Und all die Sterne, die auf ihr Gesicht
Hinabschau'n, sind auf ihren Aermeln Zierden,
Auf ihrer Schleppe Flitter; und alle die,
Die göttlich, mächtig sollten sein und hehr,
Sie schlummern tief im Dunkel, wenn am hellsten
Sie scheinen sollten.

Pedro. Fordert, teurer Herr,
Heraus sie nicht mit Worten der Versuchung;
Der Himmel ist voll Huld; und Euer Elend
Läßt sprechen Euch, Ihr selber wißt nicht was.

Hieronimo. Schurke, du lügst, und andres thust du
nicht,
Als immer mir zu sagen, ich sei toll.
Du lügst, ich bin nicht toll. Ganz wohl weiß ich,
Du bist der Pedro, jener ist der Jaques.
Beweisen will ich's dir, und, wär' ich toll,
Wie könnt' ich's? — Wo war er dieselbe Nacht,
Als mein Horatio ermordet ward?
Er hätte scheinen sollen; im Kalender

Schau nach; wenn in das Antlitz meines Knaben
Der Mond geschienen hätte, eine Gnade
Vom Himmel wär's gewesen, das weiß ich,
Ich weiß, ja, hätte ihn geseh'n der Mörder,
Gesunken auf die Erde wär' sein Dolch
Und hätte sie verwundet, wär' er ganz
Aus Blut und Tod gebildet auch gewesen.
Ach, wenn das Unheil thut, es weiß nicht was,
Was sollen wir zum Unheil sagen?

Isabella, sein Weib, tritt ein.

Isabella.   Hier,
  Hieronimo, mein Teurer, komm herein.
  O such nicht Mittel, deinen Gram zu mehren.
Hieronimo. Fürwahr, nichts, Isabella, thun wir hier,
  Ich schreie nicht — frag Pedro, frage Jaques:
  Nicht ich. Wir sind sehr lustig, ja sehr lustig.
Isabella. Hier lustig sein?! Ist dies hier nicht der
Platz,
  Dies hier derselbe Baum, wo mein Horatio
  Gestorben ist, wo er ermordet ward?
Hieronimo. Ward, sag nicht was. Ausweinen laßt
sie's nur.
  Dies war der Baum, den Kern hab' ich gepflanzt.
  Und als er nicht in unserm heißen Spanien
  Gedeihen wollte, als das Kind und so
  Sein weit'rer Stamm hinwelkte, jeden Morgen
  Mit frischem Wasser eifrig tränkt' ich ihn.
  Zuletzt wuchs er und wuchs, trug Frucht auf Frucht:
  Bis er zuletzt ein Galgen ward und uns
  Den Sohn trug, deine Frucht und meine war das.
  O arge, arge Pflanze! Sieh, wer klopft dort?

(Einer klopft an der Thüre.)

Pedro. Es ist ein Maler, Herr.

Hieronimo. Laß ihn herein;
　Bitt' ihn, daß er zum Trost mir etwas male.
　Kein Trost lebt ja, als nur gemalter Trost.
　Laß ihn herein, was kommen mag, wer weiß es?
　Der Wille Gottes war's, daß diesen Baum
　Ich pflanzte! Aber Herrn erheben Diener,
　So aus dem Nichts, und diese undankbar
　Dann haffen jene, welche sie erhoben.

　　　　Der **Maler** tritt ein.

Maler. Gott mag Euch segnen, Herr!
Hieronimo. Warum denn? Ei
　Du Schurke, der mich höhnt! Auf welche Art,
　Wo oder wie soll ich gesegnet werden?
Isabella. Was, Guter, wünschest du?
Maler. Gerechtigkeit.
Hieronimo. Ehrgeiz'ger Bettler, steht dein Sinn nach
　　　　　　　　　dem,
　Was nirgend auf der Welt ist? Alle Minen
　Der Erde bergen nicht so viel des Goldes,
　Nur eine Unze von Gerechtigkeit
　Zu kaufen, ein solch köstlich Kleinod ist sie.
　Ich sag' dir, sämmtliche Gerechtigkeit
　Hält Gott in seinen Händen, und es gibt
　Die einzig, die von ihm kommt, keine sonst.
Maler. O dann seh' ich, Gott muß mir Recht ver=
　　　　　　　　schaffen
　Für meinen Sohn, der mir ermordet ward.
Hieronimo. Wie, ward dein Sohn ermordet?
Maler. Ja. Kein Vater
　Hat einen Sohn gehabt, der ihm so teuer
　Gewesen.
Hieronimo. Wie, so teuer, wie der deine?
　So maſſig wie die Lüge, die du sprichst,
　Ist kaum die Erde: Einen Sohn hatt' ich,

Deff' kleinstes Haar mehr wert war, wisse das,
Als tausend deiner Söhne, und er ward
Ermordet.

Maler. Ach, Herr, keinen andern hatt' ich,
Als ihn.

Hieronimo. Auch ich, auch ich nicht; aber tausend
War dieser eine, dieser meine wert.
Allein was soll das Alles? — Pedro, Jaques,
Geht fort; du, Isabella, auch verlaß uns.
Und dieser gute Mann hier, sowie ich,
Wir wollen diesen grausen Garten auf
Und nieder gehen, wie zwei Löwinnen,
Die man beraubt der Jungen. Geht, sag ich.

(Der **Maler** und er sitzen nieder, die anderen gehen ab.)

Hieronimo. Laß weise jetzt uns sprechen. Ward dein
Sohn
Ermordet?

Maler. Ja, Herr.

Hieronimo. So auch meiner. Wie
Erträgst du's? Bist du nicht bisweilen toll?
Siehst Bilder du vor deinen Augen steigen?

Maler. O Gott, ja, Herr.

Hieronimo. Bist du ein Maler? Kannst du
Mir eine Thräne, eine Wunde malen?
Ein Aechzen, einen Seufzer? Einen Baum
Wie diesen hier?

Maler. Von meinen Bildern sicher
Hast du gehört, mein Name ist Bazardo.

Hieronimo. Bazardo! Beim Himmel, ein prächtiger Kerl! Könnt Ihr sehen, Herr? Ich wünschte, daß Ihr mich in meiner Gallerie maltet in Euren Oelfarben und mich fünf Jahre jünger darstelltet als ich bin. Seht Ihr, Herr? Laßt fünf Jahre verschwinden, laßt sie verschwinden. — Mein Weib Isabella soll bei

mir stehen mit einem sprechenden Blick auf meinen
Sohn Horatio, welcher auf dies oder etwas ähnliches
hindeuten soll: „Gott segne dich, mein Sohn!" und
meine Hand auf seinem Haupte ruhend; so, Herr, seht
Ihr? Läßt es sich machen?

Maler. Sehr gut, Herr.

Hieronimo. Ich bitte, achtet auf mich, Herr!
Dann wünsch' ich, daß Ihr diesen Baum mir maltet,
Ja, diesen selben Baum; und einen Schrei,
Ja, einen Schmerzensschrei, kannst du ihn malen?

Maler. Ich denke, Herr.

Hieronimo. Nein, schreien muß er. Doch
Das ist ja einerlei. Nun, einen Jüngling
Malt mir, wie durch und durch er ist durchbohrt
Von Schurkenschwertern, und an diesem Baum hängt.
Kannst einen Mörder malen du?

Maler. Verbürgen
Euch will ich's, Herr; mir vor den Augen schweben
Die ärgsten Schurken, die in Spanien leben.

Hieronimo. O laß sie schlimmer sein, noch schlimmer.
Strenge
All deine Kunst an und laß ihre Bärte
Von Farbe ganz wie der des Judas sein,
Und ihre Augenbrauen überhängen.
Auf jeden Fall beachtet das. Dann, Herr,
Nach heftigem Tumult stellt selbst mich dar
In meinem Hembe, unterm Arm mein Kleid,
In meiner Hand die Fackel und mein Schwert
Erhoben, so, seht, und mit diesen Worten:
„Wer lärmt denn da, wer ruft Hieronimo?"
Läßt sich's so machen?

Maler. Ja, Herr.

Hieronimo. Gut, Herr. Bilde mich also ab, führe
mich von Allee zu Allee, immer mit einem verwirrten
Gesichtsausdruck hinschreitend und mein Haar muß die

Nachtkappe in die Höhe heben. Laß die Wolken
mürrisch dreinschau'n, mache den Mond dunkel, die
Sterne erloschen, die Glocken läutend, die Eulen
krächzend, die Kröten quakend, die Minuten knarrend,
und die Uhr zwölfe schlagend. Und dann zuletzt, Herr,
mált mich, wie ich auffahre und einen Mann hängen
sehe, der hin und her schwankt, wie der Wind einen
Menschen bewegt, und ihn mit einem Messer abschneide;
auch vergiß nicht, wie ich ihn beim Schein meiner
Fackel ansehe und entdecke, daß es mein Sohn Horatio
ist. Da kannst du eine Leidenschaft zeigen, ja eine
Leidenschaft. Male mich wie den alten Priamus von
Troja, schreiend: Das Haus steht in Brand, das Haus
steht in Brand. Und die Fackel über meinem Haupte;
mach mich fluchend, mach mich rasend, mach mich
schreiend, mach mich verrückt, mach mich wieder gesund.
Mach mich die Hölle verfluchend, sie anrufend, und
endlich laß mich besinnungslos zurück und so weiter.
Maler. Und ist dies das Ende?
Hieronimo. O nein, da ist kein Ende. Tod und
Wahnsinn,
Das ist das Ende. Und mir ist nie besser,
Als wenn ich toll bin. Dann ein braver Kerl
Glaub' ich zu sein. Dann führ' ich Wunder aus.
Doch die Vernunft macht elend mich, dort ist
Die Qual, dort ist die Hölle. Bring mich, Herr,
Zu einem von den Mördern, wär' er auch
So stark wie Hektor, so ihn packen würd' ich
Und auf und nieder ziehen.

(Er schlägt den Maler fort.)

Diese Scenen, welche das wahre Mark des alten Stückes
sind, das ohne dieselben nur ein caput mortuum ist, ein
ähnlich flaches Machwerk wie Locrine, hat Hawkins in seiner

Wien Ausgabe dieser Tragödie aus dem Text in die Noten verwiesen, indem er glaubt, sie seien von den Schauspielern eingeschaltet. — Eine neulich in Dulwich College gemachte Entdeckung hat festgestellt, daß zwei verschiedene Bezahlungen an Ben Jonson von dem Theater gemacht wurden, weil er Zusätze zu Hieronimo geliefert. Siehe die jüngste Ausgabe Shakespeares von Reed. Es findet sich nichts in den unbezweifelten Stücken von Ben Jonson, was uns zu der Annahme autorisiren könnte, er habe die fraglichen Scenen verfaßt. Ich würde die Thätigkeit eines mächtigeren Geistes vermuten. Webster könnte das gedichtet haben. Sie sind voll von jenem wilden feierlichen, beinahe übernatürlichen Gram, der uns in der Herzogin von Malfy fast bestürzt macht.

Ch. Lamb.

XXIII.

Herzog von Newcastle.

Die triumphirende Wittwe.
Ein Lustspiel.

Ein Dieb wird zum Galgen geführt.

Büttel. Platz für den Gefangenen! Platz für den Gefangenen!

Footpad. Geht aus dem Wege da! Es ist doch seltsam, ein Mann kann nicht gehängt werden, ohne daß er sich dazu durchdrängen muß.

Erster Bursche. Bitte, Herr, wart Ihr nicht verwandt mit einem gewissen Hinde?*)

Footpad. Nein; ich wäre dann schneller weggelaufen.

Zweiter Bursche. Bitte, Gefangener, vor Eurem Tode findet Euch mit Eurem Gewissen ab und sagt mir aufrichtig . . . u. s. w.

(Alle richten Fragen wegen begangener Räubereien an ihn.)

Margareth. Ich bin überzeugt, Ihr hattet meiner Lady vergoldete Suppenschüssel.

---

*) Ein bekannter Straßenräuber in jenen Tagen.

Footpad. Ja, und würde sie behalten haben, doch sie hat sie jetzt wieder, hat sie sie nicht?

James. Und die Schüssel aus meiner Wirtschaft —

Footpad. Was, und hat sie sie nicht wieder bekommen? Und welche Strafe wollt ihr denn haben; ihr examinirt mich, als ob ihr mich noch einmal hängen wolltet, nachdem ich schon gehängt worden. Bitte, ihr Büttel, befreit mich von diesem unverschämten Volk und laßt mich ruhig sterben.

Erstes Weib. O Gott! Wie bös er ist. Das zeigt, er ist ein recht gottloser Mensch; deß' bin ich sicher.

Footpad. Ich glaube, wenn ihr alle gehängt werden solltet, was, wie ich hoffe, bald der Fall sein wird, so würdet ihr nicht sehr lustig sein.

Zweites Weib. Wie bös er aussieht!

Erstes Weib. Ach, und wie düster seine Stirn ist; gute Twattle, achte drauf!

Zweites Weib. Und solche Furchen auf der Stirn.

Erstes Weib. Es dauert so lange, bis Ihr gehängt werdet.

Footpad. Ich wünschte, es dauerte länger, gute Frau.

Erster Bursche. Bitte, Herr Dieb, laßt dies eine Warnung für Euch sein, so was nie wieder zu thun.

Footpad. Ich verspreche Euch das.

Zweites Weib. So ist's recht; ich dank' Euch von ganzem Herzen! Da habt Ihr wie ein wahrhaft frommer Mann gesprochen.

Erstes Weib. Wahrhaftig, mich dünkt, jetzt ist er ein rechtschaffener Mann.

Footpad. Ja, so sind alle, die gehängt werden; durch den Galgen wird man der Gnade teilhaftig.

Zweites Weib. Ich möchte schwören, er ist ein vortrefflicher Mensch. Es ist schade, daß er, wie man sagt, in der Blüte seiner Jahre hinweggenommen wird.

Erster Büttel. Kommt, macht schnell, macht schnell; welche Plage, sollen wir den ganzen Tag stehen und unser Geschäft vernachläſſigen, indem wir nicht einen einzigen Dieb hängen?

Zweiter Büttel. Bitte, laßt Euch schnell hängen, Herr; denn ich muß auf einen Jahrmarkt nahebei gehen.

Erster Büttel. Und ich will zu einigen Freunden, um mit ihnen ein Faß Ale auszutrinken.

Erstes Weib. Nein, laßt ihn erst sprechen, und dann wie einen Christen sterben!

Zweites Weib. O, ich habe hier früher vortreff‐ liche Reden gehört.

Footpad. Wohl, ihr guten Leute — wenn ich mir herausnehmen darf, euch so zu nennen — diese Kanzel habe ich mir nicht gewählt. Ich werde euch bald eine Predigt über Sterblichkeit halten, ohne zu sprechen, darum bitte, nehmt euch an mir ein Beispiel, dann weiß ich, was aus euch werden wird. Ich werde, sag' ich, euer Memento mori sein, indem ich hoffe, ihr alle werdet mir folgen.

Erster Bursche. O, er spricht vortrefflich!

Zweiter Bursche. Weil es Lateinisch ist, meinst du?

Footpad. Ich habe zu große Begier gehabt und werde nun dafür bestraft, und das betrübt mich sehr. Ich bin ein großer Sünder gewesen und dafür ver‐ urteilt worden, was mich nicht wenig betrübt, nämlich daß ich nicht Reißaus genommen habe, und so bereue ich es von Herzen und sterbe mit diesem aufrichtigen Bekenntnis.

Erstes Weib (weinend). Des Himmels Gnade über ihn, denn ein besserer Mann ist nie gehängt worden.

Zweites Weib. Solche wahre und herzliche Reue, und so fromm!

Zweiter Bursche. Helft ihm höher auf der Leiter empor. Nun bist du über uns allen.

Footpad. Wahrhaftig, ich wünschte, ihr befändet euch alle gleich hoch wie ich; ich habe keinen Stolz in dieser Welt mehr.

Erster Bursche. Wollt Ihr nicht singen, Herr, bevor Ihr gehängt werdet?

Footpad. Nein, dank' euch; ich bin nicht so fröhlich gestimmt.

Henker. Kommt, seid Ihr bereit?

Footpad. Ja, ich habe mich alle diese Jahre auf Euch vorbereitet.

Erstes Weib. Gnade über ihn, Herr, und rette seinen bessern Teil!

Zweites Weib. Ihr seht, wohin wir alle kommen müssen.

(Ein Horn bläst zum Zeichen der Begnadigung.)

Büttel. Begnadigung, wie kommt das?

Bote. Die Herrin Haughty hat sie erlangt.

Footpad. Ich will, so lange ich lebe, sagen, daß die hohe Frau eine höfliche Dame ist.

Erster Bursche. Was, soll er jetzt nicht gehängt werden?

Zweiter Bursche. Was, sind wir den weiten Weg hierher dazu gekommen?

Erstes Weib. Alle diese Mühe, um nichts zu sehen?

Footpad. Sehr frommes, gutes Volk, heute werde ich euch den Spaß nicht machen.

XXIV.

Philipp Maſſinger.

---

1. Der unnatürliche Zweikampf.

Ein Trauerspiel.

Malefort der ältere, Admiral von Marseille, vergiftet sein
erstes Weib, um ein zweites heiraten zu können. Als dies
zur Kenntnis seines Sohnes, des jüngeren **Malefort,** kommt,
fordert dieser seinen Vater zum Zweikampf heraus. Der
unnatürliche Zweikampf wird vor dem Gouverneur und dem
Hof von Marseille ausgefochten. Während die Zuschauer sich
etwas entfernen, reden Vater und Sohn vor Beginn des
Kampfes miteinander.

Malefort sen. Allein nun sind wir hier, und Freiheit
                                        haſt du,
   Die Last von dir zu wälzen, unter der
   Du seufzest. Nenne deinen Gram.

Malefort jun.   Ich werd' es;
   Doch in verworrner Weise, welche Ihr
   Allein versteh'n könnt. Wollt' ich doch, ihr hättet
   In Eurer Brust kein Schuldbewußtsein dessen,
   Was vor Euch auszusprechen Ihr mich zwingt;
   Dafür mein Leben gäb' ich. Da mein Vater
   Ihr seid, beug' ich mein Knie und sprech' es aus,
   Aus freiem Trieb, mein Leben, sowie alles,
   Was mir gehört, ist Eu'r Geschenk, als Sohn

Bin ich gebunden, unter Eure Füße
Dies Haupt zu legen und für Eure Wohlfahrt
Selbst der verzweifeltsten Gefahr zu trotzen.
Doch nun ich dies bekannt, erheb' ich mich
Und nicht so wie von einem Vater, jede
Verehrung, Liebe, Scheu bei Seite setzend,
Nein, wie ein frecher Mensch hier Rechenschaft
Heisch' ich von dir. Was habt Ihr das gethan,
Was auszusprechen ich nicht wage? Was
Den demutsvollen Schatten des Gehorsams,
Den ich Euch zollte, in Rebellenwut
Und frechen Stolz verwandelt? Was habt Ihr
Gezwungen mich, geschlossnen Auges jetzt
Den Nachen meiner Ehre auf ein Riff
Zu lenken, das ich seh'n nicht darf, noch wenn
Ich's sähe, meiden könnte? Die Natur
Wankt bei dem Unrecht, das ich dulden muß,
Und wendet ab ihr Antlitz. Ja, die Menschheit
Erzittert, mich zu sehen, wie ich das,
Wovor selbst Tiere flöh'n, vollbringen will.
Denn wenn ich dieses Schwert, so wie ich muß,
Aufs Haupt dir zücke, weint die Frömmigkeit
Und klagt die Sohnesliebe, wie ihr Altar,
Den du in mir erbaut, auf einmal stürzend,
In Trümmer sinkt. Aus tiefbetrübter Seele
Wünsch' ich, daß du nur einen trift'gen Grund
Anführen könntest, deine Schreckensthat
Begreiflich, nicht entschuldbar mir zu machen,
Daß hier stillstehend, weiter vorzugehen
Ich mir ersparen könnte.

Malefort sen.   Hab' ich denn
So sehr die väterliche Macht verloren,
Daß ich von meinem Handeln Rechenschaft
Dem Sohne geben müßte, oder muß ich
Wie ein Gefangner vor die Schranken treten,

Indeſſen er, der mir ſein Leben ſchuldet,
Den Richtſpruch über das zu fällen denkt,
Was keiner, als ich ſelbſt zu richten hat?
Eh'r mögen Berge in die Thäler ſtürzen,
Die ſtolze Tanne mag eh'r vor dem Dornſtrauch
Sich beugen, alles Unnatürliche
Mag eh'r geſcheh'n, eh meine Zunge nur
Den Zweifeln, die du hegſt, mit einer Silbe
Genüge gibt. Ja, wär' es auch gewiß,
Und trüge meine Schuld das ſchwarze Kleid
Der Hölle, dir als ein Triumphgewand
Müßt' es erſcheinen, das mit Ruhm und Ehre
Getragen wird, da du mit meinen Augen
Zu ſeh'n gebunden biſt, und ſo zu handeln,
Wie ich es will.

Malefort jun.   Durch dieſes Schwert zerhauen
Wird jener Knoten.

Malefort ſen.   Nein, ich kann, ich kann nicht,
Elender; du gedenk, wer dich gezeugt,
Wer hat die Waffen führen dich gelehrt,
Als ich? Wer dich gelehrt, der Mann ſei Mann nur,
Wenn auf Gefahr und Tod voll von Verachtung
Er niederblickt, und keinen Widerſpruch
Zuläßt, bis der beſchwingte Sieg den Stand
Auf ſeinem Helm nimmt. Unter meinem Schild
So ſicher, wie der junge Adler, wenn
Bedeckt von ſeiner kühnen Mutter Schwingen
Er lernt wie oder wo nach Beute jagen,
Haſt du gekämpft. Was irgend männlich iſt
In dir, mein iſt's; allein was weibiſch, dein.
Und was ich gab, da ſtolz und undankbar
Du biſt, und dich erkühnen willſt, mit dem
Zu kämpfen, welchem du Gehorſam ſchuldeſt,
Will ich dir nehmen. Sei denn auf das letzte
Gefaßt, erwarte nicht, daß ich in dir

Den Sohn zu beſſern trachte, töten will
Ich dich wie eine giftgeſchwollne Schlange,
Die, wenn ſie länger lebte, alles rings
Mit ihrem Hauche ſo verpeſten würde,
Wie ſelbſt ſie iſt.

Malefort jun. Du drohendes Gewitter,
Halt deinen Donner noch vorerſt zurück;
Laß keinen mir in meiner Sache beiſteh'n,
Wenn aus dem Grabe meine Mutter —

Malefort ſen. Nennen
Sollſt du ſie nie mehr —

(Sie fechten und der Sohn fällt.)

Malefort ſen. Stirb nun, meine Furcht,
Stirb, meine Eiferſucht, die ihr ſo lang
Mich quältet. Jetzt iſt kein Verdacht mehr da.
Was ich verübt, was keiner weiß als ich,
Kann nie entdeckt mehr werden, nie mehr, was
Anlaß zu dieſem Zweikampf gab. Entrückt
Bin jeglicher Beſorgnis ich, und nicht
Kann das Geſchick aufs neu mich elend machen.

————

In dem „unnatürlichen Zweikampf", wahrſcheinlich einem
der früheſten Werke Maſſingers, finden wir eine größere
Energie, einen kühneren Strom bilderreicher Poeſie, mehr
Macht über Schrecken und Mitleid, als in einer anderen von
Maſſingers Tragödien. Aber die dunklen Schatten des Ver=
brechens und des Jammers, welche über dieſer Tragödie ruhen,
gehören vielmehr zu einer früheren Periode der engliſchen
Bühne als derjenigen Maſſingers und waren ihm nicht con=
genial. Hallam.

Dies iſt ein bedeutendes Werk, das von der damaligen
Fletcherſchen Muſe ſich ganz abwendet. Der Eingang iſt ſehr
ſpannend durch das Pathos des Haſſes, das zwiſchen Vater
und Sohn waltet, und dieſes Motiv wird fortwährend feſt=

gehalten, muß aber im Verlauf ermüden, weil die eigentliche
Lösung des Geheimnisses erst am Schlusse erfolgt. Die beiden
ersten Akte enthalten gewissermaßen die Fabel von Rustem
und Suhrab oder von Hildebrand und Habubrand; nur, wie
gesagt, wir erfahren nie deutlich, wodurch der Sohn zum
Vatermord gestachelt wird, und ahnen nur, daß es um ein
Unrecht an der Mutter geschehe. Nachdem aber der Sohn
von Vaterhand gefallen, nimmt den dritten und vierten Akt
eine ähnlich erdachte, aber nicht innerlich damit zusammen=
hängende Fabel ein. Der wilde Vater nämlich liebt die
eigne Tochter und kämpft mit seiner Leidenschaft. Dies ist
eigentlich ein neues Stück, das nur durch den wilden Charakter
des Helden mit dem vorigen zusammenhängt. Die Katastrophe,
wie der Alte zu seiner eigenen Sicherheit die Tochter einem
verstellten Freunde anvertraut und dieser sie mißbraucht und
aus dem Hause wirft, ist mit gräßlicher Wahrheit geschildert,
aber ohne alle ideelle Versöhnung. Endlich die Geister=
erscheinung des Sohnes, die erst am Schluß das nicht tief
liegende Geheimnis des ersten Teiles enthüllen soll, und das
Erschlagenwerden des Helden durch einen Blitzstrahl auf der
Bühne, sind Theaterstreiche, die nur einem ganz jugendlichen
Autor verziehen werden können. Daß aber dem Ganzen eine
große ethische Kraft und echtes Pathos innewohne, ist un=
leugbar. Die wenigen komischen Zwischenspiele thun dem
Gesamteindruck keinen Abbruch. Moritz Rapp.

----

2. Der römische Mime.

Ein Trauerspiel.

Die Kaiserin **Domitia** bestellt den Schauspieler **Paris**, den
Liebling des Kaisers **Domitian**, zu einem Stelldichein nach
einem abgelegenen Teile des Gartens beim Palaste; der
Kaiser erhält Nachricht davon.

Domitia, Paris und Diener.

Domitia. Sagt, wir befehlen, keiner solle wagen
Bei unsrer Gunst Verlust, das heißt bei dem

Des Lebens, seiner Neubegier damit
Zu fröhnen, daß er nah uns kommt, bevor
Dazu Befehl wir geben.
(Die **Diener** ab.)
Und nun Ihr,
Obgleich Ihr bleiben könnt, hochmütig dürft
Ihr doch nicht werden, daß ich also Euch
Begnade.

Paris.   Voll von Demut meinen Dienst
Euch weihend, Herrin, nur gehorch' ich Euch,
Erröten, Euch so nah zu sein, sonst würd' ich.

Domitia. Die Größe solcher Huld zu fürchten, würde
Dir ziemen, daß, wenn solche Gunst dir ward,
Du ihrer dich nicht beim Gelage rühmst.

Paris. Das hieße mit dem Blitze spielen, mächt'ge
Gebieterin.

Domitia.   Du siehst es richtig an.
Die Macht zu töten oder retten ist
Nicht nur beim Cäsar, denn, wenn wir erzürnt,
Steht uns ein Blitzstrahl, der gleich töblich trifft,
Auch zu Gebot.

Paris.   Schlecht meiner Niedrigkeit
Würd' es geziemen, wenn ich fragen wollte,
Wie weit Ihr Macht habt; nein, in Demut muß ich
Erwarten, was Ihr mir befehlt und dann
Gehorchen.

Domitia. Würde denn nicht ein Geheimnis,
Wenn ich's Euch anvertraute, Euch versengen,
Wenn Ihr's bewahrtet?

Paris.   Tobt' es auch in mir,
Bis ich zu Asche würde, wie verriet' ich's?
Ein ganz Jahrhundert unter Qualen sterben,
Nur um mich würdig des Vertrauns zu zeigen,
Das Ihr mir schenkt, und auszuführen, was
Ihr mir befehlt, dem armen niedern Wesen,

Selbst wert nicht, daß von ihm Ihr Kenntnis nehmt;
Ein stetes Glück wär's.

Domitia.   Wünschen möchten wir,
Daß wir Euch Glauben schenken könnten. Glauben
Muß ich, daß du, den oft ich einen Edlen,
Und zuverläss'gen Mann, voll jeder Tugend,
Mit welcher die Poeten ihn geschmückt,
Darstellen sah, in Wahrheit der sein mußt,
Der auf der Scene du vor mir erschienst, —
Nein, zittre nicht, wir glauben es im Ernst.

Paris. Erhabne Kaiserin, mit gleichem Recht
Auch schließen ließe sich, wenn einen Feigling
Ich, einen Schurken oder Wüstling spielte.
Durchaus ein solcher müßt' ich selber sein.
O gnäd'ge Herrin, wie auch auf der Bühne
Ich mißgestaltet oder edel scheine,
Am Schluß der Rolle, wenn den falschen Schmuck
Ich abgelegt, bin ich nicht mehr noch wen'ger,
Als da ich auftrat.

Domitia.   Geh, unwissend stellst
Du dich, und willst versteh'n nicht meine Absicht.
Wie, müssen der Bescheidenheit zuwider,
Die uns geboten ist, wir zu dir sagen,
Daß wir dich lieben, dich genießen wollen,
Und daß in unsern Augen du den Vorzug
Vor Cäsar hast? Die Pflicht gebietet dir,
Mit Liebesglut zu uns emporzuschau'n,
Wenn von der Höhe meiner Majestät
Hinab auf deine Niedrigkeit wir blicken,
Und sie umarmen.

Paris.   Leiht geduldig mir
Eu'r Ohr, Erhabne, und gefall es Euch,
Die Gründe zu versteh'n, die mich zurück
Von einem Glücke schrecken, drum mich Kaiser
Beneiden würden. Kann ich denn, der ich

Mein Leben, und, was mein ist, nur der Gnade
Des Cäsar danke, ihn dafür mit Falschheit,
Verrat und Undank lohnen? Wenn versuchen
Den Hippolyt auch Eure Schönheit konnte,
Und größre Macht zu lohnen und zu strafen
Euch eigen ist, als sie die üpp'ge Phädra
Besaß, laßt Pflicht und Treue mir Verzeihung
Von Euch erwirken, wenn ich mich Euch weigre.

Domitia. Spröd bist du, werben soll ich erst um dich.
Laß niedre Weiber bitten, Ränke brauchen,
Auf daß die Männer ihren Freuden dienen;
Doch wenn die Kaiserin sich so vergäße,
Sie, die den Cäsar und die Welt beherrscht,
So wär' es Geistesarmut. Nein, du mußt — du
               sollst;
So will es meine Leidenschaft, ich kenne
Nicht Mäßigung im Lohnen und im Strafen.
Dies eine nimm als Warnung nur von mir.
Die dürft'ge Keuschheit geizt für ihre Diener
Stets mit Befördrung, doch wollüst'ger Trieb
Belohnt verschwenderisch, und oft sieht man
Den Lohn des Lasters den der Tugend hoch
Aufwiegen. Also gib mir Antwort, schnell!

Paris (bei Seite). Wie bin ich nun bedrängt! Ich weiß,
             die Weigrung
Ist Tod, und größeres bedroht mich nicht,
Wenn ich gewähre, was sie heischt. Und doch,
Wenn ich unschuldig sterbe, wenn der Ruhm
Mir für die Nachwelt wird, daß ich verweigert,
Was eine Kaiserin heischte, um die Treue.
Dem Cäsar, meinem hohen Herrn, zu wahren,
Werd' ich bei allen Edlen höher gelten,
Als wenn ich ein beflecktes Leben mir
Mit Ehre und mit Reichtum wollt' erkaufen.
(Laut.) Wohlan denn, hohe Kaiserin, ich baue

Auf diesem Fundament: Euch folgen kann
Und will ich nicht.

Domitia (bei Seite).   Wie nun! Verachtet werd' ich?
　Wenn Hoffnung Macht nicht hat noch Furcht,
　　　　　　　　　　　　　　　　muß ich
　Ein andres Mittel brauchen. (Laut.) Denke, wer
　Es ist, die um dich wirbt. Verweigre das nicht,
　Was selbst ein Bruder seiner Schwester gönnt;

(**Domitian, Aretinus, Julia, Domitilla, Cänis** und **Wache**
　　　　　　treten im Hintergrund ein.)

　Zum Zeugnis, daß ich nicht verachtet werde,
　Gib einen Kuß mir, — nochmals küsse mich
　Und kühner! Nun mein Paris, Teurer, bist du
　Und ich bin deine Helena.

Paris.　　　　　　　　Da du
　Es willst.

Domitian.　Und ich bin Menelaus, jedoch
　Welch anderer noch sein ich werde, weiß
　Ich nicht.

Domitia.　　Was nutzen die Gelegenheit
　Wir nicht? Dies reizt nur mehr den Appetit.
　Laß uns zum Fest geh'n, wo, das ist mein Wunsch,
　Du Jupiter sein mußt und ich Alkmene.
　O hätt' ich Macht, die eine kurze Nacht
　Zu dreien auszudehnen, daß daraus
　Ein Hercules geboren würde.

Domitian (vortretend).　　　Während
　Amphitrio dabei steht und den Vorhang
　Zurückzieht.

Paris.　　　Oh! (Er sinkt nieder.)

Domitia.　　　Verraten!

Domitian.　　　　Nein; gefangen
　In einem Netze, das Vulcan gesponnen,
　Wo mir die Götter zuschau'n, deren keiner
　Mit einem Lächeln anzudeuten wagt,

Er wünsche dergestalt beschämt zu werden,
Auch wenn so viel Genuß wie der er hätte,
Für welchen du dich hast verkauft. Wie soll
Ich nennen dich? Verräterisch, undankbar
Und unersättlich, alle Schmähungen,
Die in der Bitterkeit des Herzens Männer,
Wenn sie gekränkt sind, wider böse Weiber
Geschleudert haben, sind zu schwach für dich.
Hab' ich dich aus dem niedern Stand zur Höhe
Der Macht und Majestät geführt, damit
Du auf gemeine Weise mich, der ich,
Bevor ich, Natter, dich an meiner Brust
Gehegt, ein Uebermensch war, tiefer stürzest
Als eine Bestie! Zwang ich diese hier,
Die mir verwandt sind, Dienerinnen gleich,
Zu deinem Pomp und Stolz vor dir zu knien,
Indes ich selber auf nichts andres sann,
Als durch Wohlthaten dich an mich zu binden;
Und lohnst du so mir? Keinen Kniefall hast du,
Nicht eine Thräne, keine Reuezeichen
Für deine Schuld? Brich, eigensinn'ges Schweigen!
Gibt's einen Grund dafür, daß ich die Rache
Verzögre?

Domitia.   Diesen. Deine Wollust trieb mich,
Daß ich zur Metze ward, die meine hat
Nach meiner Absicht, wenn auch wirklich nicht,
Zum Hahnrei dich gemacht.

Domitian.   O Unverschämtheit!
Ergreift sie, daß sie in die Hölle wandre,
Und alle Qualen dulde, die das Fleisch
Ertragen kann. Doch halt! — Welch eine Macht
Hat noch die Schönheit über meine Seele,
Daß Kränkungen so ungeheurer Art
Mich doch nicht treiben können, sie zu hassen! —
Erschlagt sie! — Haltet! — O, daß meine Liebe

Durch das noch mehr entfacht wird, was hervor
Doch Abscheu rufen sollte! Bei Minerva,
Seh' ich sie länger an, hinschmelzen werd' ich,
Und sie anflehen, meine Kränkungen
Verzeih'nd, mir wieder ihre Huld zu schenken,
Ließ es die Ehre zu! In ihr Gemach
Führt sie zurück; sei ihr Gefängnis das,
Bis kältern Bluts ich über sie entscheide.

(Die Wache mit Domitia ab.)

Aretinus (bei Seite). Nun tret' ich vor, damit er mich belohne,
Denn mehr besänftigt ist er. (Laut.) Herr, wenn ich
Durch meine Dienste würdig bin —

Domitian. Ja, ja,
Belohnen will ich dich. Jedweden Frieden
Und jede Ruhe hast du mir geraubt,
Was ich, wenn wieder ich's vergessen könnte,
Mit meines Reichs Verlust verkaufen würde.

(Die Wache tritt wieder ein.)

Erwürgt ihn! Führt hinweg auch diese da
Und werft sie in den Kerker. Konntet ihr,
So dumm wie elend, mit der Hoffnung denn
Euch schmeicheln, die Entdeckung, die ich machte,
Und welche endelose Qual auf mich
Herniederschauert, werde schwer auf euch
Nicht fallen? Fort mit ihnen! Knebelt ihnen
Den Mund; nicht ihre Antwort will ich hören.

(Die Wache mit Aretinus, Julia, Cänis und Domitilla ab.)

O Paris, Paris! Wie soll ich mit dir
Jetzt rechten? Wie soll ich versteh'n dich machen,
Eh' ich dich töte, wie das wider Willen
Und unter Gram von mir erzwungen wird?
Doch deshalb, weil mein Günstling du gewesen,
Anhören will ich, was du sagen kannst,

Um zu entschuld'gen, daß so willig du
Der Wollust dieses Weibs entgegenkamst;
Ich wünschte, daß du dich rechtfertigtest,
Und die Erinnrung dran für immer ich
Auslöschen könnte. Wohl, ich bin gespannt.

Paris. O, fürchterlicher Cäsar! Wenn auf Leben
Ich hoffte, wenn entschuld'gen meinen Undank
Ich wollte, Unrecht wieder thät' ich dir.
Ich weiß, den Tod verdien' ich, und ich bitte,
Beschleun'ge ihn. Allein, daß Eure Hoheit
Nach meinem Tode huldreich mir verzeihe,
Anführen will ich meine Schwäche nur,
Daß es ihr Wille war, und daß sie, Kaiser,
Mit jener Schönheit, welcher Ihr sogar
Nicht widerstandet, mich versuchte. Wie
Konnt' ich, der Arme, fliehen da vor der,
Die mich verfolgte, während Cäsar sich
Um sie bewarb. Ich sagte alles; nun dein
                                    Spruch!

Domitian. Ich weiß nicht, wie ich dir ihn künden soll.
O wäre dein Vergehn ein solches nur,
Daß ich vergeben könnte! Hätte st du
Aus Uebermut dies Rom in Brand gesteckt
Wie Nero, hättest du ein Heer verraten,
Gemetzelt den Senat, ein Sakrilegium
Verbrochen, oder irgend einen Frevel,
Den die Gesetze mit dem Tod bestrafen,
So hätt' ich, eh' noch einer für dich bat,
Vergebung dir gewährt.

Paris.   Doch, ach, für dies
Kannst du es nicht, noch darfst bu's. Auch laß nicht
Die Nachwelt sagen, daß der Kaiser Roms
Ein Unrecht ungestraft gelassen habe,
Dem, wenn ein Bürger Roms es ruhig trüge,
Feiglinge selbst nicht ruhig zuseh'n würden.

Domitian. Selbst gegen dich so führst du Gründe an,
Die einen stärkern Eindruck auf mich machen,
Als wenn Minerva, meines Reichs und meine
Erhabne Schützerin, mit lauter Stimme
Bei dem Verluste ihrer Huld ausriefe:
Zeig Gnade, Cäsar! Doch ich weiß nicht, wie,
Ich bin geneigt dazu. Erhebe dich!
Versprechen will ich nichts; doch scheuch hinweg
Die düstre Furcht; gib dich der Hoffnung hin.
Thun werd' ich, was ich muß. — Im Sinn mir liegt
Ein Trauerspiel, das oftmals gern ich sah,
Es heißt „der falsche Diener".

Paris.   Ja, es gibt
Ein solches, Herr.

Domitian.   In dem ein hoher Mann
In seine Obhut einen Armen nimmt,
Ihm Vollmacht gebend, über seine Güter,
Indessen selbst er fern ist, zu verfügen,
Jedoch mit der Bedingung, daß, da er
An seines Weibes Treue, welche schon
Treulos sich ihrem frühern Mann gezeigt,
Nicht glauben kann, der Diener nimmer ihr
Nachgeben solle, heischte sie von ihm auch,
Die Flammen ihrer Lust zu löschen.

Paris.   Das
War jenes Stückes Inhalt.

Domitian.   Welche Rolle
Hast du darin gehabt?

Paris.   Den falschen Diener
Spielt' ich.

Domitian.   So war's. Und warten draußen noch
Die Spieler?

Paris.   Ja, sie thun's und sind bereit
Das Stück zu spielen, das Ihr, Herr, erwähntet.

Domitian. Ruf sie herein!

Es treten ein **Aesopus**, **Latinus** und ein **Weib**.

                  Wer stellt den Herrn vor,
An dem gefrevelt ward?

Aesopus.   Mein ist die Rolle,
Gebieter.

Domitian.   Nicht naturgetreu hast du
Gespielt; ich kann es besser thun. Hinweg
Mit meinem Kleide, meinem Kranz! Seit Nero
Die öffentliche Bühne nicht verschmäht,
So handeln mögen ins Geheime wir.
Der Mantel hier, der Hut, auch ohne daß
Ein Bart dabei getragen wird, und andres noch
Wird für den Spieler passen.

Aesopus.   Nur die Spitze
Am Schwert muß fehlen, wenn im Spiele du
Den Mord begehst. Wenn dir's gefällt, nimm dies,
Und leg' indes dein eignes Schwert bei Seite.

Domitian.   Nein, nimmerdar; im Ernste oder Scherz
Trenn' ich mich nicht von diesem Schwert. Wir
                        haben
Nur eine kurze Scene: Die, worin
Das Weib gebieterisch vom Diener heischt,
Daß Undank gegen seinen Herrn er zeige.
Wenn ich eintreten muß, sag' mir das Stichwort. —
Fangt an und macht es gut! Obgleich ein neuer
Schauspieler, wenn mein Spiel beginnt, werd' ich
Nicht Grund Euch geben, über mich zu lachen.

Latinus. Wie wunderfam; was ist des Kaisers Absicht?

Aesopus. Nichts fruchtet Widerspruch.

Domitian.   Nun? wird es bald?

Paris (bei Seite). Gewaffnet bin ich nun, und steht
                        mir auch
Der grimme Tod vor Augen, und wenn er
Mit einem Pfeil, der unvermeidbar ist,
Mir nach dem Herzen zielt, nicht lähmen wird

Er meine Kräfte, bis ich sein Verlangen
Gestillt und es befriedigt.

Die Frau.   Müssen wir,
Die wir geboren sind, um zu befehlen,
Denn bitten? Oder einen Knecht, der Kleid'
Und Nahrung unsrer Güte dankt, um das
Anfleh'n, wofür, es zu erhalten, er
Verlangend uns zu Füßen knieen sollte?
Anführen darfst du nicht zu deinen Gunsten,
Wie viele Huld dein jetzt abwesender
Gebieter dir erwies, auch nicht, daß du
Durch seine Wohlthat nur am Leben bist,
Noch deine Furcht, was weiter folgen könnte,
Da ich ihn lenken kann, so wie ich will.

Paris. Wie du's mit mir kannst, in soweit er nicht
Dadurch gekränkt in seiner Ehre wird,
Noch ich, der, sein Geschöpf, als undankbar
Dastehe. Daß du jung und schön bist, weiß ich;
Sei denn auch tugendhaft, sowie ihm treu,
Ihm, der dich auf des Glückes Gipfel hob.

Die Frau. Kann Rat das liebeskranke Herz mir heilen?
Was hat zu thun am Hof der Venus denn
Ein Plan, den die Vernunft erfinnt? Aufschub
Gestatten meine heißen Wünsche nicht,
Darum sogleich gib an, worauf ich bau'n kann.
Denn wenn verschmäht ich werde, wenn ich nicht
Der Liebe wonn'ge Lust mit dir genieße,
So werd' ich toll und schwören meinem Herrn
Bei seiner Rückkehr will ich unter Thränen,
Daß viehisch du von mir erzwingen wolltest,
Was ich von dir verlange. Und dann denke,
Was es bedeutet mit den Worten Sklav,
Verräter, auf die Stirne eingebrannt,
Zu sterben, und im Leben sich dazu
Vorzubereiten!

Paris (bei Seite). Glauben wird er dieß,
  Wenn sie's ihm sagt, das ist unzweifelhaft.
  Und nichts dann bin ich, und die Weisheit spricht
  Da, wo zwei Uebel droh'n, ist das geringre
  Zu wählen. (Laut.) Eh'r, als daß durch deinen Zorn
  Ich untergehen muß, geb' ich dir nach.
  Mit diesem Kuß und diesem sei's besiegelt.
Aesopus. Nun, Herr, nun!
Domitian.   Muß ich dabei sie ertappen?
Aesopus. Ja, Herr, seid nur bereit!
Domitian.   O Schurke du,
  Du undankbarer Schurke! — Sprechen sollte
  Ich jetzt, doch nicht mehr meine Rolle weiß ich.
  Statt dessen kann ich handeln. So und so
  Und so!
                 (Er ermordet **Paris**.)
Paris.   Weh, weh! Im Ernst bin ich erschlagen!
Domitian. Wahr ist's und, guter Paris, meine Absicht
  War das. Und doch, eh' dich das Leben läßt,
  Such in der Ehre Trost, die ich dir anthat.
  Hätt' in der Macht des Cäsar es gelegen,
  Dir zu verzeih'n, so hätt' er es gethan;
  Doch grausam hat die Ehre es verweigert.
  Allein, um zu beweisen, daß ich dich
  Geliebt, war es mein Streben, daß dein Ende
  Glorreicher würde, Paris, als der Tod
  Der andern, und darin hab' ich mein Mitleid
  Dir dargethan. Auch fallen lassen wollte
  Ich nicht dich durch ein Centurionenschwert,
  Noch deine Glieder durch des Henkers Beil
  Zerstückelt seh'n, wie auch dein Frevel es
  Verdiente. Nein, da du der beste Mime
  Von Rom im Leben warst, hatt' ich beschlossen,
  Daß du als Mime handelnd sterben solltest;
  Und sterben, um das Ganze so zu krönen,

Durch unsre Kriegerhand mit einem Beifall,
Der fort durch alle Zeiten dauern wird. —
Befreit aus seines Körpers Kerker ist
Sein Geist; mag er nach oben steigen; dann
Soll diese Leiche, wenn der Scheiterhaufen
In Staub und Asche sie verwandelt hat,
Bewahrt in einer goldnen Urne werden.
Mit ihren schönsten Liedern sollen Dichter
Die Urne schmücken, und die Bühne soll
Für immer ihn betrauern, und all jene,
Die fröhlich seinem Spiele zugeschaut,
Sein Ende sollen sie beweinen, doch,
Warum er starb, darf nicht die Grabschrift sagen.

Trauermusik, während die Leiche des **Paris** von den Schauspielern fortgetragen wird; **Domitian** und die übrigen folgen.

---

3. Der Herzog von Mailand.

Ein Trauerspiel.

Kaiser Karl V., Pescara, Gefolge, Alfonso, Hernando, Medina.

Der **Herzog von Mailand**, welcher mit Franz I. verbündet
gewesen, begibt sich nach der Schlacht von Pavia in das
Heerlager Karls V., um sich mit diesem auszusöhnen.

Karl. V. Unfaßlich dünkt mich's! Doch ihr mögt's
anhören,
Ihr, meine Herrn, denn kein Geheimnis ist's.
Wer hätte denken sollen, eben der,
Der unser Bündnis, als wir ihm es boten,
Ausschlug, unaufgefordert würd' er nun
Um Gnade fleh'n? Noch unentschieden scheint's,
Ob er's aus Furcht thut, oder falscher Hoffnung.

Medina. Ist's Euch gefällig, Hoheit, daß Ihr ihn
Uns nennt, so können staunen wir mit Euch.

Karl V. Wer als die rechte Hand des König Franz,
Der Herzog Mailands? Unter allen denen,
Die unsern Zorn gereizt und unsre Gunst
Im Unglück jetzt nachsuchen, einen Eid,
Der letzte würd' er sein, hätt' ich geschworen.

Hernando. In Eurem Gnadenbuch auch steh er so
Als letzter! Möchte doch sein Mailand uns,
Ein zweites Troja, zur Belag'rung zwingen,
Eh' es durch falsche Demut Euch erweicht,
Von der gerechten Rache abzustehen
Und uns des bluterkauften Ruhms beraubt.

Medina. Die Ehre untersagt Euch, ihn zu sehen.

Alfonso. Bezahlen lassen sich die Krieger nur
Durch die Erstürmung und die Plündrung Mailands.

Karl V. So schwach nicht, wie ihr fürchtet, fügen
werd' ich
Mich ihm, auch daß der Nerv des Krieges Geld ist,
Bedenk' ich wohl, was er auch bieten mag,
Ihn anzuhören oder abzuweisen
Steht ganz bei uns. Jedoch um knieend ihn
Vor uns zu sehn, was unsern Ruhm erhöht,
Sind wir gewillt, sein Flehen anzuhören.
Führt ihn herein, und eure Krieger mögen
Ihn unsres Zornes Wucht erkennen lassen.

(Pescara ab.)

Hernando (zu Medina). Wie alles abläuft, seh' ich klar
voraus.
Der Teufel hol's! Gleich einem armen Sünder
In dürftigem Gewande wird er kommen
Mit einem Stricke um den Hals, anstatt
Der Ordenskette; auf das Knie dann sinkt er.
Von dem Tigranes, von Pompejus auch
Dann faselt er, wie dieser Römer sagte,

Doch besser sei es, einen König machen,
Als ihn zu töten; auf den Kaiser dies
Und auf sich selbst bezieht er. Großmutvoll
Verziehen wird dem Feind alsbann, und wir,
Die Freunde, geh'n mit leerem Beutel aus.

Medina. Da kommt er, seht, doch anders, als Ihr
glaubtet.

Pescara kehrt zurück und führt den **Herzog von Mailand,**
von vielen Kriegern umringt, herein.

Alfonso. Sein Aussehn ist, als wollt' er der Gefahr
Trotz bieten.

Hernando. Er verhöhnt uns! Was, zum Teufel,
Ist er ein Supplikant?

Medina. Hört ihn!

Herzog. Ich kam
Nicht deine Gnade anzuflehen, Kaiser,
Fern liegt's mir, dir in deinem Glück zu schmeicheln.
Auch nichts will ich entschuld'gen oder leugnen.
Voll Seelenruhe dir bekenn' ich es
Jetzt selbst, wo deiner Macht ich preisgegeben,
Dein bitterster geschworner Feind war ich;
Verderben wünscht' ich dir und deinem Reich;
Mit aller Macht, soviel mir zu Gebot stand.
Mit meinem besten Rat, wär' er nur besser
Beachtet worden, strebt' ich das zu fördern.
Nicht, wenn mir überm Nacken auch das Beil
Des Henkers schwebt, verleugnen will ich jetzt,
Daß König Franz vor allen Sterblichen
Ich hoch geehrt.

Medina. Ei, Schmeichler ist er nicht,
Beim heil'gen Jakob!

Hernando. Seine Rede ist
Voll Geist und Feuer; doch ich hoffe, bald
Erlöscht es.

Herzog.
     Nun, nachdem ich meinen Haß
Wie meine Freundschaft dir bekannt, verstatte,
Daß ich dir unde, welche Gründe mich
Bei meiner Wahl bestimmten. Stets fand ich ihn
Im Unglück treu; mit Geldern und mit Truppen
Hat er mich unterstützt, zu neuem Flug
Die matten Schwingen mein es Glücks gekräftigt,
Zuflucht in jeder Not fand ich bei ihm
Als meinem guten Engel. Heut noch will,
Ja muß ich, Herr, sein Lob so lau zut verkünden,
Wie, eh' du ihn besiegt. Nicht und ankbar,
Herr, ist der Boden, drauf er seine Wohlthat
Gesät hat, nein, trägt reiche Ernte ihm
Und stolz bin ich darauf. Ob auch meine Glück
Durch dich in Asche sank, wie Mailands Größe —
Bei diesem großen Leichenzug, o Herr,
Noch folgten sie als kleine Fackeln nur.
Und selbst verzehrt sein will ich gern mit ihn en,
Wenn man mich niedern Undanks nur nicht zih'n
       kann.

Alfonso. Brav war gesprochen das!

Hernando.
       Mich dünkt, bei Gott,
Schon minder hass' ich ihn.

Herzog.
      Wenn so auch Spani em
Es als Verbrechen gilt, für Lieb und Wohlthat,
Die man empfangen, dankbar sich zu zeigen,
Dem Freund auch noch im Unglück anzuhangen,
So biet' ich Euch zur Buße meinen Kopf.
Auch nicht in Sklavenketten tret' ich vor Euch,
In niedrer Tracht nicht will ich knieend und jammernd
Mich dir zu Füßen werfen, deine Huld
Mir zu erringen; nur beschimpfen würde
Das einen Sieger, denn nicht ein Triumph,
Nein, eine Niederlage ist's, wenn man
Mit einem schlechten Feinde kämpft. Nie mehr

Scheut' ich den Tod, als ich das Leben wünschte.
Bei meiner Thronbesteigung schmückte mich
Der Herzogshut hier, dieses Kleid trug ich,
Dies Schwert am Gurte, und beim Himmel, jetzt,
Da alles dies ein andrer mir geraubt,
Wenn ich's mit meinem Leben lassen soll,
Derselbe bin ich noch. Mir schwellte Stolz
Damals noch nicht die Nerven, wie auch jetzt
Die Furcht sie nicht erschlafft. Sforza steht hier
Auf jegliches Geschick gefaßt, o Herr.

Hernando. Bei meinem Leben, ganz verlieb' ich mich
In diesen da. Vermöcht' ich ihn zu retten,
Drei Viertel meiner Leute gäb' ich drum.

Herzog. Allein, wenn meine Treue gegen Frankreich,
(Durch dessen Ruhm und Titel jetzt die Euren
Sich mehren, wie der Ozean durch Ströme
Gemehrt wird, die sich in sein Bett ergießen)
Euch den zum Freund empföhle, der bewiesen,
Daß Lieb' und Dankbarkeit ihm fremd nicht sind,
So wagt's, stellt diese Krone mir zurück,
Die jetzt die Eure wurde. Lehrt durch mich
Die tapfern Feldherrn, die Euch hier umstehn,
Was sie, wenn jemals Euch das Glück verließe,
Vom edlen Feind als Lohn für ihre Treue
Erwarten dürfen. Euch erstatten werd' ich
Die Kosten dieses Krieges und was Euch,
Wenn Ihr's erzwingen wolltet, mit Gefahr
Bedrohte, biet' ich Euch aus eignem Antrieb.
Das Wehgeschrei erwürgter Kinder will ich
Verhüten und entehrter Jungfrau'n Jammer,
Wodurch beim Sturm auf eine Stadt die Rache
Des Himmels auf das Heer herabgerufen
Und selbst der Sieg in seinem Lauf gehemmt wird.
Und wenn die Feldherrn und die Krieger erst
Ich kenne, die zumeist hervor sich thaten,

Reich werd' ich sie nach Rang und nach Verdienst
Belohnen. Hier zu Ende bin ich; hören
Laßt mich mein Urteil nun.

Alfonso. Ein Ehrenmann
Ist das, fürwahr!

Medina. Wie starr sitzt da der Kaiser!

Hernando. Der Vorsatz, zu belohnen, den er aussprach,
Hat es dem Kaiser so ans Herz gelegt,
Ihn zu begnaden, daß sein Starrsinn mich
Verwundert. Seht, nun regt er sich; ihm schmilzt
Das Herz, so hoff' ich.

Karl V. Das, was ich erwartet,
Weit hast du's übertroffen, edler Sforza.
Ein solcher Freibrief ziert, ein solcher Lorbeer
Die Treue, die auf würd'gem Grunde ruht,
Daß überall sie uns und selbst beim Feind
Ehrfurcht gebeut. So wahr ich in die Zukunft
Voll Hoffnung schaue, mich erfreut's für dich,
Daß du, als Gnade du von mir begehrtest,
Nicht von der Feigheit die verruchten Mittel
Dir liehest, und für mich, daß wenn ich jetzt
In Hinsicht deines Glücks und deiner Herrschaft
Die Absicht ändre, keiner meiner Räte
Mich als leichtsinnig tadeln kann, denn nicht
Hat mich Bestechung oder Schmeichelei
Dazu bestimmt, nein, deine Tugend nur.

Hernando. Gut lautet das!

Karl V. Vernichtet werde, was
Der Haß erstrebte! Sieh, ich grüße dich
Mit offnen Armen, deine Liebe mir
Erbittend. Und es liegt so ferne mir,
Dir auch die kleinste Ehre nur zu rauben,
Daß fester noch, als je, ich deine Krone
Mit eigner Hand dir auf die Stirne drücke,
Und nicht allein als Mailands Oberherrn

Dich anerkenne, sondern auch als solchen
Dich schützen will. Doch daß Gelegenheit
Dir bleibe, selbst freigebig dich zu zeigen,
Will deiner Großmut gegen meine Feldherrn
Ich keine Schranken setzen.

Karl V. mit Gefolge ab.

───────

Unter den Trauerspielen von Massinger bin ich geneigt, dem „Herzog von Mailand" den Vorzug zu geben. Im Plan desselben ist genug aus der Geschichte entlehnt, um ihm Würde zu geben und einigermaßen das Vorherrschen der Liebe in den erfundenen Teilen aufzuwiegen. Die Charaktere Sforzas, Marcelias und Francescos sind in Massingers bester Manier; die Geschichte ist geschickt und auf nicht unwahrscheinliche Art entwickelt. Das Pathos ist tiefer als gewöhnlich in seinen Werken. Die Beredsamkeit, besonders in der berühmten Rede Sforzas vor dem Kaiser, ist niemals von ihm über- troffen worden.   *Hallam.*

Der „Herzog von Mailand" ist das beste unter den Stücken Massingers, das uns in diesem Augenblick einfällt. Es scheint uns im Handeln des Herzogs nichts Unwahr- scheinliches zu sein, wenigstens nicht mehr, als durch die Un- regelmäßigkeiten der menschlichen Natur gerechtfertigt ist. Seine wilde Bewunderung und strengen Vorschriften sind hinreichend consequent, und die Art, in welcher er vor unseren Augen vom Sklaven der Schönheit eines Weibes, der er ge- wesen, zur Höhe eines Heroen und Philosophen wächst, hat immer unsere hohe Achtung geheischt. Seine Rückkehr, wie seine Gewissensbisse sind ganz seinem Charakter gemäß, und obgleich die Stärke Massingers keineswegs im Pathetischen liegt, so ist der Tod Sforzas doch voll von Pathos. Er haucht seinen Atem aus mit den folgenden Worten:

„Und doch will ich in Wut nicht sterben, denn
Ach! Wahnsinn war mein ganzes Leben. —
Begrabt mich mit Marcelia
Und unsre Grabschrift sei —"

Hier schneidet der Tod seine Rede ab; aber die unbeendeten
Laute sind rührender, als der ausgearbeitetste und hoch=
tönendste Schluß.

Edinburgh Review Bd. 38. Februar 1823.

––––––

4. Die Bürgerfrau als Standesdame.

Ein Lustspiel.

Lucas gelangt aus einem Zustand von Dürftigkeit und Ab=
hängigkeit plötzlich zu außerordentlichem Reichtum, indem ihm
die Güter seines Bruders Sir John Frugal, eines in Zurück=
gezogenheit lebenden Kaufmanns, als Geschenk zufallen. Er
hat eben einen Ueberschlag seiner immensen Reichtümer
gemacht.

Lucas. Es war nicht Phantasie, nein lautre Wahrheit,
    Wahrhaftige, kein Traum. Im Schlaf nicht war ich,
    Und stets mit wachem Auge konnt' ich es
    Beschau'n. Ich griff es an, ich sah und fühlt' es.
    Doch was ich sah und oft betastete,
    Es überstieg jedweden Glauben so,
    Verwunderung und Erstaunen stieg so hoch
    In mir, daß kaum ich meinen Sinnen traute.
        (Zu dem Schlüssel.)
    Du stummer Zaubrer, der du mir den Eintritt
    Leicht machtest, wenn du auch nicht Zauber übtest,
    Um zu besitzen, was die weisen Männer
    Sich zu erlangen müh'n! Moly des Hermes,
    Sybilla's goldner Zweig, die große Tinktur,
    Die in der Alchimisten Hirn nur lebt,
    Mit dir verglichen, sind sie Schatten nur.
    Des Glücks Substanz zugleich und Hüter bist du.
    Kein Wunder, daß mein Bruder seine Brust
    Zu deinem Ruhplatz wählte, da ja du

Bewahrer seines Herzens warst, ein Liebchen,
Das stets man hätschelt. In den Nebenkammern
Der heil'gen Stube hier verbergen sich
Silberne Münzen, hochgehäuft in Beuteln,
So wie gesägte Scheite reif fürs Feuer,
Unwürdig reinem Gold sich zu gesellen,
Das durch das Zimmer floß. Kein künstlich Licht
Ist nötig dort; der Glanz schafft ewigen Tag,
Nacht sind und Finsternis bei jener Lampe,
Die ewig brennt, verbannt. Doch wenn bei ihr
Die Kasten ich entdeckte und sie aufthat,
So strömte jeder funkelnde Demant
Von Flammen eine Pyramide aus
Und heftete wie einen prächt'gen Stern
Den Glanz ans Dach, und machte das zum Bild
Des Himmels; Perlen aus dem Orient,
Rubine und Saphire, als ich die
Erblickt, Verachtung fühlt' ich für das Gold.
Und dennoch fand ich, was Leichtgläubigkeit
Nicht glauben könnte, einen Schatz, der weit
Noch diesen übertraf. Ein ganzes Landgut
Lag hier in Pergament fest eingeheftet,
Die Aecker schmelzend, doch das Wachs noch hart;
Hier eine sichere Verschreibung, die
Auf eine Marktstadt lautete, wenn nicht
Denselben Tag noch eingelöst sie würde,
Was der Verschwender nicht in seiner Macht hat;
In Wales und England ist nicht eine Landschaft,
Wo nicht mein Geld verlieh'n auf Wucher wäre,
Ein sich'rer Angelhaken für noch mehr.

Andere Scene.

Die Extravaganz der Bürgerfrau, wie sie Hofmoden nach=
ahmt, wird getadelt.

Lucas, Lady Frugal, Frau des Sir John, und ihre zwei
Töchter in gewöhnlicher Kleidung.

Lucas. Gruß, meine Schwester, jetzt dich so zu nennen
 Wag' ich. Zu sehr sonst prunktest du, als daß
 Dich anzuseh'n erkühnt sich Einer hätte;
 Jetzt einer Bürgerfrau gleichst du, und so,
 Wie sie geboren und erzogen worden,
 Erscheinen meine Nichten. Warum solltet
 Hofdamen ihr nachahmen in der Mode,
 Die durch den hohen Titel und den Stammbaum
 Von großem Alter Bürgschaft dafür geben,
 Daß überflüssig viel Verdienst sie schmückt.
 Ganz ungeheuerlich war es. Bis jetzt
 Saht ihr nie hübsch aus.
Lady.   Sprecht Ihr das mit Hohn?
Lucas.   Pfui, nein! Wohl überlegt' ich's. Mein Ver=
            sprechen
 Erfüll' ich. Nun auch zeig' ich, wie ihr seid
 In der Gestalt, die von Natur euch eigen.
Lady.   Wir müssen anerkennen, schlecht verdient
 Gemacht uns haben wir um Euch*), doch nicht
 Verzweifeln wir, obgleich von Euch abhängig
 Wir sind. Als Eures Bruders Weib und Töchter
 Erhalten werdet Ihr uns.
Lucas.   Meine Absicht
 Ist das.
Lady.   Nicht lächerlich, ich denke, werdet
 Ihr machen uns.

---

  *) Als er noch in abhängigen Verhältnissen war, hatten
sie ihn sehr grausam mißhandelt, nun aber sind sie von ihm
abhängig.

Lucas.　　　　　　　Bewundert follt vielmehr

Ihr werden, und als Muster hingestellt,

Daß unsre Bürgerfrau'n und ihre Brut

In ihrem Stolz zum Vorbild euch erwählen.

Hört freundlich und gleich freundlich schildern will ich,

Wie aufgeputzt Ihr Eure Häßlichkeit

Bis hieher habt.　Ein achtungswerter Pächter

War Euer Vater, Gutmann Schlicht, so hieß er,

Nie nannten seine Nachbarn Herren ihn.

Habt Euern Hochmut Ihr von ihm ererbt?

Doch laßt das ruhen; Eu'r Vermögen — lieber

Sag' ich, die fleiß'ge Arbeit Eures Mannes —

Erhob Euch zu dem Rang von Kaufmannsfrau'n.

Er wurde Ritter, Ihr, sonst Mistreß nur,

Ihr wurdet Lady, an den Feiertagen

In Seide prangtet Ihr, mit goldner Kette,

Mit Hut von Sammt, mit Goldverbrämungen,

Von Pelz trugt eine hübsche Mütze Ihr,

Auch eine Silbernadel hattet Ihr

Mit einer Perle, wohl drei Pfennig wert.

Und soweit stand es gut mit Euch; von Niemand

Beneidet wurdet Ihr, indem die Ehre

Der Stadt erfordert, daß Patrizierfrauen

Sich von Plebejerweibern unterscheiden. —

Allein als Londons Herrlichkeit und Würde

Euch niedrig dünkten, und der Name Gattin

Des Bürgermeisters fast zum Schmähwort ward,

Und Euch die Summen, welche Euch so weit

Erhoben, als gering erschienen (schießen

Ließ meines Bruders Nachsicht Euch dazu

Die Zügel) und Euch andres nicht behagte

Als nur des Hofes gleißendes Gepräng,

Welch eine wunderliche, ja monströse

Verwandlung folgte! Keiner war von Londons

Handwerkern, dessen Arbeit Euch gefiel;

Von den Franzosen, der Toskaner Pracht
Stets spracht Ihr. Eure Kammerfrau, die Ihr
Nur hieltet, daß sie Euch Verschwendung lehrte,
Ins Ohr Euch flüsterte sie stets, wie sich
Die eine Gräfin auf dem Maskenball
Gekleidet und den Blick der jungen Lords
Auf sich gezogen. Hier der Kämmerling
Nahm Eures früh'ren Lehrlings Stelle ein,
Um Euch zu folgen. Da hinweggeworfen
Ward Eure schlichte Mütze, durch die Kunst
Des Kräuslers wurde Euer falsches Haar
Gepudert und gleich einem Kranz geformt,
Mit Diamanten und den reichsten Perlen
Des Orients behängt; mit Ketten ziertet
Von gleichem Werte, Kragen aus Hispanien
Und Gürteln aus der Ungarn Land Ihr Euch.
Vornehmen Lords und Ladies wurden Feste
Gegeben, daß sie Eure Kleider sähen;
Krankheit geheuchelt, daß man Eure prächt'gen,
Mit vierzig Pfund bezahlten Nachtgewänder
Mit Neid beschaute und Pantoffeln, reich
Gestickt, mit Prahlerei gezeigt; Schuhrosen,
An Wert Landgütern gleich. Auf Silber wurde
Servirt, kein Fuß bewegt, als in die Kutsche
Zu steigen. Wenn Ihr in die Kirche gingt,
Zur Andacht nicht, nein, Euern Prunk zu zeigen,
Stolz war't Ihr, wenn die Bettler riefen: Schütze
Der Himmel Eure Gnaden! Mit Gemächern,
Die bunt bemalt, ward Götzendienst getrieben.
Und wenn Ihr lagt im Kindbett und die Fratze
Hier taufen ließt, wohl noch gedenk' ich bran,
Als wär't Ihr eine hohe Königin,
Behängen mit Tapeten ließt Ihr drei
Gemächer: eins mit Arras für die Diener,
Das zweite drauf mit roter Seide, wie

Sie für die Gäste niedrer Sorte paßte,
Das dritte dann mit Tyrus reichem Purpur,
Ein Baldachin auch für des Kindes Wiege,
In Staat Ihr wie die Julia des Pompejus …
Lady. Nicht mehr, ich bitte.
Lucas.   Das gewähr' ich nicht.
Was du zu weit treibst, sowie deine Töchter,
Beschneiden werd' ich dir, und euch zurück
Zur Sitte führen, wie sie für euch paßt,
Zur Rache dafür nicht, daß ihr mich übel
Behandelt habt, nein, um durch euer Beispiel
Heilsamen Schrecken andern einzujagen.

———

Diese bittere Satire gegen die Bürgerfrauen, weil sie
die Moden der Hofdamen nachäffen, muß besonders den
Frauen aus der Herbert=Familie, wie den übrigen Patronen
und Patroninnen Massingers willkommen gewesen sein.

Ch. Lamb.

———

5. Ein neuer Weg, alte Schulden zu bezahlen.
Ein Lustspiel.

Gurgelschneider, ein grausamer Wucherer, pflegt Verhand=
lungen mit Lord Lovell, daß dieser seine Tochter heirate.

Lovell. Gurgelschneider.

Gurgelschneider. Nach meinem Wunsch sind wir allein.
                              Nicht komm' ich,
Für meine Tochter eine reiche Mitgift
Euch anzubieten. Denn alltäglich wäre,
Armselig das. In einem Worte sprech
Ich aus: was ich an Ländern, Hypotheken,
Geldsummen oder Gütern nur besitze,
Mit ihr zugleich kommt es an Euch, Mylord.

Nicht werdet Grund Ihr haben, um zu glauben,
Zu lange würd' ich leben, denn hinzu
Werd' ich alljährlich weiteres dem Schatz
Noch fügen, daß auch Eu'r Besitztum wird.

Lovell. Ihr seid ein wahrhaft guter Vater, Herr.

Gurgelschneider. Für einen solchen mich zu halten, werdet
Ihr Gründe haben. Dieser Landsitz, wie
Gefällt er Euch? Bewaldet ist er gut
Und gut bewässert, fruchtbar sind die Aecker
Und reich. Abwechslung könnt' es bieten Euch,
Hier Eure Freunde Sommers zu bewirten?
Was denkt mein edler Lord?

Lovell. Gut ist gebaut
Das Haus, gesund die Luft, und sie, die Herrin
Davon, verdient die reichen Revenuen.

Gurgelschneider. Die Herrin? Eine Zeit lang mag
sie's bleiben;
Doch sagt, Mylord, nur, daß es Euch gefällt,
Und daß Ihr's haben möchtet, nächstens wird
Es Euer sein.

Lovell. Unmöglich.

Gurgelschneider. Allzuschnell
Ist Euer Schluß; Ihr kennt mich nicht und nicht
Die Mittel alle, die mir zu Gebot steh'n.
Nicht nur der Lady Allvorth Länder sind's:
Nennt in der ganzen Gegend mir doch nur
Die Ländereien irgend eines Manns
Und sagt, daß sie für Eure Lordschaft passend
Gelegen sind, und nochmals sag' ich laut,
Von heut an sind sie Eu'r.

Lovell. Mein nennen kann
Ich das nicht, was durch ungerechte Mittel
Erschwindelt ist. Mein Ruf ist, mein Credit
Zu teuer mir, als daß aussetzen so
Ich sie dem öffentlichen Tadel möchte.

Gurgelschneider. Zu fürchten habt Ihr nichts. Eu'r
Ruf, Mylord,
Wird fest besteh'n in aller Guten Meinung,
Wie jetzt, noch können meine Handlungen,
Auch wenn man schlecht sie heißt, auf Euren Ruf
Den kleinsten Makel werfen. Denn obgleich
Den Ruf, was mich betrifft, als leeren Schall
Ich nur betrachte, doch so rücksichtsvoll
Werd' ich in allem dem sein, was den Euern
Betrifft, daß Eure Ehre unbefleckt
Fortstrahlen wird, und Eure Redlichkeit,
So wie sie nie bezweifelt ward, auch nie
Behaftet werden soll von einem Makel,
Der irgend Abbruch ihr zu thun vermöchte.
Mein höchster Ehrgeiz ist, daß meine Tochter
Zur Ladyship gelange, was Mylord
Ja leicht bewirken können. Wenn ich lebte,
Auf meinen Knieen einen jungen Enkel
Zu schaukeln, der Lord Lovell heißt, und den
Sie Euch geboren, ein nil ultra würde
Auf meine kühnsten Hoffnungen ich schreiben.
Was Jahresrenten und Besitzungen
Betrifft, wie sie für Euern hohen Stand
Von Nöten, so will gern ich solche Bürde
Von Euern Schultern auf die meinen nehmen;
Denn wenn ich auch das Land zu Grunde richte,
Um ein verschwenderisches Leben Euch
Möglich zu machen, so wird doch die Geißel
Die manchen, welcher gut nicht Haus hält, trifft,
Der Mangel, fern Euch bleiben.

Lovell. Schreckt Ihr nicht
Zurück vor Flüchen und Verwünschungen
Ganzer Familien, die durch Eure Praktik
Zu Grunde gehen?

Gurgelschneider. Ja, so wie die Felsen,

Wenn Wellen sich an ihren stein'gen Zacken
Hochschäumend brechen; oder wie der Mond
Gerührt wird, wenn nach seinem Glanze halb
Verhungert Wölfe bellen. Still, gesetzt
Ist mein Temperament, und stet'gen Laufs
Steur' ich dahin. Was jene andern Klagen
Betrifft, die manchmal gegen mich man ausstößt,
Wie wenn man Wucherer, Tyrann mich nennt,
Abzwacker, Schmälerer der Nachbarsrechte,
Auch Unterschläger dessen, was Gemeingut,
Für meinen eignen Nutzen, ja wenn mir
Der Witwen Jammer vor den Ohren tönt
Und ruinirte Waisen meine Schwelle
Mit Thränen waschen, nichts denk ich dabei,
Als wie's so herrlich ist, daß meine Tochter
Zur Lady ich erhöht. Ein mächt'ger Zauber
Dünkt mich's, der gegen Bisse des Gewissens
Und gegen Mitleid mich gefühllos macht.

Lovell. Wie zäh Ihr seid, bewundern muß ich es.

Gurgelschneider. Um Euret= und um meiner Tochter
wegen
Ist's, daß zum Marmorstein ich bin erstarrt.

Zwei unter Massingers Komödien tragen einen mehr
englischen Charakter als die anderen. Die Scene ist zu Hause
und in der Zeit des Dichters, und diesen hat die allgemeine
Stimme den Vorzug gegeben. Es sind „Ein neuer Weg, alte
Schulden zu bezahlen" und „Die Bürgersfrau als Standes=
dame". Ein, wie es scheint, der Wirklichkeit entnommener
Charakter, der, wenngleich höchst bösartig, doch nicht außer=
halb der Grenzen des ächten Lustspiels liegt, Sir Giles Gurgel=
schneider, gibt dem erstgenannten Drama eine überraschende
Originalität und eine ausdrucksvolle Kraft. Es behauptet
allein unter den Stücken Massingers noch heute einen Platz
auf der Bühne. Gifford ist geneigt, „die Bürgerfrau als

Standesdame" vorzuziehen, welche ohne Zweifel durch die meisterliche Zeichnung von Lucas, einem Schurken von anderer Gattung als Gurgelschneider, und durch eine größere Fülle von komischem Humor und Satire, als sich gewöhnlich bei diesem Autor findet, um die Palme ringen kann. Es scheint mir, daß mehr Unwahrscheinlichkeit in der Führung des Plans ist, als in „dem neuen Weg, alte Schulden zu bezahlen".

Hallam.

XXV.

Unbekannte Verfasser.

___

1. Der lustige Teufel von Edmonton.

Prolog.

Lauscht, werte Freunde, aufmerksamen Sinns,
Auf daß Ergötzen euch die heitre Bühne
Mit ihrem frischen Leben bieten möge:
Ihr werdet seltne Zauberformeln hören.
Nachsichtig, bitt' ich, nehmt dies Schauspiel auf.
Der Held ist Peter Fabel, weit berühmt
Einst als Gelehrter, wenn sein Name auch
Nicht mehr in Büchern spätrer Tage lebt.
Sein Wohnort, wo er auch geboren ward,
War Middlesex; kaum sieben Meilen weit
Von dieser großen Stadt. Der lust'ge Teufel
Von Edmonton ward er genannt, weil er
Die Zauberkunst betrieb. Wenn etwa hier
Noch jemand an dem Falle zweifeln will,
So kann er an der alten Kirchenwand
Von Edmonton noch heut sein Denkmal schauen,
Und unter den Bewohnern geht die Sage,
Betrogen hab' er oft den Teufel selbst.
Nun stellt euch vor, nach Edmonton sei er
Zurückgekehrt, zur Zeit, wo Finsternis

Die Erde deckt, und schlafe nun ermüdet
Vom lust'gen Tagewerk in seinem Bett.
Die Stunde eben ist's, in der der Geist,
Der jahrelang in seinem Dienste stand,
Der durch die Luft nach dieser Stadt in einer
Minute ihn von Cambridge oft getragen,
Nach dem Vertrage, den er mit dem Bösen
Gemacht hat, ihn zu holen kommt.

(Der Vorhang geht auf.)

                                     Seht da!
Wie er nicht Ruhe auf dem Lager hat.
Zu seinen Häupten aufgezogen hängt
Sein Glockenspiel; die Wände sind bedeckt
Mit Zauberapparat. Allhier erblickt ihr
Den Sessel, drauf er oft mit grausen Sprüchen
Die Teufel zwingt zu thun, was er verlangt.
Seht heiter zu! Ist tragisch auch der Anfang,
Doch fröhlich enden wird das Stück zuletzt.

(Ab.)

———————

(Das Glockenspiel beginnt zu schlagen. **Fabel** hält erschrocken
die Hände empor.)

Fabel. Was tönt das Glockenspiel so ahnungsvoll?
Hin bebt mir durch die Glieder Fieberfrost
Und gleich des Stacheltieres Borsten sträubt
Mein Haar sich.

         Coreb (der ihm dienstbare Geist) erscheint.

Coreb.   • Wach, wach auf! Sonst in die Hölle
Schlepp' ich dich an den Haaren.
Fabel.   Bist du's, Coreb?
Was weckst du mich?
Coreb.   Ich bin's.
Fabel.   Wohl weiß ich es.
Der Hunde Heulen kündigte dich an;

Vor dir erschrocken flattert trüb das Licht;
Die Stürme dieser Nacht verkündeten
Mir schon, daß böse Geister nahe sind.

Coreb. Bist du bereit?

Fabel. Wohin, wozu bereit?

Coreb. In dieser Stunde ist mein Dienst beendigt,
Und das, was mein ist, nehm' ich mit.

Fabel. Was nennst
Du dein?

Coreb. Dich, Fabel!

Fabel. Wenn die Finsternis
Dies hörte, schaudernd würde sie entfliehen,
Daß alle Welt mein grauses Ende sähe.
Doch wälz den ganzen Erdball über mich
Und laß ein kleines Vöglein mit dem Schnabel
Soviel tagtäglich nur, wie es vermag,
Forttragen, daß ich meine Sündenlast
Täglich um so viel nur gemindert sehe,
Um künft'ges Auferstehen zu erhoffen.

Coreb. Was, hast mit deinem Blut du den Vertrag
Nicht unterschrieben? Ward von uns der Pakt
Nicht abgeschlossen, steht's in den Registern
Der Hölle also nicht?

Fabel. Warum denn so
Kommst du in widerwärtiger Gestalt?
Vertraulich nicht, wie sonst?

Coreb. Verflossen ist
Die Dauer deiner Macht, und Herr von dir
Und deinen Künsten bin ich.

Fabel. Du unbänd'ger
Zorniger Geist, ein dringendes Geschäft
Für einen Freund ruft mich von dir hinweg.
Drum eine kurze Frist vergönne mir.

Coreb. Um alle Schätze dieser Erde nicht.

Fabel. So laß mich frei, in Ordnung bringen möcht' ich
Noch ein Geschäft, dann gehen wir vereint.
Du ruh in diesem Stuhl inzwischen aus.

Coreb. Wohl, meinethalb.

(Er setzt sich.)

Fabel. Ach, daß doch unsre Seele,
So teuer mit des Heilands Blut erkauft,
Durch das Erhabenste, die Wissenschaft,
Hinab zur tiefsten Tiefe, in den Pfuhl
Der Hölle stürzen kann, wenn mehr der Mensch,
Als Menschen wissen sollen, wissen will!
Das war schon zu der Engel Sturz der Grund.
Unendlich sind die Künste, wie das Meer;
Strebt weiter nun der Mensch auf ihm zu segeln,
Als die Vernunft ihn führen kann, die Kompaß
Ihm sein soll, bald verschlingt der Rudel ihn,
Wo selbst der Himmel seinem Blick sich birgt.
Den sichern Hafen sucht er, rastlos spähend,
Und wird vom Lande weiter stets verschlagen.
Wenn man des Uebels Grund erkunden will,
So muß man Gott sein oder Teufel werden.

Coreb. Bist du bereit nun, Fabel?

Fabel. Ja, komm nur.

Coreb. Fabel, ich kann nicht.

Fabel. Kann nicht? Nun, was fehlt
Denn Eurer Heiligkeit?

Coreb. Hilf, lieber Fabel,
Hilf mir!

Fabel. Was ist's? Wo fühlst du Schmerz? Bringt schnell
Ein Lebenselixir, krank ist der Teufel,
Ja stirbt vielleicht; wie jammervoll er aussieht!

Coreb. Treibst Spott du mit der Hölle Dienern,
Frecher?
Beim mächt'gen Lucifer beschwört dich Coreb:
Laß frei ihn!

Fabel. Nicht um alle Erdenschätze!
Noch sieben Jahre leben lassen mußt
Du mich, eh' deinen Zorn du an mir stillst.

Coreb. Die Jahre geb' ich dir.

Fabel. Beschwör's, du Teufel.

Coreb. Laß los mich aus dem Stuhl, und ehe sieben
Der Jahre schwanden, rühr' ich dich nicht an,
Das schwör' ich bei der Hölle.

Fabel. Wohl denn, komm
Heraus!

Coreb. Sei deine Kunst verflucht! Noch sieben
Der Jahre treib dein böses Handwerk fort!
Noch hat kein Mensch den Teufel so betrogen.
Auf Erden dauert ewig keine Zeit,
Doch die Verdammnis dauert ewig fort.
Zurück in meine Wohnung drunten kehr' ich.
Doch wisse, wenn verflossen sieben Jahre,
Hilft keine List dir. In die Hölle fährst
Du dann mit Coreb.

Fabel. Handelseinig denn
Sind wir. Ich geh' zu meinen guten Freunden,
Besuche deine bösen Feinde du.

⸱

———

Die erste Scene ist eine Lokalsage von Cambridge, der geprellte Teufel, wie sie auch in Deutschland vorkommt; so „Schmeller, der Schmied von Mitterbach“, und „Falk, der Schmied von Apolda“. Sie hat aber mit dem Stück keinen sichtbaren Zusammenhang. Dieses ist ein heitres Lebens= bild, abenteuerlich und idyllisch gehalten, viel Leben und Bewegung, aber kein dramatischer Knoten, keine Spannung. Da beide präsumtive Freier dasselbe wollen, so liegt keine Collision vor; es steht nichts im Wege als ein eigensinniger Vater, der ohne Hindernis geprellt wird. Moritz Rapp.

2. Lokrine.

Ein Trauerspiel.

Der Geist des Corineus vor der Schlacht, die ihm Rache
an Lokrine bringt.

Die Marmorwölbung des azurnen Himmels
Hört, schluchzt voll Trauer und stößt Seufzer aus,
Und kündet so den Untergang Lokrines;
Das Zucken roter Flammenspeere sieht man,
In seiner Tiefe bebt der Bau der Welt:
Ein nahes Blutbad kündet alles das.
Am hellen Tage flattern scheu verirrt
Die Vögel, die im Dunkel sonst nur fliegen,
Wenn auf den Wolken grauenvoll die Nacht
Hinzieht, die Welt mit Nebeln überschattend.
So künden sie das grause Mißgeschick.
Wild bellen, aus Avernus Pfuhl hervor
Gehetzt von Radamanthus, Höllenhunde
Und schweifen durch den Wald. Leichtfüß'ge Faune,
Satyrn und Nixen flüchten zitternd sich
In schatt'ge Wälder, bergen sich in Brunnen.
Dumpf brüllt in Gier nach Rache Boreas;
Und Fels und Klippe donnern: Rache, Rache!
Und: Grause Rache! fallen ein die Büsche.

   (Man hört Schlachtgetümmel.)

Nun, Corineus, bleib und sieh die Rache,
Und weide dich am Falle des Lokrine!
Sie kommen, horch! da klingen die Drommeten,
Der Trommel Wirbel ruft zum Kampf die Krieger!
Wie glänzt dort auf den grünen Au'n das Heer!
All deine Blitze schleudre, mächt'ger Zeus,
Und gieß auf Lokrines Haupt all deine Strafen.

Andere Scene.

Lokrine und **Eſtrild**, die Frau des Königs der Scythen,
mit der er nach Besiegung des letzteren und Verſtoßung ſeiner
Gattin **Guendeline** lebte, treten nach der verlorenen Schlacht,
in welcher ſie von Guendeline und **Traſimachus**, ihrem
Bruder, beſiegt worden, in großer Beſtürzung auf.

Lokrine. Verloren, Eſtrild, ward von uns die Schlacht,
   Den Kranz des Siegs gewann Traſimachus,
   Und Hohngelächter fiel auf dich wie mich.
   Die hunderttauſend Krieger meines Heers
   Erlagen den zehntauſend meines Gegners.
   Mit wildem Grimme würgt' Traſimachus
   In meiner feigen Krieger Reih'n, dem Mars gleich,
   Als ſchildbedeckt er an der Silberflut
   Des Simois mit Diomedes focht.
         (Man hört Schlachtlärm.)
   Eſtrild, horch auf! Hörſt du den Waffenlärm?
   Nie ſeh'n wir Troynovant, die prächt'ge Stadt,
   Von unſern Rennern, die von Perlen blitzen;
   Nie wieder, außer wenn man als Gefangne
   Hinein uns führt, den Tempel der Concordia.
   Kann's ſein, gefangen werden ſoll Lokrine
   Von dieſem Knaben, dem Traſimachus?
   Soll Guendelin in ihrer Liebe Feſſeln
   Mich wieder zwingen? Dieſen Unglückstag
   Nie will ich ſeh'n. Eh'r mit des Schwertes Schärfe
   Durchbohr' ich dieſes ſchmerzgequälte Herz.
   Doch ihr dort unten am neunfachen Styx,
   Ihr düſtern Richter, die mit ew'gen Martern
   Die Schatten ihr im bodenloſen Abgrund
   Dort unten quält, ihr Götter aller Sphären,
   Die nach unwiderruflichen Geſetzen
   Ihr herrſcht, vergebt die arge Sünde mir,
   Denkt, Götter, meines ſchwarzen Frevels nicht.
         (Er küßt ſein Schwert.)

Geliebtes Schwert du, meines Vaters Brutus
Und seines Sohnes Leben hast gerettet
In manchem Kampf du. Ende dessen Leben
Jetzt, der den Tod allein sich wünscht! Gib dem ihn,
Dem das Verhaßteste das Leben ist.
Leb Estrild wohl, der Erde schönstes Weib,
Getroffen nun von schwerstem Mißgeschick.
Nie deiner Sonnenblicke Glanz mehr seh' ich,
Bis wieder uns Elysium vereint.
Mit schnellem Schritt eil' ich dorthin voraus.
Leb wohl mit deinem falschen Zauber, Welt!
Leb wohl nun Sünde, du wollüstige
Verführerin! Ziel aller Schmerzen, Tod,
Sei mir gegrüßt, gegrüßt dem müden Herzen
Lokrines.

(Er stürzt sich in sein Schwert.)

Estrild. Brich, armes Herz, ihr Thränen strömt
Aus meinen wunden Augen, und beweint
Mit mir den Tod des tapferen Lokrine.
Verströmt die heiße Flut, ihr Augenhöhlen:
Geendet hat der starke Held Lokrine.
Treuloses Glück, o wankelmüt'ge Welt!
Was ist denn alles auf dem Erdenrund?
Nichts als ein Chaos nur von Weh und Jammer.
Gleichwie in einem Spiegel seh'n wir hier,
Das ganze Leben sei ein Trauerspiel.
Selbst Kön'ge beugt in Staub das Mißgeschick.
Lokrine selbst ist des Todes Beute nun,
Und ziemt's für Estrild, ihn zu überleben?
Nein, nein, das Schwert, das ihm das Dasein nahm,
Soll von der flücht'gen Seele mich befrei'n.
Ström Kräfte, mächt'ger Zeus, in meine Hand,
Daß diesen Jammer hier sie enden mag.
Lokrine, Lokrine, zu dir nehm' ich den Weg.

(Sie ermordet sich.)

Schlachtgetümmel. **Sabren,** Lokrines und Estrildens Tochter,
kommt.

Sabren. O Himmel, welche fürchterliche Schau
Beut meinem kranken Herzen das Geschick!
Von diesem Unheilsschwerte tot liegt hier
Mein Vater, tot die Mutter neben ihm.
Kein wilder Myrmidon, der unbarmherz'ge
Achilles nicht, ja selbst kein Felsenstein
Wohl bliebe thränenlos bei solchem Anblick.
Lokrine, der Seelengröße höchstes Muster,
Erschlagen liegt er in der Höhle hier.
Estrild, dies Wunder der Natur, dies Bild
Des ächten Ruhms, in deren Brust des Himmels
Schönheit und Tugend sich vereinigten,
Verblutet ruh'n die Zwei in dieser Höhle.
Pallas und Amor starben mit den beiden.
Da liegt ein Schwert und Sabren hat ein Herz.
Geweihtes Schwert, durchbohre diese Brust,
Die unglückselige, und zu dem Schatten
Der Eltern führe meinen Geist, daß, wer
Dies Trauerspiel erblickt, durch Trauer mir
Sein Mitleid zeigt.

      (Sie versucht sich zu erstechen.)

           Wehe mir! Nicht Kraft
Hat meine Mädchenhand, daß sie den Wall
Der Brust durchdringe! Nur der Laute Saiten
Zu schlagen wissen meine Finger, nicht
Den Stahl zu halten haben sie die Kraft.
Da mir die Kraft fehlt, selbst mich umzubringen,
Bleib' ich zurück, die Eltern zu beweinen.
Ach Lokrine, edler, allverehrter Herr,
Ach Estrild, deiner Treue halb berühmt!
Weh' denen, welche euern Tod verbrachen!

Guendeline, Trasimachus, Madan, die Tochter Lokrines
und Guendelinens, und **Soldaten** treten auf.

Guendeline. Sucht, Krieger, Lokrine jetzt und seine Buhle,
Des Scythenkönigs Humber freches Weib,
Daß ich in Leichenblässe ihr Gesicht,
Mit dessen Reiz sie prunkt, verwandle.
Den Sprossen der verfluchten Liebe sucht,
Den Liebling des Lokrine, die junge Sabren,
Damit mein Herz sich satt im Blute schwelge,
Das ihrer Bastardbrust entströmen soll.
Heim sucht des Vaters Geist mich, Rache heischend;
Trasimachus' Verbannung, und daß ich
Verstoßen ward, bannt aus dem eh'rnen Herzen
Und aus der Marmorbrust jedwedes Mitleid.

Trasimachus. Dein Gatte, schöne Guendeline, der sonst
Voraus auf sternenloser Bahn uns schritt,
Sieht nicht das Licht mehr, hier ermordet liegt er.
Grausam nahm das Verhängnis ihm das Leben,
Und blutend neben ihm liegt die Geliebte.
Sie haben, also scheint's, mit schwachen Armen,
Doch starker Liebe selbst sich umgebracht,
Einander fest umschlingend, um vereint
Den Styx in Charons Boot zu überschiffen.

Guendeline. Kam mir zuvor die stolze Estrild denn
Und ist, sich selber tötend, meinem Zorn
Entgangen sie? O, hätte gleich der Hydra
Sie hundert Leben, daß sie schlimmern Tod,
Als ihn Ixion auf dem Rade leidet,
In jeder Stunde stürbe, und in jeder
Sich neu belebte, um nochmals zu sterben. —
Allein nun still, ohnmächt'ge Laute hör' ich,
Mich dünkt, die der Unsel'gen Tod beklagen.

Sabren. Die ihr durch diese Berge streift, ihr Nymphen,
Verfolgt das Wild nicht weiter! Seht ein Herz hier,
Von Jammer übervoll, vernehmt die Klagen

Des tiefsten Schmerzes. Selbst die Hilfe könnte
Hier helfen nicht, und mir im Busen herrscht
Der Kummer, der Tyrann. Dryaden, ihr
Leichtfüß'ge Satyrn, holde Feen, die ihr
Zur Abendstunde euch, in Schönheit strahlend,
Aus euren Höhlen wagt, von goldnen Locken
Umflutet, wilde Höhlenbären ihr,
Des tapfern Lokrine Tod beweint mit mir,
Der schönen Estrild Tod beweint zugleich!
O, vielgeliebte Eltern, nicht wißt ihr,
Wie tiefer Schmerz mein Herz um euch zerreißt.

Guendeline. Wie kann das sein? Lebt Sabren noch, daß ich
An ihrem Weh mich labe? O Geschick,
Ich danke dir dafür! Wie würde je
Dies Herz von neuem froh, wenn Sabren nicht
Schmachvollen Tod erlitte?

Sabren.   Warum hörst du
Des Elends Stimme nicht, hartherz'ger Tod?
Dem Glücklichen allein zerschneidest du
Den Lebensfaden, wenn er dich nicht ruft.
Ach, wann soll mir die Todesstunde nah'n?
Soll nimmer sterben ich?

Guendeline.   Ja, sterben sollst du,
Und wollt' auch retten dich die ganze Welt.
Und nicht gemeinen Todes sterben sollst du.
Denn erst wenn unter schweren Martern dir
Der Leib zerfoltert ist, geschleudert wirst du
In den verfluchten Strom, wo sich die Fische
An deinem Leibe mästen.

Sabren.   Sprich, Verruchte,
Glaubst du, daß deine Frevel straflos bleiben?
An dir wird Gott so arge Bosheit rächen.
Belohnen werden dich dafür die Teufel.
Nie soll die Blutgier dieser Hunde mir
Den Tod bereiten. Selbst beschleun'gen will ich,

Dich und die deinigen verachtend, das
Was ihr verhängt. Und was das Schwert Lokrines
Noch nicht vollführt, vollende dieser Strom!

(Sie stürzt sich in den Fluß.)

Dieses Trauerspiel ist vielfach für ein Jugendwerk
Shakespeares gehalten worden.

---

3. Arden von Feversham.

Seine wahre und klägliche Tragödie.

1592.

Alice Arden beratschlagt den Mord ihres Gatten mit **Mosbie,**
ihrem Geliebten.

Mosbie. Was, Alice, bist so leidenschaftlich du
Und traurig? Sag mir, über was du sinnst?
So heiß nicht brennt ein Feuer, wenn's geteilt ist.

Alice. Allein in meine Brust zu dämmen suchen
Will ich dies Feuer, bis durch seine Kraft
Mein Herz verzehrt ist. Mosbie, ach!

Mosbie. So bittre
Klaglaute brechen mir in tausend Stücke
Das Herz, wie wenn nach einem morschen Wall
Geschossen mit Kanonen würde. Alice,
Unfreundlich bist du; wund wird mir das Herz
Von deinem Gram. Du weißt es wohl und nimmst
Mit Absicht traur'ge Mienen an, um so
Die Brust mir zu verwunden, drin ein Herz wohnt,
Dem deine Trauer Tod bringt. Liebe nicht
Nenn' ich es, wenn die Liebe andrer man
Betrübt.

Alice.   Das ist nicht Liebe, die es liebt,
Die Liebe andrer zu ermorden.

Mosbie.   Wie
Denn meinst du das?

Alice.   Du weißt, wie innig Arden
Mich liebte.

Mosbie.   Und was dann?

Alice.   Und dann — verschweig
Das weitre, denn es ist zu böse — nicht
Den Wind laß, was ich sprach, von dannen tragen
Und beiden uns zur Schmach der Welt verkünden.
Ich bitte, unsern Frühling, Mosbie, laß
Verwelken, unser Herbst wird ekles Unkraut
Sonst einzig tragen. So vergiß, ich bitte,
Was zwischen uns vorging; denn der Gedanke
Daran läßt mich erröten und erblassen.

Mosbie. So umgewandelt? Was?

Alice.   Zurückgekehrt
Bin ich zu meinem frühern frohen Leben.
Wenn ich den eklen Namen Metze führte,
Des ehrenhaften Arden Weib jetzt bin ich,
Wenn auch nicht Ardens ehrenhaftes Weib.
Ja, Mosbie! der bist du, der mich um das
Betrogen hat, daß ich bei all den Meinen
Verächtlich ward. Auf meiner Stirne selbst
Ist mir dein Name eingegraben nun,
Dein niedrer Stand! Ich bin behext gewesen.
Der Unglücksstunde weh und allem dem,
Was mich bezaubert hat!

Mosbie.   Nun, wenn du fluchst,
So sei verdammt, und wenn an deinem Ruf
So sehr du hängst, so laß mich den beweinen,
Den ich verlor. Ich habe Wichtiges
Versäumt, was über dich erhöht mich hätte,
Vorteile aufgegeben und von mir

Geschleudert; ja des Glückes rechte Hand
Hat Mosbie ausgeschlagen, um dafür
Die Linke einer Dirne zu erfassen.
Die Ehe einer wackern Jungfrau ließ ich,
Durch deren Mitgift aufgewogen worden
Dein ganzer Reichtum wäre, deren Schönheit
Und Anstand weit dich übertraf. Verloren
Hab' ich dies sichre Gut und Böses nur
Mir eingetauscht, auch meinen guten Namen
Dadurch verloren, daß ich mit dir umging.
Ich war behext; durch deine Schönheit nicht,
Nein, weil du ruchlos mich bezaubert hast.
Doch deiner Sprüche Macht will ich vereiteln,
Und meine Augen sollen andres schau'n,
Die meinem Herzen einen Raben zeigen
Statt einer Taube. Schön nicht bist du, Weib;
Ich sah dich nicht bis jetzt; auch gut nicht bist du,
Bis jetzt kannt' ich dich nicht. Und da der Regen
Das falsche Gold nun von dir weggewaschen,
Stehst unächt da du wie gemeines Kupfer.
Zu seh'n, wie häßlich alles an dir ist,
Betrübt mich nicht, toll aber möcht' ich werden,
Zu denken, daß ich jemals hübsch dich fand.
Fort denn, geselle dich zu niedern Bauern,
Ich bin zu gut für dich.

Alice.   Ja, jetzt erkenn' ich
Und finde allzufrüh es wahr, was oft
Von meinen Freunden schon gesagt mir worden,
Daß Mosbie mich des Reichtums halb nur liebt.
Ja, hör ein Wort nur oder zwei von mir,
Mosbie. Abbeißen will ich mir die Zunge,
Wofern ich Bittres sage. Sieh mich an,
Mosbie, sonst töt' ich mich. Verbergen soll
Mich nichts vor deinem wilden Blick. Wenn Krieg
Du willst, so gibt es Frieden nicht für mich.

Ich will, weil ich dich kränkte, Buße thun,
Und das Gebetbuch hier ins Feuer werfen.
Die heil'gen Worte, welche mich bekehrt,
Die Blätter, sieh, will ich zerreißen, Mosbie,
Und alle, alle deine süßen Worte
Und Briefe sollen in dem goldnen Einband
Hier ruh'n, und über sie nur will ich sinnen
Und keine andre Andacht haben als
Nur diese. Blickst du nicht empor? Ist ganz
Erloschen deine Liebe? Hörst du nicht?
Macht Bosheit taub dich? Warum sprichst du nicht?
Welch Schweigen bindet dir die Zunge? Einst
Des Adlers Auge hattest du, und hörtest
Schnell wie der bange Hase, sprachest so
Einschmeichelnd wie ein Redner, wenn ich dich
Bat, daß du hörtest, sehest oder sprächst.
Und bist du all der Sinne nun beraubt?
Denk', dieser kleine Fehler löscht das Gute
Aus, das du sonst hast, und die finstern Blicke
Mosbies verdien' ich nicht. Du wirst nicht stets
So tief verdüstert sein. Im Geiste werde
Aufs neue klarer; nie mehr quäl' ich dich.

Mosbie. O pfui! Ein böser Ränkeschmied wär' ich,
Gefesselt, meinst du, wären meine Flügel,
Daß ich am Boden niedrig fliegen muß.
Pfui! Mosbie, nein! Für tausend Pfunde nicht
Dich lieb' ich mehr. O, unverzeihlich ist's.
Wir Bettler dürfen da, wo Edle sind, nicht atmen.

Alice. So edel wie ein König bist du, Mosbie,
Und ich zu blind, als daß ich einen andern
In dir erblicken könnte. Blumen schießen
Auf dürrem Acker oft, in Gärten wächst
Unkraut, auf Dornen blühen Rosen auch.
So, was auch meines Mosbie Vater war,
Er selbst trägt seinen edlen Wert zur Schau.

Mosbie. Wie könnt ihr Weiber schmeicheln, einen
Fehltritt

Mit eurer süßen Stimme wie beschön'gen!
Vergessen, Alice, will ich diesen Streit;
Nochmals mir Anlaß, denk' ich, gibst du nicht.

Andere Scene.

Arden mit seinem Freund Franklin geht nachts nach seinem
Hause in Feversham, wo Schurken auf ihn lauern, welche
von Alice und Mosbie gedungen sind, ihn zu ermorden;
Franklin wird durch ein Unwohlsein in der Geschichte von
einem bösen Weibe, welche er erzählen wollte, unterbrochen.

Arden. Fahrt fort in der Geschichte, Meister Franklin.

Franklin. Ich sag' Euch, Herr, Ihr legt mir Hartes
auf.

Schwer hat sich Blut mir um das Herz gesammelt
Und so beklemmt ist eben meine Brust,
Daß meine Rede kaum den Durchgang findet;
Ein solcher Schwindel hat mich nie erfaßt.

Arden. Kommt, Meister Franklin, laßt uns langsam
gehn.

Der Staub des Weges oder ein Gericht,
Das Ihr gegessen, taugte nicht für Euch.
Oft wart ich so schon, doch bald ging's vorbei.

Franklin. Wißt Ihr, wo ich in der Geschichte stehn
blieb?

Arden. Ja, da wo er sein Weib schalt.

Franklin. Als getadelt
Sie wegen dessen ward, was sie gethan
Und einer zeugte, der sie bei der That
Ertappt, als dann gebracht ihr Handschuh ward,
Den sie zurückgelassen, und noch andre
Beweise, fragte sie ihr Gatte, ob
Es so nicht sei —

Arden.   Und ihre Antwort dann?
Wie sie aussah, gern wüßt' ich, da sie doch
Sich mit so heil'gem Eid verschworen, und
Sich plötzlich jetzt so überführt sah.

Franklin.   Erst
Schlug sie die Augen auf die Erde nieder,
Indessen ihre Thränen niedertropften.
Dann plötzlich zog ihr Schnupftuch sie hervor
Und wischte leise sich die Thränen ab.
Dann räusperte sie sich, denn heiser schien's
War ihre Stimme, und mit Majestät
Anschickte sie sich, die Beschuldigungen
Zurückzuweisen, welche sie getroffen.
Allein, vergebt, nicht weiter kann ich sprechen.
Mein Herz klopft so, daß mir der Atem stockt.

Arden. Kommt! bei der Raimun=Wiese sind wir nun
Beinah. Was Ihr erzählt, macht kürzer uns
Den Weg; ich wünscht', Ihr führtet es zu Ende.

John Fletcher.

---

1. Der blutige Bruder

oder

Rollo, Herzog der Normandie.

Ein Trauerspiel.

Rollo, der blutige Bruder, Mitherzog der Normandie, miß-
mutig darüber, daß sein Bruder **Otto** mit ihm die Herrschaft
teilt, tötet ihn in Gegenwart ihrer Mutter **Sophia**.

Scene: Die geheimen Zimmer der Mutter im Palast, wo
Sophia und ihr Sohn **Otto**, ihre Tochter **Matilda** und
Edith, Tochter von Rollos Erzieher Baldwin, im Gespräch
miteinander gewesen sind. Zu ihnen tritt **Rollo**, bewaffnet,
und dessen Lieblingsminister **Latorch**.

Rollo. Die ganze Welt soll untergehn, bevor
　　Durch Listen, Schliche jämmerlicher Sklaven
　　Ich einen Fuß der Herrschaft nur verliere!
　　Erhaben über solche Hemmnis bin ich
　　Durch die Geburt, und nur gerecht ist das.
　　Wer Macht hat, der besitzt auch alles Recht
　　Des Himmels und der Erde.
Latorch. 　　　　　　　　Wende an
　　Die beiden, Herr; sieh den Verräter da.
Otto. Er kommt gewaffnet; Mutter, dein Vertrauter,
　　Da sieh ihn!

Sophia. Welche Wut ergreift den Argen?

Rollo. Geh aus dem Weg mir, sonst ist es dein Tod!

Sophia. Hinweg, du Schlange, eh du das vollbringst!

Otto (die Mutter umarmend).

Dies ist Verrat!

Rollo. Laß gehn sie!

Sophia. In die Arme

Schling mich, laß deinen Schild mich sein, mein Sohn;
Durch meine Brust erst gehen soll sein Schwert
Zu deines Lebens Unschuld.

Otto. Nicht zwei Rollen

Als Feigling und zugleich Verräter spiele;
Gib mir ein Schwert! Daß du in Rüstung bist,
Sei gegen meinen nackten Busen dir
Vorteil genug!

Rollo. Laß los ihn!

Matilda. Niedrer Mörder,

Zurück!

Rollo. Such Schutz bei unsrer Mutter nicht!

Sophia. Du nennst mich Mutter und verleugnest doch
So die Natur?

Rollo. Verräter, laß von ihr!

Sonst die Natur verleugnend durch ihr Herz
Dringt dies in Deines!

Otto (verläßt seine Mutter). Halt!

Sophia. Weich nicht von mir!

Otto. Für zwanzig Herzen, zwanzig Leben will
Ich keinen Tropfen deines Bluts gefährden!

Sophia. O, dann bist du verloren!

Otto. Meine Unschuld

Beschütz, o Himmel!

Sophia. Ruft doch laut: Mord Mord!

Matilda. Ermordet alle, nur errettet ihn!

Edith. Mord! Mord!

Rollo. Kann ich dich immer nicht erreichen?

Otto.   Nein, Teufel.

(Sie ringen; **Rollo** fällt.)

Rollo.   Hilf, Latorch, mir! Da lieg' ich.

Latorch.   Auf denn! Dein Schwert wird kalt, Herr,
in die Flammen

Steck es auf's neu, daß an dein Ziel du kommst.

Rollo.   Ha! Nimm in Acht dich!

Aubrey tritt ein.

Aubrey.   Welcher Anblick das,

O Herr des Himmels!

Otto.   Gib mir eine Waffe!

Aubrey!

(Otto wird erschlagen.)

Sophia.   Reißt aus einander sie! Geschwind!

Aubrey.   Nicht mehr, um Gottes willen!

Otto.   Widersteht

Nicht seiner Wut mehr; schon das Schrecklichste

Hat er an mir vollbracht.

(Er stirbt.)

Sophia.   Mein Otto, Mut!

Nicht läßt der Himmel zu, daß du so stirbst.

Matilda.   Tot ist er und nichts bleibt am Leben mehr

Als aller Guten Tod.

Sophia.   Erschlagen hat er

Den Bruder; deinen Fluch auf ihn, o Himmel!

Rollo.   Flucht nur und seid verflucht! Das ist die
Frucht

Des Fluchens. — Nimm, Latorch, hier; auf mein
Hemb

Spreng Tropfen dieses Bluts, um es zu färben.

Dann heb den Hof hier auf und spreng rings aus,

Wie er, als nackt im Bett ich lag, mich angriff.

Soll mich der Name Bruder denn behindern,

Mehr meine Macht und Herrschaft auszudehnen?

Gilt Blutsverwandtschaft mehr als die Vernunft,
Die sagt, daß gegen einen Bruder alles,
Was gegen einen anderen erlaubt ist,
Uns freisteht. — — —

Andere Scene.

Nachdem **Rollo** unter seinen anderen Mordthaten den Tod
seines Erziehers **Baldwin** angeordnet hat, wird er von dessen
Tochter angefleht, ihn zu schonen, und diese verflucht ihn,
weil er ihre Bitte nicht erhört. Während sie ihm flucht,
verliebt er sich in sie.

Rollo. Geht, nehmt den Tropf hier und schlagt ab
sein Haupt.

Hamond. Wie? Ihm, der Eu'r Erzieher ist?

Rollo.
Ja ihm!
(**Baldwin** wird gepackt.)

Baldwin. Weil er nicht besser dich erzogen hat;
  Nie hast du besser Recht gepflegt als jetzt.
  Hauptmann, hinweg! Ich folge.

Edith.
Herzog, halt!
(Sie tritt vor und kniet nieder.)

  Inmitten deines Bluts und deines Mordens
  Hör eines unglückſel'gen Mädchens Bitte,
  Hör eine Tochter, hör die einz'ge Tochter
  Des unglückſel'gen Vaters! O halt ein,
  Da selbst du dieser Huld bedürfen wirst!

Rollo. Fort mit dem Weib da!

Edith.
Hören mußt du mich,
  Wenn nur ein Funke Mitleid in dir ist,
  Wenn süße Menschlichkeit und Huld du kennst!
  Ein Fürst bist du, ich räum' es ein, dein Zorn
  Ist groß wie du, noch größer deine Macht —

Rollo. Hinweg mit ihm!

Edith.
O Hauptmann, bist ein Mensch du?
  Bei deren sanftem Sinn, die dich gebar —

Einräum' ich, Herr, dein strenger Richterspruch,
Der deine Feinde trifft, ist höchst gerecht —
Blick in's Gesicht mir, guter, edler Fürst!

Rollo.   Nehmt sie hinweg!

Edith.   Ein Fluch auf dessen Leben,
Der mich fort führt! Mag nie ein Vatersegen
Zu teil ihm werden, Gott nie sein Gebet
Erhören! Ich beschwöre dich, o Herr,
Mit meinen Thränen, diese keuschen Hände,
Die anders als zu heil'gen Zwecken nie
Erhoben wurden, Zwecken, gut wie selbst
Du bist, zu dir erheb' ich fleh'nd. Ein Gott,
Stehst hoch du über uns. Sei wie ein Gott
Denn voll von Gnade! Gnade, mein Gebieter,
Um seinetwillen Gnade, daß, wenn einst
Dein starkes Herz in Jammer brechen will,
Du Mitleid findest!

Rollo.   Weib, dich treffen soll
Mein Schwert!

Edith.   Willkommen sei's mir! Mag auf mich
Dein ganzer Ingrimm die erlesensten
Der Qualen häufen, wenn der alte Mann hier,
Der gute, der unschuld'ge, dir entrinnt.

Rollo.   Führt ihn hinweg, ich sag's!

Edith.   Nein, sei gesegnet!
O süßes Mitleid! Dir im Auge seh' ich
Mitleid. — Ihr Krieger, bei des Herrschers Zorn
Gebiet' ich euch, laßt meinen Vater frei!
Was haltet ihr ihn noch? Der Fürst ist gnädig.
Alt ist mein Vater, was wollt ihr ihn schäd'gen?
Sprich, rede, Herr, so wahr ein Mann du bist!
Das Leben eines Menschen, eines Freundes
Und einer Tochter hängt an dir. Ein Wort
Nur ist's, doch schnell spricht dieses Wort sich: „Gnade".
Sprich, Fürst, o sprich!

Rollo. Will keiner mir gehorchen?
Bin ich denn Herr nicht hier? So wahr ich lebe,
Der stirbt, der meinen Willen nicht vollzieht!

Baldwin. Was du auch thun kannst, eine kurze Stunde
Nur nimmt's von mir.

Rollo. Haut ihr die Hände ab!

Hamond. Thu sein Gebot!

Edith. Nein, haut mir ab die Hände,
Wie er befiehlt! So fester werden sie
Im Todeskrampf ihn noch umklammert halten.

(Baldwin wird von den Wächtern abgeführt.)

Du Felsenharter, will dich nichts bewegen?
Sind fruchtlos alle meine Thränen denn?
Wird all mein Fleh'n in Deinem trunknen Grimm
Ertränkt? So tret' ich anders vor dich
Dahin, du blutiger Tyrann, und fordre
In Gottes höchstem Namen offen dich
Heraus. Und mag des Himmels süße Gnade,
Wenn deine Seele nach ihr lechzt, wenn dir
Die Glieder unter deinen Freveln zittern,
Wenn weder Kraft, noch Jugend oder Freunde,
Noch Gold dir eine Stunde fristen können,
Wenn dein Gewissen, aus dem Todestraum
Geweckt, wie Feuer dich hinschmelzen läßt,
Wenn alle Thränen deiner Mutter, wenn
Die Wunden deines Bruders, wenn so Angst,
Wie Flüche deines Volkes, und mein Jammer
Um meines Vaters Tod vor deinem Geist steh'n —

Rollo. Laßt ihn am Leben, eilt, errettet ihn!
Errettet ihren Vater! Schützt sein Haupt!

(Latorch ab.)

Edith. Mag dann das Mitleid, mag der Trost, den du
Vom Himmel hoffst, die Gnade dir versagt sein!
Geheul mag um dich her sein und Verzweiflung!

— O mein geliebter Vater! — Schreckensstürme
Und Ströme Bluts!

Rollo.　　　　　　O welcher süße Zorn!

Latorch und **Damond** mit Baldwins Haupte treten auf.

Latorch. Ich kam zu spät, Herr; es war schon voll=
　　　　　　　　　　　bracht!
Hier ist sein Haupt.

Rollo.　　　　　Und hier ist auch mein Herz!
Geht und begrabt ihn; alle Ehren laßt
Ihm widerfahren!

Edith.　　　　　Willst du nicht auch mich,
Du Ungeheuer? Hoher Himmel, straf ihn
So schwer, wie seine Missethat verdient!
　　　　　　　　(Sie fällt nieder.)

Ich kenne kaum irgendwo eine tiefer tragische Scene,
als die in Rollo, in welcher Edith um das Leben ihres
Vaters bittet, und dann, als dies fruchtlos ist, sich erhebt
und Rache auf das Haupt seines Mörders herabfleht.
　　　　　　　　　　　　　　　　　　　Coleridge.

Höchst pathetisch ist die ganze Rede von Edith, beson=
ders die Apostrophe an die Soldaten in den Worten: „Nein,
sei gesegnet 2c." Wir lieben selbst die Unwahrheiten und
Schmeicheleien, welche sie gegen den Richtswürdigen, der
vor ihr steht, gebraucht, und hören mit Thränen in den
Augen ihre Stimme, welche zärtlich zu ihm spricht, während
ihre Kehle convulsivisch zuckt.　　　　　　Leigh Hunt.

Während **Rollo** in **Edith** verliebt ist und sie zu Mitleid
bewegt, wird er von dem Hauptmann seiner Wache, **Hamond,**
umgebracht, der von ihr ermutigt wird.

Ein Zimmer in Balduins Hause, wo ein Festmahl aufgetragen ist.

Edith (allein).   Für deines Vaters Mord wird Schande
nun
Dein Teil, wenn, Edith, länger er regiert.
(Sie kniet nieder.)
Schau nieder, heil'ge Seele, und verwandle
In Eisen deine Tochter.   Auf das Opfer
Schau nieder, das sie dir zu bringen denkt,
Und durch die blut'gen Wolken sieh, wie fromm
Ich bin! Von meinem kalten Herzen nimm
Die Furcht, das Mitleid fort von meinem Busen,
Und, wie hinweg ich diese Thränen wische,
Die ich für dich vergoß, so jegliche
Erinnerung an Mitleid laß mir schwinden!
Gib Weibergrimm mir, der auf Blut nur sinne,
Des Sturmes Wildheit, daß in ihm die Bitten
Des Schändlichen verhallen! Dem Orkan gleich
Durch mich hinraffen mag ihn die Zerstörung.
Mein Zorn, wie aufgewühlte Meereswogen,
Mag über seine Seele sich entladen,
Daß sie versinke! Gib mir Schmeichelkunst,
Denn die Verstellungskunst blieb meiner Seele
Noch fremd — der Thoren Mittel, Schmeichelei,
Daß ich einlullen ihn und wiegen mag
In seiner Wünsche Daunen, daß, wenn eben
Er seines Hoffens und Verlangens Gipfel
Erreicht hat, wenn den Himmel er vergessen
Und alle seine Lüste auf ihm lasten,
Ihn meine Hand, wie Donner aus der Wolke,
Erreiche!
(Sie steht auf.)

Rollo tritt auf.

Rollo. Welch ein lichter Himmelsstern
In aller Pracht der ew'gen Glorie
Sank mir zu Trost und Labe auf mich nieder?
Du Wunder der Natur, erniedern nicht
Dich mög's, wenn meine Hände dich berühren,
Und ich dich küsse, dir ein süßes Opfer
Der Liebe bringend, wie es dir gebührt.

Edith. Mein gnäd'ger Herr, nicht eine Gottheit wohnt
hier,
Und keine andre Tugend, als Gehorsam.
Dir Dienerin bin ich, und Schmeichelei
Begehr' ich nicht.

Rollo. Ist Schmeichelei der Schwur,
Daß diese Augen Amors Lampen sind,
Mit denen alle Herzen er entflammt?
Daß diese Zunge seines Bogens Sehne,
Daß diese Seufzer Todespfeile sind,
Die er in unsre Seelen schleudert? Schau,
Edith, auf mich mit deinem Liebesfrühling!

Edith. Eu'r Hoheit scherzen.

Rollo. Teure, deine Mutter
Muß, als sie dich geboren hat, an Rosen
Genährt sich haben.

Edith (bei Seite). Deine an Gestrüpp
Von Dornen, um das Herz ihr zu zerreißen.

Rollo. Die Süße von Arabiens Wind, wenn sanft
Er hinwallt über würz'gen Spezereien,
In allem ihrem Stolze nennt dich Herrin.

Edith. Herr, wollt Ihr sitzen nicht?

Rollo. O, sitz bei mir!
(Sie setzen sich.)
Nicht reden kann ich, holdes Kind, zu dir;
Die Reize all, die dein sind, binden mir
Die Zunge. Bitte, rede du zu mir!

Edith. Von was, Herr?

Rollo.
            Nun von irgend was; denn alles,
Was du nur sagst, ist schön. Allein mein Wunsch ist,
Daß du von Liebe, daß, o meine Edith,
Von deinem schönen Selbst du sprechen mögst!
Indes du sprichst, laß schmachtend mich mein Selbst
Aufgeben, Mädchen.

Edith (bei Seite).
            An Listen reich ist ihm
Die Zunge. (Laut.) Herr, warum so seufzest du?
(Bei Seite.) Wie meisterlich sucht er mich zu betrügen!

Rollo. Der Weg zum Paradies, mein holdes Mädchen,
Ist schwer und krumm. Sogar die Reue findet
Mit allen ihren heil'gen Mitteln kaum
Den Weg es zu betreten. Gib die Hand mir;
Was fühlst du?

Edith.
            Eure Thränen, Ihr weint heftig.
(Bei Seite.) Jetzt gib mir Kraft, Gerechtigkeit! (Laut.)
                       Warum
Seid so betrübt Ihr, Herr?

Rollo.
                Wenn ich's dir sage,
So wirst du nie mich lieben. Dennoch bleibt
Kein Weg mir, je dies sel'ge Paradies
Mir zu erkaufen, als in diesen Thränen
Dorthin zu schwimmen.

Edith.
            Schwankend werd' ich!

Rollo.
                    Sind
Die Thränen nicht von Blut?

Edith.
            Nein.

Rollo.
                Doch um Blut
Vergieß' ich sie, um schuldlos Blut; und fließen,
Ja fließen, meine Edith, müssen sie,
Bis meine Frevel ich ertränkt in ihnen.

Edith (bei Seite). Wenn wahr dies ist, so fehlt, ihn
                       zu berühren,
Die Kraft mir.

Rollo. Bitte, schau mir in's Gesicht,
Kehr dich nicht ab von mir! Ich muß bekennen,
Aus lauter Mißgeschick bin ich geschaffen,
Beladen mit dem Elend aller Menschen.
Doch meinen Schmerz, o Mädchen, sieh, und du,
Die von Natur so sanft du bist, —

Edith (bei Seite). Mein Zorn
Schmilzt hin, o nicht mehr soll mein Recht mir werden!

Rollo. Halt fern dich von der Grausamkeit, die ich
Geübt im Morden, und du töte nicht
Mit deinen Augen, die der Himmel segne,
Wie ich's unmenschlich that. Wenn du zum Tod
Verwundet mich mit deiner Grausamkeit,
Wie ich's verdient, wenn du für immer mich
In's Grab gestürzt, dann hab mit mir Erbarmen
Um meiner Leiden willen, denk, o Mädchen,
Wie nächtlich ich von Tod und Grausen träume.
Dann wird die Zeit nicht eine frohe Stunde
Mehr deiner Schönheit gönnen. Sieh in mir
Nicht den, der deinen Vater umgebracht,
Nicht den mit Blut Beträuften haß in mir;
Nein so, wie ich in Reue mich geklärt
In meinen Herzensthränen, meiner Liebe
Zu Edith, meinem spätern guten Leben — —

Edith (bei Seite.) Spott nur treibt er mit mir!

Rollo. O schau mich an!
Mit deinen Engelaugen segne mich!
Von Gott erflehn wir Gnade und er schenkt
Sie uns; von der Gerechtigkeit verlangen
Wir unser irdisch Recht und sie gewährt es.
Wenn Liebe ich von dir erflehe, Edith,
Gib sie mir, rette mich!

Edith (bei Seite). Nun Himmel hilf!
Aus ist's mit mir sonst; hin in Mitleid läßt
Mich seine Zunge schmelzen.

Hamond und **Wachen** treten ein.

Hamond.   Hier die Thüre
Besetzt! Bei Todesstrafe wehrt jedwedem
Den Eintritt, bis ich euch das Zeichen gebe.

Wache. Gut, Herr!

Hamond.   Hier ist er seinen Lüsten fröhnend;
So wünsch' ich's.

Rollo.   Was nun? Warum starrst du so?

Edith. Da naht mir Hilfe!

Rollo.   Was hier willst du? Wer
Hat dich geschickt?

Hamond.   Mein Bruder, und der niedre
Verruchte Dienst, den du an Aubrey mich
Vollführen ließest. Bete!

Rollo.   Beten?

Hamond.   Bete!
Wenn du's vermagst; ja bete! Deine Seele
Sonst werd' ich töten. Bete gleich!

Rollo.   Du kannst
Nicht so verrätrisch sein.

Hamond.   Gerechtigkeit
Verlangt's. — Halt Edith! Eure Absicht ahn' ich.
Nicht darf ein Weib mir meine Rache rauben!

Edith. Ich will der That mich rühmen!

Hamond.   Mein ist sie!
Bleib, und an ihr nimm teil! Beim Himmel, Rollo,
Dein Leben ist nicht mehr zu retten!

Rollo.   Nicht?

Hamond. Nein, keine Reue kann es heilen, so
Abscheulich ist's.

Rollo.   Wohl denn; zuerst dann sie
Sollst töten du! (Er ergreift Edith.) und das Ver-
                                           brechen, das
Dies Blut auf dein verfluchtes Haupt herabruft —

Hamond. Armsel'ge Hilfe!

Edith. Schon ihn nicht, du Braver!

Hamond. Hinweg mit ihr!

Rollo. Ich will nicht, will so zahm
Nicht sterben.

Hamond. Mörderischer Schurke, willst
Du Meere Bluts auf dich hernieder rufen?

Edith. Scheut Euch nicht! Tötet, guter Hauptmann, ihn!
Wie es auch sei, nur schaff ihn aus der Welt.
Mein Körper wird geweiht, wenn dies dein Schwert
Durch mich hindurch des Argen schwarze Seele
Zur Hölle sendet. Eine Hand nur laß
Mir frei!

Hamond. Auf! Schüttle von dir ab den Argen!

Edith. Er ist zu stark; durchbohre ihn!

(Sie ringen; **Rollo** erfaßt **Ediths** Dolch.)

Hamond. Hab ich's
Mit Euch zu thun nun? — Du halt ferne dich!
Was, hat er einen Dolch?

Edith. Hauptmann, habt acht!
Nun geht er Euch an's Leben!

Hamond. Lächelt Ihr,
Weil dieser Dolch Euch kitzelt, Herr?

Edith. O brav
Getroffen! Nehmt in Acht Euch, Herr, vor ihm! —
Zu viel ihn schonst du.

Rollo. Willst du mir das Leben
Noch retten, so vergeb' ich dir und schenke
Dir Alles, alle Ehre und Beförbrung,
Ja nenne Freund dich!

Edith. Stoß nur, stoße zu
Und hör ihn nicht! selbst Heil'ge in Versuchung
Kann seine Zunge führen.

Rollo. O Erbarmen,
Um meiner Seele willen!

Edith. Nichts verschont
An ihm!

Hamond. Nun dieses Abschiedswort an dich!
Bist solch ein Fechter du? Da nimm das hin!

(Er erschlägt ihn.)

Rollo. Und du das hier.

(Er ersticht ihn.)

Gemein, gemein, gemein
Getötet hast du mich.

(Er stirbt.)

Edith. Der Lohn des Mordes
Wird dir, den du verdient!

(Zu Hamond.)

Wie ist Euch, Herr?
Seid ihr verwundet?

Hamond. Nein, ich fühle nichts.

Aubrey (hinter der Scene).
Laßt frei den Weg!

Wache (hinter der Scene). Noch nicht, Herr!

Aubrey (hinter der Scene). Selber denn
Bahn' ich ihn mir.

Wache (hinter der Scene). Wir haben unserm Haupt=
mann
Geschworen, und erst wenn er's uns befiehlt —

Hamond. Nun laßt sie ein!

Sophia, Matilda, Aubrey, Herren des Hofes und **Diener**
treten ein.

Sophia. Dort liegt er! Schmerz auf Schmerz
Erfaßt mich! O, in seinem Blut liegt er!

Aubrey. Wenn früher Ihr gesprochen hättet, leicht
Gehindert worden wär' es. Nehmt die Fürstin
Und führt sie fort! Kein Anblick ist's für sie.

(Sophia wird fortgeführt.)

Matilda. Brav haft vollbracht du's, Weib!

Edith. Dort fteht der Wackre,
Der es gethan.

Matilda. Auf immer fei geehrt
Für die Gerechtigkeit, die du geübt!
O, eine kühne, hohe That war das,
Gerecht und drum dem Himmel wohlgefällig.
Nun weich, mein Gram! Erfüllt ift jeder Wunfch
mir,
Stillt, meine Thränen, euch! O blut'ger Bruder,
Nie fchön bis jetzt und, bis das Leben dir
Als volle Sühne aller deiner Frevel
Hinweg in diefen Strömen floß,
Niemals gerecht! O, wie mein Auge nun
Vor Freude leuchtet! Wie das Herz mir leicht ift!
Doch fterben mögen deine fchwarzen Sünden
Mit dir! Darum vergeb ich dir!

Aubrey. Wer hat
Die That vollbracht?

Hamond. Vertreten will ich fie,
Ich war's!

(Er ftirbt.)

Edith. Er ftirbt! O jenes nämliche
Verfluchte Meffer hat ihn umgebracht!

Aubrey. Wie?

Edith. Er riß mir's aus der Hand, für den ich's trug.
Und wie fie kämpften —

Aubrey (zur Leiche Rollos). Die Gerechtigkeit
Ift immer gleich! Wenn nicht von ihm gefallen
Du wärft, dir wär' ein beßrer Tod geworden,
Als du verdient. (Zu Edith.) Haft du von feinem Tod
Gewußt?

Edith. Ja, und ich freue deffen mich!

Aubrey. Betrübt bin ich für deine Jugend dann,
Denn wenn das ftrenge Recht bei dir auch nicht

Geübt wird, aus der Welt doch mußt du scheiden.
Geh in ein Kloster; ihr führt sie dorthin!
Und bring in Buße dort dein Leben hin!
Edith. Für meine Seele sorgst du wie ein Vater.
Dank dir! und meine Rache endet nun,
Im Kloster will ich dem Gebet mich weih'n.

———

Dies Stück ist in einem von den übrigen ganz ver=
schiedenen Stil geschrieben. Der erste Akt macht einen be=
sonnenen Eindruck und ist höchst merkwürdig für uns, weil
er ganz dieselbe Introduktion darstellt, wie die unsrer „Braut
von Messina" (bis zur Versöhnung der Brüder). Moritz Rapp.

———

2. Die zwei edlen Vettern.
Eine Tragödie.

Drei Königinnen, deren Gatten erschlagen worden waren
und denen **Kreon,** der grausame König von Theben, die
Bestattung derselben versagt hatte, suchen Abhilfe bei **The-
seus,** dem Herzog von Athen, am Tage seiner Hochzeit mit
Hippolita, der Amazonenkönigin. Die erste Königin sinkt
dem Theseus zu Füßen, die zweite der Hippolita, seiner
Braut, und die dritte fleht die Vermittlung seiner Schwester
Emilia an.

Erste Königin (zu Theseus). Sei mild und edel, hör
                             und achte mich!
Zweite Königin (zu Hippolita). Um deiner Mutter
                             willen, und so wahr
Du wünschest, schöne Frauen möchtest du
Der Erde schenken, hör und achte mich!
Dritte Königin (zu Emilia). Nun bei der Liebe, die
                             zu dem du hegst,
Den Zeus für würdig deines Bettes hält,

Bei deiner jungfräulichen Reinheit bitt' ich:
Fürsprache leg für unser Unglück ein;
Durch solche gute That ausstreichen wirst
Du aus dem Buch des Unglücks deinen Namen.

Theseus. Du dort, steh auf!

Hippolita. Steh auf!

Emilia.   Knie nicht vor mir!
Ein jedes Weib, dem ich im Unglück Trost
Gewähren kann, verpflichtet mich zu Dank.

Theseus. Sprecht, was begehrt Ihr? Rede du für alle!

Erste Königin. Drei Königinnen sind wir, deren
   Gatten
Dem Zorn des blut'gen Kreon unterlagen,
An deren Leib die Schnäbel gier'ger Raben
Sich weiden, und der Drachen Krallen, wie
Der Krähen Gier auf Thebens blut'gem Feld.
Er läßt nicht zu, daß ihre Leiber wir
Verbrennen, und in Totenurnen sammeln,
Noch daß wir der Verwesung grausen Anblick
Vor des Apollo heil'gem Auge bergen,
Nein, füllt die Winde mit dem Moderdunst
Der Gatten, die man uns erschlagen hat.
O, Mitleid, Herzog, Rein'ger du der Erde!
Zieh dein gefürchtet Schwert, das so viel Heil
Der Erde bringt, gib unsrer toten Kön'ge
Gebeine uns, damit wir sie bestatten.
Und denk in deiner grenzenlosen Güte,
Daß wir für unsere gekrönten Häupter
Kein Obdach haben, außer jenem nur,
Das das der Bären und der Löwen ist
Und über alles sich als Wölbung spannt.

Theseus. Ich bitte, knie nicht! tief bewegt werd' ich
Von deiner Rede; wie denn konnt' ich dulden,
Daß du hinknietest! Kunde wurde mir
Von dem Geschicke eurer toten Herren,

Und so betrübt sie mich, daß meine Rache
Durch sie erweckt wird. Rache, ja, an ihm!
Dein Gatte war der König Kapaneus;
Am Tag, wo er sich dir vermählen sollte,
Am selben Feste, das ich heute feire,
Traf deinen Diener ich. Bei dem Altar
Des Mars schwör' ich's, schön warst du jenen Tag.
Fürwahr nicht schöner war der Juno Mantel
Als dies dein Lockenhaar, noch wallte prächt'ger
Um ihre Schultern, und dein Brautkranz war
Nicht welk noch staubig. Ihre Wangen schmückte
Fortuna deinethalb mit holdem Lächeln;
Herakles, unser Vetter, schwächer damals
Als deine Augen, legte seine Keule
Zur Seite. Niederstürzt' er auf die Haut,
Die er dem Löwen von Nemea raubte,
Und schwur, hinschmelze seiner Sehnen Kraft.
O Gram und Zeit, ihr fürchterlichen Würger,
Entgeh'n wird nichts euch.

Erste Königin. O, ein Gott, so hoff' ich,
Hat zu der Mannheit dir auch Huld geschenkt,
Dazu wird er in dich die Macht auch gießen
Und uns zum Heile dich zu Thaten treiben.

Theseus. Nein, knie nicht, Witwe! Wenn behelmt
        Bellona
Heranzieht, müßt Ihr aufrecht steh'n; für mich
Dann betet, Euern Kämpfer! Unruhvoll
Bin ich.

Zweite Königin. Hippolita, gefürchtete,
Doch hochgeehrte Amazone, die
Den Eber Scythiens mit den schneid'gen Zähnen
Du tötetest; die du mit deinem Arm,
So stark wie weiß, nah warst, der Männer ganzes
Geschlecht dem deinen unterthan zu machen,
Nur daß hier dein Gebieter, dem es oblag,

Aufrecht die Ordnung dieser Welt zu halten,
Dich in das Bett des Stroms zurückwies, das
Du überfluten wolltest, deine Kraft
Zugleich bewältigte und deine Neigung:
Soldatin, die du kriegerische Strenge
Mit Huld vereinst, die jetzt mehr Macht, ich weiß,
Du über ihn hast, als er über dich
Je hatte, der in seiner Kraft, wie Liebe
Er unterthan ist; du, der Frauen Spiegel,
Bitt ihn, daß wir, versengt vom Brand des Krieges,
Uns unter seines Schwertes Schatten kühlen;
Bitt ihn, es über unserm Haupt zu schwingen.
Das sage sanft ihm und nach Art von Frauen,
So wie wir drei sind. Wein, eh' er die Bitte
Dir abschlägt. Einen Kniefall thu für das,
Allein berühr den Boden länger nicht
Dabei, als eine Taube zuckt, wenn man
Den Kopf ihr abreißt. Sag ihm, was, wenn er
Auf blutgedüngtem Felde sterbend läge,
Der Sonne seine Zähne und dem Mond
Grimmige Züge zeigend, du dann thätest.

Hippolita. Sprich weiter nicht, Unglückliche! Ich werde
So gerne diese gute That für euch
Vollbringen, wie ich jetzt zur Hochzeit schreite.
Tief ist betrübt mein Gatte durch eu'r Unglück.
Laß ihn erwägen, sprechen werd' ich dann.

Dritte Königin (zu Emilia). O, meine Bitte war zu
                                Eis erstarrt,
Das jetzt durch heißen Gram in Tropfen schmilzt.
So wird der Kummer, der sich auszusprechen
Vergebens ringt, vom stärkern Trieb verdrängt.

Emilia. Steh auf, ich bitte. Deinen Gram liest man
Auf deiner Stirn.

Dritte Königin.   O weh! Man kann ihn dort
Nicht lesen. Hier durch meine Thränen, wie

Die Kiesel, die in einem Strome blinken,
Könnt Ihr ihn lesen. Edle Frau, der, welcher
Die Schätze all der Erde kennen will,
Muß bis zum Grunde dringen; wer zu haschen
Mein kleinstes Fischchen trachtet, muß die Angel
Auswerfen, mir im Herzen es zu fangen.
Vergebt; das tiefste Unglück, welches sonst
Den Geist erleuchtet, macht zur Närrin mich.

Emilia. Sprich nichts, ich bitte. Wer den Regen nicht
Schau'n, fühlen kann, wenn unter ihm er steht,
Kennt Nässe nicht, noch Trockenheit. Wenn du
Das schöne Bildnis eines Malers wärst,
Würd' ich dich kaufen, daß du mir als Warnung
Vor tiefem Grame dientest, denn das Herz
Zerreißt er; aber ach! da ich ein Weib
Wie andre bin, trifft euer Gram so schwer mich,
Daß er auf meines Bruders Herz abprallen
Und es zum Mitleid stimmen wird,
Wär's auch aus Stein geformt. Sei guten Muts!

Theseus. Auf, in den Tempel, ganz vollführt soll
                                        werden
Die heilige Ceremonie.

Erste Königin.   O länger
Wird dauern sie und mehr der Kosten schaffen,
Als wenn du Krieg für uns führst, Herr. Bedenk,
Dein Ruhm ertönt im Ohr der Welt. Was schnell
Du thust, ist übereilt nicht, und dein erster
Gedanke ist gewichtiger als der
Von andern, welche lange nachgesonnen.
Wenn du erwägst, mehr wert als andrer Handeln
Ist es. Allein, o Zeus, dein Handeln, kaum
Daß es beginnt, bewältigt schon den Feind,
So wie den Fisch der Adler, eh' er ihn berührt.
Denk, teurer Herzog, denk, auf welchen Betten
Jetzt unsre Gatten, die erschlagnen, ruhen.

Zweite Königin. Auf welchem Schmerzensbett wir
ruhen müssen,
Weil unsre teuern Herren keine Betten,
Darauf zu ruhen, haben!
Dritte Königin. Keine, die
Für Tote passen. Jene, die durch Stricke,
Durch Messer, Gift und jähe Hast, des Lichtes
Auf Erden müde, für sich selbst die grimmsten
Werkzeuge ihres Todes waren, ihnen
Wird durch der Menschen Gnade Staub und Schatten
Gewährt.
Erste Königin. Doch unsre Herren liegen schwärend
Im Sonnenglanz, und waren gute Kön'ge,
Solang sie lebten.
Theseus. Es ist wahr, und Trost
Verleihen will ich euch, indem ich Gräber
Für eure teuern Herren euch erwirke,
Was wohl mit Kreon mir zu schaffen gibt.
Erste Königin. Und dieses Werk beut sich von
selber dar.
Gestalt annehmen wird es jetzt; zu Ende
Wird es schon nächstens mit der Hitze sein;
Fruchtlose Arbeit muß dann ihren Lohn
In ihrem eignen Schweiße suchen; jetzt
Fühlt er sich sicher und denkt nicht im Traum,
Daß hier vor deiner Macht wir stehen und,
Thränen im Auge, unser heil'ges Fleh'n dir
Vortragen.
Zweite Königin. Jetzt, wo trunken von dem Sieg
Er ist, den er erkämpft, magst du ihn fassen.
Dritte Königin. Und auch sein Heer, das trägem
Schwelgen fröhnt.
Theseus. Artesius, geschickt bist du am besten,
Das, was für dieses Werks Vollführung nötig,
Zu schaffen und zum Ziele es zu leiten,

Indes dies unser großes Lebenswerk
Wir fördern, diese unsre kühne Heirat.

Erste Königin. Vereint laßt geh'n uns, Witwen; unsrer
Hoffnung
Beraubt uns dieser Aufschub.

Alle drei. Lebe wohl!

Zweite Königin. Zur Unzeit kommen wir. Doch
konnte je
Der Gram, so wie der heitre Sinn es kann,
Die beste Zeit für ein Gesuch sich wählen?

Theseus. Die Pflicht, ihr edlen Frauen, die mich ruft,
Ist größer, als je eine war; mehr liegt
An ihr mir, als an jeder Pflichten Uebung,
Die je erfüllt ich oder künftig noch
Erfüllen werde.

Erste Königin. Magst du noch soviel
Verheißen, unsre Bitte nicht wirst du
Erfüllen, wenn dich der Gemahlin Arme,
Die aus der Götter Kreise selbst den Zeus
Fortziehen könnten, bei des Mondes Schein
Umschlingen; o, wenn ihrer Lippen Kirschen
Süß auf dem Mund dir ruh'n, nicht denken mehr
Wirst du verfaulter Könige und ihrer
Betrübten Witwen. Nützt es was, um das
Zu kümmern sich, was du nicht fühlst? Das was
Du fühlst, vermöchte Mars zu treiben, daß
Er fort die Trommel würfe. O, wenn du
Bei ihr nur eine Nacht ruhst, sicher wird
Jedwede Stunde dieser Nacht an sie dich
Für weitere hundert fesseln, und du wirst
An nichts dich mehr erinnern, als wie du
An diesem Mahl geschwelgt hast.

Hippolita. Wenn ich auch
Fast fürchten muß, Ihr möchtet eher zürnen
Als liebreich sein, daß ich mit Bitten Euch

Bestürme, dennoch glaub' ich, wenn ich nur
Den eignen Wünschen folgte, wo die andern
An einem Uebel leiden, welches Heilung
Geschwind verlangt, ich schiene tadelswert
Jedwedem Weib. Laß, Herr, mich denn erproben,
Ob meine Bitten Euch erweichen können,
Ob fruchtlos sie auf meinen Lippen sterben.
Schiebt diese Feier auf. Um deinen Nacken,
Der mir gehört und den ich gern herleihe,
Um einen Dienst den armen Königinnen
Zu leisten, hänge deinen Schild.

Alle drei Königinnen (zu Emilia). Ja, kniet
Und fleht für uns, daß er uns helfen möge.

Emilia. Wenn du der Schwester Bitte, die so rührend
Sie dir ans Herz legt, schleunig nicht erfüllst,
Nie richt' ich eine Bitte mehr an dich
Und werde niemals eines Mannes Weib.

Theseus. Erhebt euch! Was ihr auf den Knieen erfleht,
Selbst fühl' ich mich gedrungen, es zu thun.
Du führ die Braut nach Haus, Pirithous.
Erfleht von den Olympiern Sieg und Rückkehr.
Folgt eurem Ritter nach, ihr Königinnen!
Brich auf, Artesius, schnell! und führ nach Aulis
Uns so viel Krieger nach, wie möglich ist.
Der Krieger Hälfte, die zu schwerem Werk
Ausreichen, finden dort bereits wir vor. —
Da Eile not ist, diesen Kuß empfange
Als Liebeszeichen!

(Zu Artesius.)
Daß du gehst, will seh'n ich,
Drum schreit voran! — — —

Andere Scene.

Hippolita und **Emilia** reden von der Freundschaft zwischen
Pirithous und Theseus. Emilia erzählt ein ähnliches Bei=
spiel von der Liebe zwischen ihr und Flavia, als beide
Mädchen waren.

Emilia. Ich weiß von einer Zeit, wo ich vertraut
Mit einer Spielgefährtin war; du warst
Im Krieg, als sie ins Grab stieg, das voll Stolz
Sie bettete, als Abschied sie vom Mond nahm,
Der bleich vor Schmerz bei ihrem Scheiden war;
Wir zählten erst elf Jahre.

Hippolita.   Flavia war's.

Emilia. Ja; von der Liebe, die Pirithous
Und Theseus einte, sprichst du; ihre hat
Mehr Grund und ist gereifter, hat mehr Einsicht,
Die ihr zum Schild dient; aber ich und sie,
Der seufzend ich gedenke, schuldlos waren
Wir zwei und liebten uns, und unsre Seelen,
Den Elementen gleichend, die nicht wissen,
Was und warum, und große Wunder doch
Durch ihr Zusammenwirken thun, vollbrachten
Auch solche; das, was ihr gefiel, entzückte
Auch mich; und was ihr recht war, billigte
Auch ich. Die Blume, welche ich gepflückt
Und auf den Busen mir gelegt, der eben
Zu schwellen erst begann, wenn sie sie schaute,
So sehnte sie nach einer gleichen sich,
Sie in dieselbe unschuldsvolle Wiege
Zu legen, daß dem Phönix gleich im Duft
Sie beide stürben. Jeden Schmuck, den ich
Am Haupte trug, nahm sie zum Muster sich.
Die hübsche Tracht, in die sie, ohne ihrer
Zu denken, sich zu kleiden pflegte, nahm
Ich mir zum Vorbild. Hatte dies mein Ohr

Ein neues Lied erhascht, summt' ich vielleicht
Eins vor mich hin, es später in Musik
Zu setzen, eine Melodie war das,
Ob welcher ihre Seele brütete
Und sie im Schlummer sang. So denn erkannt' ich,
Daß wahre Liebe zwischen Maid und Maid
Noch inniger als zwischen Mann und Weib
Zu sein vermag. — — —

Andere Scene.

Palämon und **Arcitas** (die beiden Vettern), betrübt über
ihre traurige Lage, da sie für Lebenszeit zu Gefangenen in
Athen gemacht sind, finden Trost darin, daß sie im Gefängnis
vereint sind.

Palämon. Wie geht's dir, edler Vetter?
Arcitas.   Und wie dir?
Palämon. Noch stark genug, das Elend zu verlachen,
    Sowie das wechselnde Geschick des Kriegs
    Zu tragen. Vetter, daß Gefangne wir
    Für immer sind, befürcht' ich.
Arcitas.   Wohl glaub' ich's
    Und habe voll Geduld für dieses Schicksal
    Die Zeit gespart, die mir noch bleibt.
Palämon.   O, Vetter
    Arcitas, wo ist Theben jetzt? und wo
    Ist unser edles Land? Wo unsre Freunde
    Und Anverwandten? Nimmer werden mehr
    Wir jene Freuden schauen, nimmermehr
    Erblicken, wie die kühnen Jünglinge
    Im Wettstreit nach dem Preis der Ehre ringen,
    Geschmückt mit ihrer Damen bunten Schleifen
    Gleich schlanken Schiffen. Nie mit ihnen werden
    Wir uns im Wettlauf messen und zurück,
    Als wären wir der Ostwind, hinter uns

Sie alle lassen, so wie träge Wolken,
Und selbst der Menge Beifall überfliegend,
Den Kranz erringen, eh' sie Zeit gehabt,
Ihn uns zu wünschen. O, nie werden wir
Von neuem mehr wie Zwillinge der Ehre
Die Kraft der Arme üben und gleich Wogen
Die feur'gen Rosse schäumen hören, drauf
Wir sprengen. Unsre guten Schwerter, nun —
Nie trug der rotgeaugte Gott des Kriegs
So gute — von der Seite uns gerissen,
Nun rosten müssen sie, daß sie die Tempel
Der Götter decken, die uns hassen. Nie
Mehr sollen diese Hände aus der Scheide
Sie zieh'n, gleich Blitzen, daß sie ganze Heere
Zerschmettern.

Arcitas.   Nein, Palämon; so wie wir
Sind diese Hoffnungen. Gefangene
Hier sind wir, und die Zierden unsrer Jugend,
Gleich einem allzufrühen Lenze müssen
Sie welken; hier soll uns das Alter finden,
Und, was daran das Schlimmste, unvermählt!
Niemals soll die Umarmung einer Teuern,
Von Küssen schwer, mit tausend Amoretten
Bewaffnet, sich um unsern Nacken schlingen,
Nie Sprößlinge, die unser Ebenbild,
Schau'n sollen wir zu unfres Alters Freude,
Und nie sie lehren, jungen Adlern gleich,
Kühn in der hellen Waffen Glanz zu blicken,
Indem wir sagen: „Denkt, was eure Eltern, Väter
Gewesen, und zieht auf Eroberung aus!"
Schönaug'ge Mädchen werden um uns weinen,
Daß wir verbannt sind, und in ihren Liedern
Das immer blinde Glück verfluchen, bis
Es voll von Scham erkennt, was für ein Unrecht
Der Jugend es und der Natur gethan.

Dies hier ist unsre ganze Welt. Wir werden
Hier uns einander seh'n, sonst nichts; nichts hören,
Als nur die Glocke, die von unserm Weh
Erzählt. Wohl wachsen wird die Rebe, doch
Wir werden nie sie schau'n. Der Sommer wird
Erblühen und die Wonnen all mit ihm,
Doch toter kalter Winter muß hier wohnen.

Palämon. Zu wahr ist das, Arcitas. Unsern Hunden,
Von deren Widerhall der alte Wald
Ertönte, nie mehr werden jetzt Hallo!
Wir rufen, nie mehr unsern Wurfspeer schütteln,
Indes der wüt'ge Eber bang vor uns
Flieht, einem Parther gleich, von unserm Pfeil
Getroffen. Alle Waffenkunst, die Speise
Und Nahrung edler Geister, mit uns beiden
Hier wird sie untergeh'n. Wir werden sterben
(Das ist der Fluch der Ehre) als die Söhne
Des Elends.

Arcitas. Dennoch, Vetter, aus der Tiefe
Des Jammers hier, aus allem, was das Schicksal
Noch auf uns häufen kann, erheben seh' ich
Sich einen Doppeltrost, zwei Segnungen,
Wenn es genehm den Göttern: tapfrer Mut
Und daß gemeinsam unser Leid wir tragen.
Solang Palämon bei mir, laß mich sterben,
Wenn ich dies hier für einen Kerker halte.

Palämon. In Wahrheit, Vetter, günstig ist die Fügung,
Daß unser Schicksal so verflochten ward.
Wahr ist's; zwei Seelen in zwei edlen Körpern,
Laß sie des Zufalls bittre Galle kosten,
Sie sinken nicht, wenn sie zusammenhalten;
Sag's immerhin, sie können's dennoch nicht.
Ein Mann von festem Willen stirbt im Schlaf
Und alles ist vorbei.

Arcitas. Sprich, sollen würd'gen

Gebrauch von diesem allverhaßten Kerker
Wir machen?

Palämon.   Teurer Vetter, wie?

Arcitas.   Laß uns
Den Kerker als ein Heiligtum betrachten,
Das uns vom Gifthauch böser Menschen fernhält.
Wir sind noch jung und trachten nach den Wegen
Der Ehre doch, von welchen Leichtsinn uns
Und Umgang mit gemeinem Volk, das Gift
Der reinen Seelen, feilen Dirnen gleich,
Ablenken können. Welchen Segen gibt's,
Den wir zum unsern in der Phantasie
Nicht machen könnten? Und indem wir hier
Beisammen sind, der eine sind dem andern
Wir eine Mine, die sich nie erschöpft.
Es ist, als wären wir vermählt und zeugten
Stets neue Liebe. Alles für einander
Sind wir, Bekannte, Freunde, Vater; ja
Familien einer in dem andern sind wir;
Ich bin dein Erbe und du bist der meine.
Der Platz allhier ist unser Erbteil, das
Uns nie ein Unterdrücker rauben wird.
Geduld nur, und einander liebend werden
Wir lange leben, nie des Daseins satt.
Des Krieges Hand thut keinem hier ein Leid,
Kein Meer verschlingt der Eltern Söhne hier.
Wenn frei wir wären, könnte nach dem Recht
Ein Weib, ein Amt uns voneinander trennen,
Ein Streit uns scheiden, Neid von schlechten
                              Menschen
Begehr nach solchen, die wir lieben, tragen.
Krank werden könnt' ich, Vetter, daß du nicht
Es wüßtest, und so sterben, ohne daß
Mir deine edle Hand das Auge schlösse,
Und dein Gebet für mich zum Himmel stiege.

Schickſale könnten, wären wir nicht hier,
Zu Tauſenden uns voneinander reißen.
Palämon. Du haſt mich, habe Dank, mein Freund Arcitas,
In meinen Kerker faſt verliebt gemacht.
Welch Elend iſt es, in der Ferne leben
Und überall! Das paßt für Tiere ſich!
Ein beſſrer Aufenthalt iſt dies Verließ,
Und all die Freuden, die der Menſchen Herz
Zur Eitelkeit verlocken, nun durchſchau' ich,
Und kann der Welt erzählen, daß ſie nur
Ein eitler Schatten iſt, den mit ſich fort
Die alte Zeit, wie ſie vorbeigeht, nimmt.
Wenn wir an Kreons Hof nun alterten,
Wo Sünde Recht heißt, wo Unwiſſenheit
Und Wolluſt bei den Großen Tugend heißen,
Wie wär' es dann? Arcitas, Vetter, ſprich,
Wenn nicht die Götter dieſen Platz für uns
Gefunden hätten, ſterben müßten wir
Wie jene, unbeweint als böſe Greiſe,
Auf deren Grab ein Fluch als Inſchrift ſteht.

Dieſe Scene trägt unzweifelhafte Zeichen von Fletcher;
die beiden, welche vorausgehen, geben der Tradition, daß
Shakeſpeare ſeine Hand in dieſem Stücke hatte, Unterſtützung.
Daſſelbe Urteil kann über die Scene vom Tode des Arcitas,
welche hier nicht gegeben iſt, gefällt werden. Sie tragen
einen Luxus zur Schau, welcher ſtark Shakeſpeares Manier
in den Teilen ſeiner Stücke gleicht, wo, da der Fortgang
des Intereſſes untergeordnet iſt, der Dichter Muße zur Be-
ſchreibung hatte. Ich könnte Beiſpiele aus „Troilus“ und
„Timon“ anführen. Daß Fletcher Shakeſpeares Manier in
ſo manchen ganzen Scenen nachgeahmt haben ſollte (wie
das die Meinung von Steevens iſt), dünkt mich nicht ſehr
wahrſcheinlich, daß er es mit ſolcher Leichtigkeit gethan
haben könnte, iſt für mich nicht ſicher. Seine Ideen be-

wegten sich langsam, seine wenn auch süße Versifikation ist
langweilig; sie stockt jeden Augenblick. Er häuft Zeile auf
Zeile, eine nach der andern hinschreibend, indem er Bild
auf Bild mit solcher Ueberlegung türmt, daß man sieht, wo
sie aneinander gefügt sind. Shakespeare mischt alles inein=
ander, er läßt Zeile auf Zeile ineinander fließen, schlingt
Sentenzen und Metaphern ineinander; bevor eine Idee ihre
Schale gesprengt hat, ist eine andre schon ausgebrütet und
verlangt ans Licht zu kommen. Wenn Fletcher einige Scenen
ihm nachahmte, warum hörte er damit auf? oder sollen wir
sagen, daß Shakespeare die andern Scenen in Nachahmung
von Fletcher schrieb, daß dieser Shakespeare ein Gebiß und
einen Zaum anlegte, und daß Shakespeare ihm ein paar
Sporen gab?   Ch. Lamb.

Die Geschichte des Palämon und Arcitas ist aus Boc=
caccios Theseide in Chaucers Knight's tale übergegangen
und wurde 1566 auf der englischen Bühne in einer Bearbei=
tung von Edwards aufgeführt. Diese im Ganzen thörichte
Geschichte paßt viel besser zum Chaucerschen Märchen als
zum Schauspiel, obwohl in der Ausführung viele Kraft der
Diktion und Rhetorik verschwendet ist. Die Nebenhandlung
der Gefängniswärterstochter ist übrigens eine Nachahmung
der Ophelia. Daneben sind auch noch klassische Erinnerungen.
Zu Anfang die um Begräbnis der gefallenen Könige bitten=
den drei Königinnen, nebst dem Namen des Feindes Kreon
sind deutliche Reminiscenzen aus Sophokles. In der Mitte
die Beschreibung der sechs kämpfenden Ritter, welche die
feindlichen Vettern ins Gefecht begleiten, ist sichtbar den
Sieben vor Theben des Aeschylus nachgemacht. Endlich am
Schlusse der Tod des Arcitas hat einige Aehnlichkeit mit dem
Tod des Hippolytus. Die in beide Kämpfer zugleich ver=
liebte Helbin ist aber ebenso undramatisch als absolute psycho=
logische Unmöglichkeit.   Moritz Rapp.

Der neuere Herausgeber von Beaumont und Fletcher,
Darley (1840), sagt: „Shakespeare ist für den Mitverfasser
der ‚beiden edlen Vettern‘ gehalten worden, weil der Stil
derselben über den gewöhnlichen von Fletcher erhaben und

dem Shakespeares ähnlich ist. Nachahmung des letzteren Dich=
ters durch den ersteren könnte in gewissem Grade diese beiden
Thatsachen erklären; in diesem Fall wird ein geringerer
Künstler, der den höheren nachahmt, oft sich selbst über=
treffen, er macht eine größere Anstrengung und hat ein
edleres Vorbild als gewöhnlich. Die andern schönen Künste
bieten häufige Beispiele davon dar. Aber es ist auch durch=
aus möglich, daß Shakespeare zu den „beiden edlen Vettern"
beigetragen hat. Nicht nur sind verschiedene Reden nach seiner
„ungeheuren" Weise der Conception, sondern auch nach seiner
„ungeheuren" Weise der Behandlung oder Versifikation, welche
sich von derjenigen Fletchers so sehr unterscheiden."

---

3. Der Falsche.
Ein Trauerspiel.

Ptolemäus, König von Aegypten, bietet **Cäsar** das Haupt
des Pompejus dar. Cäsar wirft den Aegyptern ihre Ver=
räterei und Undankbarkeit vor.

Cäsar, Antonius, Dolabella, Sceva, Römer; **Ptolemäus,
Photinus, Achillas**, Aegypter.

Photinus. Heil dir, Eroberer und Haupt der Welt,
  Nun dieses Haupt gefallen!

Cäsar.   Ha!

Photinus.   Weich, Cäsar,
  Vor mir zurück nicht. Hier von Ptolemäus,
  Dem König, bring' ich dies Geschenk dir dar,
  Die Krone und die Frucht des Werkes, das
  Du in Thessalien vollbracht, das Ziel,
  Dem hoher Ehrgeiz nachgestrebt. Zuvor
  Noch fehlte deinem Sieg ein Name, Cäsar,
  Und deinen Müh'n im blut'gen Kampf der Lohn.
  Du träumtest früher nur von Ruhm und Krieg,
  Und nur im Schlafe kämpftest du so wild;

Hier erst gewinnen beine Träume Leben,
Hier ernten Ehre sie und steigen höher
Und schmücken sich mit ewigen Triumphen.
Nimm dies, und deinen demutsvollen Diener
Sieh huldvoll an, den eblen Ptolemäus,
Der, hehrer Cäsar, dir mit diesem Haupt
Das darbringt, was du ehedem dafür
Geboten hätteft, ganz Aegypten.

Achillas.   Auch
Stell, ebler Sieger, es in Frage nicht,
Und achte nicht gering die Gabe hier,
Weil leicht gewonnen, kommt so sichrer sie
Dir zu. Doch laß dir sagen, mächt'ger Cäsar,
Wenn Ptolemäus ohne Waffen auch
Den Sieg gewann, durch Lanzenschauer nicht
Und Flug von Pfeilen vordrang, eine Festung
Doch fand er hier, die ihm entgegenstarrte,
Zu kämpfen hatt' er einen innern Krieg.
Pompejus war der Gaftfreund seines Ahns
Und seines Vaters. Als vertrieben dieser
Und aus dem Reich durch Uebermacht verjagt ward,
Und nirgend ihm ein Ehrenretter war,
Als ihm kein Freund in seinem Elend blieb,
So kam Pompejus, bot die Hand ihm dar,
Daß nach dem Sturz er neue Kraft gewann. —
Ein Liebesdienft für Cäsar das!

Sceva.   Ihr Götter,
Gebt Haß mir!

Photinus.   Boshaft, Cäsar, kann dies scheinen.
Allein bedenk, wie es gewesen wäre,
Wär' unter deinen Händen er gefallen,
Des Siegers; Eidam war er dir; entsetzlich,
Wenn du mit seinem Blute dich befleckt!
Verdient uns haben wir um dich gemacht,
Daß unbefleckt wir beine Hände hielten.

Cäsar. O Sceva, Sceva, sieh dies Haupt, seht, Feld=
herrn,
Pompejus Haupt, des göttergleichen, hier.

Sceva. Elend zu Grunde ging er. Laß die Götter
Jetzt um ihn trauern, die es zugelassen,
Und thu auch du es, Cäsar.

Cäsar (zum Haupte des Pompejus). O Erobrer,
Du Ruhm der Welt einst, allen nun zum Mitleid;
Du Schrecken der Nationen, warum so
Bist du gefallen? Welch ein arg Geschick
Verfolgte dich und trieb dich an, dein Leben,
Das Gott geweihte, einem Sohn Aegyptens
Anzuvertrau'n? Das Licht und Leben Roms
Dem blinden Fremdling, der den wahren Adel
In ehrenvollem Kriege nie gelernt, der nie
In andrer, würd'ger Männer Kreis gesehn,
Was Manneswürde sei, der anders nie
In Liedern deinen Namen singen hörte,
Als bei Banketten und bei üpp'gen Festen,
Solch einem Knaben, dessen Sinn zu eng war,
Um deine Größe zu versteh'n, der nicht
Sich Mühe gab, von andern zu erkunden,
Wie gut du seist. O, wie vermochtest du
Dein Volk zu lassen, deinem edlen Freund
So zu mißtrau'n, daß Thränen über dich,
Sanft rieselnde, er niederströmen läßt?
Pompejus, Großer, höre mich, wenn hören
Dein Geist noch kann, vorhalten muß ich dir:
Unedel meines Sieges und der Huld,
Die üben ich gewollt, hast du beraubt mich.

Antonius. Wie edel diese Thränen sind! Wie schön
Ist Gram bei einem Feind!

Dolabella. So groß erscheint,
Wie diese Güte, kaum der Ruhm.

Cäsar. Aegypter,

Wagt ihr zu glauben, eure Pyramiden,
Die, so meint ihr, die Sonne überdauern,
Wo eurer feigen Kön'ge Asche ruht,
Sei'n Monumente, seiner würdig? Nein,
Du Brut des Nils, sein Ruhm ist so erhaben,
Daß ihn der Himmel nur bedecken kann;
Nicht Pyramiden machen ihn unsterblich,
Nein, nur das ew'ge Wesen seiner Größe,
Der ich ihn überlasse. Nehmt das Haupt
Hinweg, und mit dem Leib bestattet es
In edler Gruft. Zu teil wird eurem Land.
Das Glück nun, daß es einen Römer birgt,
Des Thaten ihresgleichen auf der Welt
Nie hatten. — Du erwartest, König, jetzt,
Und ihr, die mitgewirkt bei diesem Ruhm,
Erwartet Gunstbezeugungen von mir?

Ptolemäus. Wir wünschen sie.

Cäsar. Belohnungen gewiß
Erwartet ihr. Vergeben sei euch allen,
Das ist eu'r Lohn. Jung, unerfahren bist du,
Darum verzeih' ich dir. Und Furcht, ich glaub' es,
Noch mehr als Haß bewegte dich. Es fehlte,
So mein' ich, deinen Dienern Urteilskraft,
Drum irrten sie. Aus Güte denk' ich so;
Aus großer Güte; seid drum dankbar ihr.
Teilt meine Großmut unter euch. Wüßt' ich,
Was Euch ich zum Geschenke senden sollte,
Aegyptens König, solch berühmtes Haupt,
Mein' ich, wie dies da, und ein solches, das
Ihr liebtet, möcht' auch Eurer schönen Schwester
Es angehören (aber diese haßt ihr),
Zurück nicht würd' ich bleiben hinter euch.

Ptolemäus. Hör mich, erhabner Cäsar!

Cäsar. Schon zuviel
Hab' ich gehört, und schwer wird's mir, dem Zorn

Eingang zu gönnen in mein ebles Herz,
Da du für mich das Land erobert haſt.
Arm biſt und offen du. Geradezu
Dir ſag' ich jetzt: Der Mann, der nicht vermochte
All das, was dem Pompejus er verdankt,
Gehörig zu belohnen, iſt kaum würdig,
Daß er des Cäſar Namen nenne. Hätt' ich
Pompejus auch gehaßt und untergeh'n
Ihn laſſen wollen, ſo verdiente der
Doch kein Vertrau'n, der eine blut'ge That
So ſchnell vollbrachte. Und indem umringt
Ich bin von meinen Siegen, da mein Glück
Mich nie verläßt, da meine eblen Heere
Und meine Freunde immer mich umgeben,
Darf ich dich nicht bedrängen, einen Dienſt
Von dir auch nicht erwarten, welcher größer
Als deine fromme Liebe zu Pompejus.
Huldvoll haſt du mich gegen dich gefunden,
Indem ich dies mit dir erörterte.
Zerſtörung, Schwerter, Henker, Feuer, Trümmer
Von Königreichen, die ich niederſtürzte,
Sind ſonſt die Redner, die ich ſprechen laſſe.
Zerſchmelzt in Thränen ihr, des ſonnverbrannten
Aegypten arme unglückſel'ge Stätten!
Da ein Eroberer euch nun entgegen
Getreten iſt, des ihr euch nicht erwehren
Mit allen euren Schmeicheleien könnt,
Der ſtets, ſoweit das Licht des Tages ſcheint,
Derſelbe ſein wird, ſinnt darauf nun, wie
Ihr ſeine Gnade euch gewinnen könnt.
Geht nun, die Leiche jenes großen Kriegers
Zu balſamiren, weint um ſeinen Holzſtoß,
Werft Räucherwerk hinein, daß Salas Düfte
Von ihm aufſteigen, und laßt dieſen Phönix
Dort niſten, wo mit ſeinen Tugenden

Die Sonnenglut wetteifre, daß durch sie
Aufs neu Pompejus aus der Asche steige
Und göttlich groß inmitten hehrer Männer
Den Platz einnehme.

Ptolemäus.   Wir vollführen alles.

Cäsar. Beraubt ihn habt ihr der geweihten Thränen,
Die seine Freunde, seine Anverwandten
Ihm weinen wollten, als die Erstlinge
Der Totenklagen. Und die güt'ge Erde,
Der Boden seiner Heimat, welcher ihn
Umschließen wollte, eure Grausamkeit
Verklagen wird er nun, vom Ocean
So lange unter Thränen Rache heischend,
Bis alle seine sieben Häupter hoch
Der Nil erhebt, um euch hinabzuschlingen. —
Aus Gram red' ich nicht mehr; solang Pompejus
Noch lebte, war er edel gegen euch,
Nun, da er tot, seid edel gegen ihn.

——————

Das Stück hat sehr große Schönheiten und zeigt eine
große historische Handlung, wenn auch der Stoff im Sinne
Shakespeares nicht der dankbarste war, denn Cäsar verliebt
zu schildern, hat jener nicht gewagt. Hier muß die Kühnheit für das Werk reden.   Moritz Rapp.

4. Der ältere Bruder.

Ein Lustspiel.

Andres kommt mit den Büchern seines Herrn Charles
(des älteren Bruders).

Andres, Koch, Kammerdiener mit Büchern.

Andres. Leg hin hier einen Teil der Büchersammlung,
Um Platz zu machen für die Dutzende
Von andern Werken. Wieder komm' ich gleich.

Koch. Was, hat er noch mehr Bücher?

Andres. Ganze Märkte
Davon sind hergesandt.

Kammerdiener. Und ihre Namen
Weiß er?

Andres. Sein Paternoster kennt er kaum
So gut, wie sie. Allein das ist noch nichts,
Er hat breitausendmal sie Blatt für Blatt
Gelesen. Doch das Wunder ist, obgleich
Durch ihr Gewicht sie ohne andern Ballast
Ein Kriegsschiff auf den Meergrund reißen würden,
Er trägt im Kopf sie alle und vermag
Doch aufrecht noch zu geh'n.

Kammerdiener. Sein Hirn ist stark,
Beim Himmel!

Andres. Wären alle deine Fässer
Gefüllt mit alten, wurmzerfreß'nen Büchern,
Leer würd' er deinen ganzen Keller schlürfen,
Und doch noch durstig sein. So hält Diät er,
Daß er beim Mahl der Bücher mehr verzehrt
Und auch verdaut, als während eines Monats,
Wenn auf Paris der Himmel niederstürzte,
Man dort der Lerchen essen könnte. Doch
Seid nicht besorgt, ihr Kellner und ihr Köche!

Wenn sein gelehrter Magen auch nicht leicht
Befriedigt wird, nur selten wird er euch
Viel Mühe machen. Sein gelehrter Magen
Verachtet eure schwarzbefrackten Kellner,
Und eure Flaschen, sowie, Koch, dein Schmorfleisch
Und dein Gebackenes, Geröstetes.

Koch. Wie lebt er?

Andres.   Nicht wie andre Leute thun,
Nur wen'ge Prinzen schmausen so wie er;
Mit Aristoteles bricht er die Fasten,
Dinirt mit Cicero, trinkt mit den Musen,
Soupirt mit Livius, geht spazieren dann
Die Via lactea dahin, und hat
Sechs Stunden mit den Sternen Konferenz
Er drauf gehalten, legt er sich zum Schlafen
Zusammen mit dem alten Erra Pater.

<hr />

Miramont, der Onkel, **Brisac**, der Vater von **Charles.**

Miramont. Nein, Bruder, Bruder!

Brisac.   Sir, regt Euch nicht auf!
Mit andern Angelegenheiten als
Mit meinen hab' ich nichts zu thun, allein
Mit Recht doch bin ich über diese Herr.

Miramont. Doch drauf verstehen müßt Ihr Euch,
                            das wißt,
Und weise sein, wie jetzt Ihr übereilt seid.
Obschon mein Bruder Ihr und gleichen Bluts seid,
So muß ich doch Euch sagen, grad heraus —

Brisac. Nun, was?

Miramont. Was Wahrheit ist, wenn's auch mir leid thut;
Ihr seid ein Narr, und zwar ein alter Narr,
Das heißt, zwei Narren.

Brisac.   Gut, so trennt sie.

Miramont. Nein, sie sind eingefleischt in Euch. Eu'r
Trachten
Geht dahin, einen ehrenwerten Geist,
Dem ältern Sohn, der Euer Ebenbild
(Je mehr er gleich Euch ist, so schlimmer steht's
um ihn),
Sein Erbteil zu entzieh'n, weil seine Bücher
Er liebt und ganz und gar darin vernarrt ist,
Hoch über solchen niedern Geistern schwebt er,
Wie Eurer ist, der niemals weiter denkt,
Als wie Ihr Eure Reben schneiden sollt,
Kaufleute hintergeh'n und Euren Pächtern
Den Hals umdreh'n, wenn schlecht die Ernten sind.
Brisac. Ihr geht zu weit.
Miramont. Noch Schlimmres muß ich sagen.
Weil er nichts andres liebt als seine Studien,
Weil in sein Sinnen ganz versenkt er ist
Und um gemeine Dinge sich nicht kümmert,
Muß er darum sein Erbteil dann verlieren?
Muß er darum enterbt sein und statt seiner
Sein jüngrer Bruder, Monsieur Damenheld —
Brisac. Vergeßt Euch nicht!
Miramont. Weil er am Hof gewesen,
Weil fremder Länder Sprachen er erlernt
Und lang zu schwatzen über nichts versteht,
Auch dies Gesicht bald und bald jenes schneidet,
Und vor jedwede Modepuppe hinkniet,
Muß darum ihm des Bruders Erbteil werden?
Brisac. Seid Ihr zu Ende? habt genug zum Preis
Des Lernens Ihr geschwätzt?
Miramont. Niemals genug.
Brisac. Wißt Ihr, Herr Bruder, was Gelehrsamkeit
Bedeutet?
Miramont. Wohl nicht Friedensrichter sein,
Wie du, bedeutet's, Strafen nicht diktiren

Nach den Gesetzen; nicht die Glaubenssätze
Erörtert sehen zwischen Protestanten
Und Jesuiten.   Wenn Eu'r Pächter Euch
Leichtfert'ge Klagen bringt und schwere Hühner,
Die wohl gemästet sind, auch Gänse, Ferkel,
Und Ihr dasitzt, Unrecht und Recht abwägend,
Das ist Juristerei und nicht Gelehrtheit.

Brisac. Verliebt seid so Ihr in die Wissenschaft,
Daß gern ich wüßte, was Ihr eigentlich
Versteht, mein Bruder.   Sicher habt Ihr ganz
Den Aristoteles gelesen.

Miramont.   Nein,
Fürwahr! Allein das Wissen ehr' ich hoch,
Und das geziemt für einen Edelmann
Von meiner Art.   Nicht Griechisch kann ich sprechen,
Allein den Ton der Sprache lieb' ich schon,
Ihr Donnerklang tönt fast, als ob man Teufel
Beschwöre.   Ganz geläufig spricht es Charles.
Und hätt'st du von Homers Iliade je
Gehört, von Hesiod und andern Dichtern
Der Griechen, toll dich macht' es vor Entzücken.
Ja, hängen würd'st du dich aus Freude d'rüber,
Daß dein ein solcher Sohn ist.   O, wie herrlich
Ist, was er mir gelesen!

Brisac.   Und, sprich, Bruder,
Verstandest du's?

Miramont.   Nein, hab' ich schon gesagt.
Drauf kommt's nicht an, der Ton allein genügt,
Um den, der nicht stumpfsinnig, zu entzücken.
Mein guter Bruder Brisac, sag mir, weiß
Dein junger Hofmann, der so fein sich kleidet,
Und ganz ein Gentleman, ein Vielgereister,
Ein Krieger ist, von etwas anderm noch
Als von dem Rock, den ihm sein Schneider macht?
Entzückt ihn andres als ein Pferderennen?

Weiß er von andern Zwecken, die der Mond hat,
Als ihm aus seiner Schenke heimzuleuchten?
Liebt er die Sonne sonst noch, als damit
Ihr Glanz sein Flitterkleid hell glitzern macht?
Und muß der Ignorant gehätschelt werden,
Weil er beim Handkuß spricht: „du holde Lady"?
In Rom hat er geseh'n die Heil'genbilder,
Verdeawein getrunken, in Neapel
Ist er umhergeritten, muß denn das —

Brisac. Jawohl, es muß! Nicht anvertrau'n will ich
Mein Grundstück solchem Griesgram, der so fest
Wie ein Geschwür mit seinem Arbeitszimmer
Verwachsen ist. Wer keine Sorge trägt,
Sich klar zu machen, was Vermögen ist,
Und wie man es verwaltet, darf deshalb
Es nicht verwalten. Ganz vortrefflich ist
Mein jüngrer Sohn.

Miramont.   Nicht doch, ein Esel ist er,
Ein Pfefferkuchen, übergoldet, daß er
Einfält'gen jungen Mädchen wohlgefalle.

Brisac. Mein ältrer Bruder seid Ihr.

Miramont.   So auch älter
Ist mein Verstand. In Schande würdest du
Uns alle bringen. Charles soll erben, sag' ich.

Brisac. Ich sage nein! so lange zu Verstand
Nicht Charles kommt. Kann durch Metaphysik er
Sechstausend Pfund verwalten? Oder kann,
Weil er ein Astronom, er meine Reben
Gut pflegen? Können die betrunkenen
Poeten Roms ihm meine Weine keltern —
Sie trinken können sie, das weiß ich wohl —
Ist's euren großen Humanisten möglich,
Nach ihrem Wert für mich sie zu verkaufen?
Kann Historiographie das Heu mir mäh'n,
Mein Korn einfahren? Kann Geometrie

Es auf dem Markt verkaufen? Staunen muß ich,
Daß solchen Narr'n du preisest, du, der alt
Du bist und drum Verstand auch haben solltest.

Miramont. Ich sollt' ihn haben, sagst du, der ein Monstrum
Von Ignoranz du bist in deinem Amt.
Nicht andre Kenntniß hast du, als die dir
Dein Schreiber einflößt, dieser brave Schreiber,
Der ganz gespickt mit Brocken von Latein ist
Und von nichts weiß als seinem Tagewerk.
Du unverbesserlicher Tropf! (Nicht schützt
Davor dich dein gestickter Kragen, nicht dein Ring)
Sagst du zu mir, ich sollte? Schilst auf mich,
Der ich Geschichte, Dichtkunst, Humaniora
Studirt?

Brisac.   So wie ein kalter Wolkenschatten,
Der über Aehren Kornes hin sich breitet,
Daß sie verdorren! Laß von deinem Aerger!
Ich thue, was ich thun will.

Miramont.   Nein, du sollst's nicht!

Brisac. Ich will's.

Miramont.   So bist ein Esel du, ein alter
Langweil'ger Esel. Zehnmal schlimmer bist du,
Einfält'ger, als der Dummkopf Hollingshed,
Der über Festaufzüge schreibt und Sheriffs.

Andere Scene.

Der ältere Bruder, der, aus Verachtung für alles außer
seinen Büchern, im Begriffe war, sein Erstgeburtsrecht an
seinen jüngeren Bruder abzutreten, wird durch Liebe von
seinem Vorsatz abgebracht.

Lord **Louis**, seine Tochter **Angelina**, **Eustace** (der jüngere
Bruder), **Miramont**, **Priester**, **Notar** und andere.

Notar. Kommt, laßt ihn seines Sohnes Unterschrift
Nur bringen, alles ist in Ordnung dann.
Seid Ihr bereit?

Priester.   Ja, warten sollt Ihr nicht,
Ich habe Eile, denn ich bin sehr hungrig.

Euftace. Gut, macht es kurz; wir glauben alles
                                        Euch —
Wird's nicht zu lange, Miſtreß?

Angelina.   Nicht doch, Herr.
Iſt's beſſer doch, daß etwas gut geſchehe,
Als daß man keine Zeit hat, es zu thun. —
Und biſt du traurig, Oheim?

Miramont.   Holde Blüte!
Dein Oheim möcht' ich ſein, der dir gefiele.
Ich möchte deines Gatten Habe jährlich
Um tauſend Pfund vergrößern. Einen Mann
Haſt du verloren, weil er ſeinem Studium
Sich ganz ergibt, der viele Tauſend ſolcher
Hohlköpfe aufwiegt.

Angelina.   Kann er ſprechen, Herr?

Miramont. In Wahrheit, ja; allein mit Weibern nicht.
Er ſpricht zum Himmel nur und ſeinen Wundern,
Zu der Natur und allem, was ſie birgt.

Angelina. Und ſpricht er gut?

Miramont.   O, ganz bewundernswert!
Doch er hat Scheu, ein Weib nur anzuſeh'n.
Er ſieht nicht einen; keinem fällt er läſtig.

Angelina. Er iſt ein Mann.

Miramont.   Ja, ja, ein klarer Geiſt
Und voll von Güte.

Angelina.   Wäre ſein Geſpräch denn —

Miramont. Ich ſagte, was ich denke; aber feindlich
Iſt ihm das Schickſal; ſo verlaſſ' ich Euch.

Angelina. Dein Edelſinn gefällt mir.

Euftace.   Siehe da,
Mein toller Ohm macht meiner ſchönen Braut
Den Hof.

Louis.   Laß ihn! Nichts ſtillt ſo ſehr den Zorn

Wie eine holde Schönheit. Kommen wird
Er noch zu uns!

Es treten auf **Brisac** und **Charles**.

Eustace.   Mein Vater und mein Bruder
Sind hier! Ein Wunder das; gleich einem Geist
Erstanden ist aus aus seiner Zelle Charles.
Brisac. Komm näher, Charles. Es ist dein Wunsch
                            gewesen,
Daß meiner Tochter du begegnetest
Und deinen Bruder glücklich machtest, wohl
So komm und unterschreibe! Thun wirst du's
Als guter Bruder.
Louis.   Ja, er wird es thun,
Und immer lieben werd' ich ihn dafür.
Die Feder nimm!
Notar.   Das Dokument ist fertig;
Da, Herr.
Charles.   Nein, kurz erst müßt ihr Nachsicht üben.
Ihr seht, versunken bin ich in Betrachtung;
Stört mich drum nicht!
Brisac.   Komm, laß die Studien, Charles!
Charles. Mein Leben laß ich eh'r. Mein ganzes
                            Studium
Ist jetzt, ein Mann zu sein. Jetzt wird's mir klar,
        (Auf Angelina blickend.)
Daß ich bis heut ein solcher nicht gewesen.
Miramont. Das freut mich; Feuer hat er jetzt gefangen;
Der dumpfe Nebel flieht von ihm hinweg.
Eustace. Nun, willst du schreiben, Bruder?
Charles.   Nein doch, nein.
Für so armsel'ge Dinge hab' ich Zeit nicht.
Das Sternbild, das mir aufgegangen, meff' ich.
Brisac. Die Zeit drängt, Sohn.
Charles.   Ich unterschreibe nicht.

Ich bin dein ältster Sohn und will mein Recht.
Wenn es sich nur um Land gehandelt hätte,
Verzichtet hätt' ich drauf, ja wäre stolz
Gewesen, daß ich seiner los geworden.
Erdschollen sind es nur, — Sprich, hab' ich recht,
Mein Onkel?

Miramont.   Der Himmel segne deine Zunge.

Charles.   Nun hört mich weiter; einen solchen Schatz
Habt ihr mir aufgethan.   (Beiseite)
                         Der Himmel möge
Zum Glück mich führen!

Miramont.   Kann er sprechen jetzt?
Wer könnte einen solchen Sohn hinopfern?

Charles.   Erschlossen habt ihr solche Schönheit mir,
Daß ich nach langem Sinnen jetzt gefunden:
Eh'r will ich kein vernünftig Wesen mehr,
Ein Fisch eh'r, eine Pflanze, eine Fliege
Will sein ich und der niedern Wesen Schar
Vermehren, als nur einen Fußbreit Landes
Aufgeben, wenn ich i h r damit entsage.

Louis.   Verkehrt ist, was er sagt.

Angelina.   Nein, wacker, dünkt mich,
Spricht er.   Nichts als Gelehrter soll er sein?

Eustace.   Du schadest dir und deinen Studien bloß,
Mein Bruder.

Charles.   Geh du hin jetzt und studiere,
Für dich ist's Zeit, Eustace! Ein Mann erst werden
Mußt du und Sitte lernen; auf das beides
Nahm ich Bedacht, doch prahlte nie damit.
Geh, schlag die Bücher auf, die mir vertraut sind,
Genieße und verdaue sie, bis sie
Ein Teil von dir geworden.   Bei dem Schein
Der matten Lampe bringe hin die Nacht
Und denk nicht, ob es Tag, bis du das Ziel
Erreicht.   Schlürf aus der Dichter süßen Quellen

Und lern die Liebe kennen; noch nicht weißt du,
Was schön ist. Geh, der großen Helden Thaten,
Der weisen Männer Leben, Thun geh durch;
Der Länder Aeußres haft du nur gesehn,
Und nichts als leere Worte heimgebracht!
Wie sollt' ein solch Juwel zu teil dir werden,
Der du an dich sie doch nicht fesseln kannst?

(Zu Angelina.)

Schönheit, welcher süß und mild
    Duft entquillt,
Dort, wo Rosen und Violen
Sanft errötend Athem holen,
Deren Nahsein
Uns durchströmt mit neuem Dasein,
Laß mich, deinem Dienst geweiht,
Leben, voll von Seligkeit.

Miramont. Was sagt Ihr jetzt von dem Gelehrten?
                                    Sprecht!
Angelina. Ich staune! — Ist das Euer Bruder, Herr?
Euftace. Ja! — Läg' er doch im Grabe! Noch als
                                    Esel
Daftehn werd' ich, so muß ich fürchten.
Angelina.   Sprecht.
Im Ernste lieber, sehr wahrscheinlich ist's.
Brisac. Laß weitres Reden; zum Verzicht nun,
                                    Charles!
Charles. Verzicht? auf was?
Brisac.   Nun, auf das Land, versteht sich.
Charles. Ihr täuscht Euch, Herr; jetzt ist mir klar
                                    geworden,
Auf welche Weise um ein Weib man frei'n muß,
Und wie man es nachher sich treu erhält.
Genug nun! Wenn Glückseligkeit auch nicht
In Land und Gold besteht, doch wenn hinzu

Sie kommen, ist's ein Glück, und dazu will
Ich sie verwenden. — O, du sel'ger Stern,
Wozu denn aufgegangen bist du mir?
Der Morgen mit den Rosenfingern war
So hold noch nie; ich bin ein Mann und trage
Im Herzen Wünsche, Neigungen, wenn sie
Erstickt und tot auch eine Zeit gelegen,
Bis daß der Schönheit Frühling sie erweckte.
Bis diese Augen ich erblickte, war
Ich nur ein toter Klumpen; in mir wohnte
Ein wirres Chaos. Dann ging Liebe mir
In diesen Augen auf, und zu Gestalten
Umschuf sie, was verborgen in mir lag.
Nun lieb' ich und weiß auch mein Gut zu schätzen.

Brisac. Wir sollten besser dieses Weib entfernen.

Charles. Das ist zu spät, Herr, hier in mir trag' ich
Ihr Bild; sieh mich, Eustace, nicht finster an,
Für jüngre Brüder gibt es Mädchen noch
Von mindrem Wert. Heilig ist dieses Weib,
Ein Mann von ausgelaff'nen Sitten würde
Entweih'n sie. Führt sie fort, wohin ihr wollt,
Ich folg' ihr, denn wie von dem Lichte kann
Ich nie mich von ihr trennen. Eh' könnt ihr
Des Meeres Wellen voneinander scheiden,
Als in der Seele mir ihr Bildnis tilgen,
Die alte Zeit vielmehr in eine Höhle
Einsperren, daß sie ihren Lauf einstellt,
Aus ihrer Federn Flaum die schnellen Stunden
Auswaschen könnt ihr, eh'r der Ewigkeit
Ihr Glas entreißen, daß der Stunden Sand
Nicht ferner rinnt, als meine süße Liebe
Ertöten. Für den ältern Bruder, Herr,
Gebt Raum, ich bitte.

Miramont. Auch den Zweikampf hat er
Studiert. Hab acht, besiegen wird er dich!

Den alten Richter, seinen Vater, hat er
Erschreckt, daß Fieberfrost ihn schüttelt! Wohl
Hoff' ich, als einen Esel ihn enterbt er.
Er selbst, wenn alt an Jahren auch, ist ja
Ein altes Kind noch.

Charles.   Hältst du mich für närrisch?

Angelina. Gewiß nicht, Herr. Von Euch das Beste nur
Hab' ich gehört.

Charles.   Du blickst auf meine Kleider
Und lachst mich aus, weil schlecht sie sind.

Angelina.   Schön ist,
Was sie enthalten, Herr. Ich wollt, Eu'r Bruder —

Charles. Von Gold und Flittern strotzen seine; sieh!

Angelina. Befühl sie innen, Kupfer wirst du finden.

Charles. Kannst du mich lieben, holdes Weib? Ich bin
Ein Erbe, mag ich arm erscheinen auch.
Fühlst Ehrgeiz du? Vielleicht ein großer Mann
Noch werd' ich. Steht nach Land und Gold dein
                                  Sinn?
Mein Vater lebt nicht ewig.

Miramont.   Das war gut
Bemerkt; ich denke, Eindruck macht's auf ihn.

Charles. Ich denke, nicht unsterblich sind die Greise.
Steht dir der Sinn nach Jugend und nach Schönheit?
Hübsch ist mein Bruder, ich gesteh' es zu,
Allein den Vortritt wird er mir gestatten.
Kannst, Holde, du für Liebe Liebe geben
Und mich damit belohnen? Dieser Alte
Kann nicht in seine Haufen Goldes so
Vernarrt sein, wie ich, Weib, dich lieben will,
Der junge Mann nicht so in seine Freuden.
Der Kaufmann kann mit größrer Wonne nicht
Gerettet sich im Schiffbruch seh'n, wenn er
Die wüt'ge See durchpflügt, und hoch wie Berge
Die Wogen auf sich niederstürzen sieht,

Als wäre aller Elemente Wut
Vereint zu einer mächtigen Zerstörung. —
Wie zwei verliebte Reben wollen wir
Vereinigt leben, in des andern Seele
Und Liebe jeder seine eigne gießend;
Wir wollen wachsen wie zwei edle Bäume
Und eine Frucht nur tragen. Lächeln wollen
Wir von derselben Freude, und e in Gram
Soll uns betrüben. Einem Alter wollen
Entgegengeh'n wir, und e in Tod soll uns
Die Augen schließen, uns e in Grab beglücken.
Angelina. Auf ewig bin ich dein! —— — —

———

Fletcher zeigt sich hier in seiner eigentümlichsten Stärke
in der Komik des socialen Tons oder im reinen Conver=
sationsstück, wie es in der That in Shakespeares Talent nicht
lag. Mit Absicht ist es darum in das modern französische
Kostüm gekleidet. Freilich würde das französische Theater
selbst solche Keckheit der Sitten nicht vertragen, aber im
französischen Lebensgeist ist es begründet. Der Stoff hat
übrigens eine gefährliche Klippe zu umschiffen. Ich will nur
erinnern, daß an derselben auch der große Calderon in
seinem Schauspiel „De una causa dos efectos“ Schiffbruch
gelitten. Der gelehrte ältere Bruder muß auf der Bühne
karrikirt werden, um komisch zu sein, und seine plötzliche
Umkehrung durch die Liebe wird dadurch ein psychologisches
Rätsel. Der leichtsinnige jüngere Bruder wird durch den
Verlust der Braut in sich selbst geführt, bleibt aber schließ=
lich im Nachteil, und dies bildet die unlösbare Dissonanz des
Schlusses. Besser sind hier im Ganzen die beiden alten
Herren ausgefallen. Der thörichte Papa und Richter fällt
in die Schlingen seiner eignen Lüsternheit, und der Bruder
Hagestolz triumphirt über das ganze Stück und kann allein
das fabula docet aussprechen. Das Stück hat, wenn nicht
strenge Einheit der Handlung, doch wohlthuende Einheit des
Tons und Milde des Kolorits.　　　　　Moritz Rapp.

„Der ältere Bruder" wird gewöhnlich zu den besten Luftspielen Fletchers gerechnet. Es enthält in neuer Form einen Gedanken, welcher der Erfindung nach nicht eben neu ist: die Macht der Liebe, beim ersten Anblick eines Weibes eine Seele zu beleben, welche bisher nichts von Liebe gewußt hat. Charles, der ältere Bruder, ist, sehr unähnlich dem Cymon Drydens, in Studien vertieft, er ist bloß Gelehrter und denkt an nichts anderes als an seine Bücher. Vielleicht ist seine Gleichgültigkeit gegen die Welt und seine Unkenntnis derselben etwas übertrieben und grenzt an Dummheit. Allein es war die Gewohnheit der Dramatiker in jener Zeit, Effekt dadurch hervorzubringen, daß sie plötzliche Entwicklung, wo nicht Wandlung der Charaktere vorführten. Die übrigen Personen sind nicht übel erfunden. Der ehrenhafte Sonderling Miramont, welcher Gelehrsamkeit bewundert, ohne daß er viel mehr davon versteht, als was er nötig hat, um seinen Namen zu schreiben, die beiden selbstsüchtigen Väter von Charles und Angelina sind, während sie sich selbst für schlau halten, doch nur die bethörten Nachäffer der höfischen Manieren; der verdorbene, aber nicht schlechte Euftace zeigen Fletchers großes Talent in dramatischer Erfindung. In keinem andern seiner Luftspiele hat er einen so gleichmäßig feinen Stil; die Sprache Charles ist die eines eleganten Gelehrten; doch bisweilen finden wir, daß der alte Miramont in einem höheren Stil spricht, als für ihn paßt.

Hallam.

XXVII.

Francis Beaumont und John Fletcher.

1. So will's die Sitte des Landes.

Donna **Guiomar**, eine portugiesische Dame, hat einen Fremden, der ihren Sohn, ohne daß sie es weiß, umgebracht, gastlich aufgenommen, und fährt fort, nachdem sie dies erfahren, ihn vor seinen Verfolgern zu schützen.

Scene: Ein Schlafzimmer. Donna **Guiomar** und **Diener** treten auf.

Guiomar. Er ist im Hause, nicht?

Diener. Nein, gnäd'ge Frau!

Guiomar. Eilt, sucht ihn! Alle geht und überall hin;
Ich geh' zu Bett nicht, eh' ihr mir ihn bringt.
Nehmt fort die Lichter. Allzu hell schon ist
Der Mond und läßt mich seh'n, was ich befürchte.
All die Gebete, die ich spreche, stehen
In meinem Herzen, nicht in diesem Buch.
Ich kann darin sie ohne Licht auch lesen.

(Sie kniet nieder, die **Diener** gehen fort.)

Rutilio tritt auf.

Rutilio. Ich bin verfolgt, die Thore alle sind
Verschlossen. Keine Hoffnung, zu entrinnen.
Vor mir und hinter mir, zu allen Seiten
Bin ich gefangen. Sei verflucht, mein Unglück!
Von einem Mißgeschick stürz' ich ins andre!
Wär' ich begraben in den Wellen doch
Und so schuldlos gestorben und verschollen,
Nicht so mit Blut befleckt. Wohin denn brachte

Mich meine Furcht? Hier in ein Haus bin ich
Geraten; offen stehen alle Thüren.
Groß ist das Zimmer; hier die Teppiche,
Die andern Zierden dort, die mir durchs Dunkel
Der Nacht entgegenleuchten, sagen, daß
Ein Edler hohen Rangs hier wohnt. Man hört
Nicht einen Diener, der sich regt, kein Murmeln
Noch Flüstern.

Guiomar. Wer ist das?

Rutilio. Der Stimme nach
Ist es ein Weib.

Guiomar. Stephano, Tascher, Julia!
Wer hat den Dienst hier?

Rutilio. Ja, das ist die Herrin
Des Hauses. Ihren Schutz will ich ansleh'n.

Guiomar. Wer seid Ihr? Sprecht!

Rutilio. Von allen, welche atmen,
Der Unglückseligste.

Guiomar. Von schlechten Sitten
Seid Ihr, das ist gewiß, sonst könntet Ihr
So rücksichtslos nicht in mein Zimmer bringen.
Wohin denn wollt Ihr? Oder was begehrt Ihr?

Rutilio. Leiht gütig mir Eu'r Ohr! Ein Fremder bin ich,
Das dient als Antwort Euch auf alle Fragen,
Ein Fremder, den das Mißgeschick verfolgt!
Durch meines Feindes Uebermut gereizt,
Tot streckt' ich auf der Straße ihn zu Boden.
Schon sucht mich die Justiz. Und für das Leben,
Das ich in Selbstverteidigung geraubt,
Verlieren muß ich meins, wenn mitleidsvoll
Ihr mich nicht schützt. Das Heiligtum, das retten
Mich kann, ist Euer Haus, und der Altar,
Den ich umklammern möchte, Eure Huld.
Bei allem, was Euch teuer, Eurer Jugend
Und Eurer Unschuld, habt Mitleid mit mir!

Guiomar. Seid Castilianer Ihr?

Rutilio.   Nein, edle Frau,
Italien ist mein Vaterland.

Guiomar.   Ich frage
Nicht mit der Absicht, um Euch zu verraten;
Wärt Ihr zehntausendmal ein Spanier auch,
Das Volk, das wir am meisten hassen, doch,
Hätt' ich die Macht dazu, würd' ich Euch retten.
Erhebet die Tapete, eine Nische
Ist hinter meinem Bett, da tretet ein!

(Rutilio versteckt sich.)

So, doch von diesem Platze geht nicht fort!
Sobald die Häscher kommen, wie Ihr annehmt,
Weiß ich, sie achten meine Wohnung so,
Daß sie mir sicher vollen Glauben schenken
Und Euch nicht weiter suchen.

Rutilio.   Mögen Euch
Die Heiligen die tiefe Schuld vergüten,
Die Ihr mir auferlegt.

Guiomar (bei Seite).   Wie er nicht zittert!
Bis hierher hör' ich seines Herzens Schlag.

(Zu Rutilio.)

Seid nur getrost. Noch einmal Euch gelob' ich,
Gefährden soll Euch keiner. Alle Männer
Sind solcherlei Gefahren ausgesetzt,
Zumal die Tapfern. (Bei Seite.) Wer kann wissen denn,
Ob nicht mein eigner Sohn des Schutzes, den
Ich diesem Fremden biete, anderswo
Bedarf?

Ein Page, Häscher und **Diener** treten auf mit **Duarte** auf
einer Totenbahre.

Erster Diener. Nun, edle Frau, wenn Eure Weisheit
Je gegen schweres Leid sich waffnen konnte,
Das Euch zu überwält'gen droht, so macht
Von ihr Gebrauch jetzt.

Zweiter Diener.　　　　　Don Duarte,
　Eu'r einz'ger Sohn, ward umgebracht.

Erster Häscher.　　　　　　　Sein Mörder,
　Von uns verfolgt, ward, wie er in Eu'r Haus
　Gefloh'n, von einem Knaben wahrgenommen;
　Und das hat uns bestimmt, ihm nachzueilen,
　Um ihn zu fangen.

Guiomar.　　　　Oh!

Erster Diener.　　　　　Gebrochen ist
　Gewiß das Herz ihr.

Erster Häscher.　　　Edle Frau!

Guiomar.　　　　　　　　Laßt mich!
　Zu teuer ist und kostbar mir mein Gram,
　Als daß ihn einer mit mir teilen dürfte.
　Laßt ihn, wie Wunden, die nach innen bluten,
　Mich töten. (Bei Seite.) O mein Duarte, solch ein Ende
　Wie dies verkündete mir lang dein Stolz.
　Tot bist du; und mein Elend zu erhöhen,
　Muß deine Mutter selber ihr Gelübde
　Freiwillig brechen, oder ungerächt
　Bleibst du. In Zweifel ist die Seele mir.
　Und Mutterpflicht dem Sohne gegenüber,
　Und die Erfüllung dessen, was dem Gast
　Man schuldet, die für andre Engel sind,
　Für mich sind Furien sie. Die Rache klopft
　An meine Brust, doch mein gegebnes Wort
　Verweigert ihr den Eintritt. Bleibt kein Mittel,
　Als daß den Mörder ich beschütze oder
　Die Treue brechen muß, die zum Altar
　Er sich erwählt? Du, Mutterliebe, weiche.
　Da es gescheh'n, daß ein Gelübb' ich that,
　Bei dem der hohe Himmel Zeuge war,
　Vergebe mir der Himmel!

Es treten ein der Bruder Guiomars, **Manuel,** und **Wundärzte.**

Manuel.　　　　　　　Ach, zu spät!

Er ist gegangen ohne Wiederkehr.
Ein Vorwurf wäre unvernünftig jetzt,
Wo Trost ich geben sollte. Aber dennoch,
Erinn're, Schwester, dich —

Guiomar.   Laß ab! Den Mörder
Such auf und schaffe diesen Leichnam fort,
Um, wie dir passend scheint, ihn zu bestatten.
Unsel'ge ich, die alles Trosts ich bar!
Und darum, meine Sippen und Verwandten,
Und, Bruder, dich, bitt' ich, für eine Zeit
Mich nicht, wie lieb es sonst auch sein mir würde,
Mehr zu besuchen.

Manuel.   Wir gehorchen dir.

Alle ab mit **Duarte** auf der Bahre, bis auf **Guiomar** und
Rutilio.

Rutilio (bei Seite). Die Sinne kehren mir, und die
                              Verzweiflung
Weicht wiederum der Hoffnung.

Guiomar.   Wer du sein magst,
Dem ich das Leben rettete, tritt furchtlos
Hervor, damit du Zeuge seist, wie treu
Erfüllt' ich mein Versprechen. Doch verhüllt
Laß dein Gesicht sein, daß in Zukunft ich
Nicht mehr gezwungen sei, dich noch zu kennen,
Denn meine mütterliche Liebe könnte,
Wenn mein Gelübb' dem Himmel ich bezahlt,
Rückkehren.

        (**Rutilio** kommt mit verhülltem Gesicht hervor.)
              Meines Herzens Atem habt
Ihr mir genommen, und zugleich das Licht
Der thränenvollen Augen mit dem Leben,
Das meine Stütze war. Jedoch das Wort,
Das ich gegeben Euch, erfüll' ich, weil
Ihr nicht aus Bosheit thatet, was Ihr thatet.
Man kennt Euch nicht hier und kein Zeichen ist

An Euch, daß Euch verriete, zeigt nicht Furcht.
In aller Eile flieht hinweg von mir,
Daß ich Euch nie mehr sehe. Und damit
Euch Mittellosigkeit auf Eurer Flucht
Nicht hemme, nehmt die hundert Kronen hier.
                    (Sie gibt ihm einen Beutel.)
Ihr seid am Thor hier, so lebt wohl auf immer!
Rutilio (knieend). Laßt mich zuerst zu Euren Füßen knieen
Und meine Schuld für Eure Güte so
Bezahlen. Aller Segen über Euch!
Und möge Gott die Freuden, die ich Euch
Geraubt, Euch später hundertfach erstatten.
                    (Sie gehen nach verschiedenen Seiten ab.)

———

Die schönen Vorgänge in dieser Scene mögen entweder aus den „Hecatommithi" von Ciraldi Cinthio genommen sein, in welchen sie zuerst erschienen, oder aus dem „Persiles und Sigismunda" von Cervantes, in welchem der große Novellist sie aufnahm. Die Situation der Mutter zwischen dem Leichnam ihres Sohnes und dem Mörder, dem sie ein Asyl versprochen hat, ist eine der ergreifendsten, die sich denken läßt, und würdig ausgeführt.   Leigh Hunt.

———

2. Bonduca.
Ein Trauerspiel.

Bonduca, die Königin von England, die, nachdem sie den Römern eine Niederlage beigebracht, sie noch mehr zu beugen sucht, wird von **Caratach** zurechtgewiesen.

Bonduca, Caratach, Hengo, Nennius, Soldaten.

Bonduca. Die kühnen Römer! Ihr Britanniens Götter,
Ihr Rost der Waffen, Schande der Soldaten!
Sind dies die Männer, denen angeerbt

Der Sieg ist? Die sich im Alleinbesitz
Des Glücks befinden? Sind die Julier dies,
Die mit dem Licht die Marken der Natur
Ausmessen, und zu einem großen Rom
Die Erde machen, drob ein Cäsar herrscht?
O Schande, wie sie flieh'n! Die sanfte Seele
Des Cäsar wohnt in ihnen. Ihre Mütter
Empfingen sie im Schlaf, Wollust hat sie
Gesäugt, aus ihren Leibern quillt statt Schweiß
Süßduft'ges Oel, zu Liebesfreuden lockend;
Und uns entgegen wagen sie zu treten
Die weib'schen Römer? Halten sie Britannien
Für so verweichlicht? Zweimal sind sie uns
Erlegen, Nennius, vor uns flohen sie
Und mit der knochigen Germanen Hilfe,
Auf deren Lanzen triumphirend hoch
Die Ehre ihrer kühnen Thaten sitzt,
Zum Stoff für höhnende Gesänge machten
Wir sie. Ein Weib, ein Weib hat, Nennius, sie
Besiegt, ein schwaches Weib!

Caratach.   So scheint es, ja.
Sich schämen, so zu sprechen würd' ein Mann.

Bonduca. Wer ist das?

Caratach.   Ich.

Bonduca.   Bist, Vetter, du betrübt,
Weil so mit mir das Glück ist.

Caratach.   Nein, Bonduca,
Wenn ich betrübt bin, ist es ob der Art
Wie du dein Glück trägst. Zu viel Wind nimmst du
In deine Segel auf. Die Mäßigung
Und kühne Thatkraft sind die Zwillinge
Wahrhafter Ehre, und wo sie vereint sind,
Erwächst erst der Eroberer, sind getrennt sie,
Nichts als ein Prahler. Wahrheit ist's, daß Rom
Zweimal geflohen ist, durch uns vernichtet.

Wir, die den Schlachttriumph errungen haben,
Selbst bringen wir uns Niederlagen bei,
Wenn wir die ehrenwerten Feinde schmähen.

Bonduca. Mein tapfrer Vetter, ist's ein Fehl zu sagen,
Was Freiheit, Ehre uns zu thun gebieten
Und was die Götter uns gestatten?

Caratach. Nein,
Bonduca, wenn das, was wir sagen, nicht
Hinausgeht über was wir thun. Ihr nennt
Die Römer furchtsam, scheltet Weiber sie,
Die Hefe in dem Becher niedrer Lust.
Sind sie in Wahrheit das?

Bonduca. Nicht mehr, fürwahr.

Caratach. Wo ist dann die Eroberung, die ihr machtet?
Was prangen die Altäre eurer Tempel
Mit Blumenkränzen? Euren Stieren, sagt,
Die man zum Opfer führt, warum vergoldet
Die Hörner ihr? Was dichten die Druiden
Unsterbliche Gesänge auf den Sieg?
Warum, sprich, werden solcherlei Triumphe
Gefeiert? Für ein bloßes Spiel im Mai?
Um eine Herde jämmerlicher Römer
Zu jagen? Ist es weiter nichts? Verschließt,
Ihr Briten, eure Tempel, gebt zurück
Dem Acker seine Stiere. Laßt erlöschen
Die heil'gen Feuer. Laßt die Pauken schweigen.
Nach Hause laßt uns gehen und schlafen! Denn
Für solche Niederlagen gibt ein Wachslicht
Sogar ein allzugroßes Opferfeuer,
Ein Glühwurm selbst noch flammt dafür zu hell.

Bonduca. Ich glaube, bei den Göttern, Caratach,
Daß du vernarrt in diese Römer bist.

Caratach. Sei'n diese Wunden Zeugen mir: ich bin's.
Sie trafen gut! Ich liebe einen Feind,
Denn als Soldat ward ich geboren. Den,

Der mich bekriegt an feiner Truppen Spitze
Und meine Manneskraft mit feinem Schwert
Zur Erde beugt, lieb' ich. Niemals noch hat
Der blondgelockte Hymen eine Jungfrau
Umarmt mit größrer Freude, als den Mann
Ich liebe, deffen Schwert mir Wunden beibringt.
Zehn Schlachten schlug ich, draus ich diefe Narben,
Die Zeugen meiner Ehre, zog; von Römern
Sind alle fie. Zehn Jahre bittrer Nächte
Und fchwerer Märfche, wenn durch meinen Küraß
Manch eif'ger Sturm fein Lied pfiff und mir Zweifel
Erregte, ob der Harnifch oder ich
Von härterem Metall fei, über mich
Sind fie ergangen, alle in den Kämpfen
Mit diefen Römern. Oft in einer Nacht
Durchfchwamm ich zehnmal wohl der Ströme Wogen,
Indes, wie ich hinflutete, die Speere
Roms um mich flogen, und auf meine Schultern
Die Wellen ihre naffen Trümmer goffen,
Gichtkrämpfe in den Gliedern, die fie peitfchten,
Zurück mir laffend; alles in den Kämpfen
Mit diefen Römern! Immer fand ich fie —
Und lüg' ich, mögen künftig meine Wunden
Mir auf dem Rücken brennen — fo bereit,
So wachfam und fo weife, fo zu handeln,
Wie auch zu leiden, immer fo voran
Im Kampfe wie die Briten; ihren Schlaf
So kurz und ihre Hoffnungen fo hoch
Wie unfre, hohe Frau. Es ift Unehre,
Frechheit, glaub mir, Bonduca, diefe Römer
Zu fchmäh'n. Hab' ich die Briten nicht gefeh'n —

Bonduca. Wie?

Caratach. Ganz entmutigt, fliehen, flieh'n, Bonduca,
Sah ich fie, wie das fliegende Gewölk
Nicht fchneller hinzieht, wie die Jungfrau nicht

So furchtsam den verhaßten Wüstling flieht,
Der ihrer Ehre nachstellt; — keine Flucht
Nach Hause war's; ein Stein aus einer Schleuder,
Der Wunsch nur des Verliebten eilte so
In Sturmeshaft, wie sie. Beim Himmel droben,
Ich sah die Briten, die so hoch du preisest,
Fortstürzen, als ob sie die Zeit im Flug
Einholen wollten und um Gnade feige
Hört' ich sie fleh'n. Die leichten Wolkenschatten,
Die mit Gedankenschnelle über Felder
Von Korn hinfliehen, hinkten, wenn mit ihnen
Verglichen, nur auf Krücken!

Bonduca.   Ew'ge Mächte
Was muß ich hören?!

Caratach.   Ja, Bonduca, dich
Auch hab' ich fliehen seh'n und, Nennius, dich.
Ihr beide überrranntet euch beinah.
Als Penyus, der junge Römer, sich
Herab auf eure Waffenwagen stürzte,
Damals als er euch mehr nach dem Geruch
Als dem Gesicht gleich Füchsen vor sich hertrieb.
Dann sah ich diese vielerprobten Männer,
Die tapfern Briten, gleich wie scheue Eulen
Sich bange im Gesträuch von Epheu bergen,
Wo nächtlich man ihr Angstgeschrei vernahm.

Bonduca. Und was denn thatest du? Sprich, Caratach.

Caratach. Ich floh wie ihr, doch nicht so schnell; verloren
War damals dein Juwel, der junge Hengo,
Dort worden. Nennius, er hielt mich auf;
Denn als ihr noch geschwinder floht, als er,
Halt macht' ich und von all den wüt'gen Römern
Umtobt, riß ich ihn auf und mit dem Gurt
Schnallt ich den Jungen fest an meinem Rücken
Mit meinem sichern Schilde ihn beschützend;
Dann folgt' ich. Wenn ich sagte, daß fünf Male

Ich focht, indem ich diese Britenblüte
Fortbrachte, lüg' ich nicht, glaub' Nennius.
Auch hättet ihr mich dieses sprechen nicht gehört,
Nie diesen Knaben mehr geseh'n, wenn nicht
Der tugendhafte Penyus, der mich steuern
Durch alle diese Stürme der Gefahr sah,
Gerufen hätte: „Geh, du Brite, trag
Den jungen Löwen ungeschädigt fort.
Freiheit erkaufte dir dein männlich Schwert,
Und laß nochmals mich dich im Kampfe treffen,
Dann, wenn du Stand hältst, nehm ich dich gefangen."
Sein Anerbieten damals nahm ich an,
Und hier erweis ich nun ihm meine Ehre.

Andere Scene.

Hengo, getroffen von dem Krieger **Judas**, stirbt in den
Armen seines Oheims **Caratach**, der gefangen genommen
und von den Römern geehrt wird.

Caratach und **Hengo** erscheinen auf einem Felsen.

Caratach. Nur Mut, mein Sohn! Gefunden hab' ich Speise
Für dich. Sieh, Hengo, hin, wo ein'ge Briten,
Sei'n sie gesegnet! etwas Kost und Trank,
Das Leben dir zu fristen, hingehängt.
Nur Mut, mein Knabe, Mut, verlaß mich nicht.

Hengo. Ach Oheim, länger stehen kann ich nicht,
Ich fühl' es, dennoch holen will ich es,
Damit ich dir das edle Leben rette.
Ach Ohm, von Herzen gerne möcht' ich leben!

Caratach. Du wirst es lang noch, hoff' ich.

Hengo. Aber, Oheim,
Mein Haupt, der Felsen scheint sich mir zu drehen.

Caratach. Mein armes Mäuschen!

Hengo. Pfui, schwachherz'ger Oheim!
Komm, knüpf an deinen Gürtel mich und laß mich
Hinab.

Caratach. Ich selber gehe.

Hengo. Nein, mein Ohm,
Wenn du mich liebst! Nicht essen werd' ich es,
Wofern ich's selbst nicht hole. Binde mich,
Ich bitte.

Caratach. Ja, ich will und dir geweiht
Sei alle meine Sorge. Komm, mein Kind,
Mein tapfres Kind.

Hengo. Laß sanft hinab mich, Ohm,
Und du wirst seh'n, wie ich gleich einer Dohle
Trotz ihrer Wachsamkeit es haschen werde.
Ein Zug von Römern hat es sicher dort
Gelassen. Fest nur halten mußt du mich.
Fruchtlos ist alles sonst. Sobald ich es gebracht,
Laß froh uns sein.

Caratach. Geh in des Himmels Namen!
Geh Knabe!

(Er läßt **Hengo** am Gürtel hinab.)

Hengo. Schnell nun, Ohm, schon hab' ich es!

(**Judas** erschießt **Hengo** mit einem Pfeil.)

Hengo. Oh!

Caratach. Was denn klagst du?

Hengo. Bester Ohm,
Ich bin zu Tod verwundet!

Caratach (zu Judas). Du warst es?
So mag der Himmel führen meine Hand!
Vernichtung treffe deine feige Seele!

(Er tötet **Judas** mit einem Stein und zieht darauf **Hengo**
emper.)

Wie geht's dir, Knabe? O, der arge Schurke!

Hengo. Mein Ohm, mein Ohm, o welcher Schmerz das ist!
Ward ich denn dazu aufgespart? Furchtbar
Ist dieser Schmerz.

Caratach. Du Schurke, feiger Schurke!
Die Hunde mögen deinen Leib zerfleischen!

Hengo. O, wie ich blute! Meine Sinne schwinden.
Der feige Schurke, Oheim!

Caratach. Sieh, mein Junge,
Wie ich ihn hingestreckt; er steht nicht auf mehr.

Hengo. Haſt du das Hirn ihm aus dem Haupt
geschlagen?

Caratach. Ich bürge dir's, nicht ferner regt er ſich.
Mut, Knabe!

Hengo. Halt mich doch! O arges Schickſal!
Muß ſo ich von dir ſcheiden? Immer kränker
Werd' ich.

Caratach. Hernieder auf dies eble Kind,
O Himmel, ſieh!

Hengo. Ich hoffte noch ſo lang
Zu leben, daß ich dieſe blut'gen Römer
Vor meines Schwertes Spitze träfe, ſo
An ihnen meines Vaters Tod zu rächen!
Zu ſchlagen ſie! Halt feſt mich, feſt! ach Ohm —

Caratach. Du wirſt am Leben bleiben, Knabe, hoff' ich.
Soll ich den Pfeil dir auszieh'n?

Hengo. Dann mit ihm
Entreißeſt du die Seele mir. Noch länger
Gern möcht' ich leben, Himmel ſei mir gnädig,
Nur, Ohm, für deine Liebe dir zu danken.
Mein guter Ohm, mein guter, edler Ohm,
O weine nicht!

Caratach. Mein Mäuschen, guter Junge,
Was nicht in dir verlör' ich?

Hengo. Nun, ein Kind,
Das einmal ſterben muß; wenn dies mich nicht
Getroffen hätte, Fieber oder Hunger —
Zum Tod geboren war ich, Ohm.

Caratach. Allein,
So plötzlich, Kind?

Hengo. So ſchneller zu den Göttern

Geh' ich den Weg. Und werd' ich, Oheim, dich
Erkennen, wenn du kommst?

Caratach.   Ja, liebes Kind.

Hengo. Und mit einander hoff' ich, werden wir
Die große Seligkeit, von der du sprachst,
Genießen.

Caratach.   Sicher, Kind.

Hengo.   Es wird mir kalt,
Nacht wird mir's vor den Augen.

Caratach.   Blick empor!

Hengo. Ohm, bete für mich! Und wenn meine Glieder
Zu Asche wurden, denk des kleinen Neffen!
Dank, Dank!

Caratach.   Ihr sel'gen Engel, nehmt ihn auf!

Hengo. Küß mich! So, lebe wohl, o lebe wohl!

                  (Er stirbt.)

Caratach. Lebt wohl ihr Hoffnungen von England nun!
Du königliche Macht leb wohl für immer.
Eu'r Schlimmstes, Zeit und Tod, habt ihr gethan.
Fortuna nun zieh hin, nun stolz nimm ab
Den Schleier und erkenne den Triumph,
Den du erstrittst, indem du dieses Land
So tief gebeugt. — O schöne Blume, noch,
Gewelkt, wie lieblich bist du, wie umarmt
Der Tod so sanft dich! Mag des Himmels Frieden,
Die Freundschaft aller Edlen mit dir sein.

     Petillius und **Junius** treten auf dem Felsen auf.

Caratach. Ha, wagt ihr, Römer? Seh'n laßt, ob ihr mich
Besiegt. Mein bist du.

                  (Sie fechten.)

Junius.   Noch nicht, Herr.

Caratach.   ·   Schöpft Atem,
Ihr armen Römer, und kommt all herauf
Mit aller eurer alten Tapferkeit,

So wie ein Sturmwind eure Seelen will
Ich packen und sie dorthin senden, wo —

Es treten ein **Suetonius** und die römischen **Hauptleute**.

Suetonius. Ergib dich, kühner Caratach! So wahr ich
Ein Krieger bin und Neid auf dich empfinde,
Bei allen Göttern, so, wie du verdienst,
Begegnen werd' ich dir, dem braven Briten.

Petillius. Gib nach, du Tapferer, du Schild der Ehre,
Der du mit Ruhm die weite Welt erfüllst.

Junius. Du würd'ger Mann, mehr dir Gefangne wollen
Wir sein, als du der unsre bist.

Suetonius.   Die Ehre,
Du Braver, thu mir an nur, die mir höher
Als jeder Sieg steht, daß du Freund mir bist!

Caratach. O Römer, seht, was hier ist! Hätte der da
Gelebt —

(Auf die Leiche **Hengos** deutend.)

Suetonius. Des Ruhms und deines Schwertes wegen,
Bei deiner Tugend, die du strebst zu mehren,
Bei allem, was in Männern groß und brav ist —

Caratach. Ich will Euch glauben; einen braven Feind
Habt Ihr in mir gehabt. Zum edlen Freund
Macht jetzt mich, und gebt freundlich diesem Knaben
Ein ehrenvolles Grab, um drin zu liegen.

Suetonius. Bestattet soll er werden, wie sich ziemt.

Caratach. So geb' ich nach, nicht euern Schwerterschlägen,
Nein, Eurem Edelsinn.

Petillius.   So führen wir
Ihn in des Friedens Arme, ihn, das Wunder
Der Welt!

(Trompetenstoß.)

Suetonius. So denn umarm' ich dich, und nicht
Als Schmeichelei sieh's an, wenn ich dir sage,
Du bist der einz'ge Krieger.

Caratach. Später erst
Muß lernen ich, wie ich zu danken Euch
Nach Eurem Brauche habe. Soll nach Rom ich?
Suetonius. Du mußt.
Caratach. Wohl kennen lernt dann Rom den Mann,
Der höher seinen Ruhm gedeihen ließ.
Suetonius. Brecht auf! Durchs Lager hin in allen
Zungen
Sei Caratachs, des Großen, Ruhm gesungen!
(Alle ab.)

Das ist keine Tragödie, nur ein historisches Schauspiel, tragisch, komisch, am Schluß elegisch, ja heiter. Die englische Schule weiß auch in die unzulänglichen Motive überall die nötige scenische Bewegung zu legen. Das Ganze macht einen etwas kühlen, aber befriedigenden Eindruck. Moritz Rapp.

---

3. Valentinian.

Ein Trauerspiel.

Kaiser **Valentinian** stirbt durch Gift, das ihm wegen seiner Tyrannei und seiner Ausschweifungen beigebracht worden ist.

Lycias und Proculus.

Lycias. Stets kränker, Proculus?
Proculus. Was, Lycias,
Soll aus uns werden? Wären wir gestorben
Mit Chilax lieber, jenem Glückskind, oder
Mit Bellus so verwundet, daß uns Lahme
Man vor Gericht nicht schleppen könnte!

Licinius tritt ein.

Licinius. Laßt
Sanfte Musik erklingen und Gesang,

Daß er dabei entschlummre! — Ach, ihr Freunde,
Der Kaiser!

Proculus.   Was denn ist der Aerzte Meinung?

Licinius. Das Traurigste für uns: er ist vergiftet,
Nichts kann ihn heilen.

Lycias.   Wer hat es gethan?

Licinius. Der schändliche Aretus, der unsel'ge.

Lycias. Wie weißt du das?

Licinius.   Zuletzt zu trinken gab
Er ihm. Laßt geh'n uns, um ihn aufzusuchen.
Und da durch ihn uns allen Elend droht,
Laßt es bei ihm beginnen. — Still, er schlummert.
(Alle ab.)

Valentinian wird krank in einem Sessel herbeigetragen; mit
ihm kommen **Eudoxia, Aerzte** und **Begleiter.**
Musik und Gesang.

O senke mild dich, du, der allen Kummer
Du stillst, des Todes Bruder, holder Schlummer,
Auf des betrübten Fürsten Augenlider,
In linden Schauern senke dich hernieder.
Gleich einem Murmelstrome gleite sacht
Mit sanfter Flut um ihn, du Sohn der Nacht!
Wie Windesmurmeln oder Silberregen
Umfang ihn, sing mit leisen Wellenschlägen
Sein Weh. Schreck ihn mit keinem harten Laut
Und küß in Schlummer ihn wie eine Braut.

Valentinian. O Götter, Götter! Her zu trinken mir,
Zu trinken! Kälter als auf Scythiens Bergen
Der Schnee! Weh, weh, mir sprengt's das Herz!

Eudoxia.   Wie fühlt
Sich Eure Hoheit?

Arzt.   Herr, die Kais'rin spricht.

Valentinian. Ich sterbe, sterbe.

Arzt.   Guter Herr, Geduld!

Eudoxia. Was hast du ihm gegeben?

Arzt. Von dem Besten,
Was unf're Kunst befitzt; es wird ihm wohlthun.
Valentinian. Ich Thor, dem man wie Göttern schmeichelte!
Wohin schwand alle meine Größe nun?
Eudoxia!
Eudoxia. Geduld nur, Herr, Geduld!
Valentinian. Durch meinen Körper den Danubius soll
Man leiten —
Eudoxia. Götter, helft ihm!
Valentinian. Und die Wolga,
Auf deren Antlitz starr der Nord gefriert.
In mir sind hundert Höllen. Schon in Flammen
Steh'n hundert Scheiterhaufen, meinen Leib
In Asche zu verwandeln! Soll ich denn
Nicht trinken?
Arzt. Herr, du darfst nicht.
Valentinian. Nun, beim Himmel,
Mit meinem Atem will ich alle euch
Verbrennen, wenn ihr's länger mir verwehrt!
Orkane, stürmt um mich! Ihr Wasserfluten,
Die ganze Königreiche ihr verschlungen,
Strömt über mich und löscht mich aus! Wo ist
Der Schuft? Bin ich unsterblich jetzt, ihr Sklaven?
Bei Numa, wenn er mir entrinnt, oh, oh!
Eudoxia. Mein teurer Herr!
Valentinian. Dem Nero gleich, allein
Viel schrecklicher, rings um mich her Gemetzel,
Inmitten aller meiner Flammen will ich
Das Reich in Feuer untergehen lassen!
Die Winde ruf herbei, Eudoxia,
Mit tausend Fächern mir die Stirn zu kühlen.
Eudoxia. Herr!
Valentinian. Keine Schmeichelei'n! Ich bin nur Fleisch,
Ein Mensch, ein sterblicher. Zu trinken her,
Zu trinken, Tröpfe! Was vermögen jetzt

All eure Mittel, eure Oele, Salben?
Wofern ich sterbe, habt ihr nichts als Worte
Und Krankheitsnamen; nicht das wahre Leiden
Erkennt ihr, nur ums Geld ist's euch zu thun.
All euer Schwatzen gilt der Zahlung nur,
Die ihr begehrt. Eh' ihr die Kranken tötet,
Macht ihr zu Bettlern sie. Man soll euch schinden!

   Proculus und *Licinius* mit *Aretus* treten ein.

Proculus. Der Frevler, der verfluchte Schurke, Herr.
Valentinian. Eudoxia, geh; für dich ist nicht der Anblick.
 Zu den Vestalinnen geh hin und streu
 Ins Feuer heil'gen Weihrauch; zur Errettung
 Des Cäsar bring ein frommes Opfer dar.
Proculus. Geh und sei glücklich.

      (Eudoxia ab.)

Aretus.   Geh, beeile dich! —
Die Götter haben deine letzte Stunde
Bestimmt, Valentinian. Ein Mensch nur bist du,
Ein böser Mensch dazu, und wie ein blut'ger,
Wollüst'ger Sünder stirbst du!
Proculus.   O, Verräter,
Verdammter!
Aretus.   Flucht euch selbst vielmehr, ihr
         Schmeichler,
Heult über euern künftigen Jammer, ihr
Elenden! Die ihr ihn so weit gebracht,
Daß er an Gift starb.
Valentinian.   Noch nicht Besserung?
Aretus. Laß dich von Priestern und von Apothekern
Mißbrauchen nicht, von ihnen hilft dir keiner.
Nur eine kurze halbe Stunde hast
Du jetzt zu leben noch, nicht mehr, und ich
Nur zehn Minuten. Dich vergiftet hab' ich
Um des Aëcius willen; die Natur
Selbst müßt' an solchem heft'gen Gifte sterben.

Und daß du nicht allein stürbst, nahm auch ich
Davon. Wenn bei dem Mord die ganze Menschheit
In dir gewesen wäre, hätt' ich sie
Zugleich vergiftet, daß die Erde sie
Nicht weiter mehr bevölkern hätte können;
Gebrochen wär' auf immerdar der Flügel
Der alten Zeit, und meine süße Rache
Erreicht doch hätt' ich, Cäsar!

Valentinian. O, du Schurke! —
Noch heißer glüh' ich, heißer.

Aretus. Ja; doch noch
So heiß wie ich nicht. Was du jetzt empfindest,
Hör's voll Entsetzen, Cäsar, ist die halb
Erlosch'ne Asche nur von Schwelgerei
Und Wollust; aber von des Mordes Flammen
Werd' ich verzehrt.

Valentinian. Ihr kommt und martert ihn!

Aretus. Thu's, und ich will dir schmeicheln, ja, noch
mehr,
Ich will dich lieben. Deine Martern, Cäsar,
Sind leichter und voll Fröhlichkeit und Lachen,
Mit dem verglichen, was ich jetzt erdulde,
Und was auch dich erwartet, eh' du stirbst.

Valentinian. Zu trinken her!

Aretus. Sei rasend nur, doch bist's
Du noch nicht so, wie ich.

Valentinian. Fest haltet mich,
Fest, fest nur, haltet mich, sonst muß ich platzen!

Aretus. Sieh, sieh mich, Kaiser, und erblick in mir,
Was dich für deinen Mord erwartet. Alle
Krankheiten, alle Schmerzen schwangrer Frauen —

Valentinian. O meine Seelenqualen noch dazu!

Aretus. Der Weiber Angst, Verzweiflung und Entsetzen,
Und alle Qualen, die der Sonne Glut
Ausbrütet —

Valentinian.   O Lucina, o Aëcius,
Aëcius!

Aretus.   Sind nur Schatten meiner Qualen!

Valentinian. Stürzt über mich, ihr Berge! Aufgedeckt
Sind vor den Göttern meine Sünden worden.
Stürzt ein jetzt!

Aretus.   Noch nicht, Cäsar; über all dies
Hinaus noch lebst du.

Valentinian.   O, verfluchter Schurke,
O Hölle, Hölle!

Aretus.   Nein, ein tapfrer Schurke
Bin ich! Vor Freude über meine That
Tanzt in der Brust das Gift mir! Cäsar, nun
Sieh an mich; dies ist Todesqual und dies
Ist dein, bevor du stirbst. Ein zehrend Feuer
Bin ich. Der eh'rne Stier des Phalaris
War nichts, mit mir verglichen; aller Jammer
Von Seelen, die der Himmel ausstößt, ist
Ein Sinnbild nur von meiner Marterqual —

Valentinian. Löscht meinen Brand, o löscht!

Aretus.   Mild wärmt das Feuer,
Und alle Dichterfabeln von Avernus
Sind gegen meine Qualen weniger
Als Märchen. Doch um dir zu zeigen, wie
Ich meinen Herren, den ermordeten,
So innig liebte, war dem Südwind gleich
Inmitten aller dieser Stürme nur
Ein sanftes Weh'n ich. O, mein Herz, mein armes
Gebroch'nes Herz! Entsetzen, Ungeheuer,
Erfasse dich! Vor der Gerechtigkeit
Der Götter bebe! Ich geh' ein zum Frieden!
(Er stirbt.)

Valentinian. Zu trinken mehr noch gebt! In meinen
Busen
Strömt, strömt, ihr tausend Schauer des April!

Wie duldet ihr, daß so gequält ich werde?
Hinweg mit diesem fürchterlichen Körper.
Laßt mich Euch fragen, Götter, wer ich bin,
Daß alle Martern über mich ihr häuft.
Hört, hört mich! Ich gesteh's, ich bin ein Räuber,
Ein Mörder, ein verhaßter Cäsar. O!
Gibt's flammende Altäre nicht genug,
Nicht Tiere auf der Welt genug zum Opfer,
Und wenn sie fehlen, nicht das Blut von tausend
Gefang'nen, diese Sünden abzuwaschen?
Muß ich das Opfer sein? Euch all veracht' ich.
Ihr wißt von Gnade nichts und seid nicht Götter,
Da sie euch fehlt. Eu'r Wort wird rings hinaus
Gepredigt, um die Nerven zu erschrecken.
O Qualen, Qualen, Qualen! Schmerz auf Schmerz!
Wenn mehr als Träume ihr und Geister seid,
Und wirklich diese Welt der Sterblichkeit
Regiert und in euch selbst Vergangenheit
Und Gegenwart und Zukunft tragt, wenn ihr
Der Menschen Seelen bildet und die Körper
Für sie, wenn ihr die Wage unsres Schicksals
In Händen tragt, vor allem seid ihr Götter
Groß im Vergeben! Diese gute Form,
Die ihr gebaut, zerstört sie nicht im Zorn,
Denn ohne Leidenschaft seid ihr, so heißt's.
Gebt eine Stunde mir, euch zu erkennen!
O rettet mich! Nein, ihr vermögt es nicht,
Je mehr ich an euch glaube, um so größer
Ist meine Qual. In Asche hingeschwunden
Ist mein Gehirn, — mein Herz nun — jetzt mein
                                              Auge!
Ich gehe; Luft, o Luft nur! Ich bin sterblich!
                        (Er stirbt.)

4. Philaster

oder

Die Liebe liegt im Verbluten.

Eine Tragikomödie.

Philaster, der rechtmäßige Erbe der Krone von Sicilien,
erzählt der Prinzessin **Arethusa**, der Tochter des Thron=
usurpators, in die er verliebt ist, wie er zuerst den Knaben
Bellario fand, der eine in ihn verliebte Dame **Euphrasia** ist.

Philaster. Ich habe einen Knaben, den, so glaub' ich,
Gesandt die Götter haben, um als Bote
Der Liebe mir zu dienen; noch am Hofe
Gesehen ward er nicht. Als auf der Hirschjagd
Ich war, an einer Quelle sitzend fand
Ich ihn, aus welcher seinen Durst er stillte
Und wiederum durch seiner Thränen Strom
Der Nymphe das ersetzte, was er ihr
Geraubt. Ein blumiges Gewinde lag
Bei ihm, aus Blumen, welche an der Bucht blüh'n,
Geflochten, und so mystisch angeordnet,
Daß mich's ergötzte. Aber immer, wenn
Den Blick er auf sie richtete, weint' er,
Als wollt' er sie von neuem wachsen machen.
Als ich so holde Unschuld ihm im Antlitz
Gewahrte, bat ich ihn, mir zu erzählen,
Was ihm begegnet sei. Er sagte mir,
Gestorben seien seine edlen Eltern
Und hätten auf den Feldern ihn gelassen,
Wo ihm die Wurzeln, die krystallnen Quellen,
Die Sonne, der er immer dankbar wäre,
Das Sein gefristet. Seine Blumen dann
Erhob er, um zu zeigen, was jedwede
Der Blüten nach der Landbewohner Meinung
Bedeute, und wie alle, so geordnet,

Den Gram ausbrückten, welcher ihn erfülle.
Gern folgt' er mir, als ich ihn dazu einlub;
Und so den treusten, mir ergebensten
Der Pagen nenn' ich mein. Ihn send' ich her,
Dir aufzuwarten und mir Liebesbotschaft
Von dir zu bringen, dir von mir.

Arethusa.   Genug!

(Eine ihrer **Hofdamen** tritt ein.)

Euphrasia, unter dem Namen **Bellario,** will ungern in den
Dienst der Prinzessin **Arethusa** treten.

Philaster und Bellario.

Philaster. Und ehrenhaft wirst du sie finden, Knabe,
Voll Rücksicht auf dein jugendliches Alter
Und dein bescheidnes Wesen, auch geneigter,
Um meinetwillen mehr zu geben dir,
Als du nur bitten magst.

Bellario.   Ihr nahmt mich auf,
Herr, als ich nichts war, und auch jetzt bin ich
Erst deshalb etwas, weil ich Euer bin.
Vertraut mir habt Ihr, dem Euch Unbekannten,
Und das, was Ihr als Unschuld in mir nahmt,
Verstellte List leicht konnt' es sein, die Arglist
Von einem Knaben, der in Trug und Diebstahl
Verhärtet war; doch wagtet Ihr mein Elend
Mit mir zu teilen; darum möcht' ich nicht
In einer Dame Dienste treten, da
So hoch mir keine doch dasteht, wie Ihr.

Philaster. Doch Knabe, vorzieh'n will ich dich. Du bist
Noch jung und hegst noch überfließende,
Kindische Liebe für all die, die dir
Die Wangen streicheln oder mit dir kosen.
Doch wenn Vernunft dir kommt, erinnern wirst du
Dich jener wahren Freunde, welche dich
In eine edle Lebensstellung brachten.
Prinzessin ist sie, der du dienen sollst.

Bellario. In dieser kurzen Zeit, seit ich die Welt
Gesehen, hab ich keinen Mann gekannt,
Der einen Diener, den für treu er hielt,
Entließ. Noch weiß ich, wie mein Vater Diener,
Die bei ihm waren, in den Dienst von Höhern
Beförderte, doch that er's eher nicht,
Bis sie zu dreist ihm dünkten.

Philaster. Holder Knabe,
Glaub nicht, daß dein Benehmen tadelnswert
Mir scheine.

Bellario. Herr, nur aus Unkenntnis fehlt' ich,
Gib Unterweisung mir. Zum Lernen bin
Ich willig, wenn auch nicht begabt. Erfahrung
Und Alter werden reicher mich belehren.
Und wenn mit Absicht ich gefehlt, so denk
Doch nicht, ich könne mich nicht bessern noch.
Was für ein Herr ist gegen seinen Pagen
So strenge, daß er ihn sofort entläßt?
Straft mich, um meine Störrigkeit zu bessern,
Nur schickt mich fort nicht. Bessern werd' ich mich.

Philaster. So hübsch mich bittest du um dein Ver=
bleiben
Bei mir, daß ich nicht ohne Thränen dich
Entlassen könnte. Nein, ich thu' es nicht.
Du weißt, mein Auftrag führt von hinnen dich,
Und wenn bei ihr du bist, bist du bei mir;
Denk also, und es ist so. Und sobald
Die Zeit erfüllt ist, daß der schwere Auftrag,
Der deiner Schwäche obliegt, ausgeführt ist,
So will ich freudig wieder dich empfangen.
Leb' ich, so werd' ich's. Weine nicht, mein Knabe,
Hoch Zeit ist's, daß du zu der Fürstin gehst.

Bellario. Ich gehe. Aber da ich von Euch scheide,
Und da mir unbekannt ist, ob ich ferner
Euch dienen darf, so hört dies mein Gebet:

Der Himmel segne Euch in Kampf wie Liebe,
In jeder Absicht. Mag von seinem Siechbett
Der Kranke, wenn Ihr's wünschet, sich erheben.
                                        (Ab.)

Andere Scene.

Bellario, nachdem es entdeckt worden ist, daß er ein Weib,
bekennt den Grund seiner Verkleidung, nämlich, daß er in
Philaster verliebt ist.

Bellario. Mein Vater sprach von Eurem Werte oft,
Und wie der Geist mir mehr und mehr erwachte,
So dürstet' ich, den so gepries'nen Mann
Zu sehn; doch nur ein Mädchenwunsch war dies,
Der leicht vergessen ward, wie er entstand;
Bis ich am Fenster saß, der Stickerei
Das, was ich dachte, anvertrau'nd; da sah
Ich einen Gott, ich glaubt's, allein Ihr wart's,
In unsern Thorweg treten. Rasch da floß
Mein Blut und rann zurück, als hätt' ich es
Dem Hauch gleich ausgestoßen und zurück
Gesogen. Dann hinweg ward ich gerufen,
Um Euch zu unterhalten. Niemals war
Ein Mensch empor vom Hirten noch so hoch
Wie ich gehoben worden in Gedanken.
Ihr ließt auf diesen Lippen einen Kuß dann
Zurück, den ich von Euch für immerdar
Bewahren will. Wenn ich Euch sprechen hörte,
Schien es mir schöner als Gesang. Nachdem
Ihr fort wart, ward mit meinem Herzen ich
Vertraut und forschte nach, wovon es so bewegt war.
Ach, daß es liebte, aber schuldblos, fand ich.
Denn hätt' ich nur Euch nahe leben können,
Erreicht gewesen wäre meine Absicht.
Und deshalb täuscht' ich meinen edlen Vater,

Indem ich vorgab, eine Pilgerfahrt
Zu machen, und zog Knabenkleider an.
Und da ich mußte, daß nach meinem Stand ich
Nicht für Euch paßte, hofft' ich nicht, je Euer
Zu werden; da kein Zweifel war, daß ich,
Wofern ich mein Geschlecht enthüllen wollte,
Nicht bei Euch bleiben konnte, ein Gelübde
That ich, bei allem Heil'gen, niemals es
Bekannt zu geben, daß ich Mädchen sei,
Solang noch Hoffnung war, daß ich dem Blick
Der Männer mich verbergen könne, stets
Bei Euch zu bleiben. Bei der Quelle da
Saß ich, an welcher Ihr zuerst mich fandet.

Der Charakter des Bellario muß in seiner Zeit außer-
ordentlich populär gewesen sein, denn viele Jahre, nachdem
Philaster auf der Bühne erschienen war, findet man kaum
ein Stück ohne einen solchen Mädchenpagen, der den Spuren
eines Geliebten folgt, die Götter anruft, seinen glücklichen Nebenbuhler (seine Herrin) zu segnen, die er ohne Zweifel geheim im
Herzen verwünscht, zu manchen hübschen Zweideutigkeiten in
Folge der Verwechslung des Geschlechts Anlaß gibt, und endlich
durch einen erstaunlichen Geschickswandel glücklich gemacht,
oder mit einem vereinten Mitleiden der Zuhörer und des
Liebenden entlassen wird. Unsere Vorfahren scheinen wunderbar entzückt worden zu sein durch diese Verwandlungen des
Geschlechts. Frauenrollen wurden damals von jungen Männern
gespielt. Welche seltsame Verwirrung muß es gegeben haben,
einen Mann ein Weib spielen zu sehen, das einen Mann
spielte! Man kann diese Verwicklung nicht entwirren, ohne
der Phantasie einige Gewalt anzuthun.   Ch. Lamb.

Bellario ist durch Viola in Shakespeares „Was Ihr wollt"
hervorgerufen. Hier ist mehr malerisches, mehr dramatisch
Gewichtiges, vielleicht aber nicht größere Schönheit, größere
Süßigkeit der Zuneigung, eine elegantere Entwicklung als in
Fletcher; auf der andern Seite ist hier noch mehr von jener

lnwahrscheinlichkeit, welche eine glückliche Verheimlichung des
`eschlechts mit sich führt, obgleich kein Kunstgriff häufiger auf
⸗r Bühne gewesen ist.   Hallam.

Mir hat sich eine Vermutung aufgedrungen, die ich kaum
auszusprechen wage, daß nämlich Shakespeare die Spanier
kannte und — benützte. Denn Lope de Rueda, der vor Lope
de Vega schrieb, hat ein Stück „La comedia de engaños“,
dem also der Titel „Lustspiel der Irrungen“ entspricht. Dieses
englische Stück ist zwar dem Plautus nachgebildet; aber jenes
spanische ist in der „Viola“ benützt. Auch fand ich schon
viele ähnliche Gedanken in Shakespeare und Lope de Vega.
A. Joglar, Grillparzers Ansichten ꝛc. II. Aufl. 1891.

„In den Werken von Beaumont und Fletcher findet man
Leidenschaften zu jener ungemeinen Höhe gesteigert, und das
in so einschmeichelnden Uebergängen, daß man gezwungen
wird, sie mitzuempfinden, indem man findet, daß man un-
merklich dieselbe Person geworden ist, von welcher man liest.
Stößt man auf eine Liebesscene, so glaubt man, die Verfasser
könnten in ihren Seelen keinen Platz für eine andere Leidenschaft mehr übrig behalten haben; liest man dagegen eine
Scene von männlichem Zorn, so möchte man schwören, sie
sei nicht von derselben Hand niedergeschrieben worden; aber
beide sind so vortrefflich gearbeitet, daß man eingestehen muß,
keine, als dieselbe Hand könne sie geschrieben haben. Wünscht
man seine Melancholie geheilt zu wissen, so wird man wie
Demokritus selbst lachen; und wenn man nur ein Stück von
dieser mannigfaltigen Komik liest, so wird man sich mit seiner
exaltirten Phantasie in Elysium finden; ist man dann dieser
Heilkur überdrüssig — denn das Uebermaß des Entzückens
weitet die Seele vielleicht zu sehr aus —, so wird man beinahe
auf jedem Blatt eine sanftrieselnde Empfindung oder eine
Quelle von Gram finden, so mächtig geschwollen durch die
Thränen der Unschuld und solcher von Liebenden, denen Unrecht geschehen ist, daß unsere Augen davon genötigt werden,
in den Strom zu weinen und doch zu lächeln, wenn sie zu
ihrem eignen Ruin beitragen.“
Shirley in seiner Vorrede zu der Folioausgabe von
Beaumont und Fletcher von 1647.

Beaumont und Fletcher waren zwei geborene Poeten; sie besaßen eine zarte und edle Einbildungskraft, viel Phantasie und Witz und eine ganz außerordentliche Lebenslust, welche, indem sie sie vom Studium abhielt, ihr Ruin ward. Sie hatten nicht die Geduld, ein Stück zu construiren wie Ben Jonson, jedoch ihre Gefühlswärme und ihre reinere Ader von Poesie erhebt sie sogar als Dramatiker über denselben. Verglichen mit bloß conventionellen oder künstlichen Dichtern sind sie Halbgötter, mit Shakespeare verglichen waren sie immer junge Leute, die niemals zu reifen Jahren kamen. Doch selbst als solche zeigen sie sich als von einer ätherischen Race, und als lyrische Dichter übertrafen sie sogar Shakespeare. Es gab nichts, was sich mit ihren Liedern an Innigkeit und Süße bis zum Erscheinen von Percys Reliques vergleichen ließ; und einige von den schönsten Stellen in diesen erwiesen sich sogar als von ihnen herrührend.

> Weine nicht, o weine nicht;
> Fruchtlos ist deine Trauer;
>   Denn Veilchen, einmal abgepflückt,
> Erweckt kein Regenschauer.

Dieses ausgesuchte Bild ist aus einem Liede in der „Königin von Korinth". Selbst die Wangen der Jugend und Unschuld sind nicht einfacher und süßer, als diese Erzeugnisse Beaumonts und Fletchers. Man empfindet sie wie wirklichen Gram oder den Anblick ungeheuchelter Thränen.

> Einen Kranz von Eiben, Mädchen,
>   Legt auf meine Bahre hin;
> Weidenkränze bringend saget,
>   Daß ich treu gestorben bin.
> Falsch war mir der Freund, doch stets ihm
>   Blieb ich treu mit Herz und Sinn,
> Liege leicht auf mir, o Erde,
>   Wenn versenkt ich drunten bin.

Doch ich will nicht die ganze Reihe wiederholen. Sie klingen in der Erinnerung wie musikalische Melodien nach.

Leigh Hunt.

Wenn man Witz für die populärste und vorherrschendste Eigenschaft von Beaumont und Fletcher halten könnte, so ist er dies im Grund doch nicht. Beide waren Autoren, die nur in Fragmenten fortleben sollten, und die Fragmente, wegen deren sie am meisten bewundert werden, sind ernst, nicht komisch: Reden verlorner Mädchen, Beschreibungen unschuldiger Knaben, Ergüsse des Heroismus und Märtyrertums, Lieder der Einsamkeit und des Grabes.   Leigh Hunt.

Wenn gefragt wird, wie Werke, welche in Ausdruck und Gedanken so anstößig sind wie die von Beaumont und Fletcher, noch heute in einem Band gedruckt werden können, der zu weiter und vielfacher Lektüre benutzt werden soll, so gibt es glücklicherweise eine gute Antwort auf eine solche Frage. Die Werke dieser beiden Dichter, wenn von ihren Anstößigkeiten befreit, sind voll von schönen Gedanken, von edler Phantasie und von viel wahrer Poesie, und es gibt wenige Autoren, aus welchen einzelne Stellen so leicht gezogen werden können: Ihre Stücke sind eine glänzende Sammlung von Schriften, die in der Zeit, als sie zuerst erschienen, höher als die von Shakespeare selbst geschätzt wurden, und von denen man jetzt sagen kann, daß sie denen des Königs der Dichter sehr nahe kommen. — Die lyrischen Stellen in Beaumont und Fletchers Stücken sind nach meiner Meinung ihr größter Reiz, und die aus diesen Stücken gezogenen Lieder stehen, ich denke, allem gleich, was Shakespeare uns an Lyrik gegeben hat. Was ihre ganzen Werke gewesen sein würden, wenn sie von ihrer un=glückseligen Anstößigkeit des Ausdrucks freigeblieben, kann man kaum sagen; doch ist es zu viel zu sagen, daß sie fast gleich hohes Verdienst gezeigt haben würden wie die Schriften ihres großen Zeitgenossen?

J. S. Fletcher.
(The plays of Beaumont and Fletcher, selected London 1887.)

Fletcher erscheint mir als einer der bedeutendsten Dra=matiker und ich setze ihn mit Euripides und Lope de Vega auf einen Rang. Um sein Verhältnis zu den Zeitgenossen gleich zum voraus auszusprechen, sind Analogien das beste Hilfsmittel. Mit der gleichzeitigen spanischen Bühne ver=glichen, stellen sich Lope, Calderon, Shakespeare und Fletcher

so dar, daß Lope die Form geschaffen, Calderon sie ver-
feinert hat, Shakespeare die Form aus Marlowes Händen
empfing und auf ihre klassische Höhe stellte, Fletcher sie aber
einseitig als bloße Theaterkunst ausbildete und nach dieser
technischen Seite noch größere Popularität erreichte. Im
Ganzen genommen ist Calderon ein tieferer Dichter als Lope,
dieser aber der gewandtere Dramatiker, und so stellt sich auch
das Verhältnis zwischen Shakespeare und Fletcher. Lope hat
den Ruhm, Calderon die Bahn gebrochen zu haben, und damit
ist er höher gestellt als Fletcher; Fletcher möchte aber doch
in dramatischer Energie über Lope stehen, wie Shakespeare
über Calderon oder, kurz gesagt, wie das englische Theater über
dem spanischen. Noch klarer wird uns vielleicht die Sache
durch eine Parallele mit dem griechischen Theater. Aeschylus
schafft die Form, grandios, aber wild. Sophokles findet das
rechte Maß, Euripides fällt von der Höhe des Kothurn, er-
gänzt aber jetzt die unentbehrliche psychologische Entwicklung,
Aristophanes verhöhnt ihn als einen Mann der Aufklärung,
fällt aber über diesem Geschäft in die wildeste Ausgelassen-
heit. Auf der spanischen Bühne ist die Analogie des Aeschylus
mit Lope, des Sophokles mit Calderon schlagend, die anderen
finden hier keine volle Parallele. Auf der englischen Bühne
fiel die Rolle des Aeschylus unzweifelhaft Marlowe zu; da
dieser aber schon in seinem dreißigsten Jahre starb, konnte er
seine Mission nicht vollständig erfüllen. Die Rolle des
Aeschylus fiel darum zum Teil noch in Shakespeare hinein,
der in sich diesen und Sophokles vereinigte. Der ihm folgende Fletcher war zur Rolle des nachtretenden Euripides
gezwungen, die er aber mit der ganzen Wildheit des aus-
schweifenden Aristophanes vereinigte. — —

Uns Deutschen, die wir unsres gebührenden Anteils an
der Verherrlichung Shakespeares uns wohl rühmen dürfen,
sollte man denken, müßte es auch vorbehalten sein, Fletchers
Verdienst in sein wahres Licht zu stellen, unbeirrt von seiner
uns nicht mehr berührenden persönlichen Rivalität gegen
den größeren Vorgänger, aber auch unbeirrt durch den mora-
lischen Schmutz, der von seinem Studium abschreckt. Das
ist für das große Publikum eine gerechte Rücksicht, aber die

wissenschaftliche Kritik hat höhere Gesichtspunkte und darf einen englischen Dichter ebensowenig verwerfen, als uns dies bei Aristophanes erlaubt ist. Ich fasse also mein Urteil über ben Dichter in mein schon ausgesprochenes Wort abermals zusammen. Fletcher ist der englische Euripides und Aristophanes in einer Person, und ich glaube, jeder, der sich die Mühe nimmt, seine Werke zu studiren, wird mir in der Hauptsache Recht geben. Bemerkenswert ist vielleicht noch, daß der Stil unsres Dichters sich vom Shakespeareschen badurch unterscheidet, daß er so gut wie gar keine Wortspiele hat; sie waren jetzt bereits abgenutzt und aus der Mode. —

Beaumont, der sich sehr jung an Ben Jonson und später an Fletcher anschloß, war eine ähnliche Natur wie der erstere; die beiden schrieben ihm ein höchst feines, kritisches Talent in der Poesie zu und zogen ihn in dieser Richtung für ihre Produktionen zu Rate. Beaumont war aber phantasielos wie Ben Jonson und schrieb in dessen nüchterner und kühler Manier, während Fletchers Genius offenbar eine innere Verwandtschaft mit Shakespeares Genius hatte. — Beaumont übrigens lebte nur dreißig Jahre und Fletcher schrieb vor und nach seiner Verbindung mit ihm sehr vieles, vielleicht sind seine besten Werke alle nach Beaumonts Tode geschrieben. Es ist sicher nur der socialen Verbindung zuzuschreiben, daß man die beiden Männer bei der späteren Herausgabe ihrer Werke in eine moralische Person zusammenwarf, denn Beaumonts Anteil fällt in Wahrheit dabei kaum in Betracht. Er war nur der vornehmere Name (er stammte aus einem der ältesten normannischen Adelsgeschlechter) und die Herausgeber waren nur die Schauspieler. Moritz Rapp.